『資本論』第Ⅱ・Ⅲ部講読のナビゲーション

「第Ⅱ・Ⅲ部講座」講義資料集成
解説・補足説明資料集成

中川　弘 編著

刊行にあたって

　本編著は、昨年（2020年）4月に刊行した、『「資本論」第Ⅰ部講読のナビゲーション』（学習の友社）の続編です。東京と横浜で開講してきた、「資本論第Ⅱ・Ⅲ部講座」の際の講義資料全体と「解説」・「補足説明（資料）」の中から選んだもの、また一部新たに書き下ろしたものを集成したものです。

　第Ⅱ部「資本の流通過程」では、資本（個別諸資本・社会的総資本）が流通過程で運動する諸姿態を考察することが主題となっていますが、第Ⅰ部と同様、諸関係の担い手は、資本家（産業資本家）と賃銀労働者という二大階級です。

　第Ⅲ部「資本主義的生産の総過程」に進むと、資本は産業資本、商業資本、利子生み資本に分岐し、賃労働もそれぞれの資本の下で労働するものに分かれていきます。同時に、近代的土地所有者も初めて登場し、剰余価値は、利潤、利子、地代に「分岐」するものと捉えられていきます。かくして近代・資本主義社会の諸関係が具体的姿で考察されることになります。これにより、（Ⅰ部を含めた）『資本論』全三部の「世界」（資本主義の「構造・編制」と「運動法則」の解明）の全容が明らかになります。「ブルジョア社会の富の要素形態」としての「商品」（商品生産の諸関係）の解明から始まった「叙述」の「上向」の旅が、ひとまずゴールに到達したことになります。

　『資本論』第Ⅱ部と第Ⅲ部の「講座」の受講者数は、第Ⅰ部の「講座」と比べれば多くはありません。「少数精鋭」といってよいかもしれません。第Ⅰ部を受講してみて、内容の難易度の高いことを知り、また分量も2倍近いⅡ・Ⅲ部は、なかなか手が出ないと思われる方が多いためかもしれません。しかし、毎回果敢に挑戦しようという意気込みを持った受講者が数十名を数えるのは、『資本論』の魅力によるものと思われます。『資本論』の内容を──『資本論』の文章そのものからは離れて──平易に解説する著書にも、もちろん優れたものもありますが、しかし、そうしたテキストによって『資本論』の内容を学ぶことと、『資本論』の文章に即して『資本論』そのものを講読することとは、やはり異なります。難しい用語や言い回しを含む剛健な文体によって開示される『資本論』の「世界」は、マルクスの「経済学講座」では得られない「世界」であり、「資本論講座」であってこそ切り開きうる「世界」である、と確信しています。

そのため本編著は、「講座」のために用意した、『資本論』そのものから精選した文章を基本に据えた講義資料が主な内容になっています。引用した『資本論』の文章は、各篇・各章の理論的骨格をなす文章、述べられているセオリーの要点を掴むのに不可欠の文章、ここだけは見逃さず押えて欲しいと思われる文章です。

　また論理の筋道、そのポイントを掴みやすいようにするため、内容の区切り毎に「小見出し」（❶❷等の）をつけました。その数は 500 余にのぼります。

　その上で、各章毎に「解題」や「解説」(26) をつけ、大事なポイントを掴めるようにしました。また要所には、内容の理解を深めるための「補足説明」を長短 23 編加えました。

　第Ⅱ部（訳本 3 分冊）と第Ⅲ部（訳本 5 分冊）の全体を範囲としたため頁数が膨らんだこともあり、前編著・第Ⅰ部のナビゲーションにあった「ミニ解説」や「コーヒー・ブレイク」は省きました。また第Ⅰ部のナビゲーションにはあった「質問への回答」は、「解説」や「補足説明」によってカバーすることで責めを果たしたつもりです。

　本編著が、各地で開催されている「資本論講座」の補助教材（副読本）として、または独習に取り組む際の「伴走者」として活用され、学習の一助となることを願います。

　コーヒー・ブレイクは読者各位が適宜とりながら、平坦ならざる「険しい小道をよじ登る労苦を恐れ」ず、「頂上にたどりつく幸運」（フランス語版への序言）を手に入れてください。

　現在新しい訳本の公刊が進行していますが、まだ全体が完結していません。そのため「講座」でも普及済みの、新日本出版社刊「新書版（全 13 冊）」をテキストにしていることから、本編著でも訳本は「第Ⅰ部講読のナビゲーション」と同様に、新書版を用いています。訳本には原書の頁も併記されていますから、新訳本との照合は可能です。

2021 年 7 月 1 日

　　　　　　　　　　　　　　　　　　　　　　　　　　編著者　中川　弘

■ 凡 例

1．使用テキストは、日本共産党中央委員会付属社会科学研究所監修・資本論翻訳委員会訳、新日本出版社、1982 ～ 83 年刊、新書版⑤～⑬分冊である。

　　2019 年 9 月から、改訳新版の公刊が始まったが、2021 年 7 月 1 日現在全巻が揃っていないので、現在広く普及している訳本をテキストにした。引用文には原本頁を併記してあるので、改訳新版との照合は原本頁で行っていただきたい。

2．引用文の頁表記は、（訳本頁／原本頁）の順にした。

3．引用文中の〔　　　〕は原文にあるもの、（　　　）は引用者が補ったもの、｜　　｜はエンゲルスが挿入したもの、であることを示す。

4．引用文にある……（中略）……は、数行以上の割愛を示すものである。

5．フランス語（ラシャトール）版は、江夏美千穂・上杉聡彦訳『フランス語版資本論』（上・下）、法政大学出版局刊である。

6．使用されるローマ字は、以下のドイツ語（一部英語）の頭文字等である。

　　W　：　商品（Ware）

　　G　：　貨幣（Geld）

　　K　：　資本（Kapital）

　　C　：　不変資本（consetant capital）

　　V　：　可変資本（variables Kapital）

　　M　：　剰余価値（Mehrwert）

　　M'　：　剰余価値率（Rate des Mehrwerts）

　　Pm　：　生産手段（Produktionsmittel）

　　Km　：　生活（消費）資料（Konsumtion mittle）

　　Ak　：　労働力（Arbeitskraft）

　　P　：　生産過程（Produktionprozess）

例えば、第Ⅱ部第三篇の「再生産表式」は次のように表記される。

$$\text{I}\quad 4000c + 1000v + 1000m = 6000W_1\,(Pm)$$
$$\text{II}\quad 2000c + 500v + 500m = 3000W_2\,(km)$$

7．〔解説〕〔補足説明〕には、各篇ごとに通し番号を付してある。

8．本編著では、第Ⅱ部、第Ⅲ部と表記したが、原文では、第二部、第三部、あるいは第二巻、第三巻、という表記になっているため、引用する場合は、その原文の表記のままにしてある。

〈目次〉

第Ⅱ部　資本の流通過程

第一篇　資本の諸変態とそれらの循環

第二篇　資本の回転

第三篇　社会的総資本の再生産と流通

第Ⅲ部　資本主義的生産の総過程

第一篇　剰余価値の利潤への転化、および剰余価値率の利潤率への転化

第二篇　利潤の平均利潤への転化

第三篇　利潤率の傾向的下落の法則

第四編　商品資本および貨幣資本の商品取引資本および貨幣取引資本への（商人資本への）転化

第五篇　利子と企業者利得への利潤の分裂。利子生み資本

第Ⅱ部
資本の流通過程

第Ⅱ部　本編を読む前に

＊以下の頁表記は、新書版頁／原書頁の順

❶ 第Ⅱ部の世界へ

　第Ⅰ部資本の生産過程論（第5章〜20章）とその更新・反復の過程＝再生産過程論（第21章以下）では、投下貨幣資本による生産諸手段と労働力商品の購買と、生産された新商品の販売が行われる流通過程は、「正常に通過すること」が前提されていました（967／589）。例えば、

$$1000\text{G}\begin{cases}800\text{G (c)}\text{———}\\\text{———}1000\text{W}\\200\text{G (v)}\text{———}\end{cases}\begin{cases}800\text{W (Pm)}\\\cdots\cdots\text{P}\cdots\cdots1600\text{W}'\\200\text{W (Ak)}\end{cases}\begin{cases}800\text{W}_1\text{———}\\\text{———}1600\text{G}'\\800\text{W}_2\text{———}\end{cases}\begin{cases}800\text{G}_1\\\\800\text{G}_2\end{cases}$$

における下線部部分、特に**太線**を付した、生産された新商品の価値通りの販売（1600 W'―1600 G'）が「正常に」行われることが、**再生産の必須の要件**でした。第Ⅱ部では、その**資本の流通過程にスポット・ライトが当てられ**、生起する様々な問題の検討が行われていきます。そこには、第Ⅰ部では触れられていなかった、**資本の循環**、**資本の回転**、**固定資本**、**流動資本等**が、**新しい概念装置として登場**してきます。

❷ 第Ⅱ部「エンゲルスの取り組み――序言」から

　第Ⅱ部は、エンゲルスの手によって編集されました。そのいきさつ――エンゲルスの苦労――が「序言」（5〜38／7〜26）に次のように記されています。

　「『資本論』の**第二部を印刷に付せるように作成すること**、しかもそれが一方では脈絡の通った、できるだけ完結した著作として、しかし、他方ではまた編集者の著作ではなくもっぱら**著者の著作として作成することは、容易な仕事ではなかった。**現存する、たいていは**断片的な論稿の多いことが、この課題を困難**にした。できている限りでは、完全に印刷に付せるように編集されていたのは、せいぜいただ一つ（第四草稿）だけであった。ところがこれも大部分は、その後の時期の改訂によって使いものにならなくなっていた。材料の主要部分は、その大部分が実質上仕上げられてはいたが、文章上では仕上げられていなかった。それは、マルクスが抜き書きをつくるさいに用いるのを常とした用語で書かれていた。すなわち、ぞんざいな文体、くだけた、しばしば無遠慮な諧謔的表現と言い回し、英語とフランス語との術語、しばしば文全体が、しかも数ページにもわたって英語文。それは、考えがそのつど著者の頭のなかで展開されたままの形で書き

おろされたものである。詳細に述べられた個々の部分と並んで、それと同じく重要な他の部分は示唆されているだけである。例証のための事実的材料が集められてはいるが、ほとんど分類されておらず、まして加工されてはいない。諸章の終わりには、早く次に移ろうとして、しばしばほんのわずかのきれぎれの文章が、そこに未完のまま残された展開のしるしとしてあるだけである。最後に、著者自身にもときには読めないほどの周知の筆跡である。

　私は、草稿をできるだけ文字どおりに再現し、文体についてはマルクス自身が変更したであろう点だけを変更し、またどうしても必要でありしかも意味上まったく疑問の余地のない場合に限って、説明のための挿入文とつなぎの文を挿入することで満足した。その解釈にほんのわずかでも疑問の余地があった文については、まったく文字どおりそのまま印刷することにした。私による書き換えと書き入れは、全部で10印刷ページにも達しておらず、それも形式的な性質のものに過ぎない。

　マルクスが**第二部のために残した自筆の材料**を数え上げるだけでも、彼がその偉大な経済学的諸発見を公表するまえに、**いかに比類のない誠実さをもって、いかに厳格な自己批判をもって、それらの発見を最大限に完璧なものに仕上げようと努力したか**が証明される。まさにこの自己批判のために、彼は、ただまれにしか、新たな研究によって絶えず拡大する彼の視野に内容的にも形式的にも叙述を適合させるにいたらなかったのである。ところで、材料はつぎのものからなっている。」（5〜6／7〜8）

　以下「**材料**」についての具体的説明が続く（6〜11／8〜12）。

「以上が第二部の材料であって、没する少し前に、マルクスが娘エリナーに言った言葉に従って、それをもとにして私が〈いくらかよいものをつくる〉ことになっていたのである。私はこの委託をそのもっとも狭い限界内で引き受けた。とにかくできる限り、私は、自分の仕事をさまざまな改稿からただ選択することだけに限定した。しかも、**つねに、現存する最後の改稿を以前のものと比較して基礎にすえるようにした**。そのさい、第一篇と第三篇だけは真の困難、すなわち単なる技術的困難とは異なる困難をもたらしたが、しかもそれは小さいものではなかった。私はこの困難を、もっぱら著者の精神にもとづいて解決しようと努めた。

　本文中の引用文は、事実の例証の場合、または、A・スミスからの引用文のときのように、ことがらの根本を究めようとする人のだれにでも原文が利用できる場合には、私はおおかた〔ドイツ語に〕翻訳しておいた。ただ第10章ではそれができなかった。なぜなら、この章では直接に英語の原文が批判されているからである。——第一部からの引用文には、マルクスの存命中の最後の版である第二版のページ数をつけておく。」（11

～ 12 ／ 12 ～ 13)

　この少し後（12頁末）から、「マルクスにたいする一つの非難を撃退しておかなければならない」として、マルクスが（剰余価値の発生についての説明において）「ロートベルトゥスを剽窃したかのように言う非難」に対する反論が（37／26）まで続いている。

　◎第二～第八の草稿からとった個所の簡単な総括（40～41／28）─略
　本文の（原注）に、出典の「草稿」番号が記されているので確認して下さい。
　◎訳注＊　八つの主要草稿の概要（執筆時期の推定、エンゲルスによる使用度）（42）─略

❸ 第Ⅱ部を読むに当たって指針となる資料
「エンゲルスからヴィクトル・アードラー＊への書簡」（1895年3月16日、『マルクス・エンゲルス全集』第39巻所収）

　　＊ヴィクトル・アードラー（1852～1918）：プラハ生まれ。人道的立場からマルクス、エンゲルスの影響を受け、社会主義者となる。1886年労働運動に参加。二派に分かれていたオーストリアの社会主義運動を統一➡1888年末、彼を指導者とした「社会民主労働党」結成、第2インターナショナルで指導的役割を演ずる。（経済学史学会編『経済思想史辞典』丸善、2000年6月、5頁）

「君はブタ箱で『資本論』の第二部と第三部とを猛勉強するつもりだから、勉強がやりやすいように、君にいくつかのヒントをあたえておこう。
　第二部第一篇。**第1章を徹底的に読みたまえ**。そうすれば、第2章と第3章はずっとたやすく飲み込めるはずだ。さらに**第4章はまとめとして、かなり丹念に読むこと**。第5章と第6章はやさしくて、ことに第6章は付随的な問題を取り扱っている。

　第二篇。**第7～9章は重要だ。特に重要なのは第10章と第11章。第12、13、14の各章も同じく重要だ**。ところが、第15、16、17の各章はさしあたり、ざっと目を通すだけでよい。

　第三篇。重農学派以来、ここではじめて取り扱われた問題だが、**資本主義社会における商品と貨幣の全循環がまったくみごとに叙述されている**。──みごとに、というのは内容から見ての話。しかし形式から見れば、おそろしく難解だが、それは、第一に、二つのちがった方法を用いている二つの草稿がつなぎ合わされたからであり、第二には、

慢性の不眠症に悩まされていた病状のなかで、二番目の草稿がしゃにむに書きあげられたからだ。僕だったら、これはいちばん最後まで、第三部をまず通読し終えるまで、読まずにとっておくだろう。君の仕事にとっても、これはまず不要不急のものだ。」

第Ⅱ部

第一編

第二編

第三編

第Ⅲ部

第一編

第二編

第三編

第四編

第五編

第六編

第七編

《第一篇》
資本の諸変態とそれらの循環

第1章　貨幣資本の循環 (E書簡で「徹底的に読むべき章」指定)

〔解題〕資本の循環・貨幣資本の循環

　資本の循環過程を示す定式は、循環の始点と終点（＝次の循環の始点）にくる資本の形態（姿態）の違いによって次の三つの定式に分けることができます。

①　$G—W\cdots\cdots P\cdots\cdots W'—G'$（第1章　貨幣資本の循環）

②　$P\cdots\cdots W'—G'—W\cdots\cdots P$（第2章　生産資本の循環）

③　$W'—G'—W\cdots\cdots P\cdots\cdots W'$（第3章　商品資本の循環）

　それぞれの定式は、資本の運動する姿態を異なった視角から多面的に捉えています。第1章では、①の貨幣資本の循環が取り上げられています。

　貨幣資本の循環定式は、Gで始まりG'（G＋ΔG）で終わっていることに示されているように、**資本の本質が自己増殖する価値の自立的定在**であることを端的に物語っている定式です。この定式の意味するところは、すでに第一部において、実質的な説明がなされていました。ここ第1章では、資本が、その**自己増殖運動の各階梯（段階）**において身に纏う姿態の変換に視点を定めて過程の進行を辿って見せます。それは次の通りです。

（45～6／31～2）**貨幣資本の循環**

　「資本の循環過程は三つの段階を通って行われ、それらの段階は、**第一巻の叙述によれば**、次のような順序をなす。

　第一段階。資本家は、買い手として商品市場および労働市場に現われる。彼の貨幣は、商品に転換される。言い換えれば流通行為 G—W を経過する。

　第二段階。購買された商品の、資本家による生産的消費。彼は、資本主義的商品生産者として機能する。彼の資本は、生産過程を経過する。その結果は――それ（結果としての商品）の生産諸要素の価値よりも多くの価値をもつ商品である。

　第三段階。資本家は、売り手として市場に帰ってくる。彼の商品は、貨幣に転換される。言い換えれば、流通行為 W—G を経過する。

　したがって、貨幣資本の循環を表わす定式は——

　G—W……P……W'—G' であり、この場合、点線は流通過程が中断されていることを示し、またW' およびG' は、剰余価値によって増殖したWおよびGを表わす。

　第一段階と第三段階とは、第一部では、第二段階、すなわち資本の生産過程を理解するのに必要な限りでのみ論究された。それゆえ、資本がそのさまざまな段階で身につける——そして循環の繰り返し中にあるいは身につけ、あるいは脱ぎ捨てる——さまざまな形態は、顧慮せずに置かれた。**いまや、これらの形態が当面の研究対象をなす**。

　これらの形態を純粋に把握するためには、さしあたり、形態変換そのものおよび形態形成そのものとはなんのかかわりもないすべての契機が捨象されねばならない。それゆえ、ここでは、諸商品はそれらの価値どおりに販売されるということばかりでなく、この販売がまえと変わらぬ事情のもとで行なわれるということも仮定される。したがって、循環過程中に起こりうる価値変動も度外視される。」

　『資本論』は、以下、**第一節・第一段階**、G—W $\left\{ \begin{array}{l} A \\ \\ Pm \end{array} \right.$ （46 〜 59 ／ 32 〜 40）、**第二節・第二段階**、……P……（59 〜 64 ／ 40 〜 43）、**第三節・第三段階**、W'（W＋w）—G'（G＋g）（65 〜 82 ／ 43 〜 55）と、循環過程を各段階別に三つに分解・細分し、資本の姿態変換の説明をきめ細かく続けていますが、その内容は、実質的には、第Ⅰ部の復習と言ってよいでしょう。

　そこで以下では、三つの節での説明の「**まとめとして、かなり丹念に読むこと**」とエンゲルスが「書簡」で指摘していた**第四節・総循環**から、エッセンスを摘記しておきます（第Ⅰ部での説明との重複があります）。

❶ G—W₁ とW'₂—G' におけるW₁のW₂'への置き換えと貨幣の還流 G—G'

（83 ／ 56）「価値変化は、もっぱら変態Pに、生産過程に、属するのであり、それゆえ、**生産過程は、流通の単に形態上の諸変化にたいして、資本の実質的な変態として現われる**。」

❷ 総運動の形態：G—W $\left\{ \begin{array}{l} A \\ \\ Pm \end{array} \right.$ ……P……W' $\left\{ \begin{array}{l} W \\ \\ w \end{array} \right.$ —G' $\left\{ \begin{array}{l} G \\ \\ g \end{array} \right.$

(84 ／ 56)「資本価値がその流通段階の内部でとる両形態は、**貨幣資本**および**商品資本**という形態である。生産段階に属するそれの形態は、**生産資本**という形態である。それの総循環の経過中にこれらの形態を身につけてはまた脱ぎ、それぞれの形態においてその形態に照応する機能を果たす資本は、**産業資本**である——産業とは、ここでは、上記の資本が資本主義的に経営されるどの生産部門をも包括する、という意味である。」

　➡ **三資本は、産業資本の**（つぎつぎととる）**特殊な機能諸形態を言い表わす。**

❸ 循環の正常な進行と停滞

(84 〜 88 ／ 58 〜 61)「資本の循環は、そのさまざまな局面が停滞することなくつぎつぎと移っていく限りでのみ、正常に進行する。……（中略）…… 他方において、循環そのものが、一定の期間、循環の個々の部分において**資本の固着化**を生じさせることは、当然の成り行きである。」

　　例：労働諸手段の価値の（摩滅分のみの）部分的な価値移転

　　　輸送業の場合

❹ 一般的商品流通との絡み合い

(89 ／ 61 〜 62)「循環 G……G’ は、**一方では**一般的商品流通とからみ合い、それから出てはまたそれにはいり込み、それの一部をなす。**他方では**、この循環は、個別資本家にとっては資本価値の独自な自立的運動——すなわち、一部は一般的商品流通の内部で行なわれ、一部はその外部で行なわれるが、しかしつねにその自立的性格を保持する運動——を形成する。」—その理由３点（略）。

---

❺ 資本循環の特殊な形態としての貨幣資本循環

(90 〜 94 ／ 62 〜 64)「最後に、G—W……P……W’—G’ を、資本の循環過程の特殊な形態として、のちに研究されるべき他の諸形態と比べて、考察するならば、この循環は次の諸点できわ立っている。

(一) それは、① **貨幣資本の循環**として現われる。なぜなら、産業資本が、その貨幣形態において、貨幣資本として、その総過程の出発点および復帰点をなしているからである。この定式そのものが、**貨幣は**ここでは貨幣として**支出されるのではなく、前貸しされる**だけであり、したがって資本の貨幣形態、**貨幣資本でしかないこと**を表わす。

　② この定式は、さらに、使用価値でなく交換価値が運動の規定的自己目的で

あることを表わす。……出発点および終結点が現実の貨幣である流通形態 G……
G’ は、金儲け、すなわち**資本主義的生産の推進的動機**を、**もっとも明白に表わす**。

（二）生産段階、すなわち **P の機能**は、この循環のなかで、G—W…W’—G’ という
流通——この流通はこれまた単純流通 G—W—G’ の媒介であるにすぎない——の
二つの局面の中断をなす。生産過程は、……**前貸価値の増殖のための単なる手段**
として、現われ、したがって、**致富そのものが生産の自己目的として現われる**。

（三）**出発点は G**、増殖されるべき貨幣資本であり、**終結点は G’**、**増殖された貨**
幣資本 G + g であって、**ここでは G は実現された資本**として、**それの新芽の g**
とならんで現われる。このことは、**循環 G を他の両循環 P および W’ から区**
別する——しかも**二重の仕方で**。**一方では**、両極の貨幣形態によって。……**他**
方では、P……P という形態は必ずしも P……P’（P+P）とはならず、また W’
……W’ という形態ではおよそ両極のあいだの価値の差はんら見られない。
——したがって、**定式 G……G’ に特徴的なこと**は、一方では資本価値が出発
点をなし、増殖された資本価値が復帰点をなすこと、その結果、**資本価値の前貸**
しが全操作の手段として現われ、**増殖された資本価値が全操作の目的として現わ**
れることであり、**他方では**、**この関係が貨幣形態で**、**自立的な価値形態で表わさ**
れ、**それゆえ**、**貨幣資本が貨幣を生む貨幣として表わされていることである**。**価**
値による剰余価値の産出が、**過程のアルファとオメガ〔核心〕として表わされる**
だけでなく、**光りきらめく貨幣形態ではっきり表わされている**。

（四）① G—W を補足しかつ終結する局面 W’—G’ の結果としての、**実現され**
た貨幣資本 G’ は、この貨幣資本がその最初の循環を始めたときと完全に同じ
形態にあるのであるから、**その循環から出てくるやいなや**、**増大された（蓄積さ**
れた）貨幣資本 G’ ＝ G ＋ g としてふたたび同じ循環を開始することができる。
そして、循環の反復にさいして g の流通が G の流通から分離するということは、
少なくとも G……G’ という形態では表わされていない。それゆえ、貨幣資本の
循環は、その一回だけの姿態で考察すれば、形態的には、価値増殖過程および蓄
積過程だけを表わす。**消費**は、この循環のなかでは生産的消費としてだけ

$$G—W \begin{cases} A \\ \\ Pm \end{cases}$$

によって表わされており、**生産的消費だけが**、**個別資本のこの循環の**
なかに含まれている。

② W′─G′には **W′の販売が直接に含まれている**。しかし、一方の側からの販売 W′─G′ は、他方の側からの購買 G─W であって、**商品は究極的にはその使用価値のためにのみ購買され、**（……）**消費過程**……**にはいり込む**。しかし、この消費は、W′を生産物とする個別資本の循環にははいり込まない。この生産物は、まさに販売される。」

❻ **貨幣資本の循環過程は、他の二形態の資本の循環を包含する。**

（95 〜 98／67）

「① **貨幣資本の循環**は、産業資本の循環のもっとも一面的な、それゆえもっとも適切でもっとも特徴的な現象形態であり、**産業資本の目的および推進的動機**──すなわち価値増殖、金儲け、および蓄積──が**一目瞭然に表わされている**。

② G′＝G＋gという結果をともなう定式 G─W……P……W′─G′ は、その形態のうちに**欺瞞を含み**、**幻惑的性格**──前貸しされて増殖された価値がその等価形態すなわち貨幣で定在することから生じる幻惑的性格──**を帯びている**。

② この形態は、それ自身、他の諸形態をさし示す。

第一に、この全循環は、生産過程そのものの資本主義的性格を前提し、それゆえ、この生産過程──……──を基盤として前提する。……労働過程および価値増殖過程、すなわち**生産過程をすでに資本の機能として想定する**。

第二に、G─G′ が反復されるならば、貨幣形態への復帰は、第一段階での貨幣形態と同じく、消えうせていく〔一時的な〕ものとして現われる。**G─Wは消えうせて、Pに席を譲る**。

第三に、

$$\overbrace{\text{G─W……P……W′─G′・G─W……P……W′─G′}}\cdot\text{G─W……P……等々}$$

すでに循環の第二の反復にさいして、Gの第二の循環が完了するまえに、P……W′─G′・G─W……Pという循環が現われ、このようにしてその後のすべての循環はP……W′─G─W……Pという形態のもとで考察されうるのであり、……（中略）……他方では、Pの第二の循環が完了するまえに、最初の W′─G′・G─W……P……W′〔簡略にすれば W′─W〕という循環、すなわち商品資本の循環が進行している。**このように、第一の形態はすでに他の両形態を含んでおり、こうして貨幣形態は、それが単なる価値表現ではなく、等価形態すなわち貨幣での価値表現である限り、消えうせる。**」

第2章　生産資本の循環

〔解題〕　生産資本の循環形態の特徴

　　生産資本の循環の定式は、P……W'—G'—W……Pである。この定式は、Pで始まり、Pで終わるというように、**生産資本の周期的に更新される機能**、すなわち、**資本の再生産**、**言い換えれば**、**価値増殖に関連する再生産過程としての生産資本の生産過程を意味すること**、すなわち、この循環形態は、それ自身のうちに、過程の更新・反復を予定していること、**流通過程は**、単純な商品流通の過程として、**生産過程の反復を媒介するものとして現われており**、貨幣は、**流通手段として機能していること**が明らかにされる。

　　──以下では、再生産過程を、単純再生産（第一節）、蓄積、および拡大された規模での再生産（第二節）に分けて考察し、登場する貨幣について、貨幣蓄積（第三節）、準備金（第四節）の二形態を考察する。

第一節　単純再生産

❶ 生産資本の循環形態は P……W'—G'—W……Pであり、**説明式**は次のようになる。

$$
P\cdots\cdots W' \begin{cases} W\ \text{——} \\ +\ \text{—}\ G' \\ w\ \text{——} \end{cases} \begin{cases} G\ \text{——}\ W \begin{cases} A \\ \quad\cdots\cdots P \\ Pm \end{cases} \\ + \\ g\ \text{——}\ w \end{cases}
$$

　　この定式において、**総流通は**、**資本流通** W—G—W、および**剰余価値の流通・資本家の収入の流通** w—g—wからなるものとして現れている。

❷ この定式 P—Pでは、貨幣資本循環 G—G'の特徴であった資本の価値の自己増殖は背面に隠れ、その反面、**消費を目的とした生産と消費**（W—G—W・w—g—w）という、**単純な商品流通の形態が**、**生産過程の反復を媒介するものとなっている**。(115／78)

$$
G\text{—}W \begin{cases} A \\ \\ Pm \end{cases}
$$
は、「生産過程の準備局面として現れる」が、ここでは（貨幣資本の循環

形態とは異なり）「**生産過程の更新として**、それゆえ**再生産過程の先駆として**、したがってまた価値増殖過程の反復の先駆として、現われる。」（117／79）

第二節　蓄積、および拡大された規模での再生産

❶ 資本の蓄積による拡大再生産

（127／85）この循環形態の今一つの特徴は、**単純再生産か拡大再生産かという問題**が循環過程の内部に含まれていることである。剰余価値w—gのうち、その一部が資本家の個人的消費からはずれて、**蓄積**され、**追加資本**となれば、拡大再生産が可能となり、蓄積されなければ、単純再生産の反復となる。P—P'➡第一部、第七篇で説明済み。

❷ 蓄蔵貨幣・潜在的貨幣資本

（123／83）「実現された剰余価値は、たとえ資本化するように予定されていても、しばしばいくつも循環の反復によってはじめて、現実に追加資本として機能しうる大きさ、すなわち課程進行中の資本価値の循環にはいり込みうる大きさに成長することができる（したがってその大きさまになるまで積み立てられなければならない）。したがって、**剰余価値は凝結して蓄蔵貨幣となり**、**この形態で潜在的貨幣資本を形成する**。」

第三節　貨幣蓄蔵

（132／88）潜在的貨幣資本が、循環の「過程にはいるために到達していなければならない大きさも、生産資本のそのときどきの価値構成によって規定されている。しかし、貨幣が蓄蔵貨幣状態にとどまり続けるあいだは、……まだ**遊休している貨幣資本**である。」

第四節　準備金

❶ 準備金

（133〜134／89）「蓄蔵貨幣—………—は、**貨幣蓄積元本**であり、……この蓄積元本は、**特殊な副次的役立ち**をも行なうことができる。……（中略）……もし過程 W'－G' がその正常な限度を超えて延長されるならば、……または、たとえばこの転化が遂行されても、たとえば貨幣資本が転換されるべき生産諸手段の価格が循環の開始時の水準よりも騰貴しているならば、蓄積元本として機能している蓄蔵貨幣が、貨幣資本の—

……——代わりをするために使用されうる。このようにして貨幣蓄積元本は循環の攪乱をのぞくための**準備金**として役立つ。」

❷ 生産資本の一般的式・再規定

（135／90）「単純再生産と拡大された規模での再生産とを包括する生産資本の循環の一般的定式は、次のとおりである——

$$P\cdots\cdots\overbrace{W'-G'}^{1}\cdot\overbrace{G-W}^{2}\begin{cases}A\\ \quad\cdots\cdots P\ (P')\\ Pm\end{cases}$$

第3章　商品資本の循環

〔解題〕商品資本の循環形態の特徴

　貨幣資本の循環形態、生産資本の循環形態との相異を6点（項目❷〜❼）にわたって明らかにし、そのことによってこの定式が、個別資本の運動形態を示すにとどまらず、**社会的総資本の運動を示すにふさわしい定式であること**、第二部第三篇「社会的総資本の再生産と流通」の考察の基準となる定式であることが明らかにされる。

---

❶ **商品資本の循環形態**は、W'—G'・G—W……P……W'であり、より詳しくは、次の定式に示される。

$$W'\begin{cases}W\\ +\\ w\end{cases}-G'\begin{cases}G\\ +\\ g\end{cases}-W\begin{cases}A\\ \quad\cdots\cdots P\cdots\cdots W'\\ Pm\end{cases}$$

❷ **貨幣資本の循環**においては、G—W および W'—G' の二過程からなる流通過程の間に生産資本Pが入り、……P……が二つの流通過程を媒介し、また**生産資本の循環においては**、W'—G'・G—Wの二つの流通過程が生産資本Pの更新を媒介するかたちになっていたのに対し、**この循環定式においては**、W'—G'（・G—W）という流通過程に

よって循環が出発し、その流通過程に媒介されていた生産過程Ｐにおいて生産された
Ｗ'で終了している。

　したがって、この定式（Ｗ'―Ｗ）においては、**資本の流通過程が、総体として主題化されていること**。（要約―100〜101／69〜70）

❸　貨幣資本の循環においては、Ｇ―Ｇ'のＧ'において完結し、更新への内的動機が示されていないのに対し、生産資本の循環Ｐ―ＰはＰの進行が、**Ｗ'―Ｗ'においては、Ｗ'の販売が開始されることが予定されていること**、その意味で**両循環は、過程の更新・再生産を含んでいること**。（同上）

❹　**循環の更新の出発点が**、貨幣資本の循環においてはＧ（Ｇ'）、生産資本の循環においては、生産資本（Ｐ）そのものであるの対し、**商品資本の循環の場合は、すでに価値を増殖した商品資本（Ｗ）であること**。

　このことは、**資本の流通**、Ｇ―Ｗ$\begin{cases} \text{A} \\ \text{Pm} \end{cases}$……Ｐ……Ｗ'と、**剰余価値の流通** ｇ－ｗ とが**一体となって展開することを物語っている**。したがって、商品資本の循環定式は、「総商品生産物（Ｗ＋ｗ）の消費が、資本循環そのものの正常な条件として前提」され、「したがって**消費は、その全体が**――個人的消費および生産的消費として――**条件としてＷ'の循環にはいり込む**」ことが示されていること。（要約―148〜149／97〜98）

❺　「最終の極を別とすれば、個別貨幣資本の循環は貨幣資本一般の定在を前提してはおらず、個別生産資本の循環も生産資本の循環の定在を前提してはいない」が、**商品資本の循環「Ｗ'……Ｗ'では、商品形態にある資本が生産の前提となっている。**……この循環環では、Ｗ'は運動の出発点、通過点、終結点として実存し、それゆえ、つねにその場に存在する。」それが「再生産過程の恒常的条件である」こと。（要約―149〜151／98〜99）

❻　項目❹と❺からして、この循環形態は、「その進行のなかでＷ（＝Ａ＋Pm）の形態にある他の産業資本を前提しているからこそ（……）、この循環を、次のように考察せざるを得なくする。すなわち……個々の各産業資本（……）がそのもとに考察されうる社会的形態としてばかりでなく、それゆえすべての個別産業資本に共通な運動形態としてばかりでなく、同時に、**個別諸資本の総和の運動形態**すなわち**資本家階級の総資本の運動形態として**――個別の各産業資本の運動が、他の部分運動とからみ合い他の部分

運動によって条件づけられる一つの運動としてのみ現れる運動として——**考察するようにすること**がそれである。」（153〜154／100〜101）

❼　具体的に言えば、❹で述べた、W'—G'のうちに含まれている資本価値（不変資本C＋可変資本V）の流通と剰余価値の流通w—gとが、それぞれ

$$G—W \begin{cases} A \\ \\ Pm \end{cases}$$ およびg—wによって条件づけられているという関係、「資本の流通」と

「所得の流通」との、「生産的消費」と「個人的消費」との交錯＝連携という関係、を主題とする<u>社会的総資本の運動の考察の際の基準として、</u><u>この商品資本の循環形態がふさわしい</u>ということを示している、ということである。

第4章　循環過程の三つの図式

〔解題〕総括

　第3章までの、三つの循環形態のそれぞれの特徴の考察を踏まえて、**全体としてみた資本の循環の総括が行われる。**

❶ 三つの循環形態と総循環

（158／104）「Ck（流通の略称）が総流通過程を示すものとすれば、三つの図式は、次のように表わされうる。

（Ⅰ）　G—W……P……W'—G'

（Ⅱ）　P……Ck……P

（Ⅲ）　Ck……P（W'）

（158／104）①「三つの形態のすべてを総括するならば、（循環）過程の前提は、すべて過程の結果として、過程自身によって生産された前提として、現われる。**それぞれの契機が出発点、通過点、および復帰点として現われる**。総過程は、生産過程と流通過程との統一として現われる。生産過程が流通過程の媒介者となり、また逆に後者が前者の媒介者となる。」

（158／104）②「<u>三つの循環のすべてに共通なものは、それらを規定する目的としての、それらを推進する動機としての、価値の増殖である</u>。Ⅰでは、それが形態のうちに表わされている。形態Ⅱは、Ｐで、価値増殖過程そのもので始まる。Ⅲでは、循環は増殖された価値で始まり、新たに増殖された価値で終わる——運動がもとのままの規模で繰り返される場合でさえもそうである。」

（159／104）③「W—Gが買い手にとってはG—Wであり、G—Wが売り手にとってはW—Gである限りでは、資本の流通は普通の商品変態を表わすにすぎず、商品変態のところ（第一部、第三章、第二節〔b。本訳書、第一巻、194‒210ページ〕）で展開された流通する貨幣の総量にかんする諸法則があてはまる。しかし、この形態的側面にとらわれずに、<u>さまざまな個別諸資本の変態の現実的連関</u>、すなわち、実際に、<u>社会的総資本の再生産過程における部分諸運動としての個別諸資本の循環の連関を考察するならば、この連関は、貨幣と商品との単なる形態変換からは説明されえない</u>。」……（中略）……

（159〜160／105）④「これらの循環のそれぞれが、さまざまな個別的産業諸資本がとる運動の特殊的形態とみなされる限りでは、この相違もまたつねに個別的相違としてのみ実存する。しかし現実には、どの個別産業資本も同時に三つの循環のすべてのなかにいる。<u>資本の三つの姿態の再生産形態である三つの循環は、連続的に相ならんで遂行される</u>。……（中略）……<u>したがってここでは、総循環は資本の三形態の現実的統一である</u>。」

❷ 循環の「連続性」

（161〜163／106〜167）「……① 資本の循環過程は、絶え間ない中断、一段階からの離脱、次の段階への登場であり、一形態の脱ぎ捨て、他の一形態での定在である。これらのどの段階も、他の段階にとって条件となるばかりでなく、同時にまた他の段階を排除する。

　しかし、<u>連続性は、資本主義的生産の特徴的標識であり、この生産の技術的基礎によって必要とされている</u>——もっとも、この連続性は必ずしも無条件に達成しうるものではないとしても。それでは、事態が現実にどうなっているかを見よう。……（中略）……このように、<u>産業資本は、その循環の連続性において、同時に循環のすべての段階にあり、それらの段階に照応するさまざまな機能諸形態にある</u>。……

　② それゆえ、<u>連続性をもつ産業資本の現実的循環は、流通過程および生産過程の</u>

統一であるばかりでなく、**その三循環のすべての統一でもある**。しかし、**それがこのような統一でありうるのは**、ただ、資本のさまざまな各部分が循環の相次ぐ諸局面を順次に通り抜けること——ある局面、ある機能形態から他のそれに移行すること——ができ、したがってこれらの部分の全体としての産業資本が、同時にさまざまな局面および機能のうちにあり、こうして**三循環のすべてを同時に経過するという限りでだけである**。**各部分の継起は**、ここでは、**諸部分の並立によって**、すなわち**資本の分割によって**、**条件づけられる**。……（中略）……

③　しかし、生産の連続性を条件づける〔諸部分の〕並立は、資本の諸部分が、次々にさまざまな段階を通って行く運動によってのみ実存する。**この並立自体は継起の結果にすぎない**。たとえば、ある部分にとって W'—G' がとどこおり、商品が売れないならば、この部分の循環は中断されて、この部分の生産諸手段による補填は遂行されない。……**こうしたことがしばらく続けば**、**生産は制限され**、**全過程は停止される**。継起の停滞はいずれも並立を混乱させ、**一段階での停滞はいずれも**、**総循環**——単に停滞している資本部分のそれだけでなく、個別資本全体のそれ——**における大なり小なりの停滞を引き起こす**。」

❸ 再生産過程と「連続性」

（163〜171／108〜113）

「①　総循環は、資本のどの機能形態にとってもそれの独自的循環として現われ、しかもこれらの循環のどれもが総過程の連続性の条件となる。……**総生産過程が同時に再生産過程であり**、**それゆえ総生産過程の諸契機のおのおのの循環でもあるということは**、**総生産過程にとっての**、**とくに社会的資本にとっての**、**一つの必須条件である**。

……（中略）……

三循環の統一においてのみ、**上述の中断に代わって総過程の連続性が実現される**。**社会的総資本はつねにこの連続性をもち**、**社会的総資本の過程はつねに三循環の統一をもつ**。

個別資本にとっては、再生産の連続性はときどき多かれ少なかれ中断される。第一、……。第二に、……。第三に、……。

……（中略）……

②　**自己を増殖する価値としての資本は**、……**一つの運動であり**、**さまざまな段階を通る一つの循環過程**——……——**である**。それゆえ資本は、**運動としてのみ把握されうるのであって**、**静止している物としては把握されえない**。価値の自立化を単なる

抽象とみなす人々は、産業資本の運動がこの抽象の"現実化"であることを忘れている。**価値はここでは、さまざまな形態、さまざまな運動を経過し、そのなかで自己を維持すると同時に自己を増殖し増大する。**われわれは、ここではさしあたり単なる運動形態を問題にするのであるから、資本価値がその循環過程のなかでこうむることがありうる諸革命〔価値革命〕は顧慮されない。」——以下価値の「変動」の事例が列挙されるが略。

❹ 他の社会的生産様式の商品流通との交錯

(172 〜 176 ／ 113 〜 115)「産業資本が貨幣としてあるいは商品として機能するその流通過程の内部では、産業資本の循環は、貨幣資本としてであれ商品資本としてであれ、きわめてさまざまな社会的生産様式——それが同時に商品生産である限りは——の商品流通と交錯する。」——以下その具体例への言及があるが略…… （中略）……

(176 ／ 116)「われわれは、循環の一般的諸形態の考察にあたって、また一般にこの第二部の全体において、金属貨幣としての貨幣を取り上げ、象徴貨幣、すなわち特定の諸国家の特殊物をなすにすぎない単なる価値章標、およびまだ発展していない信用貨幣を除外する。」

❺ 一般的商品流通の諸法則と資本の循環

(177 〜 81 ／ 116 〜 9) ①「産業資本の流通過程——これは産業資本の個別的循環過程の一部分をなすにすぎない——は、一般的商品流通の内部の連続した過程を表わすにすぎない限りでは、以前（第一部、第三章〔本訳書、第一巻、160 ページ以下。とくに第三章、第二節 b および第三節 b〕）に展開された一般的諸法則によって規定されている。…… （中略）……

② しかし、**一般的商品流通の諸法則は、資本の流通過程が一連の単純な流通諸過程をなしている限りでのみ、妥当するのであって、これらの流通過程が個別産業資本の循環の機能的に規定された諸部分をなしている限りでは、妥当しない。**

このことを明らかにするためには、流通過程を、次の両形態に現われるような、中断されない連関のなかで考察するのが最善である——

$$(\text{II}) \quad P\cdots\cdots W'\begin{cases} W \\ \rule{1.5em}{0.4pt}\ G'\begin{cases} G\ \rule{1.5em}{0.4pt}\ W\begin{cases} A \\ \qquad\cdots\cdots P\ (P') \\ Pm \end{cases} \\ g\ \rule{1.5em}{0.4pt}\ w \end{cases} \\ w \end{cases}$$

$$(\text{III}) \quad W'\begin{cases} W \\ \rule{1.5em}{0.4pt}\ G'\begin{cases} G\ \rule{1.5em}{0.4pt}\ W\begin{cases} A \\ \qquad\cdots\cdots P\cdots\cdots W' \\ Pm \end{cases} \\ g\ \rule{1.5em}{0.4pt}\ w \end{cases} \\ w \end{cases}$$

③　一方の段階にある商品変態と他方の段階にある他の一商品の変態とのからみ合いについて示されたことは、資本家が商品の買い手および売り手として機能する限りでは、それゆえ彼の資本が、他人の商品にたいしては貨幣として、また他人の貨幣にたいしては商品として機能する限りでは、資本流通についてもあてはまる。しかし、この〔商品変態の〕からみ合いが同時に諸資本の諸変態のからみ合いの表現であるのではない。

　第一に、G—W（Pm）は、……さまざまな個別諸資本の諸変態のからみ合いを表わしうる。……（中略）……けれども、……Gが転換されていくPmは、カテゴリー的な意味での商品資本、すなわち産業資本の機能形態である必要はなく、資本家によって生産される必要はない。それは……必ずしも資本の諸変態のからみ合いであるとは限らない。さらに、G—A、労働力の購入は、資本の諸変態のからみ合いでは決してない。というのは、労働力は労働者の商品であるには違いないが、それは資本家に販売されてはじめて資本となるからである。他方、過程W'—G'では、G'は、転化された商品資本である必要はない。……

　それに**第二**に、一つの個別資本の流通過程の内部で生じるそれぞれの変態が演じる、機能的に規定された役割については、その変態が他の資本の循環のなかでそれに対応する反対の変態を表わすものであるとは―……―決して言えない。……（中略）……したがって、社会的総資本の異なる構成諸部分――個別諸資本は、この総資本の、自立的に機能する構成諸部分であるにすぎない――が、資本にかんしても剰余価値にかんしても、どのようにして流通過程で相互に補填されるかは、資本流通の諸過程が他のすべての商品流通と共通にもつところの、商品流通の単なる諸変態のからみ合いからは、明らかにならないのであって、他の研究方法を必要とする。……（中略）……

❻ **産業資本の循環過程の**、**したがってまた資本主義的生産の**、**もっとも明白な独自性の一つは**、**一方では**、生産資本の形成諸要素が商品市場に由来し、また絶えず商品市場からあらためて商品として購買されなければならないという事情であり、**他方では**、労働過程の生産物が商品として労働過程から出て行き、絶えず新たに商品として販売されなければならないという事情である。……（中略）……

　そういう観点から、現物経済、貨幣経済、および信用経済が社会的生産の三つの特徴的な経済的運動形態として互いに対置されることになった。」─以下その説明続くが略。

　（183／120）〔原注7〕「以上第五草稿。──以下、本章の終わりまでは、1877年または1878年の一冊のノートのなかでの諸著作のあいだに見いだされる**覚え書**である。」

第5章　通流時間

〔解題〕通流時間と生産時間の区別と対抗

　生産部面と流通部面の区別、通流時間と生産時間の区別と対抗関係、生産時間の中断・生産時間と労働時間の区別、等についての考察が行われる。

❶ 生産部面と生産時間、流通部面と通流時間

（191～194／124～126）①「生産部面と流通部面の二局面とを通る資本の運動は、……時間的系列をもって遂行される。生産部面における資本の滞留の時間は資本の生産時間をなし、流通部面における滞留の時間は資本の流通時間または通流時間をなす。それゆえ、**資本がその循環を経過する総時間は**、**生産時間と通流時間との合計に等しい**。

　② 生産時間はもちろん労働過程の期間を包括するが、生産時間は労働過程の期間によって包括されてはいない。

　（a）不変資本の一部分──機械、建物などの労働諸手段➡寿命の尽きるまで、労働過程で役立つ。

　（b）労働過程の周期的な中断──夜間➡機能を中断するが、生産部面に滞留・所属する。

　（c）原料・補助材料の一定の在庫➡徐々に生産的に消費されていく。それゆえ、

生産時間とその機能時間とのあいだに差が生じる。

③ <u>生産諸手段の生産時間</u>は、一般に次の三つの時間を包含する。

(一)　生産手段として機能している時間

(二)　生産過程での機能が中断されている休止期

(三)　生産過程にはいり込んでいない時間

④　これまで考察された差は、いつも、<u>生産部面</u>における生産資本の滞留時間と、<u>生産過程</u>におけるそれの滞留時間の差である。しかし、生産過程そのものが、労働過程の、それゆえまた労働時間の、中断――……――を条件とすることがありうる。➡<u>労働手段としての生産諸手段の機能は中断されている</u>とはいえ、生産過程、それゆえ<u>生産諸手段の機能は維持している</u>。

ex. 播かれた穀粒、地下貯蔵室で醗酵しているワイン、皮なめし業のような化学的処理にゆだねられている労働材料➡労働時間＜生産時間

⑤ <u>潜在的生産資本</u>――<u>生産過程の準備としてあるもの</u>➡紡績業の綿花

生産物形成者としても価値形成者としても作用しない――<u>遊休資本</u>――生産過程継続の一条件。

〔a〕潜在的生産資本の貯蔵所――生産過程の条件――前貸生産資本を構成

〔b〕生産過程全体の正常な中断＝生産資本が機能しない休止期――価値も剰余価値も生産しない。

〔c〕労働時間の休止期――価値も剰余価値も形成しない。」

❷ <u>通流時間と生産時間とは互いに排除し合う</u>

(196／127)①「通流時間と生産時間とは、互いに排除し合う。資本は、その通流時間中は生産資本として機能せず、それゆえ商品も剰余価値も生産しない。」

(196／127)②「通流時間の膨張および収縮は、生産時間の、もしくは与えられた大きさの資本が生産資本として機能する範囲の、収縮または膨張にたいして、<u>消極的制限として</u>作用する。」

(197／128)③「資本の通流時間は、その時間の長さに比例して資本の価値増殖過程を制限する。しかし、この時間の長さは実にさまざまに増減しうるのであり、それゆえ実にさまざまな度合いで資本の生産時間を制限しうる。それなのに<u>経済学</u>が見るもの

は、**現象するもの**、すなわち、**通流時間が資本の価値増殖過程一般におよぼす作用である**。経済学は、この消極的作用を、その結果が積極的であるという理由で、積極的作用と解する。この**仮象**は、**資本**が、資本の生産過程にはかかわりのない、それゆえ労働の搾取にはかかわりのない、**神秘的な自己増殖の源泉をもっており、この源泉が流通部面から資本に流れてくるということの証拠を提供するように見えるだけに、経済学はなおさらこの仮象に固執する。科学的経済学**〔古典派経済学〕**でさえもこの仮象によってどのようにだまされるかは、あとで述べよう。**」

(198／128) ④「流通部面内では、資本は──順序はどちらであれ──二つの相反する局面 W─G および G─W を経過する。したがって、資本の通流時間も二つの部分に──資本が自己を商品から貨幣に転化するために要する時間と、自己を貨幣から商品に転化するために要する時間とに──分かれる。すでに単純な商品流通の分析（第一部、第三章〔本訳書、第一巻、160頁以下〕）からも知られるように、**W─G**、すなわち**販売は、資本の変態のもっとも困難な部分であり、それゆえまた、普通の事情のもとでは、通流時間のうちのより大きな部分をなす。**」

(199〜200／129) ⑤「それ自体としては、W─G も G─W も、与えられた価値の一方の形態から他方の形態への単なる移し換えにすぎない。しかし **W'─G' は、同時に、W' に含まれる剰余価値の実現である。**G─W はそうではない。**それゆえ、販売は購買よりも重要である。**」

第6章　流通費

〔解題〕諸費用をどのように捉えるか

　商品の売買に要する記帳のための簿記、貨幣の補填、商品の在庫形成とその保管に要する費用、商品の輸送に要する費用等をどのように捉えるべきかについて、考察される。➡章末の〔補足説明①〕も併せ参照。

第一節　純粋な流通費

❶ 購買時間と販売時間

（202／131）①「商品から貨幣への、および貨幣から商品への、資本の形態転化は、同時に資本家の取り引きであり、購買行為および販売行為である。資本のこれらの形態転化が遂行される時間は、主観的には、資本家の見地からは、**販売時間**および**購買時間**、すなわち彼が市場で売り手および買い手として機能する時間である。」

（204／132）②「資本家たちの手中での商品転換〔売買〕がどのような広がりをもとうと……価値の形態転化を媒介するにすぎないこの労働を、価値を創造する労働に転化させることはできない。」

（205／133）「**購買時間および販売時間**は、相変らず**なんの価値も創造しない**。」

（208／134）③「このことに費やされる時間は、転換される価値にはなにもつけ加えない**流通費（空費）**である。」

（208／135）「労働力および労働時間がある程度まで流通過程（……）で支出されなければならない。しかし、この支出はいまや追加的資本投下として現れる。……この資本前貸しは生産物も価値も創造しない。それは、前貸資本が生産的に機能する範囲を"それだけ"縮小する。」

❷ 簿記

（209／135）「労働時間は、……**簿記**のためにも支出されるのであり、この簿記には、……**事務所経費**がはいる。」

（210／135〜136）「……消費する紙などのような労働諸手段は、……生産物形成および価値形成にはいり込む労働諸手段からの、**控除**をなす……。」

（211／136）「簿記係などの雇い入れおよび簿記用品類に投下」した資本は、「生産過程から引き離されて、**総収益からの控除である流通費**の一部になる。」

❸ 貨幣

（213／138）「流通手段、支払手段、準備金などとして機能する金銀の数量もまた増加する。」——これは、「社会的富の一部分がこの不生産的形態に拘束されていること」を示し、しかも「貨幣の摩滅は、貨幣の持続的な補填を……必要とする。この**補填費**は、……（中略）……社会にとっては、生産の社会的形態からのみ生じる流通費を形成する。それは、**商品生産一般の"空費"**であり、……**社会的富のうち流通過程の犠牲に供されなければならない一部分**である。」

第二節　保管費

❶ 保管費＝商品の販売価格への追加分

(214／138)「この流通費は、生産過程——この生産過程は流通において持続されるにすぎず、したがってその生産的性格は流通形態によっておおい隠されているにすぎない——から生じうる。他方では、この費用は、**社会的に考察すれば**、単なる費用、不生産的支出——……——でありうるが、にもかかわらず……**個別資本家にとっては価値形成的に**〔価値形成の要因として〕**作用し、彼の商品の販売価格へ追加をなしうる。**」

(215／139)「商品に使用価値をつけ加えることなしに商品を高くする費用、したがって社会にとっては生産の"**空費**"に属する費用が、**個別資本家にとっては致富の源泉をなしうる。**」

❷ 在庫形成一般

(216／139)①「生産物は、それが商品資本として定在するあいだ、またはそれが市場に滞留するあいだは商品在庫を形成する。」

(216／139〜40)「商品資本が在庫を形成するにいたっている状態は、**目的に反する非自発的な市場滞留**である。……（中略）……他方、G—Wにとっては、市場における絶え間ない商品の現存、すなわち商品在庫は、**再生産過程の流れの条件として、また新資本または追加資本の投下の条件として、現われる。**」

(217／140)②「商品在庫としての商品資本の市場滞留は、建物、倉庫、商品貯蔵所、商品保管所を、したがって**不変資本の投下を必要とし、**……商品を貯蔵所に運び入れるための**労働力に対する支払いも必要**である。」

(218／140)「したがって、……商品在庫としての形態での、資本の定在は、生産部面には属さないので**流通費**に数えられる費用を生じさせる。この流通費は、**ある一定の範囲内で商品の価値に入り込み、したがって商品を高価にする**という点で、第一節で述べた流通費とは区別される。……ここで使用される資本——……——は、社会的生産物のうちから補填されなければならない。……それは**空費**である。」

(219／141)「在庫形成（……）のこの空費は、……この空費の対象そのものが価値の形態転化ではなく**価値の維持**である——……——ということによって、第一節の空費と区別される。**使用価値はここでは**……その減少が制限され、**維持される。**」

(220・141〜142)③「在庫は三つの形態で実存する——すなわち、**生産資本の形態**で、**個人的消費元本の形態**で、および**商品在庫または商品資本の形態**で。」

❸ 本来の商品在庫

（226／146〜147）　①「**資本主義的生産の発展につれて**、……（中略）……どの特殊な生産部門においても、……販路を求める生産物の総量が、必然的に増大する。商品資本の形態で長かれ短かれ固定される資本の総量が増大する。それゆえ、**商品在庫が増大する**。」

（227／146）　②「生産物在庫の社会的形態がどうであろうと、その**保管**には費用を……必要とし、同じくまた有害な影響を防ぐために生産物の性質に応じて多かれ少なかれ支出されねばならない生産諸手段および労働を、必要とする。……**この資本支出は**生産物形成そのものにははいり込まず、したがって**生産物からの控除である**。この支出は、必要であり、**社会的な富の空費である**。」

（230〜231／148）③「商品在庫は、所与の期間のあいだ需要の規模にたいして十分であるためには、ある一定の規模をもたなければならない。……（中略）……**在庫の規模は、中位の売れ行きよりも、または中位の需要の規模よりも、大きくなければならない**。……（中略）……生産者自身は、生産に直接左右されないように、そして恒常的な顧客の範囲を確保するために、自己〔の商品〕にたいする**平均需要に照応する在庫**をもとうとつとめる。……**この在庫形成によってのみ、流通過程の、それゆえまた流通過程を含む再生産過程の、恒常性と連続性が確保される**。」

（231〜232／149）④「在庫の維持に必要な費用……も、……それの**維持費の単に変形されたものにすぎない。この費用が引き起こす商品価値の引き上げは、この費用をただ"案分して"さまざまな商品に配分するだけである**。というのは、この費用は商品の種類が異なれば異なるからである。在庫形成の費用は、……依然として**社会的富からの控除である**。」

（232／149）⑤「流通貯水池に滞留する諸商品が、……あふれるようになるやいなや、……商品在庫が流通停滞の結果、膨張する。……その場合には、商品在庫は中断のない販売の条件ではなく、**商品の販売不可能の結果である**。費用は同じままであるが、しかし、いまや**この費用は**……商品の価値にはいり込まず、控除を、価値の実現における**価値損失をなす**。」

（233／150）「商品在庫は、まえと同じ速さで更新され吸収されるが、その規模はより大きくなる。したがって、**流通停滞にって膨張する商品在庫の規模が、再生産過程の**

拡大の兆候であるかのように見誤られうる——信用制度の発展につれて現実の運動が神秘化されうるやいなや、とくにそうなりうる＊。」

　　　　　　　　　　　　☞＊この点は、第三部第四編第18章での恐慌論に繋がる。

（233／150）⑥「**在庫形成の費用**は、㈠生産物総量の量的減少〔目減りなど〕（たとえば穀物在庫の場合）、㈡品質の悪化、㈢在庫の維持に必要とされる対象化された労働および生きた労働、からなる。」

第三節　輸送費

❶ 輸送による価値追加

（235／151）「生産物総量はその輸送によって増えはしない。また、輸送によって引き起こされるかもしれない生産物の自然的属性の変化も、若干の例外をのぞいて、意図された有用効果ではなく、必要悪である。しかし、諸物の使用価値はそれらの消費においてのみ実現され、しかも諸物の消費はそれらの場所変更を、したがって**輸送業の追加的生産過程**を必要としうる。したがって、**輸送業に投じられた生産資本は**、**一部は輸送諸手段からの価値移転によって**、一部は輸送労働による価値追加によって、**輸送される生産物に価値をつけ加える**。この**輸送労働の価値追加は**、すべての資本主義的生産の場合にそうであるように、**労賃の補填と剰余価値とに分かれる**。」

❷ 付け加える価値の大きさ

（237／152）「輸送が商品につけ加える価値の絶対的な大きさは、……**輸送業の生産力に反比例し、通過すべき距離に正比例する**。」

❸ 生産過程の継続としての輸送

（238／153）「輸送業は、一方では、**自立的な一生産部門**を形成し、それゆえまた生産資本〔産業資本〕の特殊な一投下部面を形成する。他方では、それは、**流通過程の内部での**、かつ流通過程のための、**生産過程の継続として現われる**という点で、自己を〔他のものから〕区別づける。」

〔補足説明①〕「流通費」をめぐる論争

　「流通費」をめぐっては、これまで多岐にわたる論点について論争がありました。その詳細は柴田信也「流通費をめぐる論争」（富塚良三・井村喜代子編『資本論体系4』有斐閣、

1990 年 4 月）に委ね、ここでは柴田論文の冒頭部と末尾の部分のみを紹介しておきます。

「A　はじめに

マルクス経済学はいわゆる上向法に則った体系性をその生命とするものであるかぎり、これを構成する個々の学的範疇をめぐる議論は、一方では、生産的労働・不生産的労働・サービスとは何か、という問題と不可分な形で提起され、他方では、商業資本論や利子生み資本＝信用制度との関連において展開されてきた、という状況にある。したがって、例えば流通費の（不）生産的性格を問うという場合、本来、どこまでが流通費に固有の問題領域であり、どこからが（不）生産的労働一般の問題として論じられるべきなのか、それらのカテゴリッシュな境界線は甚だあいまいにならざるをえないのである。……

さて、現行エンゲルス編『資本論』第 2 部第 6 章「流通費」の項目立ては、周知のように、〈Ⅰ．純粋な流通費（1.売買時間、2.簿記、3.貨幣）、Ⅱ．保管費（1.在庫形成、2.本来の商品在庫）、Ⅲ．運輸費〉からなるが、……**かかる構成や用語法自体、マルクスの最終段階の結論とどこまで一致するかについては議論の余地があろう**。しかし、今日に至るまでのマルクスの草稿類を取り巻く諸事情からして、当該研究も、もっぱら現行の『資本論』に依拠せざるをえなかったのはいわば当然の成り行きであった。さらにいえば、真に肝要なことは、マルクスやエンゲルスの取り組んだ課題にたいしてわれわれ自身がいかなる解答を与えうるか、ということでなければならないであろう。

そこで、現行『資本論』の項目立てに従えば、Ⅰ．が**純粋な流通費**であるというのは、裏返しに言えば、Ⅱ．とⅢ．は不純な流通費である、との含みをもつと考えられる。事実、第 6 章で、マルクスは、**保管費**が〈生産過程から生じうるものであって、ただこの生産過程が流通のなかでのみ続行され、したがってその生産的な性格が流通過程によっておおい隠されているだけ〉であるといい、また**運輸費**についても、運輸業は〈一つの独立な生産部門〉であるにもかかわらず、〈流通過程のなかでの、そして流通過程のための生産過程の継続として現れる〉というのである。**つまり両費用は、そもそも純粋な流通費とは〈性質の違うもの〉なのである**。とすれば、**それらは**、その生産費としての性格を内在させながら、**なぜ流通費として括られ、この位置で論じられなければならないのか、という素朴な疑問が生ずるのである**。流通費に関する論争がまずこの論点から始まったのは、けだし当然であった。」（434 〜 5 頁）

「E　資料的研究

周知のように、近年、ＭＥＧＡの出版や個別的研究者による新資料の発掘により、マ

ルクスの経済学形成史上の空隙が少しずつ埋められつつあるが、流通費に関する研究も、これらの新資料をも併せて検討することによってさらに深められねばならないであろう。……（中略）……エンゲルスの編集という問題を別にしても、**『資本論』の「流通費」を構成すべき内容は、形式的にも実質的にも、なお流動的状態にあったものとしてこれを受け止め、理論的にも資料的にも、さらに詰めていくべきものて是あろう。」**（442 頁）

〈第二篇〉 資本の回転

第7章　回転時間と回転数（E書簡で「重要」指定章）

> ### 〔解題〕資本の回転・回転時間と回転数
>
> 　第6章で見たように、資本の総流通時間は、その資本の通流時間と生産時間との合計であった。それは、一定の形態での資本価値の前貸しの瞬間から、過程進行中の資本価値の同じ形態での復帰までの期間であった。
>
> 　**資本の循環**は、孤立した経過としてではなく**周期的な過程として捉えたとき、資本の回転**と呼ばれるものとなる。本章では、**資本の回転時間と回転数が主題**となる。

❶ 資本の回転—反復される周期的過程として考察された資本の循環

——叙述は、次のように第一篇での資本の循環三形態の比較考察から始まっている。（241〜242／155）「**形態Ⅰ　G—G′、Ⅱ　P……P、Ⅲ　W′—W′** という三つの形態は、**形態Ⅱ（P……P）**では、過程の更新すなわち**再生産過程が現実的なものとして表現されるが、形態Ⅰでは**可能性としてのみ表現される、ということによって区別される。しかし、この両形態が形態Ⅲと区別されるのは、**前貸資本価値が**——貨幣としてであれ素材的の生産諸要素の姿態であれ——**出発点**となっており、それゆえまた**復帰点**ともなっているからである。……（中略）……**これにたいして形態Ⅲでは**、資本価値は前貸資本価値として過程を開始するのではなく、すでに増殖された資本価値として、諸商品の形態にある富の総体として、過程を開始するのであり、前貸資本価値はこの富の一部分にすぎない。この最後の**形態〔Ⅲ〕**は、**個別的諸資本の運動が社会的総資本の運動との連関において把握される第三篇にとって重要である。しかしそれ〔Ⅲ〕は、資本の回転**——これは、貨幣の形態であれ商品の形態であれ、つねに資本価値の前貸しで始まり、またつねに、循環する資本価値の、それが前貸しされたさいの形態での復帰を条件づける——**のためには、利用しえない。**循環ⅠとⅡのうち、剰余価値形成への回転の影響が主としてと注目される限りでは前者（形態Ⅰ）を、生産物形成への回転の影響が主として注目される限りでは後者（形態Ⅱ）を、しっかりつかむべ

きである。」

（242／156）「経済学者たちは、循環のさまざまな形態を区別しもしなかったし、資本の回転との関連でそれらの形態をべつべつに考察することもしなかった。」

❷ 資本の回転・回転時間・回転数

（243／156）「資本の循環は、孤立した経過としてではなく周期的な過程として規定されるとき、**資本の回転**と呼ばれる。この回転の持続期間は、資本の生産時間と通流時間との合計によって与えられる（部門によって異なる）。この総時間は、**資本の回転時間**をなす。」

（244／157）「労働日が労働力の機能の自然的な度量単位をなすように、過程進行中の**資本の回転の自然的な度量単位は一年である**。この度量単位の自然的基礎は、資本主義的生産の母国である温帯のもっとも重要な土地果実が年々の生産物である、ということにある。」

「回転時間の**度量単位としての一年**をU、一定の資本の**回転時間**をu、その資本の回転数をnとすれば、

$$n = \frac{U}{u}$$　である。」

（244／157）「資本家にとっては、彼の資本の回転時間は、自分の資本を増殖してもとの姿で回収するために前貸ししておかなければならない時間である。

　生産過程および価値増殖過程におよぼす回転の影響を詳しく研究するまえに、われわれは、流通過程から生じ資本に付着して資本の回転の形態に影響を与える二つの新たな形態を考察しなければならない。」

第8章　固定資本と流動資本 (E 書簡で「重要」指定章)

> **〔解題〕諸資本の素材的構成諸部分の流通・回転様式の相違**
>
> 　商品の生産に投下された諸資本の素材的構成部分、すなわち、労働手段・原料・補助材料、労働力等の流通・回転様式の相違を明らかにし、それらの補填・修理・必要な**資金の蓄積**についての説明が行われる。

第一節　形態的区別

❶ 回転様式から見ての区分

(247／159)「資本価値のうち**労働手段に固定された……資本部分の流通は独自のものである。**……（中略）……その価値がこの資本部分〔労働手段〕から生産物に―……―移行するのに応じて、徐々に、少しずつ流通する。労働手段の全機能期間を通じて、その価値の一部分は、その助力によって生産される諸商品にたいして自立的に、つねに労働手段に固定されたままである。**この独自性によって、不変資本のこの部分は、固定資本という形態を受けとる。**これにたいし、生産過程に前貸しされた資本のうちの**他の素材的構成諸部分は**、すべて、それと対照的に、**流動資本を形成する。**

(254 〜 245／163 〜 164)「**固定資本の独自の流通によって、独自の回転が生じる。**現物形態での固定資本が摩滅によって失う価値部分は、……（中略）……この労働手段が生産過程において価値の担い手であることをやめるのと同じ比率で、流通過程から貨幣としてしたたり落ちる。したがって**労働手段の価値は、いまや二重の実存をもつ**ことになる。その一部分は、**生産過程に属する労働手段の使用形態または現物形態に縛りつけられたままであり、**他の一部分は、**この形態から貨幣として分離する。**労働手段がその機能を果たしているあいだに、労働手段の現物形態で実存する価値部分はつねに減少するが、他方、貨幣形態に転換される価値部分はつねに増加していき、ついには、労働手段がその生涯を終え、その総価値がその遺体から離れて貨幣に転化される。**この点に、生産資本のこの要素がもつ回転の独自性が現われる。**……（中略）……再生産時間の始まるまで、機械の価値は、さしあたり**貨幣準備金の形態で徐々に蓄積される。**」

(255 〜 256／164 〜 165)「生産資本の他の諸要素は、一部分は補助材料および原料として実存する不変資本の諸要素からなり、一部分は労働力に投下された可変資本から

なる。……これらの異なる構成部分は、生産物形成者および価値形成者としてまった
く異なるふるまいをする。不変資本のうち**補助材料および原料からなる部分の価値は**
——……——移転されたにすぎない価値として**生産物の価値に再現するが**、これにたいし
て**労働力は**、労働過程に媒介されて**生産物にその価値の等価物をつけ加える、または
その価値を現実に再生産**する。」

(257 ／ 165)「**生産資本のこれらの構成部分**——生産資本価値のうち労働力に投下され
た部分と固定資本を形成しない生産諸手段に投下された部分——は、それらに共通な
回転のこの性格によって、**流動資本**として固定資本に対立する。」

❷ **いままで述べたことから、次のように結論される**
(260 ～ 262 ／ 167 ～ 169)

「(1) **固定資本および流動資本という形態規定性は**、生産過程で機能する資本価値
の、すなわち**生産資本の回転の相違からのみ生じる**。……（中略）……この対立は、
生産資本にとってだけ、そして生産資本の内部でだけ、実存する。

(2) 資本の固定的構成部分の回転は、したがってまたそれに必要な回転時間は、資
本の流動的構成諸部分のいくつかの回転を含む。**固定資本が一度回転する時間中に、
流動資本は、幾度も回転する**＊。

　＊この回転の相違について言えば、それはそれ自身、生産資本のさまざまな構成部分がそれ
　　らの価値を生産物に**移転する様式の相違から生じるもの**であって、生産物価値の生産への
　　それらの構成部分の関与の相違、または価値増殖過程におけるそれら構成部分の特徴的な
　　ふるまいからは生じるのではないことに留意。

(3) **生産資本の価値のうち固定資本に投下された部分は**、**生産諸手段のうち固定資
本を構成する部分が機能する全期間にわたって**、**全部一度に前貸しされている**。すな
わち、**この価値は**、資本家によって一度に流通に投じられる。しかしそれは、**固定資
本が諸商品に少しずつつけ加える価値部分の実現によって**、**少しずつ、徐々にふたた
び流通から引き上げられていくだけである**。他方、生産資本の一構成部分が固定され
る生産諸手段そのものは、一度に流通から引きあげられ、その全機能期間にわたって
生産過程に合体されるが、この同じ期間中は、同種の新品による補填を必要とせず、
再生産を必要としない。それらは、期間の長短はあるが、流通に投げ入れられる諸商
品の産出に貢献し続けるが、それ自身の更新の諸要素を流通から引きあげたりはしな
い。……（中略）……**生産手段の現物形態への貨幣のこの再転化は**、生産手段が全部

使い果たされる<u>生産手段の機能期間の終わりに、はじめて行なわれる</u>。

(4) <u>流動資本の諸要素も</u>、固定資本の諸要素と同じく、<u>つねに生産過程に</u>——それが連続的でなければならないとすれば——<u>固定されている</u>。しかし、このように固定された流動資本の諸要素は、つねに<u>"現物で"更新される</u>（<u>生産諸手段は</u>同種の新品によって、<u>労働力は</u>絶えず更新される購買によって）。一方、<u>固定資本の諸要素の場合には</u>、その存続中はそれ自身が更新されることもなく、その購買が更新される必要もない。」

〔解説①〕 **ここまでの要点**

① <u>労働手段</u>は、耐久年数の間、その現物形態を保持したまま、生産過程で機能し続けるが、その価値は、生産期間が終るごとに漸次的に商品のうちに移転され、販売によって貨幣形態に転化して漸次的に還流し、「<u>償却基金</u>」として積み立てられ蓄蔵される➡耐久期間の終期に再び一挙に新規の労働手段の購入に投入される。——<u>この独特の回転様式</u>によって、生産資本のこの部分は、<u>固定資本</u>と呼ばれる。

② <u>原料および補助材料</u>は、一生産期間ごとに消費され尽し、その全価値を商品に移転するが、原料および補助材料に投下された不変資本〔C〕は、商品の販売によって回収され再びそれらの購入に投下される。<u>こうした回転様式によって、この資本部分は</u>、（同様の回転様式を持つ）<u>労働力の購入に投下された可変資本部分〔Ｖ〕とともに、流動資本</u>と呼ばれる。

第二節　固定資本の、構成諸部分・補填・修理・蓄積

(263／169)「同じ資本投下においても、固定資本の個々の諸要素は、<u>寿命を異にし</u>、それゆえまた<u>回転時間を異にする</u>。」
　以下例として、鉄道についての説明続く。

(264／170)「<u>摩滅</u>はまず使用そのものによって引き起こされる。……（中略）……さらに摩滅は、自然力の作用によって生じる。……（中略）……最後に、大工業ではどこでもそうであるように、ここでも<u>社会的基準上の（モラーリツシュ）摩滅</u>がその役割を演じる。」

(265〜266／171)「<u>労働諸手段の大部分は、産業の進歩によってつねに変革される</u>。

それゆえ**労働諸手段は、当初の形態で補填されるのではなく、変革された形態で補填される。一方では**、固定資本が大量であること——……——は、新しい機械などが徐々にしか採用されない一つの原因となっており、それゆえまた、改良された労働諸手段の急速な一般的採用をさまたげる一つの障害となっている。**他方では**、**競争戦**が、ことに決定的な〔技術〕変革にさいしては、**古い労働諸手段をその自然死的死滅以前に新しいものと取り替えることを強制する**。運転設備のこのような**予定前の早期更新を、比較的大きな社会的規模で強要するものは、主として恐慌という破局である。**」

(266／171)「**摩滅は**（社会的摩滅を別とすれば）、固定資本がその消耗によって、その使用価値を失う平均度に応じて徐々に生産物に引き渡す価値部分である。」

(266〜267・171)「固定資本の他の諸要素は、**周期的または部分的な更新**ができる。この場合の部分的または周期的な補填は、**事業経営の漸次的拡張**とは区別しなければならない。」

(270／173)　**修理労働の支出**

(274／176)「本来の修理に投下されるこのような資本は、幾多の点で、流動資本にも固定資本にも分類できないが経常支出に属するものとしてむしろ前者（流動資本）に**数えられる、独自な種類の資本を形成する。**」

(276／178)「摩滅の補填とも、また維持および修理の労働ともまったく異なるのが、異常な自然のできごと、火災、洪水などによる破壊にたいする**保険**である。」

(277／178)「本来の修理と補填との境界、維持費と更新費との境界は、多かれ少なかれ、流動的である。」

(284／182)「**償却基金**」・「**蓄蔵貨幣**」の積み立て。

第9章　前貸資本の総回転。回転循環（E書簡で「重要」指定章）

(286〜294／183〜187)「すでに見たように、生産資本の固定的構成諸部分と流動的

構成諸部分とでは、回転する様式が違うし期間も違うが、同じように同一事業における固定資本の相異なる構成諸部分も、その寿命が異なり、したがって再生産時間が異なるにつれて、それぞれ回転期間を異にする。」——**以下、六つの柱を立てて説明が続く。**

⑴「**前貸資本の総回転は、その資本の相異なる構成諸部分の平均回転である。**」

⑵「**この場合には、量的区別ばかりでなく質的区別も生じる。**

　生産過程にはいり込む流動資本は、その全価値を生産物に移転するのであり、それゆえそれは、生産過程が中断なく進行するためには、生産物の販売によってつねに、"**現物**" で補填されなければならない。……固定資本は、その価値の一部分（摩滅分）だけを生産物に移転するのであり、摩滅するにもかかわらず引き続き生産過程で機能する。それゆえそれは、あるいは長いあるいは短い合間をおいて——……——"**現物**" で補填されさえすればよい。……（中略）……

　それゆえ、**固定資本の相異なる部分の特殊な諸回転を、同種の回転形態に還元して、それらを量的にのみ、回転期間〔の長さ〕から見てのみ異なるものにすることが必要である。**……（中略）……

　われわれは、価値をつねに貨幣で前貸しされたものとみなすのであり、価値のこの貨幣形態が計算貨幣の形態であるにすぎない連続的生産過程の場合にも、そうするのである。こうしてわれわれは平均を出すことができる。」

⑶「**その結果、次のようになる。**すなわち、前貸しされた生産資本のうちのはるかに大きい部分が固定資本からなっており、しかもその再生産時間、したがってまた回転時間が多年にわたる循環を含む場合でも、なお年度内に回転する資本価値が、年度内に反復される流動資本の回転の結果として、前貸資本の総価値よりも大きいことがありうる。」

⑷「このように、**前貸資本の価値回転は、資本の現実の再生産時間または資本の構成諸部分の現実の回転時間から分離する。**……（中略）……

　ただ次のことだけは明らかである——資本がその固定的構成部分によって縛りつけられている、連結した諸回転からなる、数年間にわたるこのような循環によって、**周期的恐慌の一つの物質的な基礎が生じる**のであり、この循環のなかで、**事業は、弛緩、中位の活気、大繁栄、恐慌、という継起する諸時期を通る**のである。なるほど資本が投下される時期は、非常にさまざまであり、一致することはない。とはいえ、**恐**

慌はいつでも大きな新投資の出発点をなす。したがってまた――社会全体として考察すれば――多かれ少なかれ次の回転循環のための一つの新たな物質的基礎をつくり出す。」

(5)「回転の計算方法については、アメリカの一経済学者に語らせよう。」

(6)「資本の異なる諸部分の回転における現実上の相違と外観上の相違。――（中略）……――スクループ（アメリカの経済学者）はここで、流動資本の一定部分の流れにおける区別――個々の資本家にとって支払期限や信用関係によって引き起こされる区別と、資本の本性から生じる回転〔における区別〕とを混同している。」

〔解説②〕**前貸資本の総回転の計算方法について（例示）**

❶ **前貸資本の諸構成部分の平均回転の算出**――これを**前貸資本の総回転**と言った。

　算出の仕方

　前貸資本の総回転をN、固定資本をF、その年間回転数をn_1、流動資本をZ、その年間回転数をn_2、とすると、Nは、次の式で求められる。

$$N = \frac{F \cdot n_1 + Z \cdot n_2}{F + Z}$$

〔設例〕

　前貸資本：100　➡　固定資本に80、流動資本に20

　固定資本の回転期間10年（年間回転数 1/10 回）

流動資本の回転期間2.4ヵ月（年間回転数5回）とすると、

前貸資本の**1年間の平均回転数**は、

$$\frac{80 \times 0.1 + 20 \times 5}{100} = 1.08 、となる。$$

　100の資本を前貸して年間に――剰余価値を別にして――**108の資本が回収され**、なお（80 − 8 ＝）**72の資本価値が固定資本の現物形態のうちに残存している**ことになる。

❷ 前貸資本の回転循環

　上記のような、固定資本の回転期間によって規定されているところの、いくつもの平均回転をそのうちに含む一循環——機械の耐用期間 10 年によって規定される固定資本の一回転のうちに（1.08 × 10 ＝）**10.8 回の総回転の連鎖**——を、**前貸資本の回転循環**という*。

＊富塚良三『経済原論』（有斐閣、2007 年、230 ～ 231 頁）、による例解から作成。

第10章　固定資本と流動資本とにかんする諸学説。重農主義者たちとアダム・スミス

第11章　固定資本と流動資本とにかんする諸学説。リカードウ

〔前置き〕

　この二つの章は、「本編を読む前に」で紹介したエンゲルスの「書簡」で、ともに**「特に重要」**と指定されていた章である。この二つの章では、F・ケネー、A・スミス、D・リカードウ、特に後の二者の「固定資本と流動資本」範疇の捉え方の問題点——理論的混乱・誤謬に帰着していく——が、批判的に考察されている。

　それは、その問題点の考察を通して、マルクスの捉え方の正当性を照射し、確証していく、という意図に基づくものであると思われる。——叙述は、彼らの主張する具体例に即して、その誤りを指摘して見せることを主眼としていて、前章までのマルクスの捉え方そのものを改めて展開して見せる内容ではないので、ケネー以下**三者にたいする評価と批判の要点と思われる部分のみを以下に選択してフォローしておくにとどめる。**

〔解説③〕**問題のポイントは、以下の点にある。**

　① **固定資本と流動資本の区別**は、生産資本のうち労働手段に投下される資本部分と、原料・補助材料ならびに労働力に投下される資本部分との回転様式の相違に基づく区別であり、**生産資本と流通資本との区別**とは異なるにもかかわらず、**スミスの資本分類は、この点を混同したこと、**

② それを継承した**リカードウは、さらに、資本の回転様式の視点からの固定資本と流動資本の区別を、資本の価値増殖過程の視点からする不変資本と可変資本の区別とも混同したこと、**への批判である。

❶ Ｆ・ケネー（1694 ～ 1774）

（297／189）①「ケネーの場合、固定資本と流動資本との区別は、**"原前貸し"**（原前払い）と**"年前貸し"**（年前払い）として現われる。**彼は、正当にもこの区別を生産資本の内部の、すなわち直接的生産過程に合体された資本の内部の区別として述べている**。彼にとっては、農業に使用される資本、したがって借地農場経営者の資本が、唯一の現実的な生産資本とみなされたので、これらの区別も借地農場経営者の資本についてのみ生じる。このことからまた、資本の一部分の回転時間は１年であり、他の部分の回転時間は１年よりも長い（10 年）ということも生じる。なお、重農主義者たちは、彼らの〔学説の〕展開のなかで、この区別を他の種類の資本にも、産業資本一般にも、転用している。社会にとっては、年々の前貸しと多年にわたる前貸しとの区別は、やはりきわめて重要であって、Ａ・スミス以後でも、多くの経済学者たちが、この規定に立ちもどっている。」

（298／189 ～ 190）②「**生産資本のこの両要素の区別は、ケネーの場合、正当にも、**それらが完成生産物の価値にはいり込む様式の相違に、それゆえそれらの価値が生産物価値とともに流通させられる様式の相違に、それゆえまた、それらの補填または再生産の様式の相違に———一方の価値は年々全部が補填され、他方の価値はより長い期間に少しずつ補填されるのであるから———還元される。」

❷ Ａ・スミス（1723 ～ 90）

(1) 概念の混同

（299／190）①「彼（スミス）の場合、**"年前貸し"は流動資本に転化し、"原前貸し"は固定資本に転化する**。……その解明においては**ケネーよりもはるかに後退している**。」

（302 ～ 303／192 ～ 193）②「Ａ・スミスが**流動資本**と規定しているものは、私が**流通資本**と名づけようとする資本、すなわち、流通過程—……—に属する形態にある資本であり、したがって生産過程に属する資本形態、すなわち生産資本という形態に対立する商品資本および貨幣資本である。これらの資本形態は、……同じ前貸資本価値がその"人生行路"においてつぎつぎに絶えず新たに身にまとっては脱ぎ捨てる相異なる形態である。これをＡ・スミスは、——これは**重農主義者たちに比べて一つの大きな後退なのであるが**——資本価値が生産資本の形態にあるあいだに、**この価値の流通の内部において、つぎつぎと諸形態をとりながら循環するさいに生じる**——しかも、

生産資本のさまざまな要素が価値形成過程に参加して、それらの価値を生産物に移転する様式の相違から生じる──形態上の諸区別と混同している。

(2)「混同」による理論的混乱・誤謬

(314 〜 315 ／ 200 〜 201)「固定資本によって利潤が得られるのは固定資本が生産過程にとどまるからであり、流動資本によって得られるのは流動資本が生産過程を去って流通するからである、というまったくまちがった説明によって──可変資本と不変資本の流動的構成部分とが回転にさいして同じような形態をとるために、価値増殖過程および剰余価値形成における両者の本質的区別が隠蔽され、したがって資本主義的生産の全秘密がさらにいっそうあいまいにされる。流動資本という共通の名称によって、この本質的な区別が取りのぞかれる。またこれは、その後の経済学〔者たち〕によってさらに進められた。すなわち、可変資本と不変資本との対立ではなく、固定資本と流動資本との対立が本質的なものであり、かつ唯一の区別であるとして固執されたのである。」

(3) 労働力の扱い

(337 〜 338 ／ 215)「スミスの場合のように、労働力に投下された価値ではなく労働者の生活諸手段に投下された価値が生産資本の流動的構成部分と規定されることによって、可変資本と不平資本との区別の把握が、……不可能となる。対象的な生産物形成者に投下された不変資本に対立する可変資本であるというこの資本部分の規定が、労働力に投下された資本部分は回転にかんしては生産資本の流動的部分に属するという規定のもとに葬り去られる。この埋葬は、労働力の代わりに労働者の生活諸手段が生産資本の要素として数え上げられることによって完成される。……（中略）……

　このようにA・スミスが流動資本という規定を労働力に投下された資本価値にとって決定的なものとして固定したこと──重農主義者たちの前提を欠い〔て借用し〕たこの重農主義的規定──によって、スミスは、首尾よく、彼の後継者たちが労働力に投下された資本部分を可変資本として認識することを不可能にした。」

❸ D・リカードウ (1772 〜 1823)

(339 ／ 217)「リカードウが、固定資本と流動資本との区別をもちだすのは、価値法則の例外を説明するため、すなわち労賃の率が価格に影響するような場合を説明するためにすぎない。このことについては第三部にはいってから論じることにしよう。」

☞第Ⅲ部、第二篇、第 11 章。

（340／217〜218）「**一方では流動資本が可変資本と**、すなわち生産資本のうち労働に投下された部分と**混同される**。しかし**他方では**、**この対立**が価値増殖過程から引き出されないで——不変資本と可変資本でなく——、**流通過程から引き出されるので**（古くから言われているスミス的混乱）、**二重に誤った規定が出てくる。**」

（340〜342／218〜219）「**第一に**、固定資本の耐久度の差異と、不変資本と可変資本とからなる資本構成の多様性とが、同等なものとして把握される。……（中略）……

　第二に、……（中略）……リカードウの場合には、労働材料（原料および補助材料）に投下された資本価値部分は（固定資本か流動資本の一引用者）どちらの側にも現われない。それはまったく消えうせている。」

（358〜359／229〜30）「A・スミスによって引き起こされた混乱は、次のような諸結果をもたらした——

⑴　固定資本と流動資本との区別が、生産資本と商品資本との区別と混同される。

⑵　すべての流動資本が、労賃に投下された資本または労賃に投下されるべき資本と同一視される。J・S・ミルなどの場合がそうである。

⑶可変資本と不変資本との区別は、すでにバートン、リカードウなどの場合には流動資本と固定資本との区別と混同されているが、それはついに流動資本と固定資本との区別にすっかり還元される。

⑷　固定資本と流動資本との区別が、“要求払預金”と“通知払預金”（通知なしに引き出しうる預金とまえもって通知してはじめて引き出しうる預金）との区別に転化されている。」

第12章　労働期間　第13章　生産時間　第14章　通流時間

　それぞれE書簡で「重要」指定章である。相互に区別と関連において捉えるべき内容なので、以下では一括して扱うことが内容の理解に資すると思われる。

❶ 回転速度➡資本の前貸し期間の相違

（361／232）「生産行為の持続時間における相違によって、同じ大きさの資本が投下された場合にも、明らかに、**回転速度における相違**、……資本が**前貸しされる期間の相違**が生まれざるをえない。」

　例：機械紡績工場と機関車製造工場との比較

❷ 労働日と労働期間

（363 ／ 233）**労働日**―「労働者が自分の労働力を毎日支出しなければならない―……―労働時間の長さを意味する。

　　労働期間―「多かれ少なかれ、**多数の互いにつながり合う相次ぐ一連の労働日によって形成されている**……**ような一労働日**を、私は**一労働期間**と名づける。……一定の事業部門で**一つの完成生産物を供給するために必要な、互いにつながり合う労働日の数**を意味する。」

❸ 固定資本と流動資本

（364 ／ 233〜234）「生産物ができあがるまでに**固定資本が毎日この生産物に引き渡す価値部分は、労働期間の継続するあいだじゅう層をなして累積する**。」

（364 ／ 234）「流動的構成諸部分の場合は、事情は異なる。……（中略）……毎週、（補助労働のための）新たな追加資本が**労働力への支払い**に支出されなければならないのであり、……**原料や補助材料**についても、同様である。」　➡（372 ／ 239）での説明に繋がる。

❹ 回転時間と生産時間

（365 ／ 235）「回転時間は、資本の生産時間と流通時間との合計に等しい。したがって、生産時間の延長は、流通時間の延長と同じように、回転速度を減少させる。」

　＊資本主義の発展度による違いに留意。

❺ 労働期間短縮の諸方法

（374〜5 ／ 240）「産業部門が異なれば非常に異なった程度にしか適用されえないのであり、さまざまな労働期間の時間の長さの相違を均等化するものではない。」

---

❶ 労働時間と生産時間

（376 ／ 241）「労働時間は、つねに生産時間、すなわち資本が生産部面に拘束されている時間である。しかし、だからといって、逆に、資本が生産過程にあるすべての時間が必然的にまた労働時間なのではない。ここで問題なのは、労働力そのものの自然的諸制限によって引き起こされる労働過程の中断ではない。……（中略）……

　　ここで問題なのは、労働過程の長さにかかわりなく、**生産物の性質**およびそれの**生産そのもの性質によって引き起こされる中断**であり、そのあいだ労働対象は、あるい

は短い期間、あるいは長い期間にわたって持続する自然過程の支配下におかれ、物理学的、化学的、生理学的な諸変化をこうむらざるをえないのであり、そのあいだ労働過程は全部または一部分停止されている。」

　　例：ブドー酒の醗酵、陶器やピアノの響板等の乾燥、布の漂白、穀物・果実の成熟、樹木の成育などに要する労働の休止期間

（377／242）「これらの場合には、いずれも、生産時間の大部分を通じて、追加労働がときどき加えられるにすぎない。」

❷ 前貸資本の生産時間

（377／242）「前貸資本の生産時間は、二つの期間から成り立つ。一つの期間、そのなかで資本は労働過程にある。第二の期間、そのなかでは資本の実存形態——………——は労働過程にはなく、自然諸過程の支配にゆだねられている。……労働期間と生産期間とは、この場合には一致しない。**生産期間は労働時間より大きい**。……**生産時間のうち労働時間からなっていない部分の長さに応じて、資本の回転期間も長くなる**。」

　　例：アメリカの靴型製造、農業、造林、畜産業

---

❶ （393／251）**資本の回転時間＝資本の生産時間＋通流時間または流通時間**

❷ 販売時間

（393／251）「**通流時間の一部分**——しかも相対的にきわめて決定的な一部分——は、販売時間、すなわち資本が商品資本の状態にある時期から成り立つ。この期間の相対的な大きさに応じて、**通流時間が、それゆえまた回転期間一般が、長くなったり短くなったりする**。また**保管費**などのために**資本の追加的投下**が必要になることもありうる。」

　　・生産地と市場の距離
　　・交通手段の発達

（398／254）販売時間の長短は、「購買時間の差異をも引き起こす。」

❸ 価格変動への影響

（400／255）「商品の通流時間が長くなるにつれて、販売市場における価格変動の危険は大きくなる。というのは、価格変動が起こりうる期間が増大するからである。」

❹ 商品引渡契約の範囲

（400 〜 401 ／ 256）「商品引渡契約の範囲—……—からも、回転時間上の区別が生じる。」

❺ 購買時間

（401 〜 402 ／ 256）「通流時間の第二の時期である購買期間、すなわち資本が貨幣形態から生産資本の諸要素に再転化する時期にはいろう。**この時期中、資本は、長期短期**の違いはあっても、**貨幣資本としての状態にとどまっていなければならない**。したがって、前貸総資本のある一定部分が、絶えず貨幣資本の状態になければならない。」

❻ 生産諸要素の「在庫」確保

（402 〜 405 ／ 257 〜 258）生産諸要素の更新時期に備えた「在庫（潜在的生産資本）」の確保、ならびにそのための「準備金」の積み立て。

❼ 資本の三つの形態の並存

（405 ／ 258 〜 259）「① 事業で必要な資本の一部分が貨幣資本、生産資本、商品資本という三つの形態をつねにかわるがわる通っていくだけでなく、② **同じこの資本のべ****つべつの部分が、**——それらの相対的大きさはつねに変わるとはいえ——**つねに相な****らんでこの三つの形態をとるということ**を、経済学者たちがとかく忘れがちであるということである。」

第15章　資本前貸しの大きさにおよぼす回転時間の影響

〔前置き〕（エンゲルスのコメント）

（406 ／ 260）「本章および次の第 16 章では、**資本の価値増殖におよぼす回転時間の影響****を取り扱う**」、これが**主題**であるとしたうえで、以下様々な前提の下での細かな計算を伴う数字例に基づいた考察が、新書版で約 60 頁（第 16 章を加えれば約 100 頁）にわたって続いている。この部分は、エンゲルスの「書簡」では、「重要」と指定されず、１７章を含めて「ざっと目を通すだけでよい」、とされていた。「**ざっと目を通すだけ****でよい**」とは言われても、読者の皆さんは、計算のプロセスを確認しながら叙述の推移を辿るのが大変だと思われる章であろう。そして、ようやく最後の第五節まで進も

うとしたところ、第四節の末尾に、**エンゲルスの以下のような「追記」{　　}** (448 ～ 450 ／ 286 ～ 287) **が出てくる。**――

{この章を印刷に回せるように仕上げることには少なからぬ困難があった。マルクスは、代数学者として非常に理解が深かったが、数の計算、とくに商業上の計算には慣れていなかった――もっとも、分厚い一束になった数冊のノートがあり、そのなかで彼は、多くの例をあげてあらゆる商業上の計算方法を自分で丹念に計算しているのであるが。しかし、個々の計算方法を知ることと、商人の日常の実地計算に習熟することとは、決して同じではないのであり、**彼は回転の計算ではすっかり混乱におちいり、そのため未完了なもののほかに、結局正しくないものや矛盾したものが数多く見られることとなった。**上掲の印刷した諸表では、もっとも簡単なもので算術的に正しいものだけを残したが、それも主として次の理由による。

　このめんどうな計算の不確かな結果により、マルクスは、一つの――私の理解では――事実上あまり重要でない事情に過分な重要性を付与することになった。私が言っているのは、彼が**貨幣資本の〈遊離〉**と名づけているもののことである。現実の事情は、まえに仮定された諸前提によると次のようになる。――　……（中略）……

　（省略した）本文のなかで**重要なのは、一方では産業資本のかなりの部分がつねに貨幣形態で現存しなければならず、他方ではもっと大きな部分が一時的に貨幣形態をとらなければならない、という証明**である。この証明は、私のこの追記によってせいぜい補強されるだけである。――F・エンゲルス}

〔**解説④**〕**貨幣資本の「遊離」**（上記のエンゲルス「追記」の末尾4行）

（406 ～ 420 ／ 260 ～ 269）**での叙述の要点**

　　＊以下の図は、富塚良三『経済学論』（有斐閣、2007 年）224 ～ 226 頁から作成

(1)〔**生産中断のケース**〕

① 固定資本部分の回転、剰余価値の流通を度外視、生産期間＝労働時間とする。

② 労働期間は 9 週間、流通期間は 3 週間（➡この 3 週間は生産が中断）

③ 流動前貸資本（原材料＋労働力の価値）は、毎週 100 万➡9 週間では 900 万

(2)〔**生産連続のケース**〕

① 生産を連続させるために、第2次労働期間開始時に**追加流動資本300**の投下が必要となる➡計1200投下

② **3週間後には**、最初に投下された900が（販売代金として）回収される。

③ 第2次労働時間の4週目から9週目（6週間）に必要な資本は600。

④ その結果、900 − 600 ＝ 300は第2次労働期間中「**遊休貨幣資本**」となる。

⑤ 以上のことは、次のことを意味する。

　➡3週間の流通期間が介在するため、900の流動資本を要する生産過程の連続性が維持されるには、1200の流動資本前貸が必要となること。しかしそのうちの**300は絶えず流通資本ないし予備の貨幣資本として在ることが必要となること。**

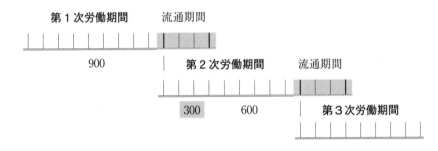

(3)〔**生産過程・流通過程がともに連続して進行し、資本を「遊休」させないケース**〕

① 3週間毎に、順次にそれぞれ900（合計3600）の資本投下をする。

② 第3週以降は、計300の資本が絶えず生産過程に投入されて**生産資本**として機能し（Ⅱ＊Ⅲ＊Ⅳ＊）、100の資本が**流通資本**の形態（Ⅰ＊）にあることになる。

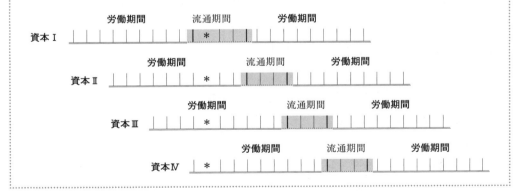

第一節　労働期間が流通期間に等しい場合（略）

第二節　労働期間が流通期間より長い場合（略）

第三節　労働期間が通流期間より短い場合（略）

第四節　結論

❶ これまでの研究から次のことが明らかになる

（441 ～ 446 ／ 281 ～ 285）

　「A　資本の一部分が流通過程にあるあいだ他の一部分がつねに労働期間にありうるためには、資本は異なった諸部分に分割されなければならないが、次の二つの場合には、それらは、自立した異なる私的諸資本のように、相互に入れ替わる。⑴労働期間が流通期間に等しく、したがって回転期間が二つの同等な期間に分割されている場合。⑵流通期間は労働期間よりも長いが、同時に労働期間の単純な倍数をなしているので、一流通期間がn労働期間に等しい場合──この場合nは整数でなければならない。**これらの場合には、つぎつぎに前貸しされる資本のいかなる部分も、遊離されない**。

　B　これにたいして、⑴流通期間が労働期間よりも長く、しかも労働期間の単純な倍数をなしていない場合、および⑵労働期間が流通期間よりも長い場合、**これらの場合にはいずれも総流動資本の一部分が、第二回転以後、つねに周期的に各労働期間の終わりに遊離される**。しかも、この遊離資本は、労働期間が流通期間よりも長い場合には、総資本のうち流通期間のために前貸しされた部分に等しく、また、流通期間が労働期間よりも長い場合には、一労働期間またはその倍数の労働期間を超える流通期間の超過分の必要を満たすべき資本部分に等しい。

　C　**以上のことから結論として出てくるのは、社会的総資本にとって**、その流動部分について見れば、**資本の遊離が通例であり**、つぎつぎに生産過程で機能する諸資本部分の単なる入れ替わりは例外でなければならないということである。というのは、労働期間と流通期間とが等しいこと、または流通期間が労働期間の単純な倍数に等しいこと、すなわち、このように回転期間の二つの構成部分のこのような規則正しい比率性は、事態の本性とはまったくなんの関係もなく、それゆえ、一般に例外的にのみ起こりうるからである。……

　さらに明らかなことは、他の事情をすべて不変とすれば、**この遊離資本の大きさは**、労働過程の範囲または生産の規模とともに、……**増大する**ということである。……（中略）……

　D　たとえば、……数字例略……さて、**この遊離され、事実上休止している資本を**

立ち入って考察すれば、そのかなりな部分はつねに貨幣資本の形態をとっていなければならない、ということがわかる。

……（中略）……

　このように回転運動の単なる機構によって遊離される貨幣資本は（固定資本がつぎつぎと還流するために形成される貨幣資本、および各労働過程において可変資本に必要とされる貨幣資本とならんで）、信用制度が発展するやいなや、重要な役割を演じなければならないし、同時に信用制度の基礎の一つとならなければならない。

……（中略）……

　これは、一人の資本家に限らず多くの資本家に見られ、しかもさまざまな時期にさまざまな事業部門で起こるから、これによってさらに多くの利用可能な貨幣資本が市場に現われる。この状態が比較的長く続けば、事情が許す限り、生産は拡大されるであろう。借入資本で仕事をする資本家たちは、貨幣市場にたいする需要を減らすであろう──このことは、供給の増加と同様に貨幣市場を緩和する。または結局、この機構にとって過剰になった金額は、最終的に貨幣市場に投げ出される。」

……（中略）……

❷ 貨幣資本の「過多」

（447～448／285～286）「このことから、どうして貨幣資本の過多（プレトーラ）というものが生じうるかがわかる──しかも、〔ここで言うのは〕単に貨幣資本の供給が需要よりも大きいという意味での過多ではない。このような意味での過多はつねに、たとえば恐慌の終結後に新たな循環を開始する〈鬱憂期〉に起こる相対的過多にすぎない。〔ここで言うのは〕そうではなくて、社会的総再生産過程（これは流通過程を含む）の進行にとって前貸資本価値の一定部分が過剰であり、それゆえ貨幣資本の形態で分離されているという意味での過多である。すなわち、生産規模はもとのままであり、物価ももとのままであるのに、単に回転期間が短縮することによって生じた過多である。流通内にある貨幣の総量──多かろうと少なかろうと──は、この過多にまったく影響していない。

　反対に、流通期間が、たとえば三週間から五週間に延びるとしよう仮定しよう。その場合には、すでに次の回転のさいに、前貸資本の還流が二週間だけ遅れて行われる。この労働期間の生産過程の最後の部分は、この前貸資本の回転の機構自体によっては続行されえない。この状態が比較的長く続けば、前述の場合における拡大のように、この場合には生産過程の──その経営規模の──収縮が生じうるであろう。しかしそうすると、同じ規模でこの過程を遂行するためには、流通期間のこの延長された

期間全体のために、前貸資本が、2／9＝200ポンド・スターリングだけ増加しなければならないであろう。この追加資本は貨幣市場からしか引き出せない。それゆえ……貨幣市場への圧迫を引き起こすことがありうる。**この場合にも、さきにあの過多がそうであったように、この圧迫が、商品価格の変動とも現存の流通手段の総量の変動ともなんの関係もなかったことは、まったく明らかである。**」

　☞この後に、❶前置きに記したエンゲルスの追記¦　　　¦が続く。

　第五節　価格変動の影響（略）

第16章　可変資本の回転

〔解題〕可変資本の回転

　前章においては、流通期間の長さと前貸流動資本の関係が問題とされたが、以下では、流動資本のうちの可変資本の回転が問題とされる。その際、不変的流動資本（原料、補助材料）は考慮の外に置き、また流通期間もはずし、回転期間は労働期間からのみ成るものと前提される。

第一節　剰余価値の年率

〔解説⑤〕（要点）二つの資本の剰余価値の年率の比較

（465 ～ 471 ／ 296 ～ 300）
　要点を整理すると次のようになる。——二つの資本をAとBとする。

〔前提とした条件〕
①不変的流動資本部分は捨象、**流動資本はすべて可変資本からなる**ものとする。
② 流通期間は捨象、**回転期間はすべて労働期間からなる**ものとする。
③ 資本A、資本Bの二つの資本は、
　・剰余価値率はともに100％、**毎週**100vを前貸、1年＝**50週**とする。
　・資本Aの労働期間**5週間**、資本Bの労働期間**50週間**とする。
〔結果〕

① **資本Ａ**は、$100v \times 5 = \underline{\mathbf{500v}}$ を、**年間 10 回転**（50 週 ÷ 5）**させる。**

➡ 5 週間で、$500v + 500m = 1,000$ を得る。➡ 500v は補填分＝再び可変資本として生産過程に投入、したがって、1 年間では $500m \times 10$（回転）$= 5,000m$ を得る。前貸可変資本額に対する年剰余価値総額の比率（**剰余価値年率**）は、$5,000m \div 500v \times 100 = \underline{\mathbf{1,000\%}}$

② **資本Ｂ**は、$100v \times 50 = 5000v$ を、**年間 1 回転させる。**

➡ 1 年間で $5,000v + 5,000m = 10,000$ を得る。5,000v は補填分、剰余価値 5,000m を得る。**剰余価値年率は、**$5,000m \div 5,000v \times 100 = \underline{\mathbf{100\%}}$

③ 資本 Ａ、Ｂは、ともに**毎週 100v** を前貸したにもかかわらず、**剰余価値年率**に **900％の差**が生ずるのは、**Ａ が 500v**（5 週間で）を**年間 10 回転**させ、**充用資本 5,000** として機能させたのに対し、**Ｂ は 5,000v**（50 週間で）を**年間 1 回転**させ、**充用資本 5,000** として機能させたにすぎないこと、すなわち 1 年間における**前貸可変資本の回転数の差**に起因する。

◎ **剰余価値年率（M'）は次のようにして求められる。**（482 ／ 307）＊

剰余価値率 m'、前貸可変資 v、その年間回転数 n、とすると、

$$M' = \frac{m'vn}{v} = m'n$$

〔留意点〕剰余価値年率は、剰余価値が労働の搾取によって生み出されるだけでなく、**資本の回転＝流通過程**からも生み出されるかのような「**外観**」を生じさせることに留意。

＊剰余価値生産・剰余価値年率についての以上の把握は、第Ⅲ部第一篇「剰余価値の利潤への転化、および剰余価値率の利潤率への転化」の第 4 章「利潤率にたいする回転の影響」に連結していく。☞第Ⅲ部（120 ～ 1 ／ 80)、（126 ／ 84）

第二節　個別可変資本の回転

❶ 可変資本調達の相違

　第一節の事例において、資本Ａと資本Ｂの間には、各労働期間ごとの（労働力商品購入のための）可変資本の調達方法には、次のような違いがあった。

（492／313）第二期労働期間の開始にあたり、「**Ａの場合には**、前貸資本の循環、その回転が完了しているので、（可変資本の）価値補填は、第一（期労働期間）の五週間の経過後にはすでに、新たな労働力を（さらに）五週間のあいだ動かすことのできる形態、すなわちその最初の貨幣形態をとっている。」

（492～493／313～314）「**Ａの場合には**、500ポンド・スターリングのこの新たな資本（可変資本）は、以前支出された500ポンド・スターリングを補填する新たに生産された価値の貨幣形態である。**Ｂの場合には**、この価値補填は、可変資本としては機能しえない形態をとっている。それは定在するが、可変資本の形態でではない。それゆえ、次の五週間のあいだの生産過程の続行のためには、500ポンド・スターリングの**追加資本が**、この場合絶対必要な貨幣形態で現存しなければならないし、**前貸しされなければならない**。」

〔**留意点**〕この違いは、**回転期間**、すなわち、一定期間に充用される可変資本の価値補填が、あらためて新たな資本として機能することが出来るようになるための期間の**相違、から生じていることを示している**。

❷　前節における、資本Ａ、資本Ｂの**剰余価値年率の比較**を改めて行っている。以下その結論──

（493～494／314）「労働の搾取度が等しく、現実の剰余価値率が等しければ、ＡとＢとの〔剰余価値の〕年率は、一年間同じ総量の労働力を動かすために前貸しされなければならない可変的貨幣資本の大きさに反比例せざるをえない、ということは明らかである。Ａ〔の剰余価値の年率〕は、$5000m／500v＝1,000\%$であり、Ｂ〔の剰余価値年率〕は$5,000m／5,000v＝100\%$である。そして$500v：5,000v＝1：10＝100\%：1,000\%$である。

　　この区別は、**回転期間の**──すなわち、一定期間に使用された可変資本を補填する価値が、あらためて資本として、したがって新資本として機能しうる期間の──**の相違から生じる**。……（中略）……

　　補填する価値が貨幣へ、それゆえ可変資本が前貸しされる形態へ転化されるのが早いか遅いかは、明らかに、剰余価値の生産そのものにとってはまったくどうでもよいことがらである。剰余価値の生産は、使用される可変資本の大きさおよび労働の搾取度に依存する。しかし、**先に述べたことは**、**一年間に一定分量の労働力を動かすために前貸しされなければならない貨幣資本の大きさを変化させ、それゆえ剰余価値の年率を規定する**。」

第三節　社会的に考察した可変資本の回転

❶ 上述した問題の社会的立場からの考察

（494 ～ 5 ／ 315）〔前提〕

　① 資本ＡもＢも、１年間100人を雇用、１週６日につきそれぞれ60時間労働をする。

　② 資本ＡでもＢでも、100人の労働者が１年に5,000ポンド・スターリングの賃金を得て、この額だけ、社会から生活諸手段を引きあげる。

❷ 両者の相違①

（495 ～ 496 ／ 315 ～ 316）「**第一に。Ａの労働者が流通に投げ入れる貨幣は、……第一回転期間の彼自身の価値生産物（＝労働力の価格プラス剰余価値）の貨幣形態であり……Ｂの場合にはこのことはあてはまらない**。……（中略）……

　資本の回転期間が短ければ短いほど─……─資本家によって最初に貨幣形態で前貸しされた彼の資本の可変部分は、それだけ早く、労働者によってこの可変資本を補填するためにつくり出された価値生産物（……）の貨幣形態に転化する。……また、それに比例して、与えられた剰余価値率のもとで資本家が一年間に〔労働者から〕しぼり出す剰余価値の総量はそれだけ大きくなる。」

❸ 両者の相違②

（497 ～ 498 ／ 316 ～ 317）「**第二に─……─労働者は、Ｂの場合にもＡの場合にも、自分が買う生活諸手段を、自分の手の中で流通手段に転化した貨幣で支払う**。……（中略）……それゆえ市場からは、労働力、この労働力のための生活諸手段、Ｂで使用される労働諸手段という形態での固定資本、および生産材料が引きあげられ、その補填のために貨幣の等価が市場に投げ込まれる。しかし、この年度内には、市場から引きあげられた生産資本の素材的諸要素を補填するためのいかなる生産物も、市場には投げ込まれない。……（中略）……

　社会的悟性がいつも“祭りが終わってから”はじめて妥当なものとされる資本主義社会では、**つねに大きな攪乱が生じうるのであり、また生じざるをえない**。……（中略）……

他方では、社会の利用できる生産資本への圧迫〔が生じる〕

　① **生産資本の諸要素**がつねに市場から引きあげられ、それと引き換えに等価の貨幣だけが市場に投げ込まれるから、支払能力ある需要が増大し、しかもこの需要自身

からはなんらの供給要素をも提供されない。

　② それゆえ、**生活諸手段の価格も生産材料の価格も騰貴する**。そのうえ、このような時期には、決まったように思惑が行なわれ、資本の大移動が起こる、ということがさらにつけ加わる。……（中略）……

　③ **同じ作用は労働市場でも起こり**、大量の潜在的な相対的過剰人口を、また大量の就業労働者さえをも、新たな事業部門に引き寄せる。……（中略）……

　賃銀は、一般的に騰貴し、労働市場のうちにこれまで有利に就業していた部分においてさえ**騰貴する。これは、不可避的な破局が労働者の予備軍をふたたび遊離させ、賃銀がふたたびその最低限またはそれ以下に押し下げられるまで続く**。」

　〔原注32〕の「覚え書」に留意。「生産と消費の矛盾」、第三篇での恐慌論に繋がる。

（503／320）「第三に、」……略

第17章　剰余価値の流通

〔復習〕

（504〜506／321〜312）「① これまで見たように、**回転期間における相違は**、年間に生み出される剰余価値の総量が変わらない場合でさえも、**剰余価値の年率の相違を生み出す**。

　しかしさらに、剰余価値の資本化すなわち**蓄積において必然的に相違が生じ**、その限りではまた、剰余価値率が変わらなくても、**一年間に生み出される剰余価値総量に相違が生じる**。

　② そこで、**まず第一に次のことに注意しておこう**。すなわち、**資本Ａ**（前章の例での）は、経常的な周期的収入をもっており、したがって、事業開始時の回転期間をのぞけば、一年間の彼自身の消費を彼の剰余価値生産から賄うのであって、自分の元本から前貸しする必要はない。これにたいして**Ｂの場合には**、この前貸しが行なわれる。Ｂは、同じ期間中にＡと同じだけの剰余価値を確かに生産しはするが、この剰余価値は実現されておらず、それゆえ個人的にも生産的にも消費されえない。個人的消費が問題となる限りでは、剰余価値が先取りされる。そのために元本が前貸しされなければならない。

③ **生産資本のうち分類するのが困難な一部分**、すなわち、**固定資本の修理と保全に必要な追加資本**が、いまやまた新たな照明のもとに現われる。

　Aの場合には、この資本部分は——全部または大部分——生産開始のさいには前貸しされない。それは、利用されうる状態にある必要もないし、現存する必要さえもない。それは、剰余価値の資本への直接的転化によって、すなわち剰余価値の、資本としての直接的使用によって、事業そのものから生じる。一年のうちに周期的に生み出されるだけでなく実現もされる**剰余価値の一部分**が、**修理などのために必要な支出を賄うことができる**。こうして、最初の規模で事業を運営するのに必要な資本の一部分は、剰余価値の一部分を資本化することによって、営業中に事業そのものによって生み出される。**このようなことは資本Bにとってはありえない**。問題の資本部分は、**彼の場合には、最初に前貸しされる資本の一部をなしていなければならない**。……（中略）……

④ **しかし、どのような元本からそれが前貸しされるかによって、大きな区別が生まれる。Bの場合**、それは現実に、最初に前貸しされるべき、また利用可能な状態におかれるべき資本の一部分である。これにたいして**Aの場合には**、それは、剰余価値のうち資本として使用される部分である。この後者の場合には、蓄積された資本ばかりでなく、最初に前貸しされる資本の一部もまた、どうして単に資本化された剰余価値でありうるのか、を示している。

⑤ **信用の発達がその間に介入してくれば、最初に前貸しされた資本と資本化された剰余価値との関係は、さらにいっそう複雑になる。**」

❶ 剰余価値の蓄積

（507／323）拡大再生産のために、「**現実の蓄積、すなわち剰余価値の生産資本への転化**（およびそれに照応する拡大された規模での再生産）とならんで、貨幣の蓄積——すなわち、**潜在的な貨幣資本**（これはのちにある一定の規模に達したときはじめて追加的な能動資本として機能することになる）**としての剰余価値の一部分の積み立て**——が行なわれる。」

❷ 信用制度の発展

（507〜508／323）「**個々の資本家の立場から見れば、事態はそのように現われる**。けれども、**資本主義的生産の発展につれて、同時に信用制度が発展する**。資本家がまだ

彼自身の事業では使用できない貨幣資本が、他の資本家によって使用され、その代わりに前者は後者から利子を受け取る。この資本は、前者にとっては、独特な意味の貨幣資本として、生産資本とは区別された種類の資本として機能する。しかしそれは、他人の手中で資本として作用する。剰余価値の実現がいっそうひんぱんになり、また剰余価値生産の規模が増大するにつれて、新たな貨幣資本、または資本としての貨幣が貨幣市場に投じられ、そこから少なくとも大部分は拡大生産のためにふたたび吸収される割合が増大することは、明らかである。」

❸ 二つの正常な再生産

(513／326)「与えられた規模での再生産をさえさまたげる諸攪乱を度外視すれば、再生産にとって正常な場合が二つだけありうる。

　一方の場合には、単純な規模での再生産が行なわれる。

　他方の場合には、剰余価値の資本化、蓄積が行なわれる。」

第一節　単純再生産

❶ 諸前提

(514／326〜327)「単純再生産を想定するとしても、剰余価値の一部分は、つねに貨幣で、……実存しなければならない。……事態を単純化するために、……ただ**金属貨幣だけが**、現実の等価物である貨幣だけが、**流通するものと想定される**。」

(515／327)「金銀生産は、自国内で行なわれるということ、したがって、**金銀生産は各国内の社会的総生産の一部分をなすということが前提**されなければならない。」

(515／327)「金銀の年々の生産の**最小限**は、年々の貨幣流通によって引き起こされる貨幣金属の摩滅に等しくなければならない。**さらに**、年々生産されて流通する商品総量の価値額が増大するときには、年々の金銀生産も増大しなければならない……。」

❷ 問題

(522／332)「商品資本は、それが生産資本に再転化されるまえに、またそれに含まれている剰余価値が支出されるまえに、貨幣化されなければならない。**そのための貨幣はどこかくるのか？**」

(527／335)「**問題は、どのようにして彼**（資本家）**は自分の剰余価値を貨幣化するかということ**であって、それで得られた貨幣がのちにどのように分配されるかということではない。したがって、われわれの場合にかんしては、資本家はまだ剰余価値の唯一の所有者とみなされるべきである。」

❸ 答え

（529 ／ 335）「……実際には、**資本家階級自身が、諸商品に含まれる剰余価値の実現に役立つ貨幣を流通に投げ入れるのである。**しかし、"注意せよ"——資本家階級は、この貨幣を前貸しされる貨幣として、すなわち資本として、投げ入れるのではない。**資本家階級は、それを、その階級の個人的消費のための購買手段として支出する。**」

（531 ／ 337）「この貨幣は、資本家によって資本として投じられるのではない。しかし、剰余価値が還流するまで自分の所有している資金で生活しうるということ、それでこそ彼は資本家と言われるのである。」

❹ 蓄蔵貨幣の本源的形成

（544 ／ 344）「① 一国における貨幣財宝〔蓄蔵貨幣〕の本源的形成、ならびに、少数の人々によるこの貨幣財宝の取得にかんしては、ここで詳しく立ち入る必要はない。

　② **資本主義的生産様式**——……——は、流通と、流通によって条件づけられた**蓄蔵貨幣の形成**（準備金など）**とのために、十分な貨幣総量が国内に現存する場合にはじめて、より大きな範囲に、より完成されたものとして発展することができる。これは歴史的前提である**——といっても、このことは、まず十分な蓄蔵貨幣総量が形成されてのちにはじめて資本主義的生産が始まるというように理解すべきではない。そうではなくて、**資本主義的生産は、その諸条件の発展と同時に発展するのであり、これらの条件の一つが貴金属の十分な供給である。**それゆえ、16 世紀以来の貴金属供給の増加が資本主義的生産の発展史において本源的な一契機を形成する。しかし、資本主義的生産様式の基礎上で貨幣材料の引き続いての供給増加の必要が問題となる限りでは、一方では、生産物の形をとる剰余価値が、その貨幣化のために必要な貨幣なしに流通に投げ入れられ、他方では、金の形をとる剰余価値が、まえもって生産物が貨幣に転化されるということなしに流通に投げ入れられるのである。

　③ **貨幣に転化しなければならない追加諸商品が必要な貨幣額を見いだすのは、他方で、諸商品に転化しなければならない追加の金**（および銀）**が、交換によってではなく生産そのものによって流通に投げ入れられるからである。**」

第二節　蓄積と拡大再生産

❶ 問題

(546／346〜347)「生産資本が追加された結果、その生産物として、追加商品総量が流通に投げ入れられる。この追加商品総量と同時に、その実現に必要な追加貨幣の一部分が流通に投げ入れられた──すなわち、この商品総量の価値がその生産に消費された生産資本の価値に等しい限りで、この追加貨幣総量は、まさに追加貨幣資本として前貸しされたのであり、それゆえ、資本家の資本の回転によって彼の手もとに還流する。**ここでふたたびまえと同じ問題が現われる。いま商品形態で現存する追加剰余価値を実現するための追加貨幣は、どこからくるか？**

　一般的な答えはふたたび同じである。……（中略）……より大きな価値をもつこのより大きな商品総量の流通に必要とされる**追加貨幣は、流通する貨幣総量のいっそうの節約**──諸支払いの相殺などによってであれ、同じ貨幣片の通流を速くするという方法によってであれ──によるか、さもなければまた、**蓄蔵形態から流通形態への貨幣の転化**によって、調達されなければならない。……」

❷ 経費は「空費」

(548／347)「流通用具としての金銀を毎年生産するのに支出される労働力と社会的生産諸手段との総額は、資本主義的生産様式の、"**空費**"の重要な項目をなす。」

　➡信用制度はこの空費を軽減する。

❸ 貨幣準備金による生産資本の拡大

(549／347)「実現された剰余価値の一部分が、長いまたは短い時間にわたって貨幣準備金として積み立てられ、のちに生産資本に転化される場合について」の考察。

(549／348)「このように蓄積される貨幣が追加〔貨幣〕である限り、……この貨幣は、**金生産諸国から供給される過剰な金の一部分でしかありえない。**」

❹ 一般的（全面的）蓄積による場合

(550／348)「一般的蓄積が前提される場合には、困難が生じる。」

　➡資本家階級全体は、どのようにして貨幣を蓄積するのか？

(552／349)「事態を現実に起こるがままに考察するならば、のちに使用するために積み立てられる潜在的な貨幣資本は、次のものから成り立つ──

　(1)**銀行預金**。しかし、銀行が現実に利用可能なのは、比較的わずかな貨幣額である。

　⑵ **国庫証券**。これはおよそ資本ではなく、国民の年々の生産物にたいする単なる
　　債権である。

　⑶ **株式**。投機株でない限り、これらは、ある会社のもつ現実資本にたいする所有
　　権原であり、この資本から年々流出する剰余価値にたいする指図証券である。」

（553／350）「資本主義的生産の基礎上では、蓄蔵貨幣の形成そのものは決して目的で
　はなく、流通の停滞の結果であるか──……──、または回転によって条件づけられた積
　み立ての結果であり、または結局のところ、この蓄蔵貨幣は、さしあたり潜在的形態
　をとるものの、生産資本として機能するはずの貨幣資本の形成にすぎない。」

（553／350）「年々の生産物のうち、**商品形態での剰余価値を表わす部分については、**
　……その流通のためには一定の貨幣額が必要である。この貨幣額が資本家階級に属す
　るのは、剰余価値を表わす年々生産される商品総量がそうであるのと同様である。**そ**
　れは、最初、資本家階級自身によって流通に投げ入れられる。それは、流通そのもの
　によって、つねに新たに資本家階級のあいだに分配される。」

〈第三篇〉
社会的総資本の再生産と流通

第18章　緒論

第一節　研究の対象

❶ 商品資本の循環定式

　第一篇「資本の諸変態とそれらの循環」において、下記の**商品資本の循環定式**が、「個別諸資本の総和の運動形態」・「資本家階級の総資本の運動形態」、すなわち**社会的総資本の運動を示すもの**であることが説明されていた（第3章「商品資本の循環」）。

$$W' \begin{cases} W \\ + \\ w \end{cases} \!\!\!- G' \begin{cases} G \\ + \\ g \end{cases} \!\!\!\begin{cases} W \begin{cases} A \\ \\ Pm \end{cases} \!\!\!\cdots\cdots P \cdots\cdots W' \\ \\ w \end{cases}$$

〔解説①〕❷ 研究対象についての説明

（556／351～352）「個々の資本はいずれも社会的総資本の自立化された、いわば個別的生命を与えられた一断片をなすにすぎず、それは、個々の各資本家が資本家階級の個別的一要素をなすにすぎないのと同じである。**社会的総資本の運動は、これらの資本の自立化された諸断片の運動の総体、すなわち個別諸資本の回転の総体から成り立つ**。個々の商品の変態が商品世界の変態系列——商品流通——の一環であるのと同じように、**個別資本の変態、その回転は、社会的資本の循環のなかの一環である**。」

（556～557／352）「この総過程は、① **生産的消費**（直接的生産過程）ならびにそれを媒介する形態諸転化（素材的に見れば諸交換）とともに、**個人的消費**ならびにそれを媒介する形態諸転化または諸交換を包含する。② それは、一方では、**労働力への可変資本の転換を、それゆえ資本主義的生産過程への労働力の合体**を包含

する。ここでは、**労働者は**彼の商品である労働力の**売り手**として登場し、**資本家はその買い手**として登場する。しかし、③ 他方では、商品の販売のうちには**労働者階級による商品の購買**、したがってこの階級の**個人的消費**が含まれている。ここでは、**労働者階級は買い手**として登場し、**資本家は労働者への商品の売り手**として登場する。商品資本の流通は**剰余価値の流通**を含み、したがって、**資本家たちの個人的消費**、すなわち**剰余価値の消費**を媒介する売買をも含む。したがって、④ 社会的資本に総括されたものとしての個別的諸資本の循環、すなわちその全体性において考察されたこの循環は、**資本の流通**だけでなく**一般的な商品流通**をも包括する。」

以下、主題にかかわる第一部、第二部・第一篇、第二篇の内容についての**簡潔な復習（要再確認）**が続き、次のように締めくくられている。

(559 ／ 353 ～ 4)「しかし、第一篇でも第二篇でも、問題になったのは、いつも、ただ一つの個別資本であり、社会的資本の自立化された一部分の運動だけであった。

　しかし、**個別諸資本の循環は**、**からみ合い**、**前提し合い**、**条件づけ合っており**、まさにこのからみ合いにおいて社会的総資本の運動を形成する。単純な商品流通の場合に、一商品の総変態が商品世界の変態系列の一環として現れたように、いまや個別資本の変態が社会的資本の変態系列の一環として現れる。しかし、単純な商品流通は必ずしも資本の流通を含まないのに―……―、すでに述べたように、社会的総資本の循環は、個々の資本の循環には属さない商品流通、すなわち資本を形成しない諸商品の流通をも含んでいる。

　いまや、**社会的総資本の構成部分としての個別的諸資本の流通過程**（……）**が**、**し**たがってこの社会的総資本の流通過程が、**考察されなければならない**。」

第二節　貨幣資本の役割

(560 ／ 354)「個別資本の回転の考察にあたって、貨幣資本は二つの側面から明らかにされた。

　第一に、貨幣資本は、それぞれの個別資本が舞台にのぼり、資本としての過程を開始するさいにとる形態である。それゆえ**貨幣資本は全過程に最初の衝撃を与える"原動力"**として現われる。

　第二に、**回転期間の長さの相違**およびその二つの構成部分――労働期間と流通期間――**の比率の相違に応じて**、前貸資本価値のうちつねに**貨幣形態で前貸しされ更新さ**

れなければならない構成部分は、**それが運動させる生産資本すなわち連続的な生産規模にたいする比率を異にする**。**しかし**、この比率がどうであろうとも、過程進行中の資本価値のうちつねに**生産資本として機能しうる部分**は、前貸資本価値のうちつねに生産資本とならんで**貨幣形態で実存しなければならない部分**によって、どのような事情のもとでも**制限される**。ここでは、正常な回転だけが、抽象的平均だけが問題である。」

　以下、上記の二点について、これまでに説明されてきた内容を復習する記述が続き、**第一の点について次のように締めくくられる**。──

（564〜565／357）「けれども、これらのすべてのことは、貨幣資本の本来の問題とは明らかになんの関係もない。それが示しているは、**前貸資本**──………──は、**生産資本に転化したあと**、生産的な諸力能を含んでおり、この諸力能は、前貸資本の価値制限によって制限を与えられているのではなく、一定の活動範囲内では、**外延的または内包的に異なる作用をすることができる**、ということだけである。……（中略）……この資本が価値形成者および生産物形成者として作用する範囲は、弾力的であり、可変的である。」

また第二点については次のように締めくくられる。──

（567／358）「要するに、貨幣資本の必要が労働期間の長さから生じる限りでは、この必要は次の二つの事情によって制約される。すなわち、**第一**には、およそ貨幣は、各個別資本が（信用を度外視すれば）みずから生産資本に転化するためにとらなければならない形態だという事情である。このことは、資本主義的生産の本質から、一般に商品生産の本質から生まれる。──**第二**には、必要な貨幣前貸しの大きさは、比較的長期間にわたってつねに労働力と生産諸手段が社会からもち去られながら、しかもそのあいだ、貨幣に再転化しうる生産物が社会に返されないという事情から生じる。

　前貸しされるべき資本が貨幣形態で前貸しされなければならないという**第一の事情**は、この貨幣の形態そのものによっては──………──解消しない。**第二の事情**は、どのような貨幣媒体によって、またはどのような生産形態によって、労働、生活諸手段、および生産諸手段がもち去られ、しかもその等価物が流通に投げもどされないか、ということによっては、決して影響されない。」

第19章　対象についての従来の諸叙述

第一節　重農主義者たち

❶ 「経済表」の評価

（568 〜 569 ／ 359 〜 360）

「① ケネーの"経済表"は、価値において一定した**国民的生産の年生産物が、**……**どのようにして、その単純再生産**すなわち同じ規模での再生産が**行なわれうるように流通を通して分配されるかを、少数の大きな〔大まかな〕線をもって示している。**生産期間の出発点をなすのは、ことがらの本質にふさわしく前年の収穫である。無数の個別的流通行為が、即座にそれらの特徴的・社会的な大量運動——機能上規定された大きな経済的社会階級のあいだの流通——に総括されている。

② **ここでわれわれの興味を引くのは、総生産物の一部分**——それは総生産物の他の部分と同じように、使用対象としては過去の年労働の新たな成果である——が、**同時に、同じ現物形態で再現するもとの資本価値の担い手にすぎないということである**。この部分は、流通しないで生産者である借地農場経営者階級の手中にとどまり、そこでふたたび資本としての役を果たしはじめる。

③ 年生産物のこの不変資本部分のうちに、ケネーはそれと無関係な諸要素をも含めているが、しかし彼は、剰余価値を生産する人間的労働の唯一の投下部面——すなわち資本主義的立場からすれば唯一の真に生産的な投下部面——を農業であるとする**彼の視野の狭さのおかげで、かえって要点をついている。**経済的再生産過程は、その特殊的社会的な性格がどうであろうと、この領域（農業）ではつねに自然的再生産過程とからみ合う。自然的再生産過程の明白な諸条件は、経済的再生産過程の諸条件を明らかにし、**流通の眩惑によって引き起こされるにすぎない思想の混乱を許さない。**……（中略）……

④ 実際には、**重農主義学説は、資本主義的生産の最初の体系的把握である。産業資本の代表者**——借地農場経営者階級——が**全経済的運動を指導する。**農業は、資本主義的に、すなわち資本主義的借地農場経営者の企業として大規模に経営され、土地の直接的耕作者は賃労働者である。生産は使用諸物品を生み出すだけではなく、それらの価値をも生み出す。しかし、生産の推進的動機は剰余価値の獲得であり、この剰余価値の生誕地は生産部面であって流通部面ではない。**流通によって媒介される社会的再生産過程の担い手として現われる三つの階級**＊のうち、〈生産的〉労働の直接的搾取者であり剰余価値の生産者である資本主義的借地農場経営者は、剰余価値の単なる取得者たち〔土地所有者階級〕とは**区別される。**」

＊「生産階級」＝農業部門の資本家と賃労働者、「土地所有者階級」＝地主・主権者・聖職者、および「不生産的階級」＝工業・商業その他の従事者

❷ スミスの「後退」

（570／360）「再生産過程の分析におけるＡ・スミスの後退は、それも彼がケネーの正しい分析に細工をほどこして、たとえばケネーの〈"原前貸"し〉と〈"年前貸し"〉とを〈固定〉資本と〈流動〉資本とに一般化しているばかりでなく、ときおり重農主義者的誤りにまったく逆もどりしているだけに、なおさら目立ってくる。」

（573／362）「スミスが〈"原前貸し"〉および〈"年前貸し"〉を〈"固定資本"〉およ〈"流動資本"〉と翻訳するとき、**進歩は**、〈資本〉という言葉――その概念が〈農業的〉利用部面にたいする重農主義者たちの特別の顧慮にかかわりなく一般化されている――にあり、**退歩は**、〈固定〉（資本）および〈流動〉（資本）が決定的区別として把握され固持されていることである。」

第二節　アダム・スミス

〔解説②〕アダム・スミス批判

この節でのスミス批判は、以下の５項目に分けて展開されている。

1　スミスの一般的観点
2　スミスによる交換価値の $v+m$ への分解
3　不変資本部分
4　Ａ・スミスにおける資本と収入
5　総括

　内容は、第Ⅰ部での、剰余価値を含んだ新商品の直接的生産過程解明のためのキィ・概念に、第Ⅱ部おいて付け加えられた資本についての新分類を武器にした批判の展開になっている。

〔第Ⅰ部のキィ・概念〕

$$1{,}000\,G \begin{cases} 800\,G\ (c) \\ \text{―――} 1{,}000\,W \\ 200\,G\ (v) \end{cases} \begin{cases} 800\,W\ (Pm) \\ \cdots\cdots P\cdots\cdots 1{,}600\,W' \\ 200\,W\ (Ak) \end{cases} \begin{cases} 800\,W_1 \\ \text{―――} 1{,}600\,G' \\ 800\,W_2 \end{cases} \begin{cases} 800\,G_1 \\ \\ 800\,G_2 \end{cases}$$

資本の分類

　　800c：**不変資本**—W（Pm）：**生産諸手段（労働手段＋原料＋補助材料）の価値**

　　200v：**可変資本**—W（Ak）：**労働力商品の価値**

　新商品の価値 1,600 W'—1,600 G'＝**生産物価値**（c＋v＋m）

　　　　　　　　　　　　　　価値生産物＝（v＋m）

　新商品の価値 800 W₁：800 W（Pm）の**価値移転部分**—G₁

　（内訳）　　　800 W₂：**創造された新価値**—G₂ ➡ そのうちの 200 は、**vの補填部分**

　　　　　　　　　　　　　　　　　　　　　　600 は、**剰余価値**

〔第Ⅱ部のキィ・概念〕

新しい資本の分類① ➡ 実在形態の相違による

　生産資本：生産過程の生産要素の形態にあるもの（生産諸手段、労働力）

　流通資本：流通過程に属する形態にあるもの（商品資本、貨幣資本）

新しい資本の分類② ➡ 回転様式・回転時間の相違による

　固定資本：労働手段

　流動資本：原料、補助材料、労働力

　労働手段：**固定不変資本**

　原料・補助材料：**流動不変資本**

　労働力：**流動可変資本**

---

　　　　　　　　　　　　　　　① 新商品の使用価値の創造

　　　　　　　具体的有用的労働

労働の二重性　　　　　　　　　② **労働手段・原料等の価値の新商品への移転**

　　　　　　　抽象的人間的労働—— ③ 新価値の創造

＊こうした新しい資本の分類に照らして、スミス等の概念把握の「混乱」を批判している。

❶ スミスの一般的観点

（575／363）「A・スミスは、……個別的に見たすべての商品の価格も、さらにまた〈各国の土地および労働の年生産物……の総価格すなわち交換価値〉をも、賃労働者、資本家、および土地所有者の収入の三つの源泉に、すなわち**労賃**、利潤、**および地代**

第Ⅱ部　第一編　第二編　第三編　第Ⅲ部　第一編　第二編　第三編　第四編　第五編　第六編　第七編

に**分解**してしまっておきながら、それでもやはり回り道をして第四の要素を、すなわち資本という要素を密輸入しなければならない。この密輸入は、**総収入**と**純収入**とを区別することによって行なわれる——」

❷ スミスによる交換価値のv＋mへの分解

（587 ／ 370）**A・スミスのドグマ**、すなわち各個の商品——したがってまた社会の年生産物を構成する諸商品のいっさいがっさい（……）——の価格または交換価値は、労賃、利潤、および地代という三つの構成部分から構成されるとか、それらの構成部分に分解されるとかというドグマは、**商品価値がv＋m**、**すなわち前貸可変資本価値プラス剰余価値に等しいということに還元される**。」

（591 〜 592 ／ 372 〜 373）「そしてここでA・スミスの**ばかげた誤りは頂点に達する**。彼は、……価値から諸収入を発生させたのち、次には——……——逆のやり方をして、諸収入を〈すべての交換価値の構成諸部分〉から〈すべての交換価値の本源的な諸源泉〉に替えてしまい、これによって俗流経済学に広く門戸を開放したのである〈……〉。」

❸ 不変資本部分

（592 ／ 372）「さてわれわれは、A・スミスがどのような魔法を使って商品価値のうちから資本の不変価値部分を追い払おうとするか、を見てみよう。」

（599 〜 600 ／ 376 〜 377）「A・スミスの**第一の誤りは**、**彼が年々の生産物価値を年々の価値生産物と同一視する点にある**。価値生産物は、その一年間の労働の生産物にすぎない。生産物価値は、そのほかに、年生産物の生産に消費されたところの、いっさいの価値要素、すなわち、その価値が再現するにすぎない生産諸手段をも含む。——この生産諸手段は、その価値について言えば、その一年間に支出された労働によって生産されたのでも再生産されたのでもない。**この混同によって、A・スミスは年生産物の不変的価値部分を巧みに追い出す**。この混同そのものは、彼の基本的見解のなかにあるもう一つの誤りにもとづく。すなわち、彼は、**労働そのものの二分裂的性格**——労働力の支出として価値をつくりだす限りでの労働と、具体的有用的労働として使用対象（使用価値）をつくりだす限りでの労働という二分裂的性格——**を区別しない**。……（中略）……年生産物の総体は、一年間に支出された有用的労働の結果である。しかし、年々の生産物価値は、その一部分のみがその一年間につくりだされたのであり、この部分は、まさにその年のあいだに流動化された労働の総量を表わす年々の価値生産物である。……（中略）……**価値生産物は生産物価値より小さいということ、である**。」

❹ A・スミスにおける資本と収入

（608 ～ 609 ／ 382）「商品価値が収入の源泉になるのではなく、収入が商品価値の源泉になるのだとするこの**“取り違え”**に応じて、いまや商品価値は、さまざまな種類の収入から〈構成された〉ものとして現われる。これらの収入は相互独立的に規定されており、これらの収入の価値の大きさの加算によって商品の総価値が規定される。しかし、**そこで問題なのは、商品価値の源泉であるとされるこれらの収入の各々の価値は、どのようにして規定されるのか？ ということである。**……（中略）……**ここでは空虚なむだ話がなされるだけである。**」

❺ 総括

（611 ～ 612 ／ 384）「労賃、利潤、地代という三つの収入が商品価値の三つの〈構成部分〉をなすという**ばかげた定式は、A・スミスの場合には、商品価値がこの三つの構成部分に“分解される”**という、さらにもっと**もらしい定式から生まれてくる。**この定式もまた誤りであり、商品価値は消費された労働力の等価物と労働力によって創造された剰余価値とにのみ分割されうると前提するとしてさえ、誤りである。**しかし、誤謬はここでもまた一つのより深い真の基礎にもとづく。**資本主義的生産は、生産的労働者が自分自身の労働力を自分の商品として資本家に販売し、次にこの労働力が資本家の手中で単に彼の生産資本の一要素として機能するということにもとづく。流通に属するこの取り引き——労働力の売買——は、生産過程を準備するだけでなく、暗黙のうちに生産過程の独特な性格を規定する。……（中略）……この生産過程そのものの内部で、価値（不変資本価値）の単なる維持と、前貸しされた価値（労働力の等価物）の現実の再生産と、剰余価値—……—の生産との区別が、具現される。」

第三節　その後の人たち

（619 ～ 620 ／ 388 ～ 389）「リカードウは、A・スミスの理論をほとんど言葉どおり再生産する。……（中略）……実際には、リカードウは、**労賃と剰余価値とへの**（または可変資本と剰余価値とへの）**商品価格の分解にかんするA・スミスの理論を完全に受け入れた。彼がスミスと争うのは、**㈠剰余価値の構成諸部分についてであり、彼は、剰余価値の必然的要素としての**地代を排除する。**㈡リカードウは商品価格をこれらの構成部分に**分割する。**したがって、価値の大きさが、”先に存在するもの”である。**構成諸部分の総和が与えられた大きさとして前提され、それが出発点とされる**のであって、A・スミスがしばしば逆に、また彼自身のより深い洞察に反してそうしているよ

うに、商品価値の大きさが、"あとになってから"構成諸部分の加算によってつくり
だされるのではない。」

　この後に、ラムジー、セー、プルードン、シスモンディ等への批判が続く。

第20章　単純再生産

第一節　問題の提起

❶ 考察対象

（624 〜 625 ／ 391）「総資本——……——の年々の機能をその結果において考察するならば、
……**社会的資本の再生産過程がどのように行われるのか**、どのような性格が社会的資
本の再生産過程を個別資本の再生産過程から区別するのか、またどのような性格が両
者に共通しているのかが、明らかとなるに違いない。

　年生産物は、社会的生産物のうち**資本を補填する諸部分（社会的再生産）を含むと
ともに**、消費元本にはいり込んで労働者と資本家によって消費される諸部分をも含
み、したがって、**生産的消費と個人的消費の両者を包括する**。この消費は、資本家階
級と労働者階級の再生産（すなわち維持）を含み、**それゆえまた総生産過程の資本主
義的性格の再生産をも含む**。」

❷ 商品資本 W' の運動の分析

（625 〜 626 ／ 391）「**われわれが分析しなければならないのは**、明らかに

$$W' - \begin{cases} G \text{——} W \cdots\cdots P \cdots\cdots W' \\ \\ g \text{——} w \end{cases}$$

という流通図式であり、しかもここでは消費が必然的に一つの役割を演じる。という
のは、出発点の W'＝ W ＋ w、すなわち商品資本は、不変資本価値および可変資本
価値を含むとともに剰余価値をも含むからである。それゆえ**商品資本の運動は、個人
的消費と生産的消費とをともに包括する**。G—W……P……W'—G' および P……
W'—G'—W……P という循環の場合には、資本の運動が出発点であり終結点であ
る。——これには確かに消費も含まれている。というのは、商品、すなわち生産物
は、売られなければならないからである。しかし、この販売が行なわれたと前提すれ
ば、その後この商品がどうなるかは、個別資本の運動にとってはどうでもよいことで

ある。これに対して W'……W' という運動の場合には、まさにこの総生産物 W' の**各価値部分がどうなるかが証明されなければならない**ということから、**社会的再生産の諸条件が認識されうるものとなる**。ここでは総再生産過程は、資本自身の再生産過程を含むとともに、流通によって媒介された消費過程をも含む。

　しかも、われわれの当面の目的のためには、**再生産過程は、W' の個々の構成諸部分の価値補填ならびに素材補填の観点から考察されなければならない**。」

❸ 提起されている問題

（626 ／ 392）「直接に提起されている問題は、次のことである。すなわち、生産において消費された資本は、価値から見て、どのようにして年々の生産物から補填されるか、そしてこの補填の運動は、資本家による剰余価値の消費および労働者による労賃の消費とどのようにからみ合うのか？　である。したがって、**まずもって問題になるのは、単純な規模での再生産である**。」

第二節　社会的生産の二大部門

❶ 社会の総生産の二大部門

（630 ／ 394）「社会の総生産物、したがってまたその総生産は、次の二つの大部門に分かれる──

　Ⅰ　**生産諸手段**。生産的消費にはいり込まなければならないか、または少なくともはいり込みうる形態をもつ諸商品。

　Ⅱ　**消費諸手段**。資本家階級および労働者階級の個人的消費にはいり込む形態をもつ諸商品。

　これら二大部門のそれぞれにおいて、それに属するさまざまな生産部門の全体が、単一の大きな生産部門をなす。すなわち、一つは、**生産諸手段の生産部門**であり、もう一つは、**消費諸手段の生産部門**である。この双方の生産部門のそれぞれにおいて使用される総資本は、社会的資本の特殊な一つの大部門をなす。」

❷ 資本の二つの構成部分

（630 ～ 631 ／ 395）「それぞれの大部門において、資本は次の二つの構成部分に分かれる──

　㈠　**可変資本**。これは、**価値の面から考察すると**、当該生産部門で使用された社会的労働力の価値に等しく、したがって、それに支払われた労賃の総額に等しい。**素材の面から考察すると**、可変資本は、自己を発現する労働力そのもの、す

なわち、この資本価値によって運動させられている生きた労働からなる。

　　㈡　**不変資本**。すなわち、**当該部門で生産に使用されたすべての生産諸手段の価値**。これらの生産諸手段はさらにまた、**固定資本**——機械、道具、建物、役蓄など——と、**流動不変資本**——原料および補助材料、半製品などのような生産諸材料——とに分かれる。

❸ 年生産物の全体の価値

（631 ／ 395）「この〔可変および不変〕資本の助けを借りて両大部門のそれぞれにおいて生産された年生産物の全体の価値は、……**生産物に移転されたにすぎない不変資本 c を表わす価値部分**と、**年労働の全体によってつけ加えられた価値部分**とに分かれる。この後者の価値部分はさらに、前貸しされた**可変資本 v の補填分**と、それを超えて**剰余価値 m を形成する超過分**とに分かれる。したがって、すべての個々の商品の価値と同じように、そぞれの大部門の**年生産物全体の価値も c ＋ v ＋ m に分かれる。**」

---

❹ 再生産表式

（632 ／ 396）「単純再生産の研究のために、われわれは、次の表式を研究の基礎にしようと思う。すなわち、ここでは c ＝不変資本、v ＝可変資本、m ＝剰余価値であり、価値増殖率 m/v は 100％と仮定される。

　Ⅰ　**生産諸手段の生産**——

　　　資本……………… $4,000c + 1,000v = 5,000$

　　　商品生産物……… $4,000c + 1,000v + 1,000m = 6,000$

　　　ただし、商品生産物は生産諸手段として実存する。

　Ⅱ　**消費諸手段の生産**——

　　　資本……………… $2,000c + 500v = 2,500$

　　　商品生産物……… $2,000c + 500v + 500m = 3,000$

　　　ただし、商品生産物は消費諸手段として実存する。

概括すれば、年総商品生産物は次のようになる——

　Ⅰ　$4,000c + 1,000v + 1,000m = 6,000$ 生産諸手段

　Ⅱ　$2,000c + 500v + 500m = 3,000$ 消費諸手段

総価値 ＝ **9,000 である**。前提に従って、現物形態で機能し続ける固定資本は、この総価値から除外されている。

❺ 価値と素材の補填関係・三大支点

（633〜634／396〜397）「さて、単純再生産——したがってそこでは、全剰余価値が不生産的に消費される——の基礎上で必要とされる諸転換を研究し、そのさい、諸転換を媒介する貨幣流通をさしあたり無視するとすれば、はじめから<u>次の三つの重要な支点がわれわれには明らかとなる</u>。

（一）　<u>大部門Ⅱの労働者たちの労賃 500v</u> とこの大部門の資本家たちの<u>剰余価値500m</u> とは、消費諸手段に支出されなければならない。しかしそれらの価値は、1,000 の価値をもつ消費諸手段——<u>大部門Ⅱの資本家たちの手中にあって</u>、前貸しされた 500v を補填し、さらに 500m を表わしている<u>消費諸手段</u>——<u>の形で実存する</u>。したがって、<u>大部門Ⅱの労賃と剰余価値とは、大部門Ⅱの内部で、Ⅱの生産物と交換される</u>。こうして、消費諸手段という形で、（500v＋500m）Ⅱ＝1,000 が、総生産物から消えうせる。

（二）　同様に、<u>大部門Ⅰの 1,000v＋1,000m も、消費諸手段、すなわち大部門Ⅱの生産物に支出されなければならない</u>。したがって、それらは、大部門Ⅱの生産物のうちなお残っている、額から見て同額の不変資本部分 2,000c と交換されなければならない。その代わりに、<u>大部門Ⅱは、同額の生産諸手段</u>、すなわち、<u>Ⅰの 1,000v＋1,000m の価値が体現されているⅠの生産物を受け取る</u>。こうして 2,000Ⅱc と（1,000v＋1,000m）Ⅰ とが計算から消えうせる。

（三）　<u>なお残ってるのは、4,000Ⅰc である</u>。これらは、大部門Ⅰでしか利用されえない生産諸手段という形で存在し、Ⅰの消費された不変資本の補填に役立ち、<u>それゆえⅠの個々の資本家のあいだでの相互交換によって決着をつけられる</u>——それは、ちょうど、（500v＋500m）Ⅱ が、Ⅱの労働者たちと資本家たちとのあいだ、またはⅡの個々の資本家たちのあいだでの交換によって決着をつけられるのと同じである。」

〔解説③〕<u>「三大支点①②③」</u>における、<u>二大部門（Ⅰ生産諸手段生産部門、Ⅱ消費諸手段生産部門）の価値・素材の補填関係を、それを媒介する貨幣の流通を含めて示せば次のようになる</u>。

— K：資本家、P：賃労働者、Pm：生産諸手段、Km：消費諸手段。

① <u>Ⅰ1,000v＋1,000mとⅡ2,000cについて</u>

$$
\text{㋑}\quad \overset{\displaystyle 1,000\,\text{G}\rightarrow}{\text{Ⅰ K}\underline{\hspace{3cm}}\text{Ⅰ P}}\overset{\displaystyle 1,000\,\text{G}\rightarrow}{\underline{\hspace{3cm}}\text{Ⅱ K}}
$$

㋑　Ⅰ K ——————— Ⅰ P ——————— Ⅱ K
　　　　　←1,000W（Ak）　　←1,000W（Km）

＊<u>Ⅰ部門内での資本家と賃労働者間での、労働力商品の売買と、その賃労働者とⅡ部門</u>
<u>の資本家との間での消費諸手段の売買</u>。

　　　　　　　1,000G→　　　　　　1,000G→
㋺　Ⅱ K ——————— Ⅰ K ——————— Ⅱ K
　　　　　←1,000W（Pm）　　←1,000W（Km）

＊<u>Ⅰ部門とⅡ部門の資本家間での、生産諸手段の売買と消費諸手段の売買</u>。

➡<u>以上については、第三節、第五節項目❷、第六節にて再論される</u>。

② <u>Ⅱ500vと500mについて</u>

　　　　　　　500G→
㋑　Ⅱ K ——————— Ⅱ K
　　　　　←500W（Km）

＊<u>Ⅱ部門内での資本家同士の消費諸手段の売買</u>。

　　　　　　500G→　　　　　500G→
㋺　Ⅱ K ——————— Ⅱ P ——————— Ⅱ K
　　　　←500W（Ak）　　←500W（Km）

＊<u>Ⅱ部門内での、資本家と労働者間での労働力商品の売買と消費諸手段の売買</u>。

③ <u>Ⅰ4,000cについて</u>

$$4,000\,G \rightarrow$$

$$I\,K \text{———————} I\,K$$

$$\leftarrow 4,000\,W\ (Pm)$$

＊Ⅰ部門内での資本家同士の生産諸手段の売買。

以上の①②③の諸関係は、再生産表式を用いて、次のように示される。

$$I \quad 4,000\,c \;+\; \boxed{1,000\,v \;+\; 1,000\,m} \;=\; 6,000\,W\ (Pm)$$

$$II \quad \boxed{2,000\,c} \;+\; 500\,v \;+\; 500\,m \;=\; 3,000\,W\ (Km)$$

$$\underline{6,000\,c \;+\; 1,500\,v \;+\; 1,500\,m \;=\; 9,000\,W\ (総生産物)}$$

＊矢印 ⤺、⤸ は、各部門内での補填関係を示す。

第三節　両大部門間の変換——Ⅰ（v＋m）対Ⅱc

〔注記〕第三節以下の各節では、第二節までの「概説」の内容について、各論的叙述がより詳しく展開されているが、未完成の草稿であることから、エンゲルスの立てた節や項の表題とその内容がそぐわないところもあり、またときに誤まりも含んだ叙述がまぎれ込んでいる。以下では、重点を絞って見ていくことにする。

（640 ～ 641 ／ 400 ～ 401）「**産業資本家たちが彼ら自身の商品流通の媒介のために流通に投じる貨幣のうち**——この貨幣の投下が商品の不変〔資本〕価値部分をあてにして行なわれようと、または、諸商品中に実存し、収入として支出される限りでの剰余価値をあてにして行なわれようと——**それぞれの産業資本家が貨幣流通のために前貸ししたその分だけのものが、各自の手中に復帰する。**

**　大部門Ⅰの可変資本の貨幣形態への再転化について言えば**、この可変資本は、……（中略）……Ⅰの資本家たちに直接に復帰するのではない。その可変資本は、労働者たちの購買を通じて、労働者仲間にとって必要で一般に入手しやすい諸商品の資本主義的生産者たち、すなわちⅡの資本家たちの手中に移行するのであり、Ⅱの資本家たちがこの貨幣を生産諸手段の購入に用いてはじめて——**この回り道を通ってはじめて、可変資本が、Ⅰの資本家たちの手中に復帰する。**」

（641／401）「その結果として明らかになるのは、次のことである。すなわち、単純再生産の場合には、**Ⅰの商品資本のうちの価値額v＋m**は（したがってⅠの総商品生産物のうちこれに照応する比例的部分も）、**大部門Ⅱの総商品生産物のうちの**やはり比例的部分として区別される**不変資本Ⅱcに等しくなければならない**。言い換えれば、**Ⅰ（v＋m）＝Ⅱcでなければならない**。」➡このⅠ（v＋m）＝Ⅱcが単純再生産の「**基礎条件**」をなす。

第四節　大部門Ⅱの内部での変換。必要生活諸手段と奢侈品

（642〜643／402）「年々の商品生産の**大部門Ⅱ**は、きわめて多種多様な産業諸部門からなるが、それらは——その生産物から見て——**次の二つの大きな中部門に分割される**——

　(a) 労働者階級の消費にはいり込む消費諸手段で、必要生活諸手段である限りでは、たとえ質と価値から見て労働者たちのそれとはしばしば違うとしても、資本家階級の消費の一部をもなすもの。われわれは、この中部門の全体を、われわれの目的のために**必要消費諸手段**という項目のもとに一括することができる。……

　(b) **奢侈的消費諸手段**。これは、資本家階級の消費にのみはいり込み、したがって、決して労働者には帰属しない剰余価値の支出分とだけ転換されうるもの。

　〔注記〕　第四節の末尾には、恐慌の説明にかかわる記述がある。——「諸恐慌は、いつでもまさに、労賃が全般的に上昇して、労働者階級が年生産物のうちの消費に予定された部分のより大きな分け前を実際に受け取る時期によってこそ準備される。——**恐慌の前ぶれ！**」（655〜656／409〜410）

第五節　貨幣流通による諸変換の媒介

❶ 中部門設定の下での価値・素材補填

（657〜659／410〜11）「これまでに展開した限りでは、さまざまな生産諸部門のあいだの流通は、次の表式に従って行なわれた。

㈠　大部門Ⅰと大部門Ⅱとのあいだで——

Ⅰ　4,000c＋1,000v＋1,000m

Ⅱ　……………………2,000c……＋500v＋500m

　こうして、<u>Ⅱc＝2,000の流通</u>はかたづいており、それは<u>Ⅰ（1,000v＋1,000m）</u><u>と転換</u>されている。（仕切り線―――の上の段と下の段の＿＿＿を付した数字は対応関係にある。）

　われわれは4,000Ⅰcをいましばらくわきにおいておくので、なお残るのは、<u>大部門</u><u>Ⅱの内部でのv＋mの流通である</u>。さて、Ⅱ（v＋m）は中部門ⅡaとⅡbとのあいだで次のように分割される――

　㈡　Ⅱ 500v＋500m＝a（400v＋400m）＋b（100v＋100m）

　<u>400v(a)は、それ自身の中部門の内部で流通する</u>。これによって支払われた労働者たちは、それを使って、彼ら自身が生産した必要生活諸手段を、彼らの使用者たち、すなわちⅡaの資本家たちから買う。

　両方の中部門の資本家たちは、彼らの剰余価値のそれぞれ3/5をⅡaの生産物（必要生活諸手段）に、2/5をⅡbの生産物（奢侈品）に支出するから、<u>剰余価値aの</u><u>3/5すなわち240は、中部門Ⅱa自身の内部で消費される</u>。同様に剰余価値b（これは奢侈品として生産され、現存している）の2/5（40）は中部門Ⅱbの内部で消費される。

　したがって、ⅡaとⅡbとのあいだでなお交換されるべきものとして残っているのは――Ⅱaの側では160mであり、Ⅱbの側では100v＋60mである。<u>これらは、互</u><u>いに相殺される</u>。……（中略）……したがって、これを表わす表式は――

　㈢　Ⅱa（400v）＋（240m）＋<u>160m</u>

　　　　　　　　　　　　　　　　　――――――――

　　　　b　……………………………<u>100v＋60m</u>＋（40m）

であり、ここで、<u>括弧に入れられた額は、それ自身の中部門の内部だけで流通し消費</u><u>されるものである</u>。（括弧のない、仕切り線―――の上の段と下の段の＿＿＿数字は対応関係にある。）

❷ 三大支点・Ⅰ（v＋m）とⅡcとの間の流通

（662～663／413）

　「①Ⅰの資本家たちは、労賃の支払いに1,000ポンド・スターリングを前貸しし、これで労働者たちは、1,000ポンド・スターリングの生活諸手段をⅡの資本家たちから買い、Ⅱの資本家たちはこれまた同じ貨幣でⅠの資本家たちから生産諸手段を買う。

そこで、Ⅰの資本家たちには彼らの可変資本が貨幣形態で復帰し、他方、Ⅱの資本家たちは、彼らの不変資本の半分を商品資本の形態から生産資本に再転化した。

　②　Ⅱの資本家たちは、Ⅰのもとにある生産諸手段を入手するために、さらに別の500ポンド・スターリングの貨幣を前貸しする。Ⅰの資本家たちは、この貨幣をⅡの消費諸手段に支出する。こうしてこの500ポンド・スターリングはⅡの資本家たちに還流する。

　③　Ⅱの資本家たちは、商品に転化した彼らの不変資本の最後の四分の一をそれ〔不変資本〕の生産的現物形態に再転化するために、この500ポンド・スターリングを新たに前貸しする。この貨幣はふたたびⅠに還流して、新たにⅡのもとで同額の消費諸手段を入手する。こうしてこの500ポンド・スターリングの貨幣はⅡに還流する。

　④Ⅱの資本家たちは、いまやまえと同じく、500ポンド・スターリングの貨幣と2,000ポンド・スターリングの不変資本——しかしこの不変資本は、商品資本の形態から生産資本に新たに転換されている——とを所有する。**1,500ポンド・スターリングの貨幣で5,000ポンド・スターリング**＊**の商品量が流通させられた。**」

＊訳注〔最初の労働力商品1,000と両大部門間の転換4,000との合計〕

　〔注記〕なお以上については、①（664〜665／414〜415）「こうして、転換は次のように進行する——、②「結果は、次のとおりである——」以下を再確認のこと。

第六節　大部門Ⅰの不変資本

（675〜676／420〜421）「**まだ残っているのは、大部門Ⅰの不変資本＝4,000Ⅰcの検討である。**……（中略）……Ⅰの商品生産物の全部が、現物形態から見て生産諸手段から、すなわち不変資本そのものの素材的諸要素からなるということを考慮すれば、非常に簡単に解決される。……（中略）……ここ、Ⅰにおいては、商品生産物の全部が、生産諸手段——すなわち、建物、機械設備、容器、原料、補助材料などからなる。それゆえ。この生産物の一部分、すなわち、この部面で使用される不変資本を補填する部分は、その現物形態のまま、ただちに新たに生産資本の構成部分として機能することができる。**この部分は、それが流通にはいる限りでは、大部門Ⅰの内部で流通する。**」

第七節　両大部門における可変資本と剰余価値

❶ 年々の生活諸手段の総価値＝年々の価値生産物

（679 〜 680 ／ 423）「**年々生産された消費諸手段の総価値**は、その年中に再生産された
Ⅱの可変資本価値、プラス、新たに生産されたⅡの剰余価値（すなわち、Ⅱにおいてそ
の年に生産された価値に等しい）、プラス、その年中に再生産されたⅠの可変資本価値お
よび新たに生産されたⅠの剰余価値（したがって、プラス、Ⅰにおいてその年中に生産さ
れた価値）、に等しい。

　　したがって、**単純再生産という前提のもとでは、年々生産された消費諸手段の総価**
値は、年々の価値生産物、すなわち社会的労働によってその年中に生産された価値全
体に等しいのであり、単純再生産の場合にはこの価値全体が消費されるのであるか
ら、等しくなければならない。」

❷ 社会的労働日

（680 〜 681 ／ 423 〜 424）

　　「① **社会的労働日全部は、次の二つの部分に分かれる**──㈠必要労働。これは年間
に 1,500 v という価値を創造する。㈡剰余労働。これは 1,500 m という追加価値また
は剰余価値を創造する。これらの価値の合計＝ 3,000 は、3,000 という年々生産され
た消費諸手段の価値に等しい。したがって、**年間に生産された消費諸手段の全価値**
は、社会的労働日全部が年間に生産する全価値に等しく、**社会的可変資本の価値プラ**
ス社会的剰余価値に、すなわち、**年々の新生産物の全部に等しい。**

　　② しかし、……これらの二つの価値の大きさは一致するとはいえ、それだからと
いって、Ⅱの諸商品すなわち消費諸手段の全価値が社会的生産のこの大部門で生産さ
れているわけでは決してない。**これらの二つの価値の大きさが一致するのは、Ⅱにお**
いて再現している不変資本価値が、Ⅰにおいて新たに生産された価値（可変資本価値
プラス剰余価値）に等しいからである。

　　③ それゆえ、Ⅰ（v＋m）は、**Ⅱの生産物のうち、その生産者たち（大部門Ⅱに**
おける）にとって不変資本価値を表わす部分を買いうるのである。それゆえ、Ⅱの資
本家たちにとっては彼らの生産物の価値は、c＋v＋m に分かれるにもかかわらず、
なにゆえ社会的に考察すればこの生産物の価値がv＋m に分かれうるのかが、明ら
かになる。すなわち、それがそうであるのは、**ⅡcがここではⅠ（v＋m）に等し**
く、社会的生産物のこの両構成部分が、その交換を通じてそれらの現物形態を相互に
交換し合い、それゆえこの転換後にはⅡcはふたたび生産諸手段として実存し、これ
に反してⅠ（v＋m）は消費諸手段として実存するからにほかならない。」

第八節　両大部門における不変資本

❶ 社会的年生産物と社会的年労働日①

（685 〜 687 ／ 427 〜 428）「総生産物価値 9,000 と、それが分かれていくカテゴリーについて言えば、その分析は、個別資本の生産物価値の分析以上に大きな困難を提供するものではなく、むしろそれと同一である。

　ここでは（われわれの前提によれば）**社会的年生産物全体のなかには、3 社会的年労働日が含まれている。**これらの労働日の各々の価値表現は 3,000 であり、それゆえ、**全生産物の価値表現は 3 × 3,000 = 9,000** である。

　　……（中略）……

　社会的生産物の不変資本部分（c）——生産過程以前に支出された 2 労働日、その価値表現＝ 6,000 である。

　その年のあいだに支出された必要労働（v）——年生産において支出された労働日の半分、その価値表現＝ 1,500 である。

　その年のあいだに支出された剰余労働（m）——年生産において支出された労働日の半分、その価値表現＝ 1,500 である。

　年労働の**価値生産物**（v + m）= 3,000 である。

　総生産物価値（c + v + m）= 9,000 である。

　したがって、困難は社会的生産物価値そのものの分析にあるのではない。困難は社会的生産物の価値構成諸部分をその物的構成諸部分と比較するさいに生じる。

　再現するにすぎない不変価値部分は、この生産物のうち生産諸手段からなる部分の価値に等しく、この部分に体現されている。

　その年の新たな価値生産物= v + m は、この生産物のうち消費諸手段からなる部分の価値に等しく、その部分に体現されている。」

❷ 社会的年生産物と社会的労働日②

（691 〜 692 ／ 430 〜 431）「社会的に考察すれば、**社会的労働日のうち、生産諸手段を生産する部分**——それゆえ生産諸手段に新価値をつけ加えるとともに、その生産で消費された生産諸手段の価値を生産諸手段に移転する部分——は、**古い生産諸手段の形態で消費された不変資本を、すなわち I でも II でも消費された不変資本を補填するものと予定された新たな不変資本のほかには、なにも生産しない。この部分は、生産的消費に帰属すると予定された**生産物だけを生産する。……この生産物の全価値は、不変資本として新たに機能しうる価値、不変資本だけをその現物形態で買いもどしうる

価値、それゆえ社会的に考察すれば、可変資本にも剰余価値にも分解されない価値にほかからない。」

第九節　Ａ・スミス、シュトルヒ、およびラムジーへの回顧

（693／431）「社会的生産物の総価値は、$9,000 = 6,000c + 1,500v + 1,500m$ となる。言い換えれば、6,000は生産諸手段の価値を再生産し、3,000は消費諸手段の価値を再生産する。したがって、**社会的収入の価値**（v＋m）**は総生産物価値の１／３にしかならず**、消費者——労働者ならびに資本家——の総体が、社会的総生産物から引き出して自分たちの消費元本に合体させうるのは、この１／３の価値額だけの諸商品・諸生産物のみである。これにたいして、6,000＝**生産物価値の２／３は、"現物で"補填されなければならない不変資本の価値である**。したがって、これだけの額の生産諸手段は、ふたたび生産元本に合体されなければならない。」

第十節　資本と収入——可変資本と労賃

（702～703／437～438）

「一部の経済学者が理論的困難——すなわち現実の連関の理解——から逃れようとして用いるありふれた考え、ある者にとって資本であるものは他の者にとっては収入であり、ある者にとって収入であるものは他の者にとっては資本であるという考えは、部分的には正しいが、一般的に提起されるやいなや、まったくの誤りとなる（すなわち、それは、年々の再生産とともに行なわれる全転換過程の完全な誤解を含み、したがって部分的に正しいことの事実的基礎にかんする誤解をも含む）。

そこで、**われわれは、この考えの部分的な正しさの基礎となっている事実的諸関係を総括する。**それによって同時に、この諸関係の誤った把握も明らかになるであろう。

㈠　**可変資本は、資本家の手中では資本として機能し、賃労働者の手中では収入として機能する。**

可変資本は、まず第一に資本家の手中に貨幣資本として実存する。それが貨幣資本として機能するのは、資本家がそれで労働力を買うからである。**それが資本家の手中で貨幣形態にとどまる限り、それは、貨幣形態で実存する与えられた価値以外のなにものでもなく、したがって一つの不変の大きさであって、決して可変の大きさではない**。それは潜在的にのみ可変資本である——まさにそれの労働力への転換可能性に

よって。それが**現実的な可変資本になるのは**、それがその貨幣形態を脱ぎ捨て、**それが労働力に転換されて**この労働力が資本主義的過程において**生産資本の構成部分として機能するとき以後においてのみである。**

　資本家のためはじめに可変資本の貨幣形態として機能した貨幣は、**いまや労働者の手中において**、彼が生活諸手段に転換する彼の労賃の貨幣形態として機能する。すなわち、彼が自己の労働力をいつも繰り返し売ることから引き出す**収入の貨幣形態として機能する。**……（中略）……

　可変資本が、資本家にとっては資本として、労働者にとっては収入として、二重に機能するのではなく、**同じ貨幣が、まず資本家の手中では彼の可変資本の貨幣形態として、それゆえ潜在的可変資本として実存し**、資本家がそれを労働力に転換するやいなや、**労働者の手中では、販売された労働力の等価物として役立つのである。**しかし、同じ貨幣が売り手の手中では買い手の手中にある場合とは異なる別の用途に役立つということは、商品のすべての売買につきものの現象である。」

（705／439）「㈡　したがって、1,000 Ⅰv＋1,000 Ⅰm と 2,000 Ⅱc との転換においては、一方にとって**不変資本**であるもの（2,000 Ⅱc）が、他方にとっては可変資本と剰余価値、すなわち一般に**収入**となり、また一方にとって可変資本と剰余価値（2,000 Ⅰ〔v＋m〕）、すなわち一般に**収入**であるものが、他方にとっては**不変資本**となる。」

（717／446）「しかし、収入としての労賃の支出によって、ある場合には〔Ⅰvの購買によって〕1,000 Ⅱc が、同じくこの回り道をして〔Ⅱcの購買によって〕1,000 Ⅰv が、また"同じく"〔直接の購買によって〕500 Ⅱv が、したがって**不変資本と可変資本とが**（可変資本の場合には一部は直接の還流により、一部は間接の還流によって）、**ふたたび貨幣資本として再現されるということは、年生産物の転換における一つの重要な事実である。」**

第十一節　固定資本の補填

（718〜719／446〜447）「労働諸手段が、一定の期間にわたって機能し続けるあいだに徐々にこうむる摩滅、価値喪失こそ、この労働諸手段を媒介として生産された諸商品の価値要素として再現するもの、労働用具から労働生産物に移転されるものである。したがって、**年々の再生産との関連でここで問題になるのは、**もともと、**固定資本のうちその寿命が一年よりも長くもつような構成諸部分である。**……（中略）……

　〔ここで問題となる〕諸商品のこの価値要素〔固定資本の摩滅分〕は、決して**修理**

費と混同されてはならない。」

（720 〜 721 ／ 447 〜 448）「商品販売から得られた貨幣は、それが固定資本の摩滅分に等しい商品価値部分を貨幣化する限りでは、生産資本の構成部分—……—には再転化されない。それは、生産資本とは別に沈澱し、その貨幣形態のままにとどまる。**この貨幣沈澱は、多かれ少なかれ数年からなる再生産期間**——そのあいだ、不変資本の固定的要素がその古い現物形態のままで生産過程において機能し続ける期間——**が過ぎ去るまで繰り返される。**

　① 建物、機械などのような固定的要素の寿命が尽き、もはや生産過程で機能しえなくなるやいなや、その価値は、その固定的要素とは別に、完全に貨幣で補填されて—……—実存する。

　② 次にこの貨幣は、固定資本（または、固定資本のさまざまな諸要素は寿命を異にするのであるから、固定資本の諸要素）を“現物で”補填し、こうして生産資本のこの構成部分を現実に更新するのに、役立つ。したがって、この貨幣は、不変資本価値の一部分の、不変資本価値の固定部分の、貨幣形態である。したがって、この**蓄蔵貨幣の形成は、……固定資本の寿命が尽き、その結果、固定資本がその全価値を、生産された諸商品に引き渡してしまって、いまや、“現物で”補填されなければならないときまでの、固定資本またはその個々の要素の価値の再生産と積み立て——貨幣形態での……—**である。しかし、**この貨幣は、**それが固定資本の新しい諸要素に再転化されて、死滅した諸要素を補填するときにのみ、その蓄蔵貨幣形態を失い、それゆえ、そのときにはじめて、流通によって媒介される**資本の再生産過程にふたたび能動的にはいり込む。**」

（724 ／ 450）　1. 貨幣形態での摩滅価値部分の補填

（732 ／ 454）　2. “現物での”固定資本の補填

（749 ／ 463）　3. **結論**「固定資本の補填にかんしては、一般に次のことが注意されなければならない。」

（750 〜 753 ／ 464 〜 465）「要するに、単純再生産であってしかも諸事情に変わりがない場合、すなわち、とくに労働の生産力、総量、および強度に変わりがない場合に——もし、死滅する（更新されるべき）固定資本と、旧来の現物形態で作用し続ける（摩滅を補填するだけの価値を生産物につけ加える）固定資本とのあいだの不変な比率が前提されないならば——、

　① **ある場合には、**再生産されなければならない流動的構成諸部分の総量は不変であるが、再生産されなければならない固定的構成諸部分の総量は増大しているであろ

う。したがって、**Ⅰの総生産が増大しなければならないか**、または、**貨幣関係を度外視しても、再生産の不足が生じるであろう**。

　② **他の場合には、**"現物で"再生産されなければならない固定資本Ⅱの比率的大きさが減少し、したがっていまや貨幣によってのみ補填されなければならない固定資本Ⅱの構成部分が同じ比率で増加するならば、Ⅰによって再生産される不変資本Ⅱの流動的構成諸部分の総量は不変のままであっても、再生産されなければならない固定的構成諸部分の総量は反対に減少しているであろう。したがって、**Ⅰの総生産の減少か、または過剰**（先の不足のように）、**それも貨幣化されえない過剰かの、どちらかが生じるであろう**。

　確かに第一の場合には、……

　第二の場合には逆であり、この場合にはⅠはその**生産を収縮させなければならないか**──これは、そこで仕事をしている労働者と資本家とにとって**恐慌**を意味する──、**またはⅠは過剰な供給を行なう**──これまた**恐慌**を意味する。それ自体としてはこのような過剰は害悪ではなく利益である。しかし、資本主義的生産においては害悪である。……（中略）……

　この種の過剰生産は、社会がそれ自身の再生産の対象的諸手段を管理することと同じである。しかし資本主義社会の内部では、それは一つの無政府的要素である。」

第12節　貨幣材料の再生産

（754／465）「金銀は、貨幣材料、したがって潜勢的貨幣として、重要な役割を演じる。われわれは、ここでは、**貨幣材料**として、簡単化のために金だけをとりあげよう」と主題を設定し、

（755／466）「金の生産は金属生産一般と同じく、大部門Ⅰ、すなわち生産諸手段の生産を包括する部類に属する」として、具体的にはⅠg部門（20c＋5v＋5m）を立ち上げる。

　しかし、「〈貨幣材料〉として金の再生産を取り上げながらも、……〈金属生産一般と同じく部門Ⅰに属する〉ものとしたこと、これにともないⅠg部門の生産物である金をⅠ、Ⅱ部門のc部分と転態されるものとしたこと」により、理論的混乱と誤りを招いた点について、批判がある（井村喜代子「7 貨幣材料の再生産」、富塚・井村編『資本論体系4』、有斐閣1990年4月、114ページ）。なお、この論稿の末尾に、問題の扱い方についての言及がある。

第13節　デスチュト・ド・トラシの再生産論

(772／476)「社会的再生産を考察するさいの経済学者たちの混乱した、同時に大言壮語に満ちた無思想の例として役立つのは、リカードウでさえも大まじめに受け取って"非常に高名な一著述家"（……）と呼んでいる大論理学者デスチュト・ド・トラシであろう」に始まり、「これこそは、まったく至福の境地にあるブルジョア的痴呆症というものである！」(789／484) で終わる、マルクス特有の筆致での痛烈な謬論批判が展開されている。

第21章　蓄積と拡大再生産

第1節　大部門Ⅰにおける蓄積

❶ 蓄蔵貨幣の形成

(796／488)「資本家たちの一部分は、適当な大きさにまで増大した自己の潜勢的貨幣資本をつねに生産資本に転化し、言い換えれば、剰余価値の貨幣化によって蓄蔵された貨幣で生産諸手段すなわち不変資本の追加的諸要素を買うのであるが、他方、資本家たちの他の部分は、なお自己の潜勢的貨幣資本の蓄蔵に専念している。したがって、<u>これら二つの部類に属する資本家たちは、一方は買い手として、他方は売り手として、両者のそれぞれがもっぱらこの一方だけの役割を演じるものとして相対している</u>。」

(799／489) **訳注**＊〔マルクスは単純再生産における固定資本の補填の解明にさいして、大部門Ⅱの資本家を部分1（固定資本を現物で補填する）と部分2（固定資本の摩滅分を貨幣で蓄蔵する）とに分けて問題を解決したが、<u>以下では、大部門Ⅰの資本家をまずＡ群（一方的販売によって蓄蔵貨幣を形成する）とＢ群（蓄蔵貨幣形成を完了し、それによって一方的に購買する）とに分けて蓄積を究明する</u>〕

(800〜801／490〜491)「買い手があとで同じ価値額だけの売り手として登場し、また逆に売り手があとで同じ価値額だけの買い手として登場することよって均衡がつくりだされる限りでは、貨幣は、購買にさいしてこれを前貸しした側、<u>ふたたび買うまえにまず売った側</u>＊に、還流する。しかし、諸商品の転換そのものにかんしての、す

93

なわち年生産物のさまざまな部分の転換にかんしての現実の均衡は、相互に転換される諸商品の価値額が等しいことを条件とする。

　　*訳注による訂正：ここでは、「ふたたび売る前にまず買った」であろう。

　しかし、単に一方的な諸転換、すなわち、一方でひとかたまりの単なる諸購買、他方ではひとかたまりの単なる諸販売が行なわれる限り――……資本主義的基礎の上での年生産物の正常な転換はこれらの一方的な諸変態を条件とする――、**均衡は、ただ、一方的諸購買の価値額と一方的諸販売の価値額とが一致するという仮定のもとでのみ現存する**。商品生産が資本主義的生産の一般的形態であるという事実は、貨幣が資本主義的生産において単に流通手段としてばかりでなく、貨幣資本としても演じる役割をすでに含んでいるのであり、また、この生産様式に固有な、正常な転換の一定の諸条件を、したがって再生産――単純な規模でのであれ拡大された規模でのであれ――の正常な進行の諸条件を生み出すのであるが、**これらの諸条件はそれと同じ数の異常な進行の諸条件に、すなわち恐慌の可能性に急転する**。というのは、**均衡は――**この生産の自然発生的な姿態のもとでは――**それ自身一つの偶然だからである。**」

❷ 追加不変資本

（804／492）「単純再生産から**拡大再生産への移行が行なわれるためには、大部門Ⅰにおける生産が、Ⅱのための不変資本の諸要素をより少なく、しかしⅠのための不変資本の諸要素をそれだけより多く生産できるのでなければならない**。この移行――必ずしも困難なしに行なわれるわけではないが――は、Ⅰの生産物の若干のものが双方の大部門で生産諸手段として役立ちうるという事実によって容易にされる。」

（805／493）「**追加の仮想的貨幣資本の大規模な生産**――流通圏の多数の点での――は、仮想的追加生産資本の広範な生産の結果および表現にほかならず、この仮想的追加生産資本の成立そのものは、産業資本家たちの側からの追加貨幣資本の支出を前提にしない。」

❸ 追加的可変資本

（812／496）「新たに形成された貨幣資本のうち可変資本に転化されうる部分は、それが転化すべき労働力をいつでも見いだすものと仮定する必要がある。」

第二節　大部門Ⅱにおける蓄積（略）

第三節　表式による蓄積の叙述

（822／502）訳注*　訂正を要するマルクスの設定についての説明に留意。

（822／502）訳注*　計算ミスの訂正あり。

（823／503）訳注*　エンゲルスによる加筆、との説明あり（上製版）。

（829／506）訳注*　数字の誤りについての指摘あり。

（831／508）訳注*　**新訳本７分冊**には、この個所に、**新書版にはない次のような訳注
がある。**──

　　〔このパラグラフはエンゲルスが書き換えたもので、草稿では、「事態が正常に進
行するためには、Ⅱにおける蓄積は加速されなければならない。なぜならⅡに転換
されなければならない限りでの（v＋m）Ⅰが、(c) Ⅰよりも大きくなるからである」
となっていた。ここでマルクスは、初年度から第二年度にかけて部門Ⅰの蓄積率が
50％で不変であるのにたいして、部門Ⅱの蓄積率が20％から30％に上昇した事実を
見ていると思われる。しかし、資本の有機的構成が変わらない限り、部門Ⅱの蓄積率
はその後は30％で不変となり、事態は「正常に」進んでいく。したがって、**ここで
マルクスが引き出した「Ⅱにおける蓄積は加速されなければならない」という命題は
誤りであった。エンゲルスの書き換えは、マルクスの誤った命題を補強するものと
なった**〕

〔**解説④**〕　（**要点**）**拡大再生産の「基礎条件」**

　❶　この節では、**c：vの比率が異なる「第一例」**（827／505）と**「第二例」**（835／
509）の二つの表式を用いて、拡大再生産の説明がなされているが、以下では、**「第
一例」**についての叙述の要点を整理して説明しておく。──前提：剰余価値率はⅠ、
Ⅱとも100％、Ⅰ c：v＝4：1、Ⅱ c：v＝2：1とする。

（827〜829／505〜507）

A　**単純再生産の表式**

　　Ⅰ　4,000c ＋ 1,000v ＋ 1,000m ＝ 6,000

　　Ⅱ　2,000c ＋　 500v ＋　 500m ＝ 3,000　　<u>合計9,000</u>

B　**拡大された規模での再生産のための出発表式**

　　Ⅰ　4,000c ＋ 1,000v ＋ 1,000m ＝ 6,000

　　Ⅱ　1,500c ＋　 750v ＋　 750m ＝ 3,000　　<u>合計9,000</u>

C　蓄積された結果を表わす表式

Ⅰ　$4,400c + 1,100v + 500m$（消費元本）$= 6,000$　（mの500は蓄積）

Ⅱ　$1,600c + 800v + 600m$（消費元本）$= 3,000$　（mの150は蓄積）

D　拡大再生産の結果を表わす表式

Ⅰ　$4,400c + 1,100v + 1,100m = 6,600$

Ⅱ　$1,600c + 800v + 800m = 3,200$　　合計$9,800$

❷　単純再生産表式の場合は、剰余価値の全部が、資本家の個人的消費に充当され蓄積はゼロであった。拡大再生産が行われる場合（C表式）は、剰余価値の一部は資本家の個人的消費に回るが（Ⅰ $500m$、Ⅱ $600m$）、その他は蓄積に回され資本に転化される（Ⅰ $400c + 100v$、Ⅱ $100c + 50v$）。

したがってこの場合には、**単純再生産の「基礎条件」** Ⅰ. $v + m = $ Ⅱ cが妥当しないで、Ⅰ. $v + m > $ Ⅱ cの関係、すなわち、Ⅰ. $1,000v + 1,000m > $ Ⅱ $1,500c$という関係が成立する（B表式）。

❸　これは、第Ⅰ部門の側に、**$500m$（生産手段）**の「**過剰**」が生じ、それが蓄積を表示するものとなっている。

➡この$500m$が蓄積される場合、部門Ⅰの資本の構成（$c : v = 4 : 1$）にしたがって、400は不変資本へ、100は可変資本に転化する。その場合、$400m$（生産手段）の転化は、Ⅰ部門内部で解決され、$4,000c$に合体される。（C表式、Ⅰ $4,400c + 1,100v$）

❹　他方第Ⅱ部門の資本家たちは、蓄積＝拡大再生産のためにⅠ部門の$100m$（生産手段）を購入し、これを**追加的不変資本**に転化するが、その際、その代価としてⅡ部門から支払われた100は、Ⅰ部門における**追加的可変資本**の貨幣形態に転化される。その結果、第Ⅰ部門の構成は、上記C表式のようになる。

❺　以上により、第Ⅱ部門の不変資本が$1,600$となり、その運用のためには、$50v$の貨幣が新たな労働力の購入のために必要となる。かくして第Ⅱ部門では、$100 + 50 = 150$が剰余価値から割かれることになる。第Ⅱ部門では、$750 - 150 = 600$が消費元本として部門内で取引される。➡C表式Ⅱ部門の数字。

❻　表式Dは、拡大再生産の結果を数字で示している（Ⅰ. 6,600、Ⅱ. 3,200、総計 9,800）。

❼　以上の内容は、<u>Ⅰ. 1,000v + 500m（消費元本：km）＝Ⅱ. 1,500cの関係</u>と、<u>Ⅰ. 100m（可変資本に転化されるべきもの：v）＝Ⅱ. 100m（不変資本に転化されるべきもの：c）という関係</u>の成立、➡ <u>Ⅰ. v + m（v）＋ m（Km）＝Ⅱ. c + m（c）の成立</u>が、**拡大再生産の「基礎条件」**であることを示している。

☞〔補足説明①〕参照。

〔補足説明①〕上記についての説明式

＊数字が分数を含まないように変更してある。

Ⅰ 6,000c + 1,500v + 1,500m ＝ 6,000 W_1　　c : v ＝ 4 : 1　　m' ＝ 100%
Ⅱ 2,000c ＋　500v ＋　500m ＝ 3,000 W_2

❶　蓄積は、『資本論』の例にならい、Ⅰ部門でまず決まり、次いで部門間の均衡が保たれるようⅡの蓄積率が決まると仮定する。

Ⅰの1500mのうち<u>1000 m_1</u> が蓄積（➡ 800c + 200v）され、それにより、
Ⅱは、Ⅰ（1500v + 200m〔v〕＋ 500 m_2）－ Ⅱ 2000c ＝ Ⅱ 200m〔c〕で、
　　Ⅱ（200m〔c〕＋ 50m〔v〕＝ <u>Ⅱ 250 m_1</u> が蓄積に回る。その結果、

$$1000\,m_1$$

Ⅰ | 6,000c + 1,500v | + 800m（c）＋ 200m（v）＋ | 500 m_2 | ＝ 9,000 W_1
Ⅱ | 2,000c ＋　500v | + 200m（c）＋　50m（v）＋ | 250 m_2 | ＝ 3,000 W_2

$$250\,m_1$$
となる。

❷　□内は、単純再生産の場合と同じく**各部門内での取り引き**で補填が進行する。
　　Ⅰ 6,000c　Ⅰk－Ⅰkでの Pm の売買
　　Ⅱ 500v　　Ⅱk－ⅡP－Ⅱkでの労働力商品の売買と km の売買
　　Ⅱ 250 m_2　Ⅱk－Ⅱk間での km の売買

❸ <u>Ⅰ・Ⅱ部門間の取り引き</u>

① Ⅰ 1,500vとⅡ 2,000cのうちのⅡ 1,500cとの相互補填

Ⅰk—ⅠP—Ⅱkと、Ⅱk—Ⅰk（あるいはその逆、Ⅱk—Ⅰkと、Ⅰk—ⅠP—Ⅱk）

② Ⅰ 500m₂とⅡ 2,000cのうちの残りⅡ 500cとの相互補填

Ⅰk—Ⅱk、Ⅱk—Ⅰk（あるいはその逆、Ⅱk—Ⅰk、Ⅰk—Ⅱk）

第Ⅲ部

資本主義的生産の総過程

第Ⅲ部　本篇を読む前に

❶ 第Ⅲ部・エンゲルスの取り組み―「序言」から

　　これから読み進めていく「第Ⅲ部資本主義的生産の総過程（＝総過程の諸姿容）」がどのようにしてまとめ上げられ、公刊されるに至ったかについては、エンゲルスによる「序言」（ロンドン、1894年10月4日、エンゲルス78歳、死去の10カ月前、新書版⑧分冊、5～41頁）に詳述されています。

　　一言でいえば、**未完の**（中途半端な）**「最初の下書き」と言ってよい状態で残された「原稿」を、エンゲルスが、筆を加えながら編集して纏め公刊されたものが「第Ⅲ部」です。**第Ⅱ部と同様に、第Ⅲ部のサブタイトルに、フリードリヒ・エンゲルス編集と記されているのはそのためです。詳しくは「序言」の以下の記述を参照してください。引用文冒頭の（　）内の頁表記は、（新書頁／原書頁）を示します。―――

（7～8／8～11）「以下に述べることから読者が知るであろうように、この第三部の編集の仕事は、第二部の場合のそれとは本質的に違っていた。**第三部のためには、なにしろただ一つの、そのうえひどく脱漏の多い、最初の下書きがあるだけであった。**通例、個々の篇のはじめの部分はどれもかなり入念に仕上げられており、たいていは文体的にも推敲されていた。しかし先に行けば行くほど、仕上げはますますスケッチ風で脱漏が多くなり、研究の進行中に念頭に浮かんでくる副次的論点についての余論――それらにたいする最終的な位置づけは、のちの整理にゆだねられたままになっている――をますます多く含むようになり、"生まれるがままの状態で"書き下ろされた思想が表現されている複合文章は、ますます長くしかも込み入ったものになった。…………しかしそれも不思議ではない。1863年から1867年までのあいだに、マルクスは『資本論』の最後の二部（第二部および第三部）の下書きと**第一部の印刷用原稿を作成**①しただけでなく、さらに**国際労働者協会の創立と普及**②とに結びついた大事業をもなしとげた。しかしまたその結果、すでに1864年と1865年には健康上の変調の重大な徴候が現われたのであり、マルクスが第二部と第三部とを自分で仕上げなかったのはこのせいである。③」

（8～9／11）「私の仕事は、草稿全部を、私にとってさえしばしば判読するのに骨の折

れる原文から読みやすい写しへと**口述筆記**させることから始まったが、そのことがすでにかなりの時間を要するものであった。そのあとではじめて**本来の編集**を始めることができた。私はこの編集を必要最小限に制限し、最初の下書きの性格を、文章の明瞭さをさまたげるものでなければつねにできる限り保存し、個々の繰り返しさえも、マルクスが普通そうするように、対象をそのつど別の側面からとらえたり、あるいは別の表現様式で描出しているところでは、これを抹殺したりはしなかった。**私の変更または加筆**が単に編集的な性質のものではないところ、または、私がマルクスによって提供された事実関係の材料から、たとえ可能な限りマルクスの精神にもとづいて一貫してであるとはいえ、私自身の結論を書き上げなければならなかったところでは、その個所全体を**角（弓形）括弧**〔{ }〕に入れて**私の頭文字**を付してある。私のつけた注で括弧が欠落しているものもあちらこちらにある。しかし、私の頭文字がその下についているところでは、その注全体の責任は私にある。」

　以下（17／30）まで、各篇・各章の内容についてのエンゲルスのコメント、種々の謬見とそれへの批判が続いている。

〔注記〕

① 第Ⅰ部の公刊は 1867 年。

② 国際労働者協会＝第一インターナショナルの創立は 1864 年。

③ マルクスの没年は 1883 年。── **19 世紀後半のヨーロッパ─イギリス**・ヴィクトリア朝（1837 〜 1901）の中・後期、**フランスとドイツの戦争**（1870 〜 71 年＝ドイツ統一を目指すビスマルクと、これを阻もうとしたナポレオン 3 世の戦争）。仏敗北＝第二帝政崩壊➡パリの労働者蜂起・**パリ・コミューン**（1871）

❷ 第Ⅲ部を読むに当たっての指針となる資料 2 点を紹介します。

【資料１】「マルクスからエンゲルスへの書簡」
（1868 年 4 月 30 日、『マルクス＝エンゲルス全集』第 32 巻所収）

　以下は、第Ⅲ部の内容全体を、マルクス自身が鳥瞰した記述であり、マルクス自身が作成した「梗概」といってもよいものです。長丁場の挑戦になりますから、各篇で何がテーマとなっているのか、またそれの全体の中での位置づけ、等を確認するために、毎回その都度立ち返って、この資料を活用して下さい。但し説明には長短の差があります。（原文表記のまま。**但しゴチック体で下線（実線）を引いた部分**は、原文では傍点。▉内の頁数は中川が入れたものです。）

「……君が利潤率の展開方法を知っておくということは、好都合だ。だから、君のために **ごく一般的な** 形で道筋を述べておこう。**第二部**では、君も知っているように、資本の**流通過程**が、第一部で展開された諸前提のもとで述べられる。つまり、固定資本と流動資本、資本の回転、等々のような、流通過程から生ずる新たな形態規定がそれだ。……

　次に第三部では、われわれは、そのいろいろな形態および互いに分離した諸構成部分への剰余価値の転化に移る。

　□ I（約240頁）　**利潤**とはわれわれにとってさしあたりはただ**剰余価値**を表す**別の名称**または別の範疇でしかない。労賃という形態のために、全労働が支払を受けるものとして現れるので、その不払部分は、必然的に、労働からではなく資本から、そして資本の可変部分からではなく総資本から生ずるように見える。これによって**剰余価値**は**利潤**という形を受け取るのだが、一方のものと他方のものとのあいだに**量的な**相違はない。利潤はただ剰余価値の幻想的な現象形態でしかない。

　さらに、商品の生産中に消費された資本部分（不変資本も可変資本も含めての商品の生産に前貸しされた資本から、固定資本中の充用はされたが消費はされなかった部分を引き去ったもの）は、今や商品の**費用価格**として現われる。なぜならば、資本家にとっては、商品価値のうち**彼にとって**費用のかかる部分は**商品**の費用価格であるが、これに反して、商品のなかに含まれている不払労働は彼の立場から見れば商品の費用価格にははいらないからだ。剰余価値＝利潤は、今では、**商品の費用価格を越える商品の販売価格の超過分**として現われる。そこで、商品の価値をWとし、その費用価格をKとすれば、W＝K＋mであり、したがって、W－m＝Kであり、したがってWはKより大きい。費用価格という新しい範疇はもっとあとの展開の詳論では非常に重要だ。はじめから明らかなのは、資本家は商品を**その価値より安く売っても**（その費用価格よりも**高く**売りさえすれば）利益をあげることができる、ということであって、これは、競争によってひき起こされる平均化の理解のための**根本法則**だ。

　だから、利潤は剰余価値とはさしあたりは**ただ形態的に**ちがっているだけだが、これに反して、**利潤率**ははじめから実質的に**剰余価値率**とは違っているのだ。なぜならば、一方はm／vであり他方はm／c＋vであって、m／vはm／c＋vよりも大きいのだから、このことからは、cがゼロでないかぎり、利潤率は剰余価値率より小さい、ということがはじめから出てくるからだ。

だが、第二部で展開されたことを考慮に入れれば次のようになる。われわれは利潤率をたとえば毎週の商品生産物というような任意の商品生産物について計算するべきではなくて、 m／c＋vはここでは１年間に**前貸しされた**（回転したのとはちがう）資本にたいする**１年間に**生産された剰余価値の比率を意味する。だからm／c＋vはここでは**年利潤率**なのだ。

次にわれわれが考究するのは、**剰余価値率は同じままでも**、資本の**回転**の相違（各資本の回転は、一部は固定資本成分にたいする流動資本成分の割合によって定まり、一部は流動資本の年間回転率などによって定まる）が**利潤率**を変化させる、ということだ。

だが、回転を前提し、m／c＋vを年利潤率として与えられたものとしたうえで、われわれが考究するのは、どのようにこの利潤率が、剰余価値率の変化にかかわりなしに、剰余価値量にさえもかかわりなしに、変化しうるか、ということだ。

剰余価値量mは**剰余価値率に可変資本を掛けたもの**だから、われわれが剰余価値率をrとし、利潤率をP'とすれば、P'＝r・v／c＋vとなる。

ここではわれわれはP'、r、v、cという四つの量をもっており、そのなかのどれか三つを操作すれば、未知量としての第四の量をいつでも求めることができる。ここからは、剰余価値率の運動とは違っているかぎりでの、そしてある程度までは剰余価値量の運動とさえも違っているかぎりでの、利潤率の諸運動のあらゆる可能な場合が出てくる。これはすべてのこれまでの 叙述ではもちろん**説明できなかった**ものだ。

こうして見いだされた諸法則は、たとえば原料価格の利潤率への影響を理解するために非常に重要なのだが、これらの法則の正しさは、たとえ剰余価値があとで生産者やその他の者のあいだでどのように分割されようとも、失われはしない。あとからの分割はただ**現象形態**を変えることができるだけだ。しかも、これらの諸法則は、m／c＋vが社会的資本にたいする社会的に生産された剰余価値の比率として取り扱われる場合には、**直接**に適用されうるのだ。

　II（約114頁）　前項のＩでは一定の生産部門における資本なり社会的資本なりの**諸運動**──それをつうじて資本の構成などが変化する諸運動──として取り扱われたものが、今度は**いろいろな生産部門で投下されている資本量の相違**としてとらえられる。

その場合に見いだされるのは、**剰余価値率**すなわち労働搾取度は**等しい**と前提して

も、価値生産は、したがって剰余価値生産も、したがってまた**利潤率**も、生産部門が違えば**違っている**、ということだ。ところが、これらのいろいろに違う利潤率から競争は一つの中位的または一般的な利潤率を形成する。この一般的な利潤率は、その絶対的な表現に還元されれば、**社会的な**範囲での前貸し資本にたいする**資本家階級**によって（年々）生産される**剰余価値**の比率以外のなにものでもありえない。たとえば、社会的資本が400c＋100vであって、それによって年々生産される剰余価値が100mであるならば、社会的資本の構成は80c＋20vで、生産物の構成は（百分比で）80c＋20v＋20mであり、20％の利潤率となる。これが**一般的利潤率**だ。

住んでいる生産部面が違い構成が違っている諸資本量のあいだの競争が目標とするのは、**資本家的な共産主義**だ。すなわち、**各生産部面に属する資本量**が、社会的総資本の部分をなしている割合に応じて、総剰余価値の可除部分をつかみ取る、ということだ。

ところで、こういうことが達成されるのは、ただ、それぞれの生産部面で（前記のように総資本は80c＋20vで社会的利潤率は20m／80c＋20vだという前提のもとで）年間商品生産物が**費用価格・プラス・前貸資本価値にたいする20％の利潤**（前貸固定資本のうちどれだけが年間費用価格にはいりどれだけがはいらないかにはかかわりなく）で売られる場合だけのことだ。だが、そのためには商品の**価格規定**は商品の**価値**から**ずれ**なければならない。ただ資本の百分比構成が80c＋20vである生産部門においてのみ、k（**費用価格**）＋**前貸資本にたいする**20％という価格は、商品の価値と一致する。この価格は、構成がより高い（たとえば90c＋10vという）部門では商品の価値**よりも高く**、構成がより低い（たとえば70c＋30vという）部門では商品の価値**よりも低い**。
社会的剰余価値を諸資本量のあいだにそれらの大きさに比例して均等に分配するところの、このように平均化された価格が、商品の**生産価格**であって、これが市場価格の振動の中心点になるのだ。

自然的な**独占**が存在する生産部門は、たとえその利潤率が社会的利潤率より高くても、この平均化過程からは除外されている。このことは後に**地代**の展開にとって必要だ。
この章*では、さらに進んで、いろいろな資本投下のあいだのいろいろな**平均化の根拠**が説明される。これらの根拠は、俗流経済学者にとっては、その一つ一つが利潤の**発生原因**として現われるものだ。
さらに、以前に展開されて引き続き妥当する価値と剰余価値とに関する諸法則が、いま、**価値が生産価格に転化した後に**とるところの、**変化した現象形態**。

Ⅲ（約 96 頁）　**社会の進歩につれての利潤率の低下傾向**。これは、すでに、**社会的生産力の発展につれての資本構成の変化**について第一部で展開されたことからも、明らかだ。これこそは、これまでのすべての経済学を困惑させた難問にたいする最大の勝利の一つなのだ。

Ⅳ（約 115 頁）　これまではただ　生産資本＊だけを取り扱ってきた。今度は**商人資本**による変更がはいってくる。

これまでの前提では社会の**生産資本**は 500（単位は 100 万でも 10 億でもかまわない）だった。そして、400c ＋ 100v ＋ 100m だった。一般的利潤率 P' は 20％だ。いま、商人資本が 100 だと仮定しよう。

そうすると、100m が 500 にたいしてではなく、600 にたいして計算されることになる。したがって、一般的利潤率は 20％から 16・2/3 に下がる。**生産価格**（簡単にするためにここでは 400c 全部が、したがって固定資本も全部含めて、年間生産商品量の費用価格にはいるものと仮定しよう）は今度は 583・1/3 になる。商人は 600 で売る。そして、彼の資本の固定部分を無視すれば、生産資本家と同じように彼の 100 にたいして 16・2/3％を実現する。言い換えれば、社会的剰余価値の六分の一をわがものとする。諸商品は──全体としては、そして社会的な規模では──**その価値**どおりに売られる。……

Ⅴ（約 514 頁）　いまやわれわれは利潤を、それが実際に与えられたものとして現われる形態に、われわれの前提によれば 16・2/3％に、帰着させた。**そこで今度は、この利潤の企業者利得と利子とへの分割だ。利子生み資本**。**信用制度**。

Ⅵ（約 345 頁）　**超過利潤の地代への転化**。

Ⅶ（約 127 頁）　ついにわれわれは、俗流経済学者にとっては**出発点**として役立つ**諸現象形態**に到達した。すなわち、土地から生ずる地代、資本から生ずる利潤（利子）、労働から生ずる労賃、というのがそれだ。だが、われわれの立場から見れば事態は今では違った様相を呈している。外観上の運動は解明されている。さらに、これまでのすべての経済学の礎柱となっていたアダム・スミスの愚論、すなわち、諸商品の価格はかの三つの収入から、つまりただ可変資本（労賃）と剰余価値（地代、利潤、利子）とだけから、成っている、という愚論が、ひっくり返される。この現象的形態における総運動。最後に、かの三つのもの（労賃、地代、利潤〈利子〉）は、土地所有者、資本家、賃金労働者という三つの階級の収入源泉なのだから、──結びとして、いっさいのごたごたの

運動と分解とがそこに帰着するところの**階級闘争**。

> * この章 1864/1865 年の『資本論』第三部のための手稿では本文が七つの大きな章に編成
> されている。1894 年にエンゲルスが出版した『資本論』第3巻（部）では、ここで言って
> いる章は第二篇の「利潤の平均利潤への転化」に相当する。（『マルクス・エンゲルス全集』
> 第 25 巻、151 〜 220〔原〕頁を見よ。）
>
> 生産資本 ここで生産資本と言っているのは、商業資本にたいして産業資本を意味する。
> 生産資本の正確な語義は後に『資本論』第二巻（部）の第一篇で与えられた。（『マルクス・
> エンゲルス全集』第 24 巻、31 〜 153〔原〕頁を見よ。）

【資料2】 「エンゲルスからヴィクトル・アードラーへの書簡」

（1895 年 3 月 16 日、『マルクス・エンゲルス全集』第 39 巻所収）——第二部
で引用した書簡（本編著 16 〜 17 頁）の続きです。

第三部。

ここで重要なのは、**第一篇の第 1 〜 4 章**。これに反して、**一般的な**関連を知るためにはあまり重要でなく、だから、さしあたりあまり時間をさくにおよばぬものは、第5、6、7 の各章。

第二編。**非常に重要なのは第8、9、10 の各章**で、第 11 や第 12 章はざっと読むだけでよい。

第三編。**すべて非常に重要。第 13 〜 15 章**。

第四編。**同じく非常に重要**だが、まだ気楽に読めるのが第 16 章から第 20 章まで。

第五編。第 21 章〜 27 章は非常に重要。第 28 章はそれほどでもないが、第 29 章は重要。全体として、君の目的に不必要なのは、第 30 〜 32 章。紙幣などが問題になると、たちまち重要になるのは、第 33 章と第 34 章。国際為替相場にかんして重要なのは第 35 章。君にはとってもおもしろくて、気楽に読めるのは第 36 章。

第六編。地代。第 37 章と第 38 章は重要。それほど重要でないにしても、やはりついでに読んでおいたほうがよいのは、第 39 章と第 40 章。さっさと素通りできるのは 第 41 〜 43 章（差額地代の第 2 形態、個々のケース）。第 44 〜 47 章はこれまた重要だが、たいていは気楽に読めもする。

第七編はまことにすばらしい。残念なことに未完成の労作で、おまけに不眠症の跡もはっきり出ている。

　さて、君はこういうぐあいに、肝心なところは徹底的に、あまり重要でないところは、さしあたりざっと通読してみれば（あらかじめ第１巻の要所要所をもういちど読みなおすのがなによりもいちばん）、全体の様子をつかめるだろうし、そのあとなら、読みとばした箇所もかなり楽にこなせるだろう。　──以下略。

第Ⅱ部

第一編

第二編

第三編

第Ⅲ部

第一編

第二編

第三編

第四編

第五編

第六編

第七編

〈第一篇〉
剰余価値の利潤への転化、および剰余価値率の利潤率への転化

〔解題〕第Ⅲ部の課題

＊以下の頁表記は、新書版頁・原書頁の順

（45 〜 46 ／ 33）

　「**第一部**では、それ自体として取り上げられた資本主義的生産過程が直接的生産過程として提示する諸現象が研究され、そのさい、直接的生産過程とは無縁な諸事情の副次的影響はすべてまだ度外視された。

　しかし、この直接的生産過程が資本の生涯の全部をなすわけではない。それは、現実の世界では**流通過程**によって補足され、そしてこの流通過程が第二部の研究対象であった。そこ〔第二部〕では、とくに第三篇で、流通過程を社会的再生産過程の媒介として考察したさいに、資本主義的生産過程は、全体として考察すれば生産過程と流通過程との統一であることが明らかにされた。

　この第三部で問題となるのは、この統一について一般的反省を行なうことではありえない。肝要なのは、むしろ、**全体として考察された資本の運動過程から生じてくる具体的諸形態をみつけだして叙述することである**。諸資本は、その現実的運動においては、具体的諸形態──この諸形態にとっては直接的生産過程における資本の姿態も、流通過程における資本の姿態も、特殊な契機としてのみ現われるような、そのような具体的形態で相対し合う。したがって、われわれがこの**第三部で展開するような資本の諸姿容**（産業資本・商業資本・利子生み資本−中川）**は、それらが社会の表面で、さまざまな資本の相互の行動である競争のなかに、また生産当事者たち自身の日常の意識のなかに現われる形態に、一歩一歩、近づく。**」

第1章　費用価格と利潤 （E書簡で「重要」指定章）

〔解題〕第1章・第2章の要点

（1）第一部での、**資本の生産過程における剰余価値を含んだ新商品の生産の仕組みの要点は、例えば以下のように示すことができる。**☞拙著『「資本論」第Ⅰ部講読のナビゲーション』（学習の友社、2020年4月、144頁）

① 投下総資本1,000G の**内訳** = 800G（c）〔—800W（pm）〕 + 200G（v）〔—200W（Ak）〕

② 生産された新商品の価値1,600W'—1,600G' の**内訳** = 800W_1—800G_1（Pmの旧価値の移転分） + 200G（800G_2 からのv の補塡分） + 600G（800G_2 − 200v = 600m・剰余価値）➡簡略化すると、W' = c + v + m、と表記される。

③ **剰余価値率 m'** は、600m ／200v = 300%、6剰余労働時間／2必要労働時間 = 300%であった。

（2）第1章・第2章では、それらの転化形態が、資本家の立場＝視点から考察される。

① Pm の購入に投じられた800G（c）も、Ak の購入に投じられた200G（v）も、**ともに**新商品生産のための「**費用**」として投下され、**用途・役割の区別**は問題とならなくなること。➡それらは一括されて**費用価格 k** と見なされること。➡ 800c + 200v = 1,000k

　　＊不変資本は、固定不変資本（労働手段）と流動不変資本（原材料）とに区分され、固定不変資本の価値はその一部が、流動不変資本と流動可変資本（労働力）の場合はその全価値が、費用価格を形成すると捉え直されていることに留意。

② 新商品の価値1600W'—1,600G' も、**1,000 k** + 600m と見なされることになり、600m が、可変資本に由来する関係〔200G（v）—200W（Ak）……P……800W_2—800G_2〕が隠蔽されてしまい、**1000 k 全体の増殖分・所産であるかのように見えてしまうことになること。**（**虚像の発生**➡**搾取関係の隠蔽**）

③ その結果、剰余価値m の大きさも、可変資本（v）との比率としてではな

く、投下総資本＝費用価格ｋとの比率として捉え直されることとなる ➡ **600ｍの価値量は不変であるにも拘わらず、それのもつ意味の捉え方が全く異なったものとなること**。➡ 600 は、剰余価値ｍから**利潤Ｐ**と呼ばれるものに**転化**し（1000 ｋ ＋ 600ｍ ➡ 1000 ｋ ＋ 600Ｐ）、剰余価値率ｍ'も、**利潤率Ｐ'** ＝ Ｐ／c+v、600Ｐ／800c+ 200v＝ 60％に転化すること。

④ 以上のように価値増殖過程の「**神秘化**」が生じ、さらには剰余価値が、商品の「**販売**」から生ずるとの**観念が発生するに至ること**。——これらの諸点が考察される。

❶ 費用価格

（46〜47／34）「資本主義的に生産されるどの商品の価値Ｗも、<u>Ｗ ＝ c ＋ v ＋ ｍ</u>という定式で表される。この生産物価値から剰余価値ｍを差し引けば、〔商品の〕生産諸要素に支出された資本価値 c ＋ v の、商品での単なる等価物または補填価値が残る。」

（47／34）「商品の価値のうち、**消費された生産諸手段の価格と使用された労働力の価格とを補填するこの部分は**、商品が資本家自身に費やさせるものを補填するにすぎず、それゆえ資本家にとっては**商品の費用価格をなす。**」

（47／34）「商品が資本家に費やさせるものと、商品の生産そのものが費やすものとは、もちろん、二つのまったく異なる大きさである。商品価値のうち、剰余価値からなる部分は、まさにこの部分が労働者に不払労働を費やさせるのであるから、資本家にはなにも費やさせない。けれども、資本主義的生産の基礎上では、労働者自身は、生産過程にはいったのちには、機能しつつありそして資本家に属する生産資本の一成分をなすのであり、したがって資本家が現実の商品生産者なのであるから、**商品の費用価格は、彼にとっては必然的に商品そのものの現実的費用として現われる。もし費用価格をｋと名づけるならば、定式Ｗ ＝ c ＋ v ＋ ｍは、定式Ｗ ＝ k ＋ ｍに、または商品価値＝費用価格＋剰余価値に転化する。**」

生産物価値 Ｗ ＝ <u>c ＋ v</u> ＋ ｍ

↓

費用価格：<u>k</u>　⇒　Ｗ ＝ <u>k</u> ＋ ﹏ｍ

❷ 不変資本部分と可変資本部分

（48〜49／37）「費用価格というカテゴリーは、商品の価値形成または資本の価値増殖過程とはなんの関係もない。……けれどもこの研究は、資本〔主義〕経済において

は、費用価格が価値生産そのものの一カテゴリーという**虚偽の外観**を受け取る、ということを示すであろう。」

（50／38）「**支出された不変資本**は、商品価値のうち、不変資本自身が商品価値につけ加える部分によって補填される。したがって費用価格のこの要素は、二重の意味を有する——すなわち**一方では**、それは、商品価値のうち、支出資本を補填する一構成部分であるために、商品の費用価格にはいり込み、また、**他方では**、それは、支出資本の価値であるために、または、生産諸手段がしかじかのものを費やすために、もっぱらそのためだけで商品価値の一構成部分をなす。」

（50／38）「**費用価格のもう一つの構成部分**（可変資本部分）についてはまったく逆である。……労働力は、資本前貸しの内部では価値として数えられるが、しかし生産過程のなかでは価値形成者として機能する。」

（52／41）「費用価格の両部分——……——に共通する点は、それらが商品価値のうち、前貸資本を補填する両部分である、ということだけである。**しかし、この現実的事態は、資本主義的生産の見地からは、必然的に転倒されて現われる。**……（中略）……資本前貸しのうちの可変的価値部分は、労賃に支出された資本として、**生産に支出されたすべての労働の価値または価格を支払う資本価値として、現われる。**」

❸ 費用価格と固定資本・流動資本

（54～5／42）「……**費用価格そのものの形成にかんして言えば、ただ一つの区別、すなわち固定資本と流動資本との区別だけが、はっきり現われる。**」

* （55／42）から（76／55）における大文字のCと小文字cの「使い分け」については、章末の〔補足説明①〕を参照。

（56／43）「……**費用価格の計算に関連しての、固定資本と流動資本とのこの差異は、**費用価格が、支出された資本価値から、または支出された生産諸要素（労働を含む）が資本家自身に費やさせる価格から、生じるという**外観をもつことを実証するにすぎ**ない。他方では、**労働力に投下された可変資本部分は、価値形成に関連して、ここでは流動資本の項目のもとにまったく不変資本**（生産諸材料として存在する資本部分）**と同一視され、こうして資本の価値増殖過程の神秘化が完成される。**」➡注）シーニアの例（第Ⅰ部、379／238）

❹ 剰余価値（m）の利潤（P）への転化

（57〜58／44）「**剰余価値mは、可変資本vの価値変化からだけ生じ、それゆえもと もと単に可変資本の増加分にすぎないにもかかわらず**、やはり生産過程の終了後に は、同様にまた、**支出された総資本c+vの価値増加分をもなす**。……（中略）……（剰 余価値は）商品の費用価格から補填される支出された資本〔部分〕にたいする価値増 大分ばかりでなく、およそ生産に使用された資本〔総資本〕にたいする価値増大分を もなす。」

（58／44〜45）剰余価値は、「労働諸手段に投下された固定資本」の摩滅分にたいして も、流動資本（生産諸材料＋労賃）にたいしてと同じように、価値増大分をなす。

（60〜61／46）「いずれにせよ、結果は、すべて剰余価値は使用資本のいっさいの部分 から同時に生じる」――「**前貸総資本のこのような観念の産物として、剰余価値は利 潤という転化形態を受け取る**。……利潤をPと名づけるならば、……

$$W = c+v+m = k+m \quad \rightarrow \quad W = k+P （商品価値 = 費用価格 + 利潤）に転化…$$

したがって、われわれがここで**さしあたり目にする利潤は、剰余価値と同じもので あり、それがただ、神秘化された形態**――といっても、資本主義的生産様式から必然 的に生まれ出る形態――**をとっているだけである。費用価格の外観的形成では、不変 資本と可変資本との区別は認められないから、生産過程中に起こる価値変化の根源 は、可変資本部分から総資本に移されなければならない。**……」

❺ 剰余価値は商品の販売そのものから生じるという外観と観念

（63／48）「**資本家にとっては、商品の販売で実現される価値超過分または剰余価値は、** 商品の価値がその費用価格を超える超過分としてではなく、**商品の販売価格がその価 値を超える超過分として現われ**、その結果、商品に潜んでいる剰余価値は、商品の販 **売によって実現されるのではなくて、販売そのものから生じる**ということになる」。

┌─────────────────────────────────────┐
│ 〔補足説明①〕　記号CとCの用い方について │
└─────────────────────────────────────┘

分数 ―― $\dfrac{m}{C}$ ＝ $\dfrac{m}{c+v}$ に見られる総資本Cと、小文字cの二通りの使い分けをしている

ことに留意して、その都度記号の意味を確認しながら読んでいくことが必要です。

❶ 労働諸手段の部分的摩滅分（新商品への価値移転分）**＋生産諸材料の全価値を示す 記号として小文字cが使われている場合**（単位はポンド・スターリング）

① （⑧分冊、55 〜 56 ／ 42 〜 42）

資本前貸しの数字　1,680 = 1,200（固定資本）＋ 480（流動資本）

費用価格の数字　　500 = 20（固定資本の摩滅分）＋ 480（流動資本）

➡ 「現実に支出された固定・流動資本（500）」と「生産に**使用された**固定・流動資本（1,680）」の区別

② （57 ／ 44）

「剰余価値 m は、可変資本 v の価値変化からだけ生じ、それゆえもともと単に可変資本の増加分にすぎないにもかかわらず、…………生産過程の終了後には、同様にまた、**支出された総資本 c ＋ v（500）** の価値増殖分をもなす。」

❷ **労働諸手段の全価値＋生産諸材料の全価値を示すものとして小文字 c が使われ、それに労働力商品の価値＝可変資本価値 v を加えたもの（つまり総資本）を示す記号として大文字 C が使われている場合**

① （58 ／ 44 〜 45）

「……**剰余価値は**、前貸資本のうち、価値増殖過程にはいり込む部分にたいする増大分ばかりでなく、**そこにはいり込まない部分にたいする増大分**をもなす。すなわち、商品の費用価格から補塡される**支出された資本**〔部分〕にたいする価値増大分ばかりでなく、およそ**生産に使用された資本**〔総資本〕にたいする価値増大分をもなす。」

➡数字例による説明が続く

前貸総資本＝使用資本➡ 1,680（1,200 ＋ 480）＋ 100 m = 1,780

　＊ 1,200 = 1,180 ＋ 20、480 = 380 ＋ 100、

　　1,780 = 1,180 ＋ 600（20 ＋ 480 ＋ 100）

② （71 〜 72 ／ 52 〜 53）

「それゆえ剰余価値は、それがどこから生じようと、**前貸総資本**を超える超過分である。したがってこの超過分の総資本に対する比率は、m ／ c という分数で表現される。ここで**C とは（前貸）総資本のこと**である。こうしてわれわれは、

剰余価値率 m ／ v とは区別される**利潤率** $\dfrac{m}{C} = \dfrac{m}{c+v}$ を得る。」

　＊ここでは、小文字 c ＝労働諸手段の全価値＋生産諸材料の全価値を示すものとして用いられている。

113

③（76／55）「m/Cという比率は、**全前貸資本**の価値増殖度を表現する。」

第2章　利潤率（E書簡で「重要」指定章）

❶ 利潤率

（71／52）「こうしてわれわれは、剰余価値率 m/v と区別される**利潤率**を得る。」

$$\text{剰余価値率} = \frac{m}{v} \quad \Rightarrow \quad \text{利潤率} = \frac{m}{C} = \frac{m}{c+v}$$

（71〜72／53）「**可変資本ではかられた剰余価値の率は剰余価値率と呼ばれ、総資本ではかられた剰余価値の率は利潤率と呼ばれる**。これらは、同じ大きさにたいする二つの異なる測定であり、**度量基準が異なる結果、同じ大きさを異なる比率または関係として表現する**のである。**剰余価値の利潤への転化は、剰余価値率の利潤率への転化から導出されるべきであって、その逆ではない**。そして実際に、利潤率こそ、**歴史的な出発点である**。剰余価値と剰余価値率とは、相対的には、目に見えないものであり、究明されるべき本質的なものであるが、一方、利潤率、それゆえ利潤としての剰余価値の形態は、**諸現象の表面に現われる**。」

（72／53）「**商品の価値がその費用価格を超える超過分は、直接的生産過程において生じるとはいえ**、それは流通過程においてはじめて**実現され**、しかもこの超過分が実現されるかされないか、またどの程度実現されるかは、……市場諸関係に依存しているのであるから、それだけにますます**この超過分は流通過程から生じるかのような外観を帯びやすい**。」

❷ 資本関係の神秘化

（75／55）「資本のすべての部分（c＋v）が、一様に超過価値（利潤）の源泉として現われることによって、**資本関係は神秘化される**。」➡これに続く8行要確認。

（76／55）「m／Cという表現においては、剰余価値は、総資本——すなわち、剰余価値の生産のために前貸しされて、一部はこの生産において全部消費されたが、一部は

〔生産に〕使用されたにすぎない総資本——の価値ではかられている。」

（78～79／57）「**利潤率そのものが示すものは、むしろ、資本の同じ大きさの諸部分に****たいするこの超過分の一様な関係であり、資本は、**この見地からすれば、**固定資本と****流動資本との区別のほかには、およそどんな内的区別も示さない。**そしてこの区別が示されるのも、超過分が二重に計算されるからにすぎない。すなわち、**第一**には、単純な大きさとして——**費用価格を超える超過分として。**超過分のこの第一の形態では、流動資本は全部が費用価格にはいり込むが、他方、固定資本はそのうちの摩滅分だけが費用価格にはいり込む。さらに**第二には、**——**前貸資本の総価値にたいするこ****の価値超過分の比率**〔として〕。この場合には固定資本全部の価値が、流動資本の価値と同じように計算にはいり込む。……こうして、ここでは、流動資本と固定資本との**区別が、唯一の区別として**はばをきかせる。」

（79～80／58）「……剰余価値と利潤とは実際には同じものであり数的にも等しいのに、利潤率は剰余価値率とは数的に異なるけれども、それでも**利潤は剰余価値の転化****した形態であり、剰余価値の源泉とその定在の秘密とを隠蔽し湮滅（いんめつ）する形態である。**実際、利潤は、剰余価値の現象形態であり、後者（m）は分析によってはじめて前者（P）から抽出されなければならない。**剰余価値においては、資本と労働との関係が****暴露さている。資本と利潤との関係においては、**すなわち資本と剰余価値——一方では流通過程で実現された、商品の費用価格を超える超過分として現われ、他方では総資本にたいする関係によってさらに立ち入って規定される超過分として現われるそのような剰余価値——との関係においては、**資本は、自分自身にたいする関係として、****すなわち、そこでは資本がもともとの価値額として、自分自身が生み出した新価値か****ら区別される関係として、現われる。**資本がこの新価値を生産過程と流通過程とを通過するその運動中に生み出すということ、このことは意識されている。しかし、**これ****がどのようにして行なわれるかということはいまや神秘化されていて、資本そのもの****に帰属する隠れた素質に由来するように見える。**」

　＊80／58頁末尾3行に、本篇と次の第二篇が扱う問題の相違についての記述あり。

第3章　利潤率の剰余価値率にたいする関係

（E書簡で「重要」指定章）

❶ 考察の前提

(81／59)「……本章では、一般にこの第一篇全部でそうしているように、ある与えられた資本に帰属する<u>利潤の総額</u>は、ある与えられた流通期間にこの資本を用いて生み出された<u>剰余価値の総額に等しいと想定する。</u>　したがってわれわれは、さしあたって、この剰余価値が、一方ではさまざまな細区分形態——資本利子、地代、租税など—— に分裂すること、また他方では、それが、第二篇で論じる一般的平均利潤率によって取得されるような利潤とは、多くの場合、決して一致しないことは度外視する。」

❷ 利潤率と剰余価値率との比＝可変資本と総資本（C）の比

(82／59〜60)

$$P' = \frac{m}{C} = \frac{m}{c+v}$$

ｍの代わりに、右に見いだされたｍの値 m'v をおけば、次のようになる。

$$P' = m'\frac{v}{C} = m'\frac{v}{c+v}$$

この等式は次の比例式でも表現できる（両辺を m' で割る→ P'/m' = v/C）

$$P' : m' = v : C$$

すなわち、<u>利潤率と剰余価値率との比は、可変資本と総資本との比に等しい。</u>」

(83／60)「<u>われわれの研究では、c、v、ｍの大きさに決定的に影響をおよぼすところの、それゆえ簡単に言及しておかなければならい、なお一連の他の諸要因が問題となる。</u>

① 第一に、<u>貨幣の価値</u>（不変であると仮定）

② 第二に、<u>回転</u>（一点を除き、無視）

③ 第三に、<u>労働の生産性</u>（不変のままであると仮定）」

（84／61）「**同じことは、なお残りの三つの要因──労働日の長さ、労働の強度、およ
び労賃──についても言える**。これらの要因が剰余価値の総量と率とにおよぼす影響
は、第一部（第五篇、第15章、第一巻、889～906頁）で詳細に展開されている。

　**したがって、われわれは簡単化のためにいつもこれら三つの要因は不変のままであ
るという前提から出発するが、**……ここでは、**手短かに次のことが想起されさえすれ
ばよい。すなわち、労賃が剰余価値の大きさと剰余価値率の高さとにたいしておよぼ
す影響は、労働日の長さと労働の強度とがそれらにおよぼす影響とは逆であるという
こと、労賃の騰貴は剰余価値を減少させるが、他方、労働日の延長と労働の強度の引
き上げとは剰余価値を増加させるということが、それである**。」　➡　（85／61～62）
の数字例参照。

❸ $P' = m' \dfrac{v}{C}$ の諸要因の価値の変化が利潤率におよぼす作用

（87／63）「いまやわれわれは、上述の利潤率の等式 $P' = m' \dfrac{v}{C}$ をさまざまなあり

うる場合に適用してみることにしよう。

　われわれは、$m' \dfrac{v}{C}$ の個々の諸要因の価値をつぎつぎに変化させ、これらの変化

が利潤率におよぼす作用を確かめよう。」

（88／63）**第一：m'は不変で、v/C が可変な場合**

（92／65）1.　m'とCは不変でvが可変な場合
（97／68）2.　m'は不変、vが可変、Cがvの変動によって変化する場合
（99／69）3.　m'とvは不変、c、それゆえCも可変な場合
（102／71）4.　m'は不変、v、c、およびCがすべて可変な場合

（105～106／73）
　「**われわれは、以上によって、われわれの等式におけるv、c、およびCの変動のあ
らゆる可能な場合を論じ尽した**。われわれが見たように、cまたはCにたいするv

第Ⅱ部　第一編　第二編　第三編　第Ⅲ部　第一編　第二編　第三編　第四編　第五編　第六編　第七編

の比率におけるどんなわずかな変化でも、同じく利潤率をも変化させるのに足りるのであるから、剰余価値率が不変な場合にも、利潤率は、低落したり、不変であったり、上昇したりすることができる。

　さらに明らかにされたように、**vが変動する場合には、m'が不変であることが経済的に不可能になる限界がつねに現われてくる**。cのどの一方的変動も、やはり、vがもはや不変のままではありえない限界に達するに違いないのであるから、v/Cのすべての可能な変動にとっては、それを超えればm'もやはり可変となるに違いない限界が存在していることは明らかである。**m'が変動する場合には**——われわれはいまやその研究に移るのであるが——われわれの等式のさまざまな可変量のこうした相互作用が、もっとはっきりと現われてくるであろう。」

(106 ／ 73)　**第二：m'が可変の場合**

(107 ／ 73)　1. m'は可変で、v/Cが不変な場合

$$P' = m' \frac{v}{C} : P_1' = m_1' \frac{v}{C} \quad \Rightarrow \quad p' : p_1' = m' : m_1'$$

(111 ／ 75)　2. m'とvは可変で、Cが不変な場合：（a）（b）（c）

$$P' : P_1' = m' \frac{v}{C} : m_1' \frac{v_1}{C} = m'v : m_1'v_1 = m : m_1$$

(113 ／ 76)　3. m'、v、およびCが可変な場合

　　この場合は、なんら新たな観点を提示するものではなく……

(114 ／ 77)　「したがって、**剰余価値率の大きさの変動が利潤率におよぼす影響は、次の五つの場合となる**。」

　　　（一）略
　　　（二）略
　　　（三）略
　　　（四）略
　　　（五）略　　　　　　　　　＊それぞれの式と数字例は、テキスト参照。

（117／78）「したがって、**これら五つの場合全部から次のことが明らかとなる。**すなわち、①**利潤率の上昇**が剰余価値率の低下または上昇に、②利潤率の低下が剰余価値率の上昇または低下に、③**利潤率の不変**が剰余価値率の上昇または低下に照応することができる、ということである。利潤率の上昇、低下または不変が剰余価値率の不変にもやはり照応することができるということは、第一の場合で見た。」

（117／78）「したがって**利潤率**は、二つの主要要因—**剰余価値の率と資本の価値構成と**によって規定される。」➡（87〜117／63〜78）での検討の帰結。

（118／78〜79）「**総括**」：「二つの資本の利潤率、または同じ一つの資本の二つの順次の相異なる状態における利潤率」が**等しい場合**と**等しくない場合**。

第４章　利潤率にたいする回転の影響（E書簡で「重要」指定章）

【注意】第４章全体（120〜131／80〜86）は、┊で始まり┊で終わっている
☞エンゲルスの執筆部分

〔**解説①**〕（エンゲルスによる復習）**剰余価値生産への回転の影響**（**第二部の内容**）

＊主題に関するエンゲルスによる解説＝復習として内容を確認してください。

（120／80）「剰余価値の生産、したがってまた利潤の生産にたいする**回転の影響**は、**第二部で解明された。**この影響は、**次のように簡単に概括することができる。**すなわち、——

①回転には時間を要するため、全資本が同時に生産に使用されることはありえないということ、

②したがって、**資本の一部分**は、貨幣資本の形態においてであれ、在庫原料の形態においてであれ、完成してはいるがまだ販売されないでいる商品資本の形態においてであれ、またはまだ満期にならない債権の形態においてであれ、**絶えず遊休しているということ、**

③……剰余価値の生産と取得〔の過程〕において活動している資本は、絶えずこの（遊休）部分だけ縮小され、生産されて取得される剰余価値は絶えず同じ

割合で減少させられるということが、それである。**回転時間が短くなればなるほど、資本のこの遊休している部分が、全資本に比べてそれだけ小さくなり、したがってまた、他の事情に変わりがなければ、取得される剰余価値がそれだけ大きくなる**。」

（120 ～ 121 ／ 80）「すでに第二部で詳しく述べたように、**回転時間の短縮、またはその二つの部分——生産時間と流通時間——のうちの一方の短縮は、生産される剰余価値の総量を増大させる**。しかし、利潤率は、生産された剰余価値総量の、その生産に加わった総資本にたいする比率を表わすにすぎないから、**このような（回転時間の）短縮はいずれも利潤率を高めるということは、明らかである**。さきに第二部第二篇で剰余価値にかんして展開されたことは、利潤と利潤率とにも同じようにあてはまるので、**ここで繰り返す必要はない。ただいくつかの主要な契機だけを強調しておこう**。」

❶ 生産・流通時間の短縮

（121 ／ 81）「生産時間の短縮の主要な手段は**労働の生産性を高めること**であり、これは普通、産業の進歩と呼ばれる。」

（122 ／ 81）「**交通の改善は**、流通時間を短縮するための主要な手段である。そしてこの点では、最近の 50 年間に一つの革命がもたらされた……」

❷ 剰余価値・利潤の生産と可変資本の回転時間（第二部第 16 章にて既述）

（124 ～ 126 ／ 82 ～ 83）「1 年に 10 回転する 500 の可変資本は、同じ時期に、剰余価値率と労賃とは等しいが 1 年に 1 回転しかしない 5,000 の可変資本が取得するのと同じ分量の剰余価値を取得する。」

〔資本Ⅰ〕10,000 の固定資本——その年々の摩滅は 10％ ＝ 1,000 とする——と、500 の流動不変資本と、500 の可変資本とからなる資本Ⅰをとってみよう。剰余価値率が 100％で、可変資本は 1 年に 10 回転するとしよう。……その場合には、このような**1 回転期間の生産物**は、次のとおりであろう——

$$100c（摩滅分）＋ 500c ＋ 500v ＋ 500m ＝ 1,600$$

そして、そのような 10 回転を含むまる**1 年の生産物**は、次のとおりであろう——

$$\underline{1,000c（摩滅分）} + 5,000c + 5,000v + 5,000m = 16,000$$

$\uparrow$

＊ 100×10

$$C = \underline{11,000}、m = 5,000、P' = \frac{5,000}{11,000} = 45\frac{5}{11}\%$$

$\uparrow$

＊ $10,000 + 500 + 500$

〔**資本Ⅱ**〕　次に、固定資本は9,000、その年々の摩滅は1,000、流動的不変資本は1,000、可変資本は1,000、剰余価値率は100％、可変資本の年々の回転数は5という資本Ⅱをとってみよう。そこでは、**可変資本の各1回転期間の生産物**は、次のとおりであろう——

$$\underline{200c（摩滅分）} + 1,000c + 1,000v + 1,000m = 3,200$$

$\uparrow$

＊ $1,000 \div 5$

そして5回転の場合の年総生産物は、次のとおりであろう——

$$1,000c（摩滅分） + 5,000c + 5,000v + 5,000m = 16,000$$

$$C = \underline{11,000}、m = 5,000、P' = \frac{5,000}{11,000} = 45\frac{5}{11}\%$$

$\uparrow$

＊ $9,000 + 1,000 + 1,000$

〔**資本Ⅲ**〕　略

——

〔**資本Ⅰ**〕の可変資本の回転数が年10回から5回に半減したときの年生産物——

$$\underline{1,000c（摩滅分）} + 2,500c + 2,500v + 2,500m = 8,500$$

$\uparrow$

＊ 200×5

$$C = \underline{11,000}、m = 2,500、P' = \frac{2,500}{11,000} = 22\frac{8}{11}\%$$

利潤率は半分に低下したが、それは**回転時間**が２倍になったからである。

---

❸ 年利潤率の計算

（126／84）「したがって、**一年間に取得される剰余価値の分量は、可変資本の１回転期間中に取得される剰余価値の総量に１年間の可変資本の回転数を掛けたものに等しい**。年々取得される剰余価値または利潤を M、１回転期間中に取得される剰余価値を m、可変資本の年々の回転数を n とすれば、M＝m n であり、**年々の剰余価値率〔剰余価値の年率〕M'＝m'n である**。このことは、すでに第二部、第16章、第一節で述べたとおりである。」

（128／84）「**年利潤率の定式を厳密に正しいものにするためには**、われわれは、単なる剰余価値率の代わりに、**剰余価値年率をおかなければならない**。すなわち、m' の代わりに M' または m'n をおかねばならない。言い換えれば、剰余価値率 m'――または結果は同じことになるが、C に含まれている可変資本部分 v――に n を、すなわちこの可変資本の年回転数を掛けなければならない。こうして、われわれは、

$$P' = m'n \frac{v}{C}$$

――を得るのであって、**これが年利潤率を計算するための定式である**。」

---

❹ 可変資本の大きさの計算

（128／84）「しかし、一つの事業で**可変資本がどれだけの大きさであるか**は、ほとんどの場合、資本家自身は知らない。」

（128～129／85）「この v を見いだすためには、**独自の計算をする必要が生じる**であろう。ここにその一例をあげよう。そのために、第一部……で述べた一万錘のミュール紡錘をもつ紡績工場をとり＊、そのさい、1871 年４月の一週間について与えられた事実が一年全体にあてはまるものと仮定しよう。」

＊　第一部第三篇 第 7 章「剰余価値率」の（371～372／233）

＊　〔原注31〕エンゲルスは、1869 年 6 月末でマンチェスターの商会を退職、1870 年 9 月 20 日にすべての事務を最終的に処理してロンドンに移っていた。

・週生産物はその価値から見れば、機械の摩滅分 20 ポンド・スターリング、流動不変資本前貸し 358 ポンド・スターリング

・労賃に投下された可変資本 52 ポンド・スターリング

・剰余価値 80 ポンド・スターリング

・合計：20c（摩滅分）＋ 358c ＋ 52v ＋ 80m ＝ 510

　　　　＊ 1 ポンド貨幣 ＝ 20 シリング

　　　　20 シリング× 52 ポンド ＝ 1,040 シリング（1 週間分の可変資本総数）

　　　　10 時間労働日の価格 ＝ 3 シリング→週給 ＝ 3 × 6 ＝ 18 シリング

　　　　　　　　　　　1,040 ÷ 18 ＝ 57 人強（労働者数）

❺ 検算をしてみよう

（130／86）「簡単な定式 P'＝ m/C を使ってこの**検算をしてみよう**。」

（130／86）「ここで**マンチェスターの生きた実務**＊から引き出して示された1300％以上の剰余価値の年率という事実を見て、彼もおそらく安心することであろう。」

　　　＊第一部第三篇第 7 章（372／233）〔原注 31〕にこのデータを提供したのは、エンゲルスである旨が記されている。

（131／86）「ちなみに、ここに見られるのは、近代的大工業の内部における資本の実際の構成の一例である。」

（131／86）「自分自身の事業についてこのような計算をしようと思いつく資本家は、おそらく少ないであろうから、社会的総資本の不変資本部分と可変資本部分との比率については、統計はほとんどまったく沈黙している。ただ、アメリカの国勢調査だけが、こんにちの事情のもとで可能なもの——すなわち、各事業部門で支払われた労賃の総額と得られた利潤の総額とを、示している。」

　　　＊エンゲルスは、1886 年 1 ～ 2 月、『イギリスにおける労働者階級の状態』のアメリカ版のために、その英語訳文校閲、この版のために一論文執筆（『全集』21 巻所収）。同年、4 月末から 9 月、アメリカにおける労働者の 8 時間労働日をめざす闘争に注目。11 ～ 12 月、イギリスとアメリカの労働運動に注目。1888 年 8 月～ 9 月、**アメリカとカナダを旅行**。

第5章　不変資本の使用における節約

（E書簡で以下第7章まで「重要」指定なし）

第一節　概説

❶ 可変資本不変のままでの労働日の延長は利潤率を高める

（132／87）「絶対的剰余価値の増加、または剰余労働の延長、それゆえ**労働日の延長は、可変資本が等しいままである場合には**、すなわち同数の労働者が名目的には同じ賃銀で使用される──……──場合には、不変資本の価値を、総資本および可変資本にたいして相対的に減少させ、そのことによって**利潤率を高める**……。」

❷ 固定資本の増加は労働日の延長の主要な動因

（132〜133／87）「**労働日の延長**は、超過労働時間に支払いがなされる場合でも、また超過労働時間にたいして標準労働時間よりも高く支払われる場合でさえも、一定の限界までは利潤を高める。それゆえ、**近代的産業制度においては固定資本の増加がつねにますます必要になるということが、利潤獲得に狂奔する資本家たちを労働日の延長に駆り立てる主要な動因であった**。」

　　➡労働時間1.5倍加の例が示されている。（134〜135／88）

❸ 生産諸手段の集積・大量使用から生じる節約

（136／89）「**生産諸手段の集積**およびその**大量の使用から生じる**このすべての節約は、本質的条件として、労働者たちの集合および集団作業を、すなわち労働の社会的結合を前提とする。」

❹ 廃棄物の新生産諸要素への再転化

（136／89〜90）「同じことは、生産諸条件の節約の第二の大きな部門についてもあてはまる。われわれが言うのは、**生産の廃棄物、生産のいわゆる屑の、……新しい生産諸要素への再転化**……のことである。」（第四節で詳論）

（137／90）「剰余価値が与えられている場合には、利潤率は、商品生産に必要な不変資本の価値の減少によってのみ増加されうる。**不変資本が商品の生産にはいり込む限りでは、もっぱら重要なのは、その交換価値ではなく、その使用価値である**。」

　　➡具体例（紡績工場）あり。

❺ 機械設備の不断の改良等から生じる節約

（138／91）「機械設備の不断の改良から生じる節約」➡（一）から（四）

（138／91）「与えられた生産期間中に……一般に固定資本の摩滅を減少させるすべての
ものは、個々の商品を安価にする——というのは、どの個々の商品も、自己に割り当
てられる摩滅の可除部分をその価格のうちに再生産するから——だけでなく、この期
間にたいする資本支出の可除部分を減少させる。」

（139／91）「しかし他方では、この場合、一つの生産部門、たとえば……における労働
の生産力の発展—……—が、他の産業部門……における生産諸手段の価値の、それゆ
え費用の減少の条件として現われる。」

（139／92）「産業の前進的発展から生じる不変資本のこの種の節約の特徴は、この場合
には、一産業部門における利潤率の増大が他の産業部門における労働の生産力の発展
のおかげであるということである。」

❻ 不変資本そのものの使用における節約

（140／92）「利潤率のもう一つの増大は、不変資本を生産する労働の節約からではな
く、不変資本そのものの使用における節約から生じる。」

（141／93）「……二つの点に注目しなければならない。……労働そのものの直接の搾取
にとって重要なものは、使用される搾取諸手段の—……—価値では決してない。……
このさいもっぱら問題になるのは、一方では、一定分量の生きた労働との結合にとっ
て技術的に必要とされるようなそれらの総量であり、他方では、それらの合目的性
——すなわちよい機械設備だけでなく、よい原料および補助材料——である。」 ➡具
体例の説明続く。

（144／95）「生産諸手段の使用におけるこの節約、すなわち、一定の効果を最少の支出
で達成するこの方法が、資本に固有な力として、また資本主義的生産様式に特有な、
それを特徴づける方法として現われる程度は、労働に内在する他の諸力の場合〔それ
らの節約〕に比べてはるかに高い。この考え方は、事実の外観がそれに一致し、また
資本関係が、労働者を、彼自身の労働の実現の諸条件にたいする完全な無関心、外的
存在および疎外の状態におくことによって、実際に内的連関をおおい隠しているだけ
に、なおのこと奇妙には感じられない。」 ➡その具体的説明続く。

（144～146／95～96）

「第一に」（144／95）

「第二に」（145／95）

「**第三に**」（145 ／ 95）

「**第四に**」（146 ／ 96）

❼ 労働者たち自身の所有する工場（上記の「第三に」の箇所）

（145 ／ 96）「労働者は実際に、……共通の目的のための他人の労働との彼の労働の結合
にたいして、自分にとって縁のない力にたいするものとして関係する。この結合の実
現諸条件は、彼にとっては他人（資本家─中川）の所有物であり、その浪費は、もし
彼がそれの節約を強制されないとすれば、彼にとってはまったくどうでもよいことで
あろう。**労働者たち自身の所有する工場**、たとえば**ロッチデイルの工場**では、このこ
とはまったく異なっている。＊」

　　＊この点は、「**初期社会主義**」の諸思想と運動の特徴のひとつである。☞章末の〔**補足説明**
　　②〕を参照。

❽ 労働者の生命・健康の浪費・生産諸条件切り下げによる利潤率のアップ

（146 ～ 147 ／ 96）「資本主義的生産様式は、一方では社会的労働の生産諸力の発展を推
進するのと同じく、他方では不変資本使用における節約を推進する。

　けれども、ことがらは、一方では労働者すなわち生きた労働の担い手と、他方では
彼の労働諸条件の経済的な、すなわち合理的で節約的な使用とのあいだの疎外および
無関心にとどまるものではない。資本主義的生産様式は、さらに進んで、その矛盾し
対立する本性によって、**労働者の生命および健康の浪費**、**彼の生存諸条件そのものの
切り下げ**を、**不変資本使用における節約に算入し**、**それゆえ利潤率を高めるための諸
手段に算入するまでになる**。」

（147 ／ 96 ～ 97）「労働者は、彼の生活の大部分を生産過程で過ごすのであるから、**生
産過程の諸条件は大部分、彼の活動的な生活過程の諸条件**＊、彼の**生活諸条件**であり、
これらの生活諸条件における節約は利潤率を高める一方法である。それは、われわれ
がさきに見たこと〔第一巻、第8章「労働日」〕、過度労働、すなわち**労働者の労働家
畜への転化**が、資本の自己増殖すなわち剰余価値の生産を促進するための一方法であ
るということと、まったく同じである。」

（147 ／ 97）「労働者にとって**生産過程を人間的なものにし**＊、快適な、またはせめてが
まんできるものにするためのすべての設備が存在しないことは、言うまでもない。そ
れは資本主義的見地からは、まったく無目的で無意味な浪費であろう。資本主義的生
産は、一般に、どんなにけちであっても、人間材料〔の扱い〕についてはまったく浪

費的であって、……」

　　＊「生産過程の諸条件＝活動的な生活過程の諸条件」、「生産過程を人間的なものにし、
　　……」の内容（含意）については、章末の〔**補足説明③**〕を参照。

❾ 二つの問題の区別

（148／97～98）「**不変資本の使用における節約**〔の考察〕にさいしては、**次の区別を
しなければならない**。使用される資本の総量およびこれとともにその価値額が増大す
るならば、それはまずもって、いっそう多くの資本が一人の手に集中するということ
にすぎない。しかし**一人の手によって使用されるこのいっそう大きな総量**――……――こ
そがまさに、**不変資本の節約を可能にするのである**。個々の資本家を見れば、必要な
資本支出の範囲が、とくに不変資本の場合に増大するが、しかし加工される材料と搾
取される労働との総量にかんしては、この支出の価値は相対的に減少する。」

（148／98）「次に、このことが**個々の実例**によって手短かに説明されなければならな
い。」

第二節　労働者を犠牲にしての労働諸条件の節約

❶ 炭鉱、工場、一般に屋内での労働

（149／98）「**炭鉱**。もっとも必要な諸出費を怠ること」

（150／98～99）「殺戮の数はまだ非常に大きく（以下6行）……。」

（150～151／99）「資本主義的生産は、……諸商品に対象化される労働の取り扱いは極
度に節約的である。これに反して、資本主義的生産は、他のどの生産様式よりもずっ
とはなはだしく、人間、生きた労働の浪費者であり、血と肉の浪費者であるだけでな
く、脳髄と神経の浪費者でもある。**人間社会の意識的な再構成に直接に先行する歴史
のこの時期**に、人類一般の発展が確保され達成されるのは、実際には、ただ個々人の
発展の膨大このうえない浪費によってのみである。」

（151／99）「**工場**。ここに見られるのは、本来的諸工場においても、労働者たちの安
全、快適さ、および健康にたいするすべての予防策が抑圧されていることである。」

（155／101）「**一般に屋内での労働**。――空間の節約、それゆえまた建物の節約が、ど
れほどひどく労働者たちを狭い場所に押し込むかは、よく知られている。これにさら
に、換気装置の節約が加わる。」――以下（165／107）まで、ジョン・サイモン編集

『公衆衛生、第六次報告書。1863 年』からの例証続く。

第三節　動力生産、動力伝達、および建物における節約

❶ 発動機

（165 ～ 166 ／ 107）**発動機**（蒸気機関動力）

（1848 年以降）「……いくつかのきわめて重要な変化が生じた。……その結果は……同じ機関がはるかに大きな仕事量を達成し、おまけにそのさい石炭消費が非常に大きく減少したということであった。」

（171 ／ 109）「発動機について言えることは、**伝動機**および**作業機**についても同じように言える。」

第四節　生産の廃棄物の利用

❶ 廃棄物の利用

（173 ／ 110）「資本主義的生産様式〔の発展〕にともない、生産および消費の廃棄物の利用も拡大する＊。」

　　＊排泄物の処理について、「日本では生活諸条件の循環はもっと清潔に行われている。」（第Ⅰ部第七篇第 23 章「資本主義的蓄積の一般法則」第五節（1182 ／ 718）

❷ 日本の園芸的小農業での節約

（173 ～ 174 ／ 111）「……日本におけるような園芸式に営まれている**小農業**＊においても、この種の大きな節約が行なわれている。しかし、一般に、このような方式においては、農業の生産性は、ほかの生産部面からひきあげられる人間労働力の多大の浪費によってあがなわれている。」

　　＊第Ⅰ部第七篇第 24 章「いわゆる本源的蓄積」第二節
　〔**本文**〕「封建領主の権力は、……彼の臣下の数にもとづいており、またこの臣下の数は**自営農民**の数にかかっていた。（1228 ／ 745）
　〔**原注 192**〕「日本は、その**土地所有の純封建的組織**とその**発達した小農民経営**とによって、たいていはブルジョア的先入見にとらわれているわれわれのすべての歴史書よりもはるかに忠実なヨーロッパの中世像を示してくれる。」（1229 ／ 745）

＊　同上、第一篇第 3 章「貨幣または商品流通」第三節

〔本文〕「地代、租税などは、現物納付から貨幣支払に転化する。……もし、ヨーロッパによって押しつけられた対外貿易が、日本において**現物地代の貨幣地代への転化**をもたらすならば、日本の模範的農業もおしまいである。その狭い経済的実存条件は解消されるであろう。」（228 ／ 154 〜 155）　☞以上のような日本の「小農民経営」については、第六篇第 47 章末尾の〔補足説明④〕を参照。

（174 〜 176 ／ 111 〜 112）「いわゆる屑は、ほとんどどの産業においても重要な役割を演じている。」――紡績工業・絹工業・化学工業

（176 〜 177 ／ 112）「屑の節約」

第五節　諸発明による節約

❶ 固定資本の使用における節約

（178 〜 178 ／ 113）「固定資本の使用におけるこれらの節約は、すでに述べたように、労働諸条件が大規模に使用されることの結果であり、手短かに言えば、それらの労働条件が、<u>直接に社会的な</u>、<u>社会化された労働</u>の、すなわち<u>生産過程の内部における直接的協業の</u>、<u>条件として役立つことの結果である</u>。」

❷ 一般的労働・科学的労働・共同的労働

（179 ／ 113）「<u>一般的労働と共同的労働とは区別されなければならない</u>。両者とも生産過程においてその役割を果たし、両者とも互いにその一方から他方へ移行し合うが、しかし両者にはまた区別がある。<u>一般的労働は、すべての科学的労働、すべての発見、すべての発明である</u>＊。……<u>共同的労働は、諸個人の直接的協業を前提する</u>。」

（180 ／ 114）「<u>人間精神の一般的労働のあらゆる新たな発展と、結合労働によるそれらの発展の社会的応用</u>とから最大の利潤を引き出すのは、たいてい、もっとも無価値な、もっとも卑しむべき種類の貨幣資本家である。」

＊<u>一般的労働と科学的労働についての、記述の含意については</u>、章末の〔補足説明④〕を参照。

〔補足説明②〕「ロッチデイルの工場」と初期社会主義の思想・運動

❶「<u>ロッチデイルの先駆者〔同組合〕たちが発展させた規約</u>は、消費者運動と同じ、

生産者協同組合運動の発展にとって中心的なものである。その規約の本質は**次の原則**（加入・脱退の自由、民主的管理、購買高配当、資本利子の制限、政治的・宗教的中立、現金取引、教育の促進）に昇華されている。ロッチデイルの先駆者たちは、すでに協同組合イデオロギーの一部として確立していた諸原則（たとえば、各共同体内で生産、分配、教育、統治を統一するという、**オウェン主義の原則**）を自らの創業時の目標のなかに組みいれてもいた。……」（メアリー・メロウ他『ワーカーズ・コレクティブ』緑風出版、1992年4月、43頁）

❷　「**生産の共同管理**」の「**源流**」は、イギリス、フランス、ドイツの「**初期社会主義思想**」にあった。—それとマルクスの独自性（異同）の見極めが重要。以下の文献が詳しい。

[文献]　イギリス—『資料イギリス初期社会主義—オーエンとチャーティズム』（都築忠七編、平凡社、1975年11月）

フランス—『資料フランス初期社会主義—二月革命とその思想』（河野健二編、平凡社、1979年11月）

ドイツ—『資料ドイツ初期社会主義—義人同盟とヘーゲル左派』（良知力編、平凡社、1974年4月）

❸　「新しい社会の富の真の基礎——自然の盲目的な力を人間の生産力に変えた近代産業を最初に築いたのは英国の労働者大衆です。……近代産業の無尽蔵な生産力を創造することによって彼らは、**労働を解放するための最初の条件**を満たしました。今、彼らはそれ以外の条件を実現しなければなりません。彼らは独占という忌まわしい束縛からそれらの生産する諸力をときはなち、それを生産者の共同管理に従属させねばなりません。……労働者階級は自然を征服しましたが、いまや人間を征服しなければならないのです。この試みに成功するため彼らが必要とするのは力ではなく、彼らの**共通の力を組織すること、全国的な規模で労働者階級を組織すること**であり……」（マルクス、1854年3月9日付「『労働議会』に関するジョーンズ宛の手紙」、前掲『資料イギリス初期社会主義……』、469頁）

❹　国際協同組合同盟の労働者協同組合委員会の「**労働者協同組合に関する世界宣言**」における労働者協同組合の定義（基本的な特徴のセクション）は以下の通りである。

1. **持続的な仕事と経済成長を生み出しまたメンテナンスすること**を目的とする。これは、労働者組合員の生活の質の向上、人間の労働の尊厳、労働者による民主的な自治、そして共同体と地域の発展の促進のためである。

2. **自由でボランタリーな組合員のメンバーシップ**。職場の存在によって、組合員の

個人の仕事と経済的リソースに貢献するためであり、これが保たれる。

　3．**一般則として**、**仕事は組合員によりなされること**。これは、任意の労働者組合企業体において、大部分の労働者は組合員である（逆もまた真）を導く。

　4．**組合員たちと組合との関係**。普通の賃労働者や個人事業主にとってのそれらの関係とは、違うと考えられること。

　5．**内部のレギュレーション**。内部のレギユレーションは、労働者組合員によって受理され民主的に同意された体制によって、公式に定義される。

　6．**自治と独立**。国家や第三者に先立ち、労働者の関係や管理・生産の成果の利用や管理において、自治・独立があること。

労働者協同組合はまた、ロッチデール原則と価値に従う。これは、協同組合の運営の核となる原則のセットである。（以上の出典は，『ウィキペディア』）

❺ 日本では、2020 年 10 月 27 日に「**労働者協同組合法案**」が国会で可決・成立した。
　一　目的には、次のように謳われている。「組合員が出資し、それぞれの意見を反映して組合の事業が行われ、及び組合員自らが事業に従事することを基本原則とする組織に関し、設立、管理その他必要な事項を定めること等……」

　＊生産者（労働者）協同組合運動についての歴史と現状については、富沢賢治他編著『労働者協同組合の新地平』（日本経済評論社、1996 年 7 月）参照。なお、生産者（労働者）協同組合（工場）論については、第五篇第 27 章において、「株式会社論」と併せて詳述される。

┌───┐
〔補足説明③〕「生産過程＝活動的な生活過程」を「人間的なもの」にする、の含意
└───┘

　❶ 問題は二つあります。——①「**生産過程**」が、イコール「**活動的な生活過程**」と捉えられていること、②それを「**人間的なものにする**」ということ、これらの含意をどう掴むかという問題です。
　この問題については、「**ゴータ綱領批判**」（ドイツ社会主義労働者党の新綱領〔1875 年〕に対するマルクスの批判文書＝遺稿。1891 年にエンゲルスが公表、後藤洋訳『ゴータ綱領批判・エルフルト綱領批判』新日本出版社、2000 年）の、以下の文章をまずご覧下さい。——「共産主義社会のより高い段階において、すなわち、**分業の下への諸個人の奴隷的な従属がなくなり**、それとともに、**精神的労働と肉体的労働との対立もなくなったあとで**、**労働が生きるための手段だけでなく、労働そのものが生活の第一の欲求となったあとで**、**諸**

個人の全面的な発達にともなって彼らの**生産諸力**も増大し、**協同組合的富のすべての源泉**がいっそうあふれでるほど湧きでるようになったあとで、――そのときはじめて、ブルジョア的権利の狭い限界が完全にのりこえられ、そして社会はその旗に次のように書くことができる。**各人はその能力に応じて、各人はその必要に応じて！**」（30頁）。――なおこの点については、拙稿①「『資本論』における〈将来社会〉の〈生産形態〉像と〈人間解放〉論」（『資本論研究序説』八朔社、2020年4月刊）に第9章として収録、91頁、②『「資本論」第Ⅰ部講読のナビゲーション』（学習の友社、2020年4月刊）の315〜316頁にある〔補足説明❸〕「個人的所有の再建について」を参照。

❷　労働＝生産活動を、人間の「生活」と捉える捉え方は、若い頃からのものでした。例えば、**1845年の『ドイツ・イデオロギー』**では次のように述べられていました。――「人間は、意識によって、宗教によって、その他お望みのものによって、動物から区別されることができる。**人間自身は、彼らがその生活手段を生産**――彼らの身体的組織によって条件づけられている措置――**しはじめるやいなや、みずからを動物から区別しはじめる。**人間は彼らの生活手段を生産することによって、間接的に彼らの物質的生活そのものを生産する。

　人間が彼らの生活手段を生産する様式は、さしあたりは、眼前に見いだされる、また再生産されるべき生活手段そのものの特性に依存する。この生産の様式は、**これが諸個人の肉体的存在の再生産であるという側面からだけ考察されるべきではない。それはむしろ、すでにこれらの個人の活動のある特定の方法、彼らの生命を表出するある特定の方法、彼らのある特定の生活様式なのである。**諸個人が彼らの生命を表出するとおりに、彼らは存在しているのである。……」（服部文男監訳『〔新版〕ドイツ・イデオロギー』新日本出版社、1996年、17〜18頁）

❸　マルクスには、『ドイツ・イデオロギー』の前年の文献、『経済学・哲学草稿』（城塚・田中訳、岩波文庫、1964年、他）、『経済学ノート』（杉原・重田訳、未来社、1962年）等があります。それらには、人間（**人間的自然**）の生命活動＝労働の、人間以外の**他の自然**の生命活動とは異なる固有の「様式」・「特性」に関する、より詳細な考察が残されています。そこには、第一部第三篇第5章第一節「労働過程」での、労働論に連なる内容が認められています。ただしそこに分け入ると、この「補足説明」はさらに膨れ上がりますから、これ以上の説明は自重します。関心のある方は、拙著『マルクス・エンゲルスの思想形成－近代社会批判の展開－』（創風社、1997年4月）、3〜5章、特に181頁以下の『経済学・哲学草稿』「第一草稿」の「類的存在」論、『経済学ノート』の「ミル評註」についての考察を参照して下さい。

〔補足説明④〕「一般的労働＝科学的労働」について―『経済学批判要綱』から

「……工業が発展するのにつれて、現実的富の創造は、労働時間と充用された労働の量とに依存することがますます少なくなり、むしろ労働時間のあいだに運動させられる諸作用因の力〔Macht〕に依存するようになる。そして、これらの作用因―それらの強力な効果〔powerful effectiveness〕―それ自体がこれまた、それらの生産に要する直接的労働時間には比例せず、むしろ**科学の一般的状態と技術学の進歩とに、あるいはこの科学の生産への応用に依存している**（この科学の、とりわけ自然科学の発展、またそれとともに他のあらゆる科学の発展は、それ自身がこれはまたこれで、物質的生産の発展に比例する）。

……もはや、労働者は、変形された自然対象を、客体と自分とのあいだに媒介項として割り込ませるのではなく、彼は、彼が産業的な過程に変換する自然過程を、自分と自分が思うままに操る非有機的自然とのあいだに手段として押し込むのである。**労働者は、生産過程の主作用因であることをやめ、生産過程と並んで現われる**。この変換のなかで、**生産と富との大黒柱として現われるのは**、人間自身が行なう直接的労働でも、彼が労働する時間でもなくて、**彼自身の一般的生産力の取得、自然にたいする彼の理解、そして社会体としての彼の定在を通じての自然の支配、一言で言えば社会的個人の発展である**。現在の富が立脚する、他人の労働時間の盗みは、新たに発展した、大工業それ自身によって創造されたこの基礎に比べれば、みすぼらしい基礎に見える。直接的形態における労働が富の偉大な源泉であることをやめてしまえば、労働時間は富の尺度であることを、だから交換価値は使用価値の〔尺度〕であることを、やめるし、またやめざるをえない。……それとともに交換価値を土台とする生産は崩壊し、直接的な物質的生産過程それ自体から、窮迫性と対抗性という形態がはぎとられる。**諸個人の自由な発展**、だからまた、剰余労働を生み出すために必要労働時間を縮減することではなくて、そもそも**社会の必要労働の最小限への縮減**。その場合、この縮減には、すべての個人の**芸術的、科学的、等々の発達開花〔Ausbildung〕が対応する**。……

《十二時間のかわりに六時間の労働がなされるとき、一国民は真に豊かである。**富とは剰余労働時間（実在的な富）への指揮権ではなく、すべての個人と全社会のための、直接的生産に使用される時間以外の、自由に処分できる時間である**。》」（『経済学批判要綱』＝『マルクス資本論草稿集－1857〜58年の経済学草稿Ⅱ』大月書店、1993年3月、489〜491頁）

　　　☞この「自由に処分できる時間」は、『資本論』第Ⅲ部第7篇第48章の、「必然性の王国」から「自由の王国」へ、という未来社会論（自由論）に連なる（1434〜1435／828）。

第6章　価格変動の影響

第一節　原料の価格変動、利潤率にたいするその直接の諸影響

❶ 生産過程にはいり込む原料の価格変動の考察

（182 ～ 183 ／ 116）「以下の研究では、原料が原料として〔直接に〕商品の生産過程にはいり込む限りでの原料の価格変動だけを考察する……（中略）……しかし、原料は不変資本の一主要部分をなす。本来の原料がそこにはいり込まない産業部門にも、原料は補助材料として、または機械の構成部分などとしてはいり込むのであり、そのために原料の価格変動は“その限りにおいて”利潤率に影響をおよぼす。」

$$P' = \frac{m}{C} = \frac{m}{(c \pm d) + v} \qquad d = 原料価格の偏差$$

（183 ／ 116 ～ 117）「他の事情が等しければ、利潤率は、原料の価格と逆の方向に上下する。このことから、とりわけ、原料の廉価が工業諸国にとってどんなに重要であるか——……——がわかる。」

❷ 外国貿易の利潤率への影響

（184 ／ 117）「こうして、原料にたいする関税の廃止または軽減が、工業にとって非常に重要であることがわかる。それゆえ原料をできるだけ自由に輸入することは、……穀物関税の廃止とならんでイギリスの自由貿易論者たちの主要目標であったが、彼らはとりわけ、綿花にたいする関税をも廃止させることに力をそそいだ。」

（188 ／ 119）「原料および補助材料は、労賃とまったく同じように流動資本の構成部分をなすものであり、したがって生産物の毎回の販売分から〔そのつど〕恒常的に全部補填されなければならないから、……（中略）……原料の価格における上昇が全再生産過程を縮小させ、または阻害しうることが明らかになる。」

（188 ／ 119）「屑が出ることによる出費」の増減と原料価格の上下変動の関係。

第二節　資本の価値増加および価値減少、資本の遊離および拘束

❶ 資本の拘束と遊離

（190 ～ 191 ／ 120）前置き

　　「われわれがこの章で研究する諸現象は、その十分な展開のためには、**信用制度と、世界市場**―………―における競争とを前提する。しかし、資本主義的生産のこれらのいっそう具体的な諸形態は、資本の一般的な本性が把握されてのちにだけ、包括的に叙述することができる。そのうえ、これらの形態の叙述は、**この著作の計画外**にあり、おそらく書かれるであろう続巻に属するものである。**それにもかかわらず、表題に記された諸現象は、ここで一般的に取り扱うことができる**。これらの現象は、第一に相互に連関し、第二に利潤の率とも利潤の総量とも連関する。これらの現象は、あたかも利潤の率だけではなく、利潤の総量――これは実際には剰余価値の総量と同一である――もまた、剰余価値――その総量であれ、その率であれ――の運動とはかかわりなく減少および増加しうるかのような**外観を生み出す**のであるから、すでにその理由からだけでも、〔ここで〕簡単に述べておかなければならない。」

（191／120～121）「**まず問題になるのは**――**資本の遊離および拘束とはなにを意味するか？　ということである**。……（それは）なんらかの一般的な経済的諸事情の結果――………―、**現存する資本の価値が増加または減少するということであり**、したがって、**生産に前貸しされた資本の価値が**、その資本の使用する剰余労働による価値増殖とかかわりなく、**増大または減少するということにほかならない**。」

（191～192／121）「**資本の拘束とは**、生産がその旧来の規模で続行されるものとすれば、生産物の総価値のうちから一定の与えられた割合の諸部分が新たに不変資本または可変資本の諸要素に再転化されなければならない、ということである。**資本の遊離とは**、生産が旧来の規模の制限内で維持されるとしても、生産物の総価値のうち、これまでは不変資本または可変資本のいずれかに再転化されなければならなかった一部分が、自由に処分できる余分なものとなる、ということである。**資本のこの遊離または拘束は、収入（m）の遊離または拘束とは異なる**。」➡例示続く。

❷ 価値増加・価値減少がどの資本部分に生ずるか

（193～195／122～123）「問題を簡単にするために、固定資本はすべて、さしあたりまったく除外しよう。そして、不変資本のうち、原料、補助材料、半製品、製造中の商品および完成して市場にある商品からなる部分だけを考察しよう。」

　　・原料の価格が騰貴したとき（193～194／122）
　　・原料の価格が下落したとき（194／122～123）

（195～197／123～124）**固定資本の価値減少にとって、一般的に重要なこと、3点**（テキスト参照）。

（197／124）可変資本のばあい

　「……労働日の長さが不変のままである場合には、可変資本のこの価値増加には剰余価値の下落が照応し、その価値減少には剰余価値の増大が照応する。しかし、これには同時に他の諸事情——資本の遊離および拘束——が結びついていることもありうるのであり、これらの事情は以前には研究されなかったが、いま簡単に説明されなければならない。」

（198／124）「労賃が労働力の価値下落（……）の結果として下落すれば、これまで労賃に投下されていた資本の一部〔可変資本〕は遊離される。」（例）

（199〜200／125〜126）「次に逆の場合」（例）

（201／126〜127）「労賃の率が不変のまま」で、生産力が発展する場合

　　　　　　　　　　　　　　　　　　　　　　　生産力が減退する場合

（201〜202／127）「すでに見たとおり、**不変資本も同じように**、それを構成する諸要素の価値増加または価値減少の結果、**拘束または遊離されうる。**」

（203〜204／128）「不変資本のうち、機械設備などの固定資本からなる部分の生産および増加は、有機的原料からなる不変資本部分の生産および増加をいちじるしく追い越し、その結果、これらの原料にたいする需要がその供給よりもいっそう急速に増大し、それゆえその価格が騰貴するということが、可能であり、また発展した資本主義的生産のもとでは不可避でさえある。価格のこの騰貴は、実際には、次の結果をもたらす。（——三点にわたる説明続く）」

（204〜205／129）再生産過程の進行と「原料」価格（要テキスト参照）

（205／129）原料の「高価格」の崩壊が生じた場合

　　　① 原産諸国の独占の再建（205／129）➡②競争の一般原理による価格の調整（206／130）

（206〜207／131）1861〜65年の綿花飢饉の事例〔テキスト参照〕

（207／131）〔原注16〕アメリカ・ドイツ資本主義の台頭—「このことは、とくに二つの徴候に示される。」　①一般的保護関税、②生産調整➡カルテル（トラスト）

---

❸ **合理的農業と資本主義制度**

（208／131）「歴史の教訓は、……**資本主義制度は合理的農業に反抗するということ**、**または合理的農業は資本主義制度とは相容れない**（資本主義制度は農業の技術的発展を促進するとはいえ）ものであり、みずから労働する小農民の手か、あるいは結

合された生産者たちの管理かのいずれかを必要とするということ、である。

（208 〜 213 ／ 131 〜 133）諸例証（イギリス）

第三節　一般的例証―1861 − 1865 年の綿花恐慌

（214 〜 220 ／ 134 〜 137）前史　1845 〜 1860 年〔テキスト参照〕

（221 ／ 138）1861 〜 1864 年。**アメリカの内乱**（南北戦争 1861 〜 65）。**綿花恐慌**。**原料の不足とその価格騰貴とによる生産過程中断の最大の事例**。

（223 ／ 139）綿屑。東インド綿（スラト）。労働者たちの賃銀への影響。機械設備の改良。澱粉および鉱物による綿の代用。この澱粉糊つけの労働者たちへの影響。細番手糸の紡績業者たち。工場主たちの欺瞞。

（230 〜 231 ／ 142 〜 143）「**賃銀は、……みじめなものであった**。……（中略）……**最悪の犬賃銀〔飢餓賃銀〕**が与えられ、労働者がこれを受け取ろうとしなかった場合には、救貧委員会は彼を救貧名簿から抹消した。労働者たちが餓死するか、さもなければブルジョアにとってもっとも有利などんな価格ででも労働しなければならなかった――そのさい、救貧委員会は工場主たちの番犬の役をつとめた……」

（235 ／ 145）"価値低い身体における実験"➡第Ⅰ部第四篇第 13 章第七節の、792 頁、＊5 を参照。週賃銀額ほかの実態についての記述。

第7章　補遺

（242 ／ 148）ロートベルトゥスの見解の誤り

（244 ／ 149）使用される資本の大きさの変動と利潤率の同時的な変動

（244 ／ 149）「それゆえ、利潤率の増加は、つねに、剰余価値が……・前貸総資本にたいする比率において相対的または絶対的に増加することから生じる。」

（245 ／ 150）「各商品の価値は――したがって資本を構成する諸商品の価値もまた――、その商品そのものに含まれている必要労働時間によって決定されるのではなく、その**再生産に要する社会的必要労働時間**によって決定される。＊」

＊第Ⅰ部冒頭篇「商品」論、要復習。

〈第二篇〉
利潤の平均利潤への転化

第8章　異なる生産諸部門における資本の構成の相違とその結果生じる利潤率の相違（E書簡で「非常に重要」指定）

〔解題〕本篇で扱う問題

（249／152）「本篇で述べようとするのは、一国の内部で一般的利潤率がどのようにして形成されるか、ということである。」

〔復習〕

（249〜250／152〜153）「前章（篇）で明らかにされたように、① 剰余価値率を不変と前提すれば、一定の資本がもたらす**利潤率は、諸事情**——不変資本のどの部分かの価値を増加または減少させ、それによって、一般にその資本の不変的構成諸部分と可変的構成諸部分との比率に影響する諸事情——**に従って、上昇または下落しうる**。② さらにこれも述べたことであるが、**資本の回転時間を延長または短縮する諸事情は、同じ仕方で利潤率に影響しうる**。利潤の総量は、剰余価値の総量、剰余価値そのものと同じであるから、**利潤の総量は**——利潤率とはちがって——いま述べた価値変動によっては影響されないということも明らかにされた。そのような価値変動は、与えられた剰余価値それゆえまた与えられた大きさの利潤が表現される率、すなわちその比率的な大きさ、前貸資本の大きさと比較されたその大きさを変化させたにすぎない。③ そのような価値変動の結果として**資本の拘束または遊離**が生じた限りでは、この回り道を経て、利潤率だけではなく、利潤そのものも影響されえた。とはいえ、このことは、つねに、すでに投下されている資本についてのみあてはまり、新たな資本投下についてはあてはまらなかった。④ さらにまた、**利潤そのものの増大または減少は**、つねに、前記の価値変動の結果同じ資本でどの程度までより多くの労働またはより少ない労働が運動させられえたか、すなわち、同じ資本で——剰余価値率が不変な場合に——どの程度までより多量のまたはより少量の剰余価値が生産されえたか、にかかっていた。この外見上の例外は、一般的法則に矛盾したりその例外をなすどこ

ろか、実際には、一般的法則の適用の特殊な場合にすぎなかった。

　⑤　前編で示したように、**労働の搾取度が不変でも、不変資本の構成諸部分の価値変動につれて、また同じく資本の回転時間の変動につれて、利潤率が変化する**ものとすれば、このことからはおのずから次の結果が出てくる。➡次項❶へ

❶　異なった生産諸部門の異なった利潤率

（250 〜 251 ／ 153）「**同時に並立して実存するさまざまな生産部面の利潤率は**、①　他の事情に変わりがない場合にも使用諸資本の**回転時間が異なれば**、②　またはさまざまな生産部門におけるこれら諸資本の**有機的構成諸部分間の価値比率が異なれば、異なるであろうということ**、……以前には、同じ資本に時間的に継起して起こった諸変化として考察したことを、いまやわれわれは、さまざまな生産部面に並立して現存する諸投資のあいだの同時に存在する区別として考察するのである。……

　この全研究にあたっての前提は、……次のことである。すなわち、われわれが**一定の生産部門における資本の構成または回転について語る場合には、つねにこの生産部門に投下された資本の平均的な正常な関係をさしている**のであり、一般に、**一定の部面に投下された総資本の平均が問題**であって、この部面に投下された個別諸資本の偶然的な区別が問題なのではないということである。」

---

❷　資本の有機的構成・回転・不変資本の構成の変化に関する考察

（251 ／ 154）以下しばらく、資本の有機的構成（不変資本・可変資本）の相違と利潤率の相違、資本の回転の長さと利潤率の相違、不変資本の構成（流動資本・固定資本）の相違と利潤率の相違、等についての、前篇までの検討内容を具体的に再確認する記述が続く。それを受けて、最後に以下の総括的説明文が続く。

（265 〜 266 ／ 162）「こうしてわれわれは、すでに次のことを明らかにした。──すなわち、①　**異なる産業部門においては、諸資本の有機的構成の相違に対応して、また**前述の限界内では諸資本の回転時間の相違にも対応して、**不等な利潤率が支配する**のであり、それゆえまた、同じ剰余価値率のもとでも、同じ有機的構成の諸資本にとってのみ、──同じ回転時間を前提すれば──利潤は諸資本の大きさに比例し、それゆえ同じ大きさの諸資本は同じ時間内には同じ大きさの利潤を生む、という法則（一般的傾向から見て）が妥当すること、がそれである。……②　他方、……**異なる産業諸部門にとっての平均利潤率の相違は、現実には実存せず**、また、資本主義的生産の全体制を廃棄することなしには実存しえないであろうということは、少しも疑う余地がない。したがって、**価値理論はここでは現実の運動と一致しえず、生産の実際の諸現象**

と一致しえないかのように見え、それゆえ、一般にこれらの諸現象を把握することは断念しなければならないかのように見える。」

---

❸ **前頁最後の引用文**（265〜266／162）**の要点**

①の、「不等な利潤率の支配」は労働価値論からの帰結、②は現実の市場では「平均利潤率」が形成されるということの指摘、そして①と②の、相反するかのように見える問題を解く鍵が、「費用価格の同一性」を基盤とする「諸資本の競争」であるという下記の項目❹の説明につながっていく。

---

❹ **費用価格の同一性が諸投資の競争と競争による平均利潤形成の基盤**

（266〜267／163）「異なる生産諸部面の生産物にとっては、その生産に同じ大きさの諸資本部分が前貸しされていれば、これら諸資本の有機的構成がどんなに相違していても、費用価格は同じである。……（中略）……異なる諸部面における同じ大きさの諸投資にとっては、たとえ生産された価値および剰余価値がどんなに相違していても、費用価格は同じである。費用価格のこの同一性が諸投資の競争の基盤をなすのであり、この競争によって平均利潤が形成されるのである。」

第9章　一般的利潤率（平均利潤率）の形成と商品価値の生産価格への転化（同前）

〔**本章の課題**〕

前章の末尾（266〜267／162〜163　項目❹）で確認された問題の解決形態を提示すること。

---

❶ **三つの仮定**

（268〜269／164）「簡単にするために、① 不変資本はどこでも一様に全部がこの資本の年生産物にはいり込むものと仮定される。② さらに、異なる生産諸部面における諸資本は、それらの可変的部分の大きさに比例して、年々それと等しい大きさの剰余価値を実現するものと仮定される。③ したがって、諸回転期間の相違がこの点で引き起こしうる区別はしばらく度外視される。」

❷ 五つの異なる生産諸部面の設定による検討

（269／164）表①：搾取度均等（100%）でも資本の構成の相違により利潤率が異なる。

資本	資本の構成	m'	m	生産物価値	P'
Ⅰ	80c＋20v	100%	20	120	20%
Ⅱ	70c＋30v	100%	30	130	30%
Ⅲ	60c＋40v	100%	40	140	40%
Ⅳ	85c＋15v	100%	15	115	15%
Ⅴ	95c＋ 5v	100%	5	105	5%
平均	78c＋22v	—	22	122	22%

（271／166）表②：消費された不変資本cを商品の価値に入れた場合。

資本	資本の構成	m'	m	p'	消費されたc	費用価格	商品の価値
Ⅰ	80c＋20v	100%	20	20%	50	70	90
Ⅱ	70c＋30v	100%	30	30%	51	81	111
Ⅲ	60c＋40v	100%	40	40%	51	91	131
Ⅳ	85c＋15v	100%	15	15%	40	55	70
Ⅴ	95c＋ 5v	100%	5	5%	10	15	20
合計	390c＋110v	—	110	—	—	312	422
平均	78c＋ 22v	—	22	22%	—	—	—

＊費用価格＝消費されたc＋v

＊商品の価値＝消費されたc＋v＋m

（272／167）表③：平均剰余価値22のⅠ～Ⅴへの均等な分配と商品の価格

資本の構成	m	商品の価値	費用価格	商品の価格	p'	価値からの価格の背離
Ⅰ 80c＋20v	20	90	70	92	22%	＋2
Ⅱ 70c＋30v	30	111	81	103	22%	－8
Ⅲ 60c＋40v	40	131	91	113	22%	－18
Ⅳ 85c＋15v	15	70	55	77	22%	＋7
Ⅴ 95c＋ 5v	5	20	15	37	22%	＋17
合計 500	110	422	312	422	110/500	＋0

＊商品の価値＝消費されたc（表②）＋v＋m

＊費用価格＝消費されたc（表②）＋v

＊商品の価格＝費用価格＋平均剰余価値22（表②➡平均利潤22）

　　この「商品の価格」を「生産価格」と呼ぶ。

❸ 平均利潤・生産価格の成立─表①②③の読解⑴

○ 価値からの価格の背離の相殺と生産価格の成立

(272／166〜167)「総括すれば、（Ⅰ、Ⅳ、Ⅴの）諸商品は 2 ＋ 7 ＋ 17 ＝ 26 だけ価値より高く売られ、（Ⅱ、Ⅲの商品は）8 ＋ 18 ＝ 26 だけ価値より安く売られ、その結果、剰余価値の均等な分配による──すなわち、Ⅰ〜Ⅴの諸商品のそれぞれの<u>費用価格にたいする、前貸資本 100 につき 22 という平均利潤の追加による</u>──〔価値からの〕<u>価格背離は相殺される。</u>」

(272／167)「このような価格での諸商品の販売のみが、Ⅰ−Ⅴの諸資本の有機的構成が異なるにもかかわらず、〔諸資本〕Ⅰ〜Ⅴにたいする利潤率が均等に22％であることを可能にする。<u>異なる生産諸部面の異なる利潤の平均をとり、この平均を異なる生産諸部面の費用価格につけ加えることによって成立する諸価格、これが生産価格である。</u>」➡<u>費用価格＋異なる利潤率の平均により得られる利潤＝生産価格</u>（表③の「商品の価格」）。

(272〜273／167)（どの生産部面の利潤率も）「m/C であり、本書〔第三部〕第一篇で行なわれたように、<u>商品の価値から展開されなければならない。この展開がなければ、一般的利潤率は（それゆえ商品の生産価格も）無意味な没概念的な表象にとどまる。</u>したがって、<u>商品の生産価格は、</u>商品の費用価格、プラス、一般的利潤率に照応して百分率の形で費用価格につけ加えられた利潤に、すなわち、<u>商品の費用価格、プラス、平均利潤、に等しい。</u>」

❹ 平均利潤と生産価格の成立─表①②③の読解⑵

① 競争に媒介されての平均利潤と生産価格の成立

(273／167〜168)「異なる生産諸部門に投下された諸資本の有機的構成が異なる結果として、……（中略）……それら諸資本によって非常に異なる剰余価値の総量が生産される。それに応じて、<u>異なる生産諸部門で支配する諸利潤率（部門支配利潤率）</u>は、もともと非常に異なっている。<u>これらの異なる諸利潤率は、競争によって、これらすべての異なる諸利潤率の平均である一つの一般的利潤率に均等化される。この一般的利潤率に照応して、与えられた大きさの資本に</u>──その有機的構成がどうであろうと──<u>帰属する利潤は、平均利潤と呼ばれる。</u>一商品の費用価格、プラス、その商品の生産に使用される資本（単にその商品の生産に消

費された資本だけでなく）にたいする年平均利潤のうち、その商品の回転諸条件に比例してその商品に帰属する部分——これに等しい。——商品の価格がその商品の生産価格である。」

② 総剰余価値または総利潤の均等な分配

（274 〜 275 ／ 168）「異なる生産諸部面の資本家たちは、……自分自身の部面でそれらの商品の生産にさいして生産された剰余価値、それゆえ利潤を受け取るのではなく、ただ、ひとまとめにしたすべての生産部面における社会の総資本によって所与の期間内に生産された総剰余価値または総利潤のうちから、均等な分配にもとづき総資本の各可除部分に帰属するだけの剰余価値、それゆえ利潤を受け取るだけである。」

（275 ／ 168）「……費用価格につけ加えられる利潤は、この一定の資本がこの一定の生産部面で所与の時間中に生産する利潤総量に依存するのではなく、総生産に使用された社会的総資本の可除部分としての各使用資本に所与の期間中に平均的に帰属する利潤総量に依存する。」

❺ 諸商品の生産価格の総計＝諸商品の価値の総計

（276 ／ 169）「Ⅰ—Ⅴの諸商品の総価格は、それらの総価値、すなわち、Ⅰ—Ⅴの費用価格の総計、プラス、Ⅰ—Ⅴで生産された剰余価値または利潤の総計、に等しいであろう……社会そのものにおいては——すべての生産部門の総体を考察すれば——生産された諸商品の生産価格の総計は、諸商品の価値の総計に等しいのである。」

❻ 総括

総価値＝総生産価格・総剰余価値＝総利潤なる命題は、平均利潤とは一社会において生産された剰余価値総額が、競争を通じて資本構成を異にする生産諸部門の資本に均等な率で配分されたものである、ということの別様の表現である、ということ。

（276 〜 267 ／ 169）「この命題と次の事実は矛盾するかのように見える。……一産業部門の利潤は、他の産業部門の費用価格にはいり込むという事実が、それである。しかし、一方の側に全国の諸商品の費用価格の総計を置き、他方の側に全国の利潤または剰余価値の総計を置いてみれば、計算が正しく行なわれるに違いないことは明らかである。たとえば、……。」（以下具体的な計算例が続いた後、次項のようにまとめられている）。

❼ 永続的な諸変動の確定されえない「平均」法則

(279／171)「一般に資本主義的生産全体として、<u>一般的法則が支配的傾向として自己</u>を貫徹するのは、つねに、<u>きわめて複雑な近似的な仕方</u>においてのみであり、<u>永続的</u>な諸変動の決して確定されえない平均としてのみである。」

❽ 投下された諸資本の大きさに応じて異なる平均利潤率

(280～281／172) m＝100％、総資本各100につき可変資本（と剰余価値）はそれぞれ、Aが25、Bが40、Cが15、Dが10で、四つの資本が同じ大きさのばあい、<u>平均利潤率は90÷4＝22・1/2%</u>➡「<u>総資本の大きさが、</u>Aは200、Bは300、Cは1,000、Dは4,000であるとすれば、<u>生産された利潤はそれぞれ50、120、150、400になるであろう。</u>

<u>合計すれば、</u>5,500の資本にたいして720の利潤、すなわち13 $\frac{1}{11}$ ％という平均利潤率になるであろう。（以下これを受けての記述）……「それゆえ、一般利潤率の形成の場合には、異なる生産諸部面における諸利潤率―………―の相違だけが問題なのではなく、これらの<u>異なる諸利潤率が平均形成にはいり込むさいの相対的な重みも問題な</u>のである。」

(282／172)「したがって、<u>一般的利潤率は次の二つの要因によって規定されている。</u>
　(1)<u>異なる生産諸部面における諸資本の有機的構成によって。</u>したがって、個々の諸部面の異なる諸利潤率によって。(2)<u>これらの異なる諸部面への社会的総資本の配分によって。</u>したがって、それぞれの<u>特殊な部面</u>に、それゆえそれぞれ<u>特殊な利潤率で、</u>投下された資本の相対的な大きさによって。すなわち、社会的総資本のうちそれぞれの<u>特殊な生産部面がのみ込む分け前の相対的な総量によって。</u>」

❾ 費用価格の「修正」

(284～285／174～175)「以上に述べた展開によって、<u>諸商品の費用価格の規定について明らかに一つの修正が生じている。最初には、</u>一商品の費用価格は、その商品の生産に消費された諸商品の価値に等しい、と仮定された。しかし、一商品の生産価格は、その商品の買い手にとっては商品の費用価格であり、それゆえ、費用価格として他の一商品の価格形成にはいり込みうる。生産価格は商品の価値から背離しうるので、一商品の費用価格――そのなかには他の商品のこのような生産価格が含まれている――も、その商品の総価値のうち、その商品にはいり込む生産諸手段の価値によっ

て形成される部分よりも、大きいかまたは小さいものでありうる。**費用価格のこの修正された意義を想起すること、それゆえ、一つの特殊な生産部面において、商品の費用価格がその商品の生産に消費された生産諸手段の価値と等置されるならば、つねに誤りが生じうることを想起すること――これが重要である。**われわれの当面の研究にとっては、この点にこれ以上詳しく立ち入る必要はない。」☞〔解説①〕参照。

〔**解説①**〕**費用価格の「修正」について**

　費用価格の「修正」の項は、「われわれの当面の研究にとっては、この点これ以上詳しく立ち入る必要はない」で終わっています。以下では費用価格の「修正」について敷衍しておきます。――

　各生産部門の商品の生産価格の構成要素である費用価格そのものが、価値によってではなく、生産価格によって規定されるようになると、各生産部門の商品の生産価格相互の量的規定性も変化することになりますが、**しかしそれは諸商品の生産価格相互の関係を変化させるだけであって、総価値によって総生産価格が規定され、総剰余価値によって総平均利潤量が規定されるという関係自体をなんら否定するものではありません。**諸商品の生産価格の相対的関係が変化しても、一方の側に諸商品の**費用価格総額**を、他方の側に**平均利潤の総額**をおいてみれば、総計一致の関係が貫徹していることが分かります。

---

⑩　一般的利潤率の現実の変動

（286～287／176）「特殊な生産諸部面の実際の諸利潤率にはつねに――……――大きな変動が生じるにもかかわらず、**一般的利潤率の現実の変化は、**……**非常に長い期間にわたる一連の諸変動――すなわち、固定され均等化されて一般的利潤率の変化になるまでには多大の時間を必要とする諸変動――の結果として、ずっとあとに到来する。**」

⑪　剰余価値と利潤との量的差異

（288～289／177）「（両者の）現実の大きさの区別は、この**最初の転化段階では利潤率**と剰余価値率とのあいだにあるだけで、利潤と剰余価値とのあいだにはまだ実存しない。一般的利潤率が確立され、またそれによって、**異なる生産諸部面における使用資本の所与の大きさに照応する平均利潤が確立されるやいなや、事情は変わってくる。**いまでは、一つの特殊な生産部面で現実に生み出された剰余価値それゆえ利潤が、商品の販売価格に含まれている利潤と一致するのは、もう偶然に過ぎない。**通例、利潤と剰余価値とは、単にそれらの率だけでなく、いまや現実に異なる大きさである。**」

第Ⅱ部　第一編　第二編　第三編　第Ⅲ部　第一編　第二編　第三編　第四編　第五編　第六編　第七編

⓬ 深化する内的・本質的連関の隠蔽

(289〜290／177〜178)「それぞれの特殊な生産部門の資本家たちにとっては、彼の部門のなかで生み出される剰余価値の分量は、それが平均利潤の規制に共同規定的契機として関与する限りでのみ重要である。しかし、この関与は、彼の背後で進行する過程……である。

　特殊な生産諸部面における利潤と剰余価値とのあいだの──……──現実の大きさの相違が、……〔真実に目を閉ざす〕自己欺瞞に特別な関心をもつ資本家にたいしてだけでなく、労働者にたいしても、利潤の真の性質と起源とをいまやすっかり隠蔽する。価値の生産価格への転化とともに、価値規定の基礎そのものが目に見えなくなる。」　➡️価値の概念の喪失・利潤が商品の内在的価値の外部にあるものという表象の固定・骨化。

(293／180)「(ある特殊な生産部面の)利潤がどの程度まで総資本による──すなわち彼の資本家仲間全部による──労働の総搾取によって媒介されているかという連関は、彼にとっては完全な神秘であり、ブルジョア理論家である経済学者たちでさえこんにちまでそれを暴露しなかっただけに、ますます神秘である。」

⓭ 従来の経済学（理論家）の破綻

(290／178)「従来の経済学は、価値規定を基礎として固持できるようにするために、① 剰余価値と利潤との、また剰余価値率と利潤率との区別をむりやり捨象するか、② そうでなければ、現象面において目立つ前記の諸区別を固持するために、この価値規定とともに科学的態度のいっさいの基礎を放棄するかしたという事情──理論家たちのこの混乱こそは、……外観を貫き通してこの過程の内的本質と内的姿態とを認識することではどんなにひどく無能でしかありえないかを、もっともよく示している。」☞〔解説②)〕参照。

〔解説②〕従来の経済学（理論家）の破綻について

　　　　ここまでの問題理解の要諦は、以下のように整理できます。

　① 諸商品の総価値によって総生産価格が規定され、総剰余価値によって総平均利潤率が規定されるという関係のもとに、平均利潤率の現実的運動が行われることを明確に掴んでおくことが重要です。

　利潤率の平均化と価値の生産価格への転化によって価値法則が否定されるのでは

ありません。**価値法則**——それはいわゆる「等価交換の法則」として単純な商品流通を規制する法則として、すなわちいわゆる「剰余価値の法則」をもそのうちに含むものとして、理解される必要がある——は、**現象面を内的にあるいは背後から規制し、また現象面を通じて自己を貫徹する法則であると理解することがポイントです。**

　② **価値および剰余価値を基礎としなければ、「平均利潤」は「無の平均」「客観的根拠がないもの」になってしまいます。**平均利潤率が何パーセントになるかを規定する客観的根拠がないものになってしまいます。そもそも価値・剰余価値規定を基礎としなければ、利潤なるものが何故に、如何にして成立するかは明らかにされえない問題になってしまいます。**内的・本質的関連を明らかにしてのち、それが如何にして現象形態を持つかを解明していくという「方法」**に依拠することなく、いきなり「競争」の現象過程を論ずる経済学が、「没概念的」な経済学に陥ってしまっているのは、こうした理由によります。

第10章　競争による一般的利潤率の均等化。市場価格と市場価値。超過利潤（E書簡で「重要」指定章）

〔解題〕本章で扱う問題の要点

　生産価格は市場における価格の不断の変動を通じてその平均価格として現われ、各生産諸部門の利潤の平均化も、この市場での価格の運動を通じて行なわれる諸資本の競争により行なわれる。その場合、利潤率の均等化をもたらす異部門間の資本の競争は、部門内の個別諸資本の競争によって媒介されつつ進行する。**諸資本の競争を、部門間・部門内という二重の競争として捉えることによって「一般的利潤率へのこの均等化がどのようにしておこなわれるか」を理解することができる。**——一般的利潤率への均等化の過程そのもの（競争過程そのもの）の解明が問題のポイントとなる。

　そうした観点から、**競争の二側面のうちの、部門内競争**（部門間競争を前提するものとしての部門内競争）**を、市場価格とその変動の中心としての市場価値との関係の問題として考察することが、本章の基本課題である。**

❶ 基本問題の確認

（297～298／183）「……**すべての資本は、**それら自身が生み出した剰余価値がどれ
だけであろうと、この剰余価値の代わりに**平均利潤を、その諸商品の価格（生産価格）
を通じて実現しようとする。**」

（298／183）「この場合、**本来の困難な問題は、諸利潤の一般的利潤率へのこの均等化
はどのようにして行われるかということである。というのは、この均等化は明らかに
結果であって、出発点ではありえないからである。**」

❷ 「価値」は理論的にも歴史的にも「生産価格」の先行者

（303～304／186）「価値どおりの、または近似的な価値どおりの諸商品の交換は、資
本主義的発展の一定の高さを必要とする生産価格での交換に比べれば、それよりはる
かに低い段階を必要とする。……（中略）……したがって、価値法則による価格およ
び価格運動の支配は別としても、**諸商品の価値を単に理論的にだけでなく歴史的にも
生産価格の"先行者"とみなすことは、まったく適切である。**」

◎ 市場価値規定について

❶ 市場価値
（312～313／191～192）「これ（第一部第一篇第１章での**商品の価値規定）を、一つ
の部面全体の生産物をなす、市場に現存する商品総量に適用してみよう。**

　事態がもっともわかりやすく示されるのは、商品総量全体、すなわち、まず一
つの生産部門の商品総量全体を一つの商品と考え、**多数の同一商品の価格の総額
を一つの価格に集計されたものと考える場合である。**その場合には、**個々の商品
について言われたことが、いまでは文字どおり、市場に現存する、一定の生産部
門の商品総量にあてはまる。**（すなわち－中川）**商品の個別的価値が商品の社会的
価値に一致するということは、いまや、総分量（商品総量）はその生産に必要な
社会的労働を含んでいるということにまで、そしてこの総量の価値はその市場価
値に等しいということにまで、現実化され、または、いっそう進んで規定されて
いる。**」☞〔解説③）〕参照。

❷ 相異なる生産諸条件と市場価値
　市場価値は、相異なる生産条件による相異なる個別的価値の諸商品の、当該部
門の商品総量のうちに占める比率如何によって、様々な規定を受ける。

① 一生産部門の商品の大量を占める部分が、中位の生産条件のもとで生産され、かつ上位（より良い）と下位（より悪い）の生産条件の商品が、個別的価値の平均がその中位の生産条件の商品の価値に等しい場合、

（313／192）「**商品総量の市場価値または社会的価値**——この商品総量に含まれている必要な労働時間——**は、中位の大部分の商品の価値によって規定されている。**」

② **下位の生産条件**で生産される商品量が上・中位のそれよりも相対的に大きな割合を占める場合、

（314／192）「**より悪い諸条件のもとで生産された商品総量が市場価値または社会的価値を規制する。**」

③ **上位の生産条件**で生産される商品量が、中位・下位のそれを著しく凌駕する場合、

（314／192）「**最良の諸条件のもとで生産された部分が市場価値を規制する。**」

❸ **特別剰余価値（➡超過利潤）と負の特別剰余価値**

（315〜316／193）「**第一（①）の場合には、**……（中略）……最悪の極で生産する人々は自分たちの商品を**個別的価値以下**で売らなければならないが（差額＝負の特別剰余価値を負う）、最良の極で生産する人々は個別的価値以上で売る（差額＝特別剰余価値を得る）。」

（316／193）「**第二（②）の場合には、**……（中略）……市場価値は、有利な極に属する諸商品の個別的価値よりも大きいだけでなく、中位の層に属する諸商品の個別的価値よりも大きいであろう（差額＝特別剰余価値を得る。下位の資本は、等量の負の特別剰余価値を負う）。」

（316／194）「**第三（③）の場合**……市場価値は中位価値以下に下落する（中・下位の資本は負の特別剰余価値を負い、上位の資本は特別剰余価値を得る）。

〔**解説③**〕**市場価値規定について**

　① 利潤率の平均化にかかわる諸資本の部門内競争を考察する論理段階においては、商品の価値規定は市場価値という、より具体的な規定を与えられることになります。この市場価値という規定においては、**諸商品の価値関係の内容にかかわる社会的諸欲望の充足に適合的な、社会的総労働の生産諸部門への配分の問題**が、より具体的な形で問題となります。

　② すなわち、（第一部第一篇第１章での）それの生産に社会的・平均的に必要な労働量によって規定された商品が、ある生産部門の商品総量は、その生産に必要なだけの社会的総労働を含むものとして、そして**この総量の価値はその市場価値に等しいということにまで現実化され**、または、**いっそう進んで規定される**にいたるのが市場価値という概念です。——価値と市場価値との関係の理解がポイントです。

◎**市場価値規定**についての、上記の❶❷❸の項目に特に留意して下さい。

注記 社会的欲求（需要）の分量の考察の必要性

（317／194）「一方の側に一生産部門全体の生産物が立ち、他方の側に〔それにたいする〕社会的欲求が立つことになるやいなや、この**満たされるべき欲求の分量が本質的な契機となる**。いまや、この社会的欲求の程度すなわちその分量を考察することが必要となる。」➡ **以下では、社会的需要の問題が、考察対象に組み入れられてくることに留意**。

❶ 需要と供給・市場価格と市場価値の関係（1）

（318／195）①「（生産された）商品総量にたいする需要もまた普通のものであるならば、この商品はその市場価値で……売られる。……これに反して、商品分量がそれにたいする**需要よりも小さいかまたは大きい場合には、市場価値からの市場価格の背離が生じる**。」

（325〜326／200）②「……需要と供給とは決して一致しないとしても、それらの不均斉はつぎつぎに起こるのであるから——そして一方向における背離の結果が反対の方向における別の背離を引き起こすのであるから——、**大なり小なりの一期間の全体を考察すれば、供給と需要とはつねに一致する**——ただし、**過ぎ去った運動の平均としてのみ、それらの矛盾の恒常的な運動としてのみ一致する**。

　こうして、**市場価値から背離する市場価格は、その平均数から見れば、市場価値に均等化される。**というのは、**市場価値からの諸背離はプラスおよびマイナスとして相殺されるからである。**

③　そしてこの**平均数**は、決して単に理論上の重要性をもつのではなく、資本——多かれ少なかれ一定の期間における諸変動と諸均等化を考慮に入れて**投下される資本**——にとって、**実際上の重要性をもつ**のである。」

❷ 需要と供給・市場価格と市場価値との関係（2）

（326 ～ 327・200）「**需要と供給とは、それらの不均斉によって引き起こされる作用の廃除を非常に異なる形態〔仕方〕で遂行する**ことができる。

①　たとえば、**需要が減り、それゆえ市場価格が下がれば**、そのことは、〔その部門から〕**資本が引きあげられて供給が減らされる**というとう結果に導きうる。しかしまた、そのことは、必要労働時間を短くする諸発明によって市場価値そのものが低められ、それによって市場価格と均等化されるという結果にも導きうる。

②　これとは逆に、**需要がふえ、そのために市場価格が市場価値以上に騰貴すれば**、そのことは、**この生産部門に多すぎる資本が供給されて生産がふやされ、その結果、市場価格そのものが市場価値以下に下落する**という結果に導きうる。……

③　また、あれこれの生産部門では、そのことは、市場価値そのものが長短の期間にわたって増加する——というのは、〔市場で〕要求される諸生産物の一部分がこの期間中、より悪い諸条件のもとで生産されなければならないから——という結果にも導きうる。

④　**需要と供給が市場価格を規定するとすれば**、他方では市場価格がそしてさらに分析すれば**市場価値が、需要と供給を規定する**。」

❸ 社会的労働の総分量と社会的欲求の分量の照応

（330／202）「一商品がその市場価値どおりに……売られるためには、この商品種類の総量に費やされる社会的労働の総分量が、この商品にたいする………支払能力ある社会的欲求の分量に照応していなければならない。

競争は、すなわち、**需要と供給との割合の諸変動に照応する市場価格の諸変動は、それぞれの商品種類に費やされる労働の総分量をつねに右の程度に帰着させようとする。**」

❹ 需要と供給は階級および階級構成諸部分の実存を前提にする

（333 ～ 334／205）「**需要供給は、さらに分析すれば、さまざまな階級および階級構成**

第Ⅱ部　第一編　第二編　第三編　第Ⅲ部　第一編　第二編　第三編　第四編　第五編　第六編　第七編

<u>諸部分</u>──社会の総収入を相互のあいだで分配して収入として相互のあいだで消費する、したがって、収入によって形成される需要を形成する、さまざまな階級および階級構成諸部分──<u>の実存を前提する</u>。同時に<u>他方では</u>、需要供給は、生産者たち自身によって彼ら相互のあいだで形成される需要供給を理解しようとすれば、<u>資本主義的生産過程の総姿容の洞察を必要とする。</u>」

❺ 資本と労働力の部門間移動

（335／206）①「異なる生産諸部面では、それぞれの部面に投下された資本総量の有機的構成が異なるのに応じて、非常に異なる諸利潤率が成立する。しかし、<u>資本は、利潤率の低い部面から引きあげられて、より高い利潤〔率〕をもたらす他の部面に投下される。この恒常的な資本の流出入によって</u>、……異なる部面間への資本の配分によって──これは利潤率があちらで下がったりこちらで上がったりするのに応じて行なわれるのであるが──、<u>資本は、異なる生産諸部面においても平均利潤が同じになる、それゆえ価値が生産価格に転化する、そのような需要と供給との関係を生じさせる</u>。」

◆ 利潤率の低い部門から高い部門への資本（と労働力）の移動・流入 ➡高い部門での商品供給量増大➡S＞D➡商品価格の低下 ➡利潤率低下

◇ 利潤率の低い部門から高い部門への資本（と労働力）の移動・流出 ➡低い部門での商品供給量減少➡S＜D ➡商品価格の上昇 ➡利潤率上昇

（336／206）②「<u>この恒常的な不等性の恒常的な均等化は、</u>（1）<u>資本が可動的であればあるほど</u>、……（2）<u>労働力が一部面から他の部面へ</u>、……<u>移動投下されるのが速ければ速いほど、ますます速く行なわれる</u>。第一のことは次のことを前提する。……（中略）……第二のことは次のことを前提する。……」

❻ 平均利潤率は総資本による総労働の搾取度に依存する

（337／207）「個々の各資本家も、特殊な各生産部面のすべての資本家の総体も、総資本による総労働者階級の搾取およびこの搾取の度合いに、一般的な階級的共感から参加しているだけでなく、直接に経済的に参加しているのである。なぜなら、前貸総不変資本の価値をも含めて他のすべての事情を与えられたものと前提すれば、<u>平均利潤率は、総資本による総労働の搾取度に依存する</u>からである。」

（339／208）「……<u>資本家たちは、自分たちどうしでの競争ではにせ兄弟である実を</u>

示しながら、<u>労働者階級全体を相手に真のフリーメイスン的同盟を結成している</u>＊
……」

　　＊〔訳注の 2〕に「フリーメイスン」についての説明あり。

❼ **超過利潤**

（340／209）「**市場価値**（……）は、特殊な各生産部面において<u>最良の諸条件</u>のもとで
生産する人々の<u>超過利潤を含む</u>。」☞〔解説④〕参照。

〔**解説④**〕**超過利潤について**

　① 平均利潤率と生産価格が成立すると，<u>各生産部門の標準的な生産条件よりも
有利な生産条件によって生産を行なう個別資本が取得する特別利潤は、平均利潤を
超える超過利潤（平均利潤を超える販売価格の超過分）として現れます</u>。（第Ⅰ部
の「相対的剰余価値の生産」で解明された特別剰余価値の転化形態です。）

　② 超過利潤の成立➡消滅・その対極での負の超過利潤の増大というメカニズム
は、平均利潤成立の下で展開されることになりますが、逆にこうした運動を通じて
また、利潤率の平均化が実現されていくという関係が捉えられていきます。すなわ
ち、<u>超過利潤を求めての資本の流入・負の超過利潤の負担からの脱却を目指した資
本の流出が絶えず行われ</u>、この資本の部門間流出入による（➡商品の需給関係の変
動による）<u>市場価格の騰落を通じて、新たな生産力水準に照応する新たな水準の平
均利潤率の形成</u>が図られていく、という関係を掴むことがここでのポイントです。

第 11 章　生産価格にたいする労賃の一般的変動の影響（E書簡で「重要」指定なし）

◎ **賃銀が 20％上昇したばあいの計算表**

	生産物価値	m′	生産価格	平均p′	価格変動
Ⅰ	80c ＋ 20v ＋ 20m ＝ 120	100％	80c ＋ 20v ＋ 40p ＝ 140	40％	
	80c ＋ 24v ＋ 16m ＝ 120	66.6％	80c ＋ 24v ＋ 30.8p ＝ 134.8	29.6％	－ 5.2
Ⅱ	70c ＋ 30v ＋ 30m ＝ 130	100％	70c ＋ 30v ＋ 40p ＝ 140	40％	

$$70c + 36v + 24m = 130 \quad 66.6\% \quad 70c + 36v + 31.4p = 137.4 \quad 29.6\% \quad -2.6$$

Ⅲ $\quad 60c + 40v + 40m = 140 \quad 100\% \quad 60c + 40v + 40p = 140 \quad 40\%$

$\quad\ 60c + 48v + 32m = 140 \quad 66.6\% \quad 60c + 48v + 32p = 140 \quad 29.6\% \quad 0$

Ⅳ $\quad 50c + 50v + 50m = 150 \quad 100\% \quad 50c + 50v + 40p = 140 \quad 40\%$

$\quad\ 50c + 60v + 40m = 150 \quad 66.6\% \quad 50c + 60v + 32.6p = 142.6 \quad 29.6\% \quad +2.6$

Ⅴ $\quad 40c + 60v + 60m = 160 \quad 100\% \quad 40c + 60v + 40p = 140 \quad 40\%$

$\quad\ 40c + 72v + 48m = 160 \quad 66.6\% \quad 40c + 72v + 33.2p = 145.2 \quad 29.6\% \quad +5.2$

計 $300c + 200v + 200m = 700 \quad 100\% \quad 300c + 200v + 200p = 700 \quad 40\%$

$\quad\ 300c + 240v + 160m = 700 \quad 66.6\% \quad 300c + 240v + 160p = 700 \quad 29.6\% \quad 0$

〔計算例〕　Ⅰ　$20v \times 1.2 = 24v \qquad m' = 16m / 24v = 66.6\%$

$\qquad\qquad$ 平均利潤率 $= 160m / (300c + 240v) = 29.6\%$

$\qquad\qquad$ 平均利潤 $= (80c + 24v) \times 29.6\% \, (0.296) = 30.78 \fallingdotseq 30.8$

$\qquad\qquad$ 価格変動 $= 134.8 - 140 = -5.2$

表の説明

上昇の場合：（342 〜 325 ／ 210 〜 212）、**下落の場合**：（346 〜 348 ／ 212 〜 213）

❶ **賃銀の一般的変動**は剰余価値率を変化させ、したがって平均利潤率を変化させるが、**生産物の価値総額、生産価格総額を変化させない**。両者はともに 700 のままである。

❷ ただし、個々の生産部門の商品の生産価格には、資本の有機的構成が異なるにつれて、異なった影響が現われる。賃銀の上昇（下落）にともなって、

① **資本構成が社会的平均構成に等しい生産部門（Ⅲ）**の商品の生産価格は、**不変のまま**である。〔140 ➡ 140〕

② **社会的平均構成よりもより低い資本構成の生産部門（Ⅳ・Ⅴ）**の商品の生産価格は、**上昇する**。〔140 ➡ 142.6、140 ➡ 145.2〕

③ **社会的平均構成よりもより高い資本構成の生産部門（Ⅰ・Ⅱ）**の商品の生産価格は、**下落する**。〔140 ➡ 134.8、140 ➡ 137.4〕

❸ **生産価格の上昇・下落は相互に相殺され**（価格変動欄の計は 0）、**生産価格総額はまったく変化しない**。➡ このことは、**賃金上昇が自動的に物価水準を上昇させる**という見解がいかに無根拠か（俗説でしかないか）を示している。

第 12 章　補遺 (同上)

第一節　生産価格における変化を引き起こす諸原因

❶ 生産価格変動の二つの原因

（351 ～ 352 ／ 215 ～ 216）「一商品の生産価格は、次の二つの原因によってのみ変動しうる——

第一に。**一般的利潤率が変化する場合。**

　　① 労働力の価値の変動を前提とした剰余価値率の変動

　　② 不変資本の価値の変動

第二に。（一般利潤率不変のままで）**商品自身の価値が変動したとき。**

第二節　中位度構成の諸商品の生産価格

❶ （354 ～ 356 ／ 216 ～ 218）前述した「諸命題」の再確認

第三節　資本家の埋め合わせの諸根拠

❶ 競争が示さないもの・示すもの

（357 ／ 219）「**競争が示さないもの、それは生産の運動を支配する価値規定である。価値こそは、生産価格の背後にあって究極においてそれを規定するものである。**これに反して、**競争が示すのは次のものである。**

　(1) 平均利潤

　(2) 労賃の高さにおける変動の結果としての生産価格の騰貴と下落——諸商品の価値関係とは一見まったく矛盾する現象

　(3) 市場価格の変動

（358 ／ 219）「これらすべての現象は、労働時間による価値の規定にも、不払いの剰余労働からなる剰余価値の性質にも矛盾しているように見える。**したがって、競争においては、すべてがさかさまになって現われる。**

　表面に現われているような経済的諸関係の完成した姿態は、その現実の実存においては、それゆえまた、この諸関係の担い手たちおよび当事者たちがこの諸関係を明らかにしようと試みる諸観念のなかでも、この諸関係の内的な、本質的

> な、しかしおおい隠されている核心の姿態、およびそれに照応する概念とは非常に異なっており、また実際にそのような姿態や概念にたいしてさかさまになっており、反対になっている。」

❷ 資本家たちの「埋め合わせ」の観念

（358〜359／219）

①「……一つの一般的利潤率への均等化は、もはや決して、市場価格が資本を引き寄せたり突き放したりする吸引と反発の作用だけによって行なわれるのではない。平均価格とそれに照応する市場価格がある期間にわたって固定したのちには、この均等化において一定の諸区別は相殺されることが個々の資本家たちの意識にのぼり、その結果、資本家たちはこれらの区別をただちに彼ら相互の計算のなかに含める。資本家たちの観念のなかでは、これらの区別が生きていて、彼らによって埋め合わせの諸根拠として計算に入れられる。

② その場合の根本観念は平均利潤そのものであり、同じ大きさの諸資本は同じ期間には同じ大きさの利潤をもたらさなければならないという観念である。

③ この観念の根底には、……それぞれの生産部面の資本は、その大きさに"比例して"、社会的総資本によって労働者たちからしぼり取られた総剰余価値の分け前にあずかるべきであるという観念、または、それぞれの特殊な資本は総資本の一片とのみみなされるべきであり、それぞれの資本家は実際上総企業における株主——自分の資本持ち分の大きさに"比例して"総利潤の分け前に加わる株主——とみなされるべきであるという観念がある。」

そこで、この観念にもとづいて、たとえば次のように資本家の計算が行なわれる。
　① 比較的緩慢に回転する資本（林業、酒造）➡喪失利潤を価格に上乗せ
　② 危険を伴う資本（船舶）➡価格引き上げ

❸ 顛倒的外観の完成

（360／220）「異なる生産諸部門の諸商品の価格の相互計算において資本家たちが相互に主張するこれらすべての埋め合わせの根拠は、単に、彼らはすべて、共同の獲物である総剰余価値にたいしてそれぞれの資本に"比例して"同じ大きさの請求権をもつということに関連しているだけであるということ（を資本家は忘れ）、〔その反対に〕彼らが手に入れた利潤は彼らがしぼり出した剰余価値とは異なるから、彼らにとってはむしろ、利潤の埋め合わせの諸根拠は、総剰余価値の分け

前を均等化する働きをするのではなくて、利潤そのものを創造する——というのは、利潤は単に、諸商品の費用価格へのこれこれしかじかの動機による上乗せに由来するから——ように見えるのである。」

第Ⅱ部

第一編

第二編

第三編

第Ⅲ部

第一編

第二編

第三編

第四編

第五編

第六編

第七編

〈第三篇〉
利潤率の傾向的下落の法則

〔解題〕 本篇で扱う問題の要点

❶ 第Ⅰ部第七篇においては、資本の再生産＝蓄積過程の進行において、資本の蓄積にともなう生産力の発展・資本構成の高度化による、**労働者人口の相対的過剰化と「貧困化」のメカニズムが解明され**①、第Ⅱ部第三篇では、社会的総資本の総生産物 W' の構成諸部分の価値（c＋v＋m）と素材（部門Ⅰ生産諸手段・部門Ⅱ消費諸手段）の相互補塡運動の視角から、**社会的総資本の再生産＝流通の構造とそれを規定する「均衡条件」（Ⅰ（v＋m）＝Ⅱc）等が解明された**②。

☞注記①と②については章末〔**補足説明①②**〕参照。

❷ **本篇においては**、生産過程と流通過程をそのうちに含む、**資本主義的生産の総過程の問題次元＝論理段階での資本の蓄積過程の動態が**、**より具体的に解明される**。すなわち、**内容的には**、**資本の蓄積にともなう生産力の発展につれて平均利潤がどのように変化し**、**平均利潤率の変化がまた資本の蓄積と生産力の発展に**、**どのような反作用をおよぼすかを解明することが課題となる**。より具体的に言えば、

① 特別利潤（特別剰余価値）の成立・その対極での負の特別利潤（特別剰余価値）の増大という、**個別諸資本間の独特の競争のメカニズムに媒介されて**、**絶えず新たな生産方法の採用が**、（それをなしえない資本は）破滅するという脅威をもって、**資本に外的・不可抗力的に強制されることになること**、

② そして、こうした過程を通じての生産諸部門における**生産力の発展が**、直接間接に（消費諸手段の価値低下➡）**労働力商品の価値を低下させるかぎりにおいて**、**一般的剰余価値率の上昇をもたらすが**、しかし同時に他面においては、それが諸生産部門の資本構成の高度化を通じて、**社会的総資本の平均構成の高度化をもたらし**、**資本の雇用する労働量を資本に比して相対的に減少せしめることにより**、（剰余価値率の上昇によってある程度まで相殺されながらも）**平均利潤率の傾向的低下をもたらすこと**、

③ かくして、諸生産部門における**個々の資本の、より多くの利潤とより高い利潤率を求めての「競争」は、逆に総結果としては、**社会的総資本全体にとっても、したがってまたその平均的一可除部分としての平均資本にとっても、**利潤率の傾向的低下を余儀なくすること、この事情・メカニズム**が解明される。

④ そして（第15章においては）、こうして進行する、**資本の蓄積＝価値増殖運動に内在する諸矛盾とその「爆発」・「暴力的調整」（恐慌）と、資本が資本自身にとって「制限」となり「桎梏」となる関係**が解明され、そのことにより、資本主義的生産様式の歴史的性格＝富の生産にとって絶対的生産様式ではなく、富の生産のいっそうの発展と衝突するものであること、が解明される。

第13章　この法則そのもの

❶ 資本構成の高度化と利潤率の低下

（362 〜 363 ／ 221 〜 222）

- $50c + 100v$ ならば、$P' = 100／150 = 66・2／3\%$
- $100c + 100v$ ならば、$P' = 100／200 = 50\%$
- $200c + 100v$ ならば、$P' = 100／300 = 33・1／3\%$
- $300c + 100v$ ならば、$P' = 100／400 = 25\%$
- $400c + 100v$ ならば、$P' = 100／500 = 20\%$

「**資本構成におけるこの段階的変化**が、……多かれ少なかれすべての生産部面において、または少なくとも決定的な生産諸部面において起こると仮定すれば、したがって、この変化が、一定の社会に属する**総資本の有機的平均構成における諸変化を含む**と仮定すれば、① **可変資本に比べての不変資本のこの漸次的増大は、**……（剰余価値率が不変である場合には）**その結果として、必然的に一般的利潤率の段階的下落をもたらさざるをえない。**……② （資本主義的）生産様式の発展につれて、**可変資本は、不変資本に比べて、それゆえ運動させられる総資本に比べて、相対的に減少する。**

このことが意味しているのは、与えられた大きさの価値の可変資本によって自由に使用されうる同数の労働者、同量の労働力が、資本主義的生産の内部で発展していく

特有な生産方法の結果として、労働諸手段、機械設備、およびあらゆる種類の固定資本、原料および補助材料のつねに増大していく総量を――……――前と同じ時間内に運動させ、加工し、生産的に消費する、ということにほかならない。**不変資本それゆえ総資本に比べての、可変資本のこの累進的な相対的減少は、社会的資本の平均的な有機的構成の累進的な高度化と同じことである。**それはまた、**労働の社会的生産力の累進的発展の法則の別の表現でしかないのであり、……。」**

(364 ／ 223)「**資本主義的生産は、不変資本に比べての可変資本の累進的な相対的減少**につれて、**総資本の有機的構成のますますの高度化**を**生み出すのであり、**その直接の結果は、労働の搾取度が変わらない場合には、またそれが高くなる場合にさえも、剰余価値率は、**恒常的に低下する一般的利潤率で表現される**、ということである。(……)

　　したがって、**一般的利潤率の累進的な低下の傾向は、労働の社会的生産力の累進的発展を表わす、資本主義的生産様式に特有な表現にほかならない。」**

---

❷ 従来のすべての経済学の「失敗」

(365 ／ 223 ～ 224)「……**従来のすべての経済学は、……この法則を発見することにいささかも成功しなかった。**……（中略）……① 従来の経済学が**不変資本と可変資本との区別、**……を明確に定式化することは決してできなかったこと、また、② 剰余価値を利潤から切り離して叙述したことが決してなかったし、**利潤一般をその異なる相互自立的な構成諸部分――産業利潤、商業利潤、利子、地代のような――から区別して純粋に叙述したことが決してなかったこと、**また、**資本の有機的構成における相違、それゆえ一般的利潤率の形成を、**ともに根本的に分析したことが決してなかったこと、これらのことを考慮すれば、従来の経済学がこの謎の解決に決して成功しなかったということも謎ではなくなる。*」

　　*〔留意〕以上の指摘は、この「法則」の解明にとって前提となる上記の諸概念の（マルクスによる）発見の重要性・意義を物語る。なお、(370 ～ 373 ／ 226 ～ 228) にある具体的数字例は省略したので、直接確認してください。

❸ 増大する絶対的利潤総量と下落する利潤率

(373 ～ 374 ／ 228 ～ 229)「**資本によって使用される労働者の総数、**……**資本によって運動させられる労働の絶対的総量、**……**資本によって吸い取られる剰余労働の絶対的総量、**……**資本によって生産される剰余価値の総量、**……**資本によって生産される利**

潤の絶対的総量は、利潤率の累進的下落にもかかわらず、増大しうるし、また累進的に増大しうる。単に増大しうると言うだけでは十分ではない。資本主義的生産の基盤の上では——一時的な諸変動を度外視すれば——増大せざるをえないのである。……（21行略）……

　　しかし、生産および蓄積のこの同じ諸法則は、不変資本の総量とともにその価値を、生きた労働と交換される可変資本部分の価値よりもますます急速に累進的に増大させる。

　　こうして、同じ諸法則が、社会資本については、増大する絶対的利潤総量と下落する利潤率とを生み出す。」 ➡ （376〜377／230〜231）に数字例。

（381／233）「（379〜380／232の数字例を受けての結論）したがって、資本主義的生産様式の進展につれて、労働の社会的生産力の同じ発展が、一方では利潤率の累進的下落の傾向となって現われ、他方では取得される剰余価値または利潤の絶対的総量の恒常的な増大となって現われるのであり、その結果、全体として見れば、可変資本および利潤の相対的減少には両者の絶対的増加が照応する。（一方では……、他方では……という）この二面的な作用はすでに示したように、利潤率の累進的な下落よりも急速な、総資本の累進的な増大となってのみ現われうる。絶対的に増大した可変資本を、より高度な（資本の）構成のもとで、すなわち不変資本のより強度な相対的増加のもとで使用するためには、総資本は、そのより高度な構成に比例して増大するだけでは十分でなく、それよりもっと急速に増大しなければならない（からである）。」 ➡ （381〜382／233〜234）に数字例。

❹ 諸商品の価格の下落と利潤総量の相対的な増加・絶対的減少

（386〜387／236）「生産力の発展に起因する利潤率の下落には利潤総量の増加がともなうという法則は、資本によって生産される諸商品の価格の下落には、……利潤総量の相対的な増加がともなう、ということにも現われる。……（中略）……とはいえ、こうなるのは一定の限界内だけでのことである。個々の商品のなかに新たにつけ加えられる生きた労働の総量の絶対的減少が、生産の発展過程のなかでたいへんな速さで進むにつれて、個々の商品に含まれている不払労働の総量も、相対的には——すなわち支払部分と比べては——たとえどんなに増大するとしても、絶対的には減少するであろう。個々の各商品あたりの利潤総量は、労働の生産力の発展につれて、剰余価値率の増大にもかかわらず、大きく減少するであろう。そして、この減少は、利潤率の下落とまったく同様に、不変資本の諸要素の低廉化と、この第三部の第一篇で述べた他の諸事情——剰余価値率が与えられている場合にも、またそれが低下する場合でさ

えも利潤率を高める諸事情——とによってのみ**緩慢化される**。」

❺ 資本家たちの顛倒した諸観念と俗流経済学

（394／241～242）「**競争においては、すべてがまちがって、すなわちさかさまになって現われる**ので、個々の資本家は、① **自分は個々の商品の価格を引き下げること**よって**個々の商品あたりの自分の利潤を減少させる**が、**自分の売る商品総量の増大によって大きな利潤をあげるのであり、** ② **自分は個々の商品の価格を確定してから、掛け算によって総生産物の価格を決定するのである**、と思い込むことができる——しかしながら、**もともとの手順は割り算のそれであって**（第一部、③分冊、552～554／333～366）、**掛け算は、この割り算を前提した上で、第二次的に正しいだけである。** 俗流経済学者は、実際、競争にとらわれている資本家たちの奇妙な諸観念を、外観上はより理論的でより一般化された言葉に翻訳して、これらの観念の正当性をでっちあげようと骨折ること以外にはなにもしない。」

第14章　反対に作用する諸原因

◎「下落の法則」➡「傾向的下落」とした理由

（396／242）「なにゆえこの下落がもっと大きくないのか、またはもっと急速でないのか、を説明するという困難が現われる。そこには、**反対に作用する諸影響——一般的法則の作用をさまたげてそれを廃除し、そしてこの一般的法則に単に一傾向という性格のみを与える**（それだからこそわれわれは、一般的利潤率の下落を傾向的下落と名づけたのである）**諸影響——が働いている**に違いない。これらの原因のうちもっとも一般的なのは次のものである。＊」

＊それらはいずれも、$P' = \dfrac{m}{c + v}$ のうち、**分子の m を増やし分母の（c + v）を減らす**

方向に作用することに帰着する。

第一節　労働の搾取度の増大

(397 ～ 398 ／ 242 ～ 243)

❶ 労働の外延的・内包的増大による労働の搾取度の増大

❷ 相対的剰余価値生産の諸方法

「次のことに帰着する。すなわち、<u>一方では</u>与えられた労働総量のうちできるだけ多くを剰余価値に転化させること、<u>他方では</u>一般に前貸資本に比べてできるだけ少ない労働を使用することが、それである。<u>その結果</u>、<u>労働の搾取度を高めることを可能にするその同じ諸原因が</u>、<u>同じ総資本で以前と同じ分量の労働を搾取することを不可能にするのである</u>。これは<u>互いに相反する傾向であり</u>、<u>一方では</u>剰余価値率の増大を引き起こす作用をしながら、<u>同時に</u>、<u>他方では</u>与えられた一資本によって生産される剰余価値総量、それゆえ利潤率の下落を引き起こす作用をする。」

❸ 婦人・児童労働の大量の導入

❹ <u>農業でのように</u>、使用資本の大きさ不変のままでの、生産方法の単なる改良による相対的剰余価値生産の促進

第二節　労賃のその価値以下への引き下げ

(402 ／ 245)「ここでは経験的事実としてあげておくにとどめる。……資本の一般的分析とはかかわりがなく、……競争の叙述に属することだからである。とはいえこれは、<u>利潤率の下落への傾向を阻止するもっとも重要な原因の一つである</u>。」

第三節　不変資本の諸要素の低廉化

(402 ／ 245)

「第三部の第一篇（第5章第一節）で、剰余価値率が不変な場合に、または剰余価値率とはかかわりなしに、利潤率を増大させる諸原因について述べたことは、すべてこの項目に属する。」

第四節　相対的過剰人口

(403 ～ 404 ／ 246 ～ 247)

❶ 過剰人口の「圧力」➡ 労働力の価値の水準が低下するように作用する。

❷（一般に資本構成が低い、新規の生産諸部門や奢侈的消費財生産部門などでの）価値の低い労働力の吸着　➡高い剰余価値率、大きい剰余価値総量➡それが社会全体の利潤総額の一部をなし、平均利潤率の形成にも参加する。**その限りにおいて、利潤率の低下傾向に対する阻止要因となる。**

第五節　貿易

（404 ～ 406 ／ 247 ～ 248）

❶「貿易が、一部は不変資本の諸要素を安くし、一部は可変資本がそれに転換される必要生活諸手段を安くする限りでは、それは、利潤率を増加させる作用をする。……こうして貿易は、**一方では蓄積を促進するが、他方ではまた、不変資本に比べての可変資本の減少、それゆえ利潤率の下落を促進する。**……（中略）……**ここでもまた、他の場合と同じ、作用の二面性が現われる。**」

❷ **植民地貿易に投下された資本のもたらすより高い利潤率**は、一般的利潤率の形成に参加することによりそれを上昇させる。

❸ **生産力の発展度のより高い先進国が、** 生産力の発展度のより低い後進国に商品を輸出する場合に、輸出国はその商品を、輸入国の価格以下に、だが輸出国の価格以上に販売することにより、「超過利潤」を取得する。この超過利潤は「〔自国内では〕より高度な質の労働として支払われないこの労働が、〔外国には〕より高度な質の労働として売られることにより取得される。——**この超過利潤は、両国の生産力格差が持続する限り獲得される。しかもそれは、輸出国にとっての社会的な価値の純増を意味する。**➡それは、輸出国内の一般的利潤率の均等化に参加し、またそれを上昇させるべく作用する。

❹ **植民地への直接投資**の場合

（407 ／ 249）「しかし、この同じ貿易が、自国内では資本主義的生産様式を発展させ、それとともに、不変資本に比べての可変資本の減少を進め、また他方では、外国との関連で過剰生産を生み出し、それゆえまた、やがてやはり反対の作用をする。」

第六節　株式資本の増加

（409 ～ 410 ／ 250）での記述について

＊利潤総額の利子等への分岐を度外視し、利潤論レベルで問題を扱う論理段階での「株式資本の増加」への言及は、問題の扱い方として妥当であろうか？

第15章　この法則の内的諸矛盾の展開

> ### 〔解題〕諸矛盾の爆発＝恐慌・資本主義の歴史的性格
>
> ① 資本の蓄積＝価値増殖運動に内在する諸矛盾の爆発・「暴力的調整」としての「恐慌」の発現、資本が資本自身にとっての「制限」となり「桎梏」であることが、
>
> ② したがって、資本主義的生産様式の歴史的性格＝それが、富の生産にとって、絶対的生産様式ではなく、むしろ一定の段階では生産のいっそうの発展と衝突するものであることが、解明される。

〔解説①〕章のタイトルの含意について

　「第3篇の章別区分もすべてエンゲルスの手によるものであること……とくにこの第15章の表題が〈この法則の内的諸矛盾の展開〉となっていることが適切であるかどうかについては検討の余地があるというべきであろうが、この〈法則〉そのものに内在する矛盾の展開ということではなく、利潤率の低下傾向が貫徹する資本主義的蓄積過程における〈資本主義的生産の内的諸矛盾の展開〉が論じられる、というほどの意味に解すべきであろう。なお、各節の区分も、そうした区分なしに書かれたマルクスの草稿にあとから編者エンゲルスによって付されたものであり、それぞれの題名をもつ各節に収まりきれない論述が随所にみられる。」（原典解説「第15章」、『資本論体系第5巻　利潤・生産価格』富塚良三・本間要一郎編、有斐閣、1994年3月、79頁）──下線部が不破説との相違点として重要な意味を持つことは後述する。

第一節　概説

❶ 資本主義的生産様式の歴史的性格を示す「利潤率の下落」

（412／252）「利潤率の下落にたいする彼ら（資本家の）の恐怖のなかで重要なのは、資本主義的生産様式は、生産諸力の発展について、富の生産そのものとはなんの関係もない制限を見いだす、という気持ちである。そしてこの特有な制限は、資本主義的生産様式の被制限性とその単に歴史的な一時的な性格とを証明する。それは、資本主義的生産様式が富の生産にとって絶対的な生産様式ではなくて、むしろ一定の段階では富のそれ以上の発展と衝突するようになるということを証明する。」

❷ 剰余価値生産が資本主義的生産の直接的・規定的動機

（415・254）「決して忘れてはならないのは、この**剰余価値の生産**──（**その一部分をなす蓄積**）──**が資本主義的生産の直接的目的であり、規定的動機である、ということである**。それゆえ、この資本主義的生産を……資本家たちのための享受諸手段の生産として、描くことがあってはならない。そういうことをすれば、資本主義的生産の内的な核心的な全姿態のなかに現われるその独自な性格をまったく無視することになる。」

❸ 直接的搾取の諸条件と搾取の実現の諸条件の矛盾

（415 〜 417／254 〜 255）「……（1）**剰余価値の生産によっては、資本主義的生産過程の第一幕である直接的生産過程が終わっているだけである**。資本はこれこれの量の不払労働を吸収した。利潤率の下落となって現われる過程の発展につれて、このようにして生産される剰余価値の総量は巨大なものに膨張する。**そこで、過程の第二幕が始まる。**

　①**総商品分量、総生産物が**──不変資本および可変資本を補填する部分も、剰余価値を表わす部分も──**販売されなければならない。それが販売されないか、または一部分しか販売されないか、または生産価格以下の価格でしか販売されないならば、**──……**搾取は資本家にとっては搾取として実現されないのであり、しぼり取られた剰余価値のまったくの非実現か、または部分的でしかない実現、**　②**それどころか彼の資本の一部分または全部の喪失とさえ結びつきうる。**

（2）**直接的搾取の諸条件とこの搾取の実現の諸条件とは、同じではない**。それらは時間的および場所的にばかりでなく、概念的にも異なる。**一方**（直接的搾取の諸条件）**は社会の生産力によって制限されているだけであり、他方**（搾取の実現の諸条件）**は、異なる生産部門のあいだのつり合いによって、また社会の消費力によって、制限されている。**

　①**しかし、社会の消費力は、**絶対的な生産力によって規定されているのでもなければ、絶対的な消費力によって規定されているのでもなく、**敵対的な分配諸関係**──社会の大衆の消費を、多かれ少なかれ狭い限界内でのみ変化しうる最低限に引き下げる敵対的な分配諸関係──**を基盤とする消費力によって規定されているのである。**

　　② 社会の消費力は、さらに蓄積衝動（剰余価値の資本への転化）によって、すなわち、**資本の増大と拡大された規模での剰余価値の生産とへの衝動によって**、制限されている。

　　③ これが、**資本主義的生産にとっての法則**──生産方法そのものにおける恒常的な革命、恒常的にこれと結びついている現存資本の価値減少、一般的な競争戦、ただ自己保存する手段として、またそうしなければ没落の罰を受けるものとして生産を改良し生産規模を拡大することの必要、によって与えられる法則──である。

（３）それゆえ、**市場は恒常的に拡張されなければならず**、その結果、**市場の諸連関およびそれらを規制する諸条件は、ますます、生産者たちから独立した一つの自然法則の姿態をとるようになり、ますます制御されえないものとなる。**

（４）**内的な矛盾は、生産の外的分野の拡張によって解決をはかろうとする**(1)。しかし、① **生産力が発展すればするほど、生産力は、消費諸関係が立脚する狭い基盤とますます矛盾するようになる（生産と消費の矛盾**(2)**）。**

　　② この矛盾に満ちた基盤の上では、**資本の過剰が人口過剰の増大と結びついているのは、決して矛盾ではない**(3)。というのは、**両者〔資本の過剰と人口過剰の増大〕が合体されれば、生産される剰余価値の総量は増大するではあろうが、まさにそれとともに、この剰余価値が生産される諸条件と、この剰余価値が実現される諸条件とのあいだの矛盾は増大する**からである③。」

〔注記〕
(1)　この指摘は、第四編商業資本論（第 18 章の項目❸❹と〔補足説明①〕と、第五篇信
　　　用制度論（第 27 章のⅣ）において述べられている、資本の生産過程＝「深部」に累積
　　　する諸矛盾の爆発、諸矛盾の「暴力的解決」としての恐慌の発現・顕在化の「繰り延
　　　べ」論を先取りしたものと位置づけられよう。
(2)　「すべての現実の**恐慌の究極の根拠**は、依然としてつねに、**資本主義的生産の衝動**と
　　　対比しての、すなわち、社会の絶対的消費能力だけがその限界をなしているかのように
　　　生産諸力を発展させようとするその衝動と対比しての、大衆の貧困と消費制限である。」
　　　（⑪分冊、835 ／ 501、第五篇、第 30 章）

　（3）この点は、第三節で再論。なお、〔補足説明③〕を参照。

第二節　生産の拡張と価値増殖との衝突

❶　生産の拡張と価値増殖との衝突・矛盾と周期的恐慌

（425／259）「抗争し合う作用諸因子の衝突は、周期的に恐慌にはけ口を求める。恐慌は、つねに、現存する諸矛盾の一時的な暴力的解決でしかなく、攪乱された均衡を瞬間的に回復する暴力的爆発でしかない。」

❷　「矛盾」の一般的規定（1）

（425／259〜260）「矛盾は、もっとも一般的に表現すれば、次の点にある。すなわち、

　①　資本主義的生産様式は、価値とそれに含まれている剰余価値とを度外視して、また資本主義的生産がその内部で行なわれる社会的諸関係をも度外視して、生産諸力を絶対的に発展させる傾向を含んでいると同時に、

　②　他面それは、実存する資本価値の維持およびこの資本価値の最高度の増殖（すなわちこの価値のつねに加速される増大）を目的とする、ということがそれである。……この生様式がこの目的を達成するのに利用する諸方法は、利潤率の減少、現存資本の価値源少、すでに生産されている生産諸力を犠牲としての労働の生産諸力の発展、を含んでいる。」

　③　現存資本の周期的な価値減少——これは、利潤率の下落を阻止し新資本形成による資本価値の蓄積を促進するための、資本主義的生産様式に内在する一手段であるが——は、資本の流通過程および再生産過程がそのなかで行なわれる与えられた諸関係を攪乱し、それゆえ、生産過程の突然の停滞と、この過程の突然の危機〔恐慌〕とをともなう。」

❸　「矛盾」の一般的規定（2）

（426〜427／260）

　「①「資本主義的生産は、それに内在するこれらの制限をつねに克服しようとするが、しかし、これらを克服する諸手段は、これらの制限をまた新しいしかもいっそう巨大な規模で自己の前に立ちはだからせるものでしかない。」

　②「資本主義的生産の真の制限は、資本そのものである。というのは、資本とその自己増殖とが、生産の出発点および終結点として、生産の動機および目的と

して、現れるということである。生産は資本のための生産にすぎないということ、そして、その逆に、生産諸手段は、生産者たちの社会のために生活過程をつねに拡大形成していくためにだけ役立つ諸手段ではない、ということである。それゆえ、<u>生産者大衆の収奪と貧困化にもとづく資本価値の維持および増殖がその内部でのみ運動しうる諸制限</u>——この諸制限は、<u>資本が自己の目的を達成するために使用せざるをえない生産諸方法</u>、しかも生産の無制限的な増加に向かって、<u>自己目的としての生産に向かって</u>、<u>労働の社会的生産諸力の無条件的発展に向かって突進する生産諸方法とは、つねに矛盾することになる。</u>

③ <u>手段</u>——<u>社会的生産諸力の無条件的発展</u>——は、現存資本の増殖という制限された目的とは絶えず衝突することになる。それゆえ、資本主義的生産様式が、物質的生産力を発展させ、かつこの生産力に照応する世界市場をつくり出すための歴史的な諸手段であるとすれば、この<u>資本主義的生産様式は同時に、このようなその歴史的任務とこれに照応する社会的生産諸関係のあいだの恒常的矛盾なのである。</u>」

第三節　人口過剰のもとでの資本過剰

❶ 過剰蓄積・資本の絶対的過剰生産

（427 〜 428 ／ 261）「いわゆる<u>資本の過多</u>（プレトラ）は、つねに本質的に、利潤率の下落が利潤総額によって埋め合わされない資本——……——の過多に、または、独力で独自の行動をする能力のないこれらの資本を信用の形態で大事業部門の指導者たちに用立てる過多に、関連している。この<u>資本過多は</u>、相対的過剰人口を呼び起こすのと同じ事情から生じるものであり、それゆえこの相対的過剰人口を補足する一現象である。といっても、この両者は反対の極に立つものであり、<u>一方には遊休資本が</u>、<u>他方には失業労働者人口が立つ</u>のであるが。それゆえ、個々の諸商品の過剰生産ではなく<u>資本の過剰生産</u>——といっても資本の過剰生産はつねに諸商品の過剰生産を含むのであるが——が意味するものは、<u>資本の過剰蓄積以外のなにものでもない</u>。この過剰蓄積がなんであるかを理解するためには（……）、それが絶対的であると仮定しさえすればよい。<u>どのようなときに、資本の過剰生産は絶対的なのであろうか？</u>」

（428 〜 429 ／ 261 〜 262）「資本主義的生産を目的とする<u>追加資本がゼロになれば、資本の絶対的過剰生産が現存するということになるであろう</u>。……（中略）……すなわち、<u>増大した資本が、増大するまえと同じかまたはそれより少ない剰余価値総量しか</u>

生産しなくなるときには、資本の絶対的過剰生産が生じているであろう。」

（429／262）「現実には、事態は次のように現われるであろう。すなわち、資本のある部分は、全部または一部分遊休し（……）、また他の部分は、遊休または半遊休資本の圧迫によって、より低い利潤率で自己増殖するであろう。」

❷ 遊休資本と資本の競争戦

（431〜432／263）「この（資本の）遊休がとくにどの部分に生じるかは、競争戦が決定するであろう。すべてがうまくいっているあいだは、競争は、一般的利潤率の均等化のところ（第10章）で明らかにしたように、資本家階級の兄弟的結合の実践として作用し、その結果、資本家階級は各自が行なった賭けの大きさに比例して共同の獲物を共同で分け合う。しかし、もう利潤の分配ではなく、損失の分配が問題となるやいなや、各自は、できるだけ自分の損失分を減らしてそれを他人に転嫁しようとする。資本家階級〔全体〕にとっては損失は不可避である。しかし、その場合、個々の各資本家がどれだけの損失を負担しなければならないのか……は、力と狡知の問題となるのであり、そうなれば競争は、反目する兄弟の闘争に転化する。」

❸ 衝突の調整

（432／263〜264）「さて、どのようにしてこの衝突がふたたび調整され、資本主義的生産の《健全な》運動に照応する諸関係が回復されるであろうか？

　調整の仕方は、調整が問題となる衝突について述べたこと自体のうちにすでに含まれている。この仕方は、追加資本⊿C全部または少なくともその一部分の価値額だけの、資本の遊休と、その部分的な破滅さえ含んでいる。といっても……この損失の分配は、……競争戦のなかで決定されるのであり、この競争戦では、それぞれ特殊な利点または既得の地位に応じて、損失が非常に不均等に、また非常に異なる形態で分配され、その結果、ある資本は遊休させられ、他のある資本は破滅させられ、第三の資本は単に相対的な損失を受け、またはただ一時的な価値減少をこうむる、などということになる。」

❹ 恐慌と均衡の回復

（432〜433／264）「しかし、……均衡は、大なり小なりの規模での資本の遊休によって、さらにはときには破滅によって、回復されるであろう。この遊休や破滅は、部分的には資本の物質的な実体にもおよぶであろう。すなわち、生産諸手段の一部分は、固定資本も流動資本も、機能しなくなり、資本として作用しなくなるであろう。……

（中略）……**この側面から見た主要な結果は**、これらの生産諸手段が生産諸手段として活動するのをやめるということ、**生産諸手段としてのその機能が長短の期間にわたって破壊されるということであろう**。」

（433〜434／264〜265）「**主要な破壊、しかももっとも急性的な性格のそれは**、……**資本価値にかんして、生じるであろう。**

　　・将来の分け前にたいする指図証券―価値減少
　　・市場に存在する諸商品―価格のひどい収縮
　　・固定資本―価値減少
　　・再生産過程は一般的な価格下落によって停滞と混乱におちいる
　　・支払手段としての貨幣の機能麻痺
　　・信用制度の崩壊

　こうして、激烈な急性的恐慌、突然の暴力的な価値減少、および再生産過程の現実の停滞と攪乱、それとともに再生産の現実の減少に導くのである。」

（434〜435／265）
　「① **生産の停滞は、労働者階級の一部分を遊休させ**、そうすることによって就業している部分を、**平均以下への労賃低下にさえ甘んじざるをえない状態に置いたであろう。**……（中略）……
　② **他方では**、価格下落と競争戦とは、どの資本家にも刺激を与えて、新しい機械、新たな改良された作業方法、新たな組み合わせの使用によって、自分の総生産物の個別的価値をその一般的価値以下に低めようとさせたであろう。すなわち、与えられた労働分量の生産力を高め、不変資本にたいする可変資本の割合を低め、それゆえ労働者を遊離させ、要するに、**人為的過剰人口をつくり出すようにさせたであろう**。さらに、不変資本の諸要素の価値減少は、それ自身、利潤率の増大を含む一要素であろう。……（中略）……。**そこに現われた生産の停滞は、のちの生産拡大――資本主義的限界内での――を準備したであろう。**
　③ **このようにして、循環がまた新たにたどられるであろう**。機能停滞によって価値減少をこうむった資本の一部分は、そのもとの価値を取りもどすであろう。そのあとは、拡大された生産諸条件によって、拡大された市場によって、高められた生産力によって、**同じ悪循環がふたたびたどられるであろう。**」

〔注意点〕以上の❸衝突の調整、❹恐慌と均衡の回復の項目は、恐慌の勃発が体制の必然的没落を物語っている、との解釈（不破哲三氏の所見・後述〔補足説明③〕）を退け、資本は、恐慌→不況→活況→繁栄・恐慌という循環の軌道上を運動することを物語っている。

❺ 資本の過剰生産と相対的過剰人口の増大

(436 ／ 266)「資本の過剰生産が意味するものは、資本として機能しうる、すなわち与えられた搾取度で労働の搾取に使用されうる生産諸手段——労働諸手段および生活諸手段——の過剰生産以外のなにものでもない。というのは、一定の点以下へのこの搾取度の下落は、資本主義的生産過程の攪乱と停滞、恐慌、資本の破壊を呼び起こすからである。資本のこの過剰生産が、多少とも大きな相対的過剰人口をともなうということは、決して矛盾ではない。労働の生産力を高め、商品生産物の総量を増加させ、市場を拡張し、資本の蓄積を総量から見ても価値から見ても促進し、利潤率を低下させたその同じ諸事情、その同じ諸事情が、相対的過剰人口——……労働の搾取度の低さのために……、利潤率の低さのために、過剰資本によっては使用されない労働者の過剰人口——を生み出したのであり、またつねに生み出しているのである。」

❻ 利潤率の下落は必然的に競争戦を引き起こす

(437 ／ 266 ～ 267)「蓄積に結びついた利潤率の下落は、必然的に競争戦を引き起こす。利潤総量の増加による利潤率下落の埋め合わせは、社会の総資本について、またすでにでき上がり整備されている大資本家たちについて言えるだけである。自立して機能する新しい追加資本は、このような補償条件を欠いており、これからそれをたたかい取らなければならないのであり、こうして利潤率の下落が諸資本間の競争戦を呼び起こすのであって、その逆ではない。もちろん、この競争戦は、労賃の一時的な騰貴と、これに起因する利潤率のいっそうの一時的な低下をともなう。同じことは、商品の過剰生産、市場の供給過剰にも現われる。欲求の充足ではなく利潤の生産が資本の目的であるから、……（中略）……資本主義的基盤の上での制限された消費の大きさと、消費のこの内在的な制限をつねに超えようとする生産とのあいだには、つねに不一致が生じざるをえない。」

❼ 資本主義的生産様式の「制限」

(440 ～ 441 ／ 268 ～ 269)「資本主義的生産様式の制限は、次のことに現われる。

―――

① 労働の生産力の発展は、利潤率の下落を招くことで一つの法則――発展の一定の時点で労働の生産力自体の発展にもっとも敵対的に対抗し、それゆえつねに恐慌によって克服されなければならない一つの法則――を生み出すということ。

② 生産の拡張または制限を決定するのは、……利潤率の一定の高さであり、社会的諸欲求にたいする、社会的に発達した人間の諸欲求にたいする、生産の比率ではないということ。……この生産様式は、諸欲求の充足が停止を命じるところでではなく、利潤の生産および実現が停止を命じるところで停止する。

☞章末の〔補足説明①②③〕参照。

❽ 資本の歴史的任務・歴史的存在理由

（442／269）「社会的労働の生産諸力の発展は、資本の歴史的任務であり、歴史的存在理由である。まさにそれによって、**資本は無意識のうちにより高度な生産形態の物質的諸条件をつくり出す。**」

第四節　補遺

❶ 資本は生産性の展開の対立物となる

（446〜447／272〜273）「（数字の例を受けての末尾４行目からの記述）資本にとっては、労働の生産力の増加の法則は無条件には妥当しない。**資本にとってこの生産力が増加されるのは、……生きた労働の支払部分において節約されるものが、過去の労働において追加されるものよりも大きいという場合だけであり**、そのことはすでに第一部、第13章、第二節（本訳書③、679〜680頁）で簡単に示唆したとおりである。

ここで、資本主義的生産様式は新たな矛盾におちいる。**この生産様式の歴史的使命は、人間労働の生産性の展開を、容赦なく幾何級数的に推し進めることである。**上記の場合のように、**この生産様式が生産性の展開に対立してそれをさまたげるようになるやいなや、それはこの使命にそむくものとなる。これによって、資本主義的生産様式は、それが老衰してますます時代遅れになっていることを、あらためて証明するだけである。**」

❷ 一般的・共同的・社会的な生産諸条件への変革

（450／274〜275）「**資本が形成していく一般的な社会的な力**と、この社会的な生産諸条件にたいする**個々の資本家たちの私的な力**とのあいだの矛盾は、ますます

激しく発展していき、この関係の解消を含むことになる。というのは、これ〔この関係の解消〕は、それと同時に、**生産諸条件の、一般的・共同的・社会的な生産諸条件への変革**を含むからである。この変革は、資本主義的生産のもとでの生産諸力の発展によって、またこの発展が行なわれる仕方・様式によって、与えられている。」

❸ 資本主義的生産の三つの主要事実

（453 〜 454 ／ 276 〜 277）

「㈠　**少数者の手中における生産諸手段の集積**。これによって、**生産諸手段は、直接的生産者たちの所有として現われることがなくなり、その反対に生産の社会的諸力能に転化する**。最初は、それらは資本家たちの私的所有としてそうなるのであるにしても。資本家たちはブルジョア社会の受託者たちであるが、しかし**彼らはこの受託の全果実を自分のポケットに詰め込む**。

㈡　**労働そのもの**——協業、分業、および労働と自然科学との結合による——**社会的労働としての組織**。

どちらの面〔㈠と㈡の〕から見ても、資本主義的生産様式は、**私的所有と私的労働とを止揚する**——〔それらとの〕**対立的諸形態において**であるにしても。

㈢　**世界市場の形成**。

資本主義的生産様式の内部で発展する、人口に比べての**巨大な生産力は**、また、それと同じ比率でではないにしても人口よりもはるかに急速に増大する資本価値（単にこの価値の物質的基体だけでなく）の増大は、増大する富に比べてますます狭くなっていく基盤——この**巨大な生産力が作用するその基盤**——と矛盾し、また、**この膨張する資本の増殖諸関係と矛盾する。それであるからこそ、諸恐慌。**」

┌───┐
〔補足説明①〕一方の極における富の蓄積・その対極における貧困の蓄積
└───┘

全般的過剰生産恐慌が周期的に勃発する**根本原因（資本主義の基本的矛盾）**は、第一部第七篇第23章で示されている「**資本主義的蓄積の絶対的・一般的法則**」として措定されている。ここでは、資本は**社会的総資本**・労働者は**全労働者階級**を想定した考察がなされていることに留意。以下その主要論点。——

❶ 剰余価値の資本への転化＝資本の蓄積は、累進的規模での資本の拡大再生産に帰着する。（④分冊、1016 ／ 618）

資本の有機的構成が高度化しつつ（労働の生産性を増加させつつ）**資本蓄積が進行➡**「生

産諸手段の総量に比べての労働総量の減少（不変資本に比べての可変資本の減少）➡**賃銀の相対的**（or 絶対的）**減少・雇用労働者数の相対的減少**（or 絶対的減少）を生ぜしめる。

❷ 「資本主義的蓄積が、しかもこの蓄積の活力と大きさに比例して、相対的な、すなわち、**資本の中位の増殖欲求にとって余分な、それゆえ過剰または追加的な労働者人口**（産業予備軍）**を絶えず生産する**。」（同上、1083／658）

❸ 産業予備軍が「現役の労働者軍と比べて大きくなればなるほど、**固定的過剰人口、**すなわち……**貧困が増大していく労働者層が、それだけ大量的になる**。最後に、労働者階級中の貧困層と産業予備軍とが大きくなればなるほど、公認の受救貧民がそれだけ大きくなる。**これこそが、資本主義的蓄積の絶対的・一般的な法則である**。」（同上、1106 1107／673～674）

❹（資本の中位の増殖欲求にとって余分な、それゆえ過剰または余剰な）「**相対的過剰人口または産業予備軍を蓄積の範囲と活力とに絶えず均衡させる法則は、**……労働者を資本に縛りつける。この法則は、**資本の蓄積に照応する貧困の蓄積を条件づける**。したがって、**一方の極における富の蓄積は、同時に、その対極における**（労働者階級の側における）、**貧困、労働苦、奴隷状態、無知、野蛮化、および道徳的堕落の蓄積である**。」（同上、1108／675）

> :::
> 〔補足説明②〕生産と消費の矛盾＝恐慌の発展した可能性
> :::

　〔補足説明①〕に述べた恐慌の「根本原因」が、第Ⅱ部第三篇の「再生産表式」論において、「**恐慌の発展した可能性**」を示す「**生産と消費の矛盾**」として再措定される、という考え方に立って、研究と論争が積み重ねられてきている。「生産と消費の矛盾」の含意については、下記を参照して下さい。

❶ 例えば、『**経済学批判要綱**』（1857～58 年）において、次のように説明されていた。
「〔商品を〕労働者に向けられる資本部分〔の比率〕と**比べて過多〔過剰〕**に、また資本家が消費しうる資本部分〔の比率〕と**比べて過多**に｛資本家たちが資本を増大させていかなければならない**割合に比して過多**に、……｝生産したとすれば、**一般的過剰生産がおこるであろう**、ということである。
　これが起こるのは、労働者によって消費されるべき商品が**相対的に過少に**〔消費された〕からでもなければ、資本家によって消費されるべき商品が**相対的に過多に**〔消費さ

れた〕からでもない。

　そうではなくて、**両方の商品が過多に生産されているからなのである。**——ただし、消費にとって過多に、ではなくて、**消費と価値増殖とのあいだの適正な〔比例〕関係*を保持するには過多に、つまり価値増殖にとって過多に、である。**」(1857—58 年の経済学草稿『マルクス資本論草稿』2、大月書店、1993 年 3 月、76 ／ 353)

　　　*「消費」は、「労働者階級の狭隘な消費限界」を意味し、「消費と価値増殖とのあいだの適正な〔比例〕関係」は、「均衡蓄積率」と呼称される。

　❷　第三篇第 15 章では次のように説明されていた。(本編著、167 頁 (4) の①②) ——
　「**生産力が発展すればするほど、生産力は、消費諸関係が立脚する狭い基盤とますます矛盾するようになる。この矛盾に満ちた基盤の上では、資本の過剰が人口過剰の増大と結びついているのは、決して矛盾ではない**」(⑨分冊、417 ／ 255)

　❸　また、のちに見る第五編第 30 章「貨幣資本と現実資本 I 」には、「**現実の恐慌の究極の根拠**」について次のような説明があることも、167 頁で指摘しておいた。——
　「……**労働者たちの消費能力は、**一部は、労賃の諸法則によって制限され、一部は、労働者たちは、彼らが資本家階級のために利潤をもたらすように使用されうる限りにおいてしか使用されないということによって**制限されている。すべての現実の恐慌の究極の根拠は、**依然としてつねに、**資本主義的生産の衝動と対比しての、**すなわち、社会の絶対的消費能力だけがその限界をなしているかのように**生産諸力を発展させようとするその衝動と対比しての、大衆の貧困と消費制限である。**」(⑪分冊、835 ／ 501)

〔補足説明③〕　恐慌論の「転換」について

　(1) 第三篇第 15 章における恐慌の捉え方については、不破哲三氏による、次のような論評がある点に留意が必要である。——
　「マルクスは、**1865 年前半に第二部第一草稿を書き終える**と、同年の夏から第三部の続稿を書き始めます。しかし、その構想は、1864 年後半の第三部第一篇～第三篇の執筆当時の予定とは内容がまったく違っていました。〔*〕

　〔*〕「**第三部の前半と後半**　『資本論』の第三部を読む際には、前半と後半との執筆時期のこの違いに、特別に注意する必要がある。**恐慌の運動論を発見する以前に執筆された第三篇は、利潤率の低下の法則の作用で恐慌と体制没落を説明しようとする最後の**

努力がおこなわれた篇だったが、<u>第四篇以後は、恐慌の運動論の発見とそのことがもたらす『資本論』の構成の変化を考慮に入れたうえで執筆された諸篇である</u>。だから、ここでは、恐慌の発生と展開の全過程が、利潤率低下の法則をまったく問題にしない内容で展開されている。言い換えれば、<u>第三部の、第三篇と第四篇とのあいだには、内容的に大きな断絶がある。</u>

　マルクスは、第三部前半部分については、新しい見地に立って必要な修正をおこなう時間をもたないまま、その生涯を閉じた。① 新しい見地に立てば、第三篇は、利潤率の傾向的低下の法則を解明した〈第 13 章　この法則そのもの〉は重要な意義をもつものの、② <u>資本主義の没落の必然性をこの法則の作用によって説明した〈第 15 章　この法則の内的諸矛盾の展開〉は、当然削除されるべき部分だった。しかし、エンゲルスが、第二部第一草稿での恐慌論の発展を見落としたまま、第三部の編集にあたったために、現行の『資本論』には、克服済みの古い見解がそのまま残るという結果になったのだった。</u>」（不破哲三『「資本論」完成の道程を探る』新日本出版社、2020 年 10 月、251 〜 252 頁、①②は中川による）

　　☞不破氏の言われる第四篇での**新たな恐慌規定**は、第 18 章「商人資本の回転。価格」の項目❸❹で展開されている説明を指す。第三篇での恐慌の把握と、「新たな恐慌規定」の関係については、第 18 章の〔補足説明①〕を参照。
　　☞〔追記〕エンゲルスが「見落とした」とされている「第二部第一草稿」での恐慌論＝「新たな恐慌規定」は、新訳本 7 分冊の訳注 7（859 〜 862 ／ 518）に紹介されている。

　（2）他方で、不破氏は、『「資本論」探究―全三部を歴史的に読む・下』（新日本出版社、2018 年 2 月）において、次のように述べている点が注目される。（傍線は引用者）

「価値ある遺産―〈恐慌の根拠〉についての二つの文章

　不本意な結果に終わりましたが、第 15 章での探求は、**価値ある遺産**を残しました。恐慌現象を利潤率の低下の法則に結びつけることには失敗したとはいえ、マルクスは、その過程で、資本主義的生産の発展のなかに**恐慌の必然性を基礎づける、意義ある考察を行った**のです。それは次の文章ですが、<u>どちらも利潤率の低下傾向とは問題意識を異にする、独特の切り口で資本主義的生産様式の本質的な矛盾に踏み込んだもので、いまでも、〈恐慌の根拠〉についてのマルクスの定式として、非常に重視されているもの</u>です。ここでは、<u>解説を抜きにして、二つの文章だけを紹介する</u>ことにします。」（36 頁）

（A）第一の文章：「直接的搾取の条件とその実現の条件は同じではない」

　　　ここで紹介されている文章は、**本編著 166 ～ 167 頁、枠内の(2)～(4)の文章である。**

（Ｂ）第二の文章：「資本主義的生産の真の制限は、資本そのものである」

　　ここで紹介されている文章は、**本編著 168 ～ 169 頁、枠内の❸（①～③）の文章である。**但し、新書版の訳とは異なるところがある。

　　（1）で見た『「資本論」完成の道程を探る』では、その②において、「資本主義の没落の必然性を**この法則の作用**によって説明した〈第 15 章この法則の内的矛盾の展開〉は、当然削除されるべき部分だった」、と述べていたのに対し、ここ（2）においては、上記のとおり、「紹介」されている第 15 章からの（Ａ）（Ｂ）二つの引用文は、「恐慌の根拠」についての「価値ある遺産」であり、**「恐慌の必然性を基礎づける意義ある考察」**を行っている文章として、**「恐慌の根拠についてのマルクの定式として、非常に重視されているもの」**と〔（1）とは真逆に〕**肯定的**に評価していることに留意して下さい。

　　第三篇冒頭の〔解題〕の❷―③④、第 15 章冒頭の〔解題〕とその直下の〔解説①〕「章のタイトルの含意について」で触れたように、個別の諸資本が、より多くの利潤の獲得を目指して競争する**資本の蓄積＝価値増殖運動の過程**では、①利潤率の傾向的（緩やかな）低下とともに、、②資本主義的蓄積過程における「内的過程諸矛盾の累積」➡周期的全般的過剰生産恐慌の勃発の必然性が、不破氏の紹介した二つの文章（Ａ）（Ｂ）で論じられていると解されます。

　　このことは、第 15 章での恐慌の説明が「失敗」であり、マルクスはそれを「削除」すべきものとして扱ってはいなかったことを意味します。第 15 章を削除すべきものとして扱い、それに代わって、第四篇第 18 章で「新しい恐慌の運動論」を開示したとする**不破氏の主張＝恐慌論の「転換」という主張の、立論の根拠＝前提が崩れることを、このことは意味します。**

　　恐慌は、累積した「内的諸矛盾」の暴力的解消・調整を行う産業循環の局面として位置づけられています。**172 頁の〔注意点〕を再読してください。**一見、資本主義的生産様式の「自動崩壊・没落論」を語っているかのような表現も、資本主義的生産様式の「歴史的限界」を語ることに核心を置いている文章であって、資本主義的生産様式の揚棄にとって、労働者階級の組織化と運動が不可欠であることは、マルクス、エンゲルスの時代も現代も当然の問題です。

第Ⅱ部

第一編

第二編

第三編

第Ⅲ部

第一編

第二編

第三編

第四編

第五編

第六編

第七編

〈第四篇〉

商品資本および貨幣資本の商品取引資本および貨幣取引資本への〈商人資本への〉転化〔E書簡、「重要だが、気楽に読めるのが第16～20章」〕

第16章　商品取引資本

〔解題〕商業資本の自立化と役割・機能について

（1）**資本**は、個々の資本としても総資本としても、その一部は常に $W'-G'$ という形態転化を遂げるべく、**商品（W）**として市場（流通過程）にあり、また他の一部は $G-W$ という形態転化を行うべく、**貨幣（G）**として市場に存在している。

　商品から貨幣へのまた貨幣から商品への形態変換という、**流通過程にある資本のこの機能**が、**特殊的資本の独自の機能として自立化**し、分業によって**特殊な資本家部類に割り当てられた・それに固有の機能として固定化される**と、その資本は**商品取引（取扱）資本**または**商業資本**と呼ばれるものになる。本章では、**流通資本としての機能**が、**商業資本という特殊的資本によって代行される限りにおいて考察される**。

（2）**商業資本**は、一産業資本の「専属代理人」ではなく、多数の産業資本の、しかも一産業部門だけでなく、複数部門の産業資本の「**共同代理人**」となっていく。——このことにより、諸々の販売が社会的に集中され、販売が容易になり、かつ加速されることによって、**流通期間の短縮**と、（流通期間の介在にもかかわらず生産過程を連続させるために要する）**予備の貨幣資本**、ならびに**売買に要する流通費**（商業労働者への労賃、建物等の費用）**の節減**がもたらされるため、総資本にとって、生産資本として機能しうる資本量の増大と再生産規模の拡張➡生産される剰余価値量の増大➡一般的利潤率の上昇という好ましい結果がもたらされる。**ここに商業資本の自立化の理由・根拠**があることが説明される。

（455～456／278）「**商人資本または商業資本は、商品取引資本および貨幣取引資**

本と いう二つの形態又は亜種に分かれる。そこで、われわれは**資本の核心構造の分析に必要な限りにおいて、それらを詳しく特徴づける**ことにする。しかもそうすることは、**近代の経済学が**、その最良の代表者たちにおいてさえも、**商業資本を直接に産業資本と混同し、商業資本を特徴づける独自性を事実上まったく見落としているだけに、ますます必要である**。」

❶ 商品取引資本または商業資本

（456／278）「**商品資本の運動は、第二部〔第二巻、137〜157頁〕で分析されている**。社会の総資本を考察するならば、その一部分は —……— つねに商品として市場にあって貨幣に移行しようとしており、他の一部分は、貨幣として市場にあって商品に移行しようとしている。社会の総資本は、つねにこの移行の運動、この形式的変態の運動を行ないつつある。流通過程にある資本のこの機能が、一般に、ある特殊な資本の特殊な機能として自立化され、分業によってある特殊な部類の資本家たちに割り当てられる機能として固定化される限りで、商品資本は、商品取引資本または商業資本になる。」

〔商品資本の循環範式〕

$$
W' \begin{cases} W—G' \\ w—g \end{cases} \begin{cases} G(C+V)—W \\ g(m)—w \end{cases} \begin{cases} W(Pm) \\ ……p…… \\ W(Ak) \end{cases} W' \begin{cases} W—G' \\ w—g \end{cases} \begin{cases} G—W \\ g—w \end{cases} \begin{cases} W(pm) \\ ……p…… \\ W(Ak) \end{cases}
$$

・W'（＝ c＋v＋m）—「商品」の形態にある資本（本質）➡資本の実存形態としての商品

・g（m）＝資本家の収入➡消費諸手段（w）購入

❷ この資本の純粋な形態の考察

（456／279）「**輸送業**、分配可能な形態での諸商品の**保管および配分を**、どの程度まで、**流通過程の内部で続行される生産過程とみなすべきか**は、すでに説明した（第二部、第六章、流通費、第二節および第三節〔第二巻、214〜238頁〕）。**商品資本の流通のこれらの付帯的な事項**は、一部分は、商人資本または商品取引資本の固有な諸機能と混同され、また一部分は、この資本の固有な特殊な諸機能と実際上結びついている。といっても、**社会的分業の発展につれて、商人資本の機能も純化される**、すなわち、**右の実**

在的な諸機能〔輸送、保管等〕から分離され、それらにたいして自立してくるのであるが。したがって、資本のこの特殊な姿態の独特な差異を規定することが肝要であるとするわれわれの目的のためには、右の諸機能は捨象しなければならない。……。**右の諸機能を剥ぎ取りのぞき去ったのちに、〔はじめて〕この資本の純粋な形態が得られる。**」

❸ 生産資本から区別される流通資本

(457 ／ 279)「すでに見たように、商品資本としての資本の定在、および、資本が流通部面内すなわち市場で商品資本として経過する変態——購買および販売に、……帰着する変態——は、産業資本の再生産過程の、したがって産業資本の総生産過程の一段階をなしているが、しかし同時に資本は、このような**流通資本としてのその機能においては生産資本としてのそれ自身から区別される**。それら〔流通資本と生産資本と〕は、同じ資本の二つの分離された実存形態である。**社会的総資本の一部は、絶えず流通資本としてのこの実存形態で市場にあり、この変態の過程にある**——といっても……。」

❹ 貨幣資本の前貸し

(458 ～ 459 ／ 280)「**商品取引業者は、……彼が資本家として前貸しする一定の貨幣総額**、すなわち**彼が x**（貨幣総額の最初の価値）**を、x ＋ ⊿ x**（この貨幣総額、プラス、それにたいする利潤）に転化しようとする一定の貨幣総額の代表者として市場に現われる。……というのは、彼は諸商品を生産するのではなく、ただ**商品を取り引きし、諸商品の運動を媒介する**にすぎないのであり、諸商品を取り引きするためには、彼は**まずもって商品を買わなければならず、**したがって**貨幣資本の所有者でなければならない**からである。」

　　例：3,000 £で 3 万エレのリンネル（W）を買い、年平均利潤率＝ 10％とすると、年末には 3,300 £を得る。——「**どのようにして彼がこの利潤をあげるかは、もっとあとで取り扱う**……「**彼は、売るために買うというこの操作、G—W—G'、**すなわち資本が完全に流通過程に束縛されていて、それ自身の運動および機能の外部にある生産過程という合間によって中断されることのない、**資本の単純な形態をつねに繰り返す。**」

❺ 商品取引資本と商品資本との関係
(459 ～ 461 ／ 280 ～ 281)
① リンネル製造業者（生産者）は、「商人の貨幣で自分のリンネルの価値を実現」

（商品資本の貨幣への転化＝販売）し、その貨幣を、一方では生産諸手段と労賃に、他方では自己の生活諸手段の購入に充て、再生産過程を続行しうる。

　②　しかし、リンネル自身にとっては、貨幣への「変態」はまだ行なわれていない。**リンネルは、「売られるように予定されている商品資本（売り物の商品）として市場にある。」**——リンネルは、「生産者の代わりに商人によって引き受けられ、商人の特殊な営業に転化されている。」

　③　商人が商品リンネルを売れていないばあい、「3万エレに前貸しされた資本が問題になる限りでは、その再生産過程は中断されたまま」になる。　➡️　したがってここでは、「**商人が行なう諸操作は、**……——流通過程および再生産過程における**商品資本の諸機能を媒介する諸操作**——**以外のなにものでもないことが、**……**明らかになる。」**

　④　したがって、「**商品取引資本はまったく、生産者の商品資本**——すなわち、貨幣へのその転化の過程を経過し、**市場で商品資本としてのその機能を果たさなければならない商品資本**——以外のなにものでもない。ただ、**この機能がいまや、**生産者の付随的な操作としてではなく、**資本家の特殊な部類である商品取引業者の専門の操作として現われ、一つの特殊な投資の営業として自立化されるにすぎない。」**

❻ 商品取引資本の独特な流通形態

（461 〜 462 ／ 282 〜 283）

　①　リンネル生産者の場合——上記の①におなじ（W′—G—W）。

　②　商人資本の運動では事情が異なる。——同じ商品の販売の繰り返しと、それによる最初の貨幣の還流（G—W—G′）。

　③　「**生産資本家にとって W—G であるもの、**商品資本としての一時的な姿態にある彼の資本の単なる一機能であるものが、商人にとってはG—W—G′であり、彼が前貸しした貨幣資本の特殊な価値増殖である。……

　④　商人は、終極的に商品すなわちリンネルを消費者（生産的消費者か個人的消費者）に売る。」

❼ なにが商品取引資本に、自立して機能する資本の性格を与えるのか

（463 〜 465 ／ 283 〜 284）

　①　「**第一に」、商品資本の貨幣へのその終極的転化は「市場」で行なわれること、**「商品資本のこの機能が、商人の操作によって、……媒介されており、その結果、　この操作が産業資本の他の機能から分離された、それゆえ**自立化された独自の営業**とし

て形成されるということ。……その結果、普通は資本の再生産過程の一つの特殊な局面——ここでは流通の局面——で行なわれるべき機能の一部分が、**生産者とは異なる独自の流通代理人の専属の機能として現われる**。」しかし、「商品取引が産業資本家の単なる出張販売人、またはその他の直接的代理人によって営まれる場合には」そうはならない。

　②「**第二に**」——この契機は、**自立した流通代理人である商人が貨幣資本**……をこの位置で前貸しすることによってはいってくる。」
　　・二人の生産者（リンネル製造業者と漂白業者）
　　・糸を売る商人—リンネル製造業者
　「商人が産業資本家から（リンネル）を買うにせよ産業資本家に（漂白業者にリンネルを、リンネル業者に糸を）売るにせよ、**商人の G—W—G'、すなわち商人資本の循環**は、つねに、みずからを再生産しつつある**産業資本の通過形態としての商品資本**そのものにかんしては、単に W—G であるもの、単にその第一の変態の完了であるものを表現しているにすぎない。」

❽ 商品資本の商品取引資本への転化

（466／285）（商人が前貸しする）「貨幣資本が資本として価値増殖し資本として機能するのは、それがもっぱら商品資本の変態……・商品資本の貨幣への転化を媒介することにたずさわるからにほかならないのであり、その**貨幣資本はこの媒介を諸商品の恒常的な売買によって行なうのである。これは、貨幣資本の専属の操作（機能）である**。……この機能によって商人は、**自分の貨幣を貨幣資本に転化し、自分の G を G—W—G' として表わし、この同じ過程によって彼は商品資本を商品取引資本に転化する**のである。」

❾ 生産の継続と貨幣準備金・商人資本

（467～468／286）「リンネル生産者が、彼のリンネルが……最後の買い手—………—の手に移るまで待たなければならないとすれば、彼の再生産過程は中断されるであろう。……それを中断させないためには、彼は自分の**諸操作を制限**しなければならなかったであろう。すなわち、自分の資本（＊リンネルと誤記）のより小さい一部分を……生産資本の諸要素に転化し、より大きい一部分を**貨幣準備金**として手もとに保留しておき、それによって、自分の資本の一部分が 商品として市場にあるあいだに他の一部分が生産過程を続行しうるようにし、その結果、この部分が商品として市場に現われるときには前記の部分が貨幣形態で還流するようにしなければならなかった

であろう。**彼の資本のこのような分割は、商人の介入によってはのぞかれない。**しかし、……〔商人の介入によって〕……**生産者は、いまや、自分の資本のより大きい部分をつねに本来の生産過程で使用することができ、より小さい部分を貨幣準備金として使用することができるのである。**」

(468〜469／286)「しかし、**その代わりにいまでは、社会的資本の他の一部分が、商人資本という形態でつねに流通部面の内部に存在する。この部分は、つねに商品を購買し販売するためにのみ使用される。**……（中略）……商人は、自分の時間全部を販売に費やさなければならないが、**生産者のほうは、販売のための時間は節約して、この時間を生産過程の監督に使用することができる。**」

❿ 商人資本の量と回転

(469／287〜288)

「**(1)** ……**もっぱら購買および販売に従事する資本**（諸商品の購入費・営業に要する労働や倉庫、輸送などに投下される貨幣等）**は、産業資本家が自分の業務の商人的部分を全部自分で営まなければならなくなる場合の資本部分よりも、小さい。**

　(2) 商人がもっぱらこの業務に従事するのであるから、**生産者にとっては、彼の商品がより速く貨幣に転化されるだけでなく、商品資本そのものがその変態を**——それが生産者の手中で行なわれるであろう場合よりも——**より速くなしとげられる。**

　(3) 商人資本**全体**を産業資本との関連で考察するならば、商人資本の１回転は、

① **一つの生産部面における多数の資本の諸回転を表わすことができるだけでなく、**

② **異なる生産諸部面におけるいくつかの資本の諸回転を表わす**ことができる。」

　☞　①の場合の例（略）　②の場合の例（略）

⓫ 産業資本の回転と商業資本の回転 （1）

(470〜471／287〜288)「**一般的には、次のように言うことができる。——産業資本の回転は、通流時間によってだけでなく生産時間によっても制限されている、と。商人資本の回転は、**それが**一定の商品種類だけを取り扱う限り**では、一つの産業資本の回転によってではなく、**同じ生産部門におけるすべての産業資本の回転によって制限されている。**……同じ商人資本が、一つの生産部門に投下された諸資本の異なる諸回転をつぎつぎに媒介することができる。その結果、商人資本の回転は、個々の一産業資本の諸回転と同じではなく、それゆえ、この個々の産業資本家が“心がけ”なければならないであろう貨幣準備金の代わりをするだけではない。

　一つの生産部面における商人資本の回転は、もちろん**その部面の総生産によって**

制限されている。しかし、この商人資本の回転は、同じ部面の個々の資本の生産の限界または回転時間——この回転時間が生産時間によって与えられている限りでは——によって制限されているのではない。」　　☞例示あり。

⓬ 産業資本の回転と商人資本の回転（2）

（471／288）「同じ商人資本が、**異なる諸回転において**、**異なる諸商品資本を順次に貨幣に転化するのに役立つ限りでは**、したがって、それらをつぎつぎに買っては売る限りでは、この商人資本が貨幣資本として商品資本にたいして果たす機能は、**貨幣一般が一定の期間内に何回も通流することによって諸商品にたいして果たす機能と同じである**。」

⓭ 産業資本の回転と商人資本の回転（3）

（471／288）「**商人資本の回転は**、同じ大きさの一産業資本の回転または一回の再生産と同じではない。それはむしろ、**若干数の産業資本**——同じ生産部面のであろうと異なる生産部面のであろうと——**の諸回転の総計に等しい**。総貨幣資本のうち商人資本として現われる部分は、商人資本の回転が速ければ速いほどそれだけ小さく、回転が遅ければ遅いほどそれだけ大きい。

・**生産が未発展であればあるほど**、……
・**逆に生産が発展すればするほど**……。」

⓮ 資本を二分し、購買と販売を同時に行なう

（472／288〜289）「商人資本は、その価値全額ではじめに商品を買い、次にそれを売るという、以上に考察した回転だけを行なう必要はない。そうではなく、商人はこの両方の運動〔購買と販売〕を同時に行なうのである。その場合、**彼の資本は二つの部分に分かれる**。**一方は**、**商品資本からなり**（購買 G → W）、**他方は貨幣資本からなる**（販売 W → G）。……一方の形態で実存する部分が大きければ大きいほど、他方の形態で実存する部分はそれだけ小さい。この部分は、交替し、つり合わされる。」

⓯ 支払手段としての貨幣の使用と信用制度の結合

（472／289）「流通手段としての貨幣の使用に、**支払手段としての貨幣の使用と**、**その上に成長する信用制度とが結びつけば**、**商人資本の貨幣資本部分は**、**この商人資本が行なう取引の大きさに比べてさらにいっそう減少する**。」

☞（472の半ば〜474頁の事例で確認）

第II部
第一編
第二編
第三編
第III部
第一編
第二編
第三編
第四編
第五編
第六編
第七編

◎　まとめの記述

（475〜476／291）「**商人資本は、流通部面内で機能する資本以外のなにものでもない**。流通過程は、総再生産過程の一局面である。しかし、(1) **流通過程では価値は、したがってまた剰余価値も生産されない。**同じ価値総量の形態変化が生じるだけである。……第二の行為、貨幣資本と商品（生産諸要素＝生産諸手段および労働力）との再交換にさいしては、……剰余価値の生産が準備されるだけである。……(2) **これらの変態が流通時間**——そのあいだは資本がおよそなにも生産せず、したがってまた剰余価値も生産しない時間——**を必要とする限りでは、この時間は価値創造の制限であり、剰余価値は利潤率として現われて、流通時間の長さにちょうど反比するであろう。**それゆえ、**商人資本は価値も剰余価値も創造しない**。……

①　商人資本が、**流通時間の短縮に寄与する限り**では、それは間接に、産業資本家によって生産される**剰余価値の増加を助けることができる**。

②　商人資本が**市場の拡張を助け**、諸資本間の分業を媒介し、したがって資本が**より大きな規模で操業することを可能にする限り**では、商人資本の機能は、**産業資本の生産性とその蓄積とを促進する**（➡**過剰生産の促迫・規模拡大**）。

③　商人資本が**流通時間を短縮する限り**では、それは前貸資本に対する剰余価値の比率、すなわち**利潤率を高める**。

④　商人資本が**資本のよりわずかな部分を貨幣資本として流通部面に閉じ込める限り**では、それは**直接に生産に使用される資本部分を増大させる**。」

第 17 章　商業利潤

〔解説①〕前章で解明された内容の要約

（477 ～ 478 ／ 292 ～ 293）「すでに第二部（本訳書、第二巻、191 ～ 198 頁）で見たように、

　① **流通部面における資本の純粋な諸機能**——産業資本家が、第一に自分の諸商品の価値を実現するために、第二にこの価値を商品の生産諸要素に再転化するために行なわなければならない諸操作、諸商品の諸変換 W'—G—W を媒介するための諸操作、すなわち販売および購買という行為——は、**価値も剰余価値も生み出さない**。

　② **逆に、このために必要とされる時間は**——諸商品にかんしては客観的に、資本家たちにかんしては主観的に——**価値および剰余価値の形成にたいする諸限界を生み出す**ということが明らかになった。

　③ もちろん、**商品資本それ自体の変態について言えることは**、商品資本の一部分が商品取引資本の姿態をとるということ、または、商品資本の変態を媒介する諸操作が特殊な一部類の資本家の特殊な業務として、または貨幣資本の一部分の専属的機能として現われるということによっては、**決して変わりはしない**。産業資本家自身による諸商品の販売および購買 ——そして商品資本の変態 W'—G—W はこれに帰着する——が、価値も剰余価値も創造しない操作であるとすれば、この売買が、産業資本家によってではなく、他の人々によって行なわれても、**価値または剰余価値を生み出す操作にはなりえない**。

　④ さらに、**社会的総資本のうちの**、再生産過程が流通過程によって中断されることなく連続的であるために**つねに貨幣資本として利用可能でなければならない部分**——この貨幣資本が価値も剰余価値も創造しないとすれば、**この貨幣資本は**、産業資本家によってではなく他の部類の資本家によって同じ諸機能の遂行のためにつねに流通に投げ込まれるとしても、そのことによって**価値または剰余価値を創造するという属性を得ることはできない**。

　⑤ どの程度まで商人資本が間接的に**生産的でありうるかは**、すでに示唆しておいたし、**あとでもっと詳しく論じるであろう。**」

〔解題〕商人資本が取得する年平均利潤とその源泉

（478 〜 479 ／ 293）「流通過程で自立して機能する資本もやはり、さまざまな生産
部門で機能する資本と同様に**年平均利潤**をもたらさなければならない。……（中
略）……

　　商人資本そのものは剰余価値を生み出さないのであるから、平均利潤の形態で
商人資本に帰属する剰余価値が、総生産（産業）資本によって生み出された剰余
価値の一部分であることは明らかである。しかし、問題はいまや次の点にある
──どのようにして商人資本は、生産資本によって生み出された剰余価値または
利潤のうち自分に与えられる部分をわがものにするのか？」

❶ 商業利潤の外観（1）

（479 ／ 293）「商業利潤が、単なる追加であり、諸商品の価値以上への価格の名目的な
引き上げであるというのは、**外観**にすぎない。

　　商人が彼の利潤を彼が売る諸商品の価格からのみ引き出しうるということは明ら
かであり、また彼が自分の**諸商品の販売にさいして得るこの利潤が、彼の購買価格と
彼の販売価格との差額に、前者を超える後者の超過分に等しくなければならないこと**
は、さらにいっそう明らかである。」

➡以下、商人資本の「追加費用（流通費）」は度外視する旨の断りあり。

❷ 商業利潤の外観（2）

（479 〜 481 ／ 294 〜 295）「産業資本家の場合には、……（中略）……商品取引業者の
場合は事情が異なる。諸商品が彼の手のなかにあるのは、諸商品が流通過程にあるあ
いだだけである。……**商人は、**……流通において、また流通を通して、**自分の利潤を
単に実現するだけでなく、まず第一にそれを手に入れなければならない**。これは、次
のことによってのみ可能であるように**見える。す**なわち商人は、自分に産業資本家が
生産価格どおりに売った諸商品──……──を、**生産価格以上に売って、その価格に名目
的な追加をすること**、したがって総商品資本を考察すれば、それを**価値以上に売って
その実質価値を超える名目価値のこの超過分を手に入れること**、ひとことで言えば、
商品をそれが実際にあるよりも高く売るということが、それである。

　　この追加形態は、非常に簡単に理解されうる。……（中略）……これは、なにより
もまず**現象として現われるとおりの**、諸商品の**価格上積みによる商業利潤の実現**であ
る。そして……（そうした）観念は、商業資本の見方から生じているのである。**けれ**

ども、もっと詳しく考察すれば、これは単なる外見であることがすぐわかる。」

〔解説②〕 購買価格は価値以下の「卸し」価格である〔計算例①〕

（481 〜 483 ／ 295 〜 296）「産業資本家が商人に（商品を）その生産価格で売った」
という仮定、「商業資本は一般的利潤率の形成には参加しない」、というこれまで
の前提から離れる。➡商人資本は、「利潤の生産には参加しないで利潤の分配に
参加する資本」である、と前提する。

〔以下、具体的設例—計算例①〕　　＊ 計算例②は後述➡ 192 頁〔解説③〕

① 1 年間で前貸しされた総産業資本は、$720C + 180V = 900$

② $m' = 100\%$

③ 生産物価値（または生産価格）W は、$720C + 180V + 180m = 1,080$

④ 平均 $P' = 180m \div 900 = 20\%$

⑤ 商人資本による追加資本の投下額を、100 とする。

⑥ 商人資本はこの投下額の大きさに「比例して」産業資本と同じ利潤の分け前を
得る。

　この 100 が総資本 1,000（900 + 100）に占める割合は、$100／1,000 = 1／10$

　商人資本は、総剰余価値 180 の $1／10 = 18$（$P' = 18\%$）を得る。

⑦ $180 － 18 = 162m$ の 900 に対する割合は、$162／900 = 18\%$

⑧ この商品が「産業資本家 900 の所有者たちによって商品取引資本たちに売られ
る価格（いわゆる「卸売価格」）は、$720C + 180V + 162m = 1,062$ となる。

⑨ 「商人が彼の資本 100 に 18％の平均利潤をつけ加えるならば、彼は諸商品を、
　$1,062 + 18 = 1,080$（それらの生産価格または価値）で売ることになる。

⑩ 商人は購買価格（仕入価格）1,062 の商品を、販売価格（小売価格）1,080 で
売る。

❶ 商人資本も一般的利潤率の形成に規定的に入り込む（1）

（484 〜 485 ／ 296 〜 297）「したがって商人資本は、それが総資本のなかに占める割合
に"比例して"、一般的利潤率の形成に規定的にはいり込む。……（中略）……平均利
潤率は、$180／1,000 = 18\%$であるように、全生産（産業）資本プラス商業資本につ
いて計算されるのである（一般的利潤率の修正）。したがって生産価格は、k（諸費
用）＋ 20（← $180／900 = 20\%$の利潤）ではなく、k ＋ 18（← $180／1,000 = 18\%$）である。

平均利潤率には、総利潤のうち商業資本に帰属する部分がすでに算入されている。それゆえ、**総商品資本の現実の価値または生産価格は、k＋P＋h（商業利潤）に等しい**。したがって、生産価格、すなわち産業資本家が産業資本家として（商人に）売る価格（卸売価格1,062）は、商品の現実の生産価格（1,080）よりも小さい。または、諸商品の総体を考察すれば、産業資本家階級がそれらを売る（卸売り）価格は、それらの価値よりも小さい＊。……（中略）……商人の販売価格が購入価格を超えるのは、**販売価格が全価値を超えるからではなく、購入価格が全価値よりも低いからである。**」

　　＊　なおこの点に関わる本文の説明（485／297）の誤り・その訂正についての訳注2（485
　　　～486／297）に注意。

❷ 商人資本も一般的利潤率の形成に規定的に入り込む（2）

（486～487／297～298）「したがって、**商人資本は剰余価値の生産には参加しないが、この剰余価値の平均利潤への均等化には参加するのである。**……上述のことから次の結論が生じる。──

　（1）産業資本に比べて商人資本が大きければ大きいほど、産業利潤の率はそれだけ小さく、逆に、商人資本が小さければ小さいほど、産業利潤の率はそれだけ大きい。

　（2）第一篇で明らかにしたように、利潤率は、つねに、現実の剰余価値の率よりも小さい率を表現するものとすれば、すなわち、労働の搾取度をつねに過小に表現する（$m' = 100\% \rightarrow P' = 20\%$）……ものとすれば、**この比率は、いまや平均利潤率そのものが商人資本に帰属する分け前を算入することによって、ふたたびより小さいもの（18%）として、……（m'から）背離する。**したがって、直接に搾取している資本家の平均利潤率は、利潤率を、それが現実にそうであるよりも小さく表現する。」

---

❸ 以上から分かること

（487～488／298～299）「**商人が自分の利潤を得るために行なう価格へのつけ加えは、商品の価値のうち、生産資本が商品の生産価格に算入せずに残しておいた部分に等しいだけであることが明らかとなった。**……彼の販売価格は、前に展開されたように、G＋⊿G──この⊿Gは一般的利潤率によって規定される、商品価格へのつけ加えを表現する──に等しい。したがって**彼が商品を売れば、⊿Gのほかに、彼が諸商品の購入のさいに前貸しした最初の貨幣資本が彼のもとに還流する。**……商人の貨幣資本は、実のところ、最終消費者による支払いを見越すだけである。」

---

❹ 度外視していた「空費」を算入する

（488 ～ 489 ／ 299 ～ 300）「商人が少しも**空費を使わない**」というこれまでの「仮定の
とおりには　いかないことは、すでに**流通費の考察**（第二部第 6 章〔第二巻、202 ～ 238
頁〕）にさいして見たとおりである。そしてこの**流通費は、一部は商人が他の流通代
理人たちに請求しうる費用として、一部は直接に彼の独特な業務から生じる費用とし
て、現われる。**

　これらの流通費がどのような種類のものであろうとも、すなわち、① それが純粋
に商人的な業務そのものから生じ、したがって**商人の独特な流通費**に属しているとし
ても、または、② 補足的な、**流通過程の内部でつけ加わる生産諸過程**、たとえば**発
送、輸送、保管などから生じる諸費目**を表わしているとしても、

　③ これらの流通費は、商人の側において、商品購入に前貸しされた貨幣資本のほ
かに、つねに**これらの流通手段**〔流通業務、発送、輸送等の手段〕**の購入および支払
いに前貸しされた追加的資本を前提する。**」

❺ 流通費の扱い（1）

（489 ／ 299）「**この費用要素は、**それが流動資本からなっている限りでは全部が、それ
が固定資本からなっている限りではその摩滅度に応じて、**追加要素として諸商品の販
売価格にはいり込む。**しかし、この費用要素は、それが純粋に商人的な流通費のよう
になんら商品の現実的な価値のつけ加えを形成しない場合でも、名目的な価値を形成
する一要素として諸商品の販売価格にはいり込む。しかし、流動資本であれ固定資本
であれ、これらすべてのつけ加えられた資本は、**一般的利潤率の形成に参加する。**

❻ 流通費の扱い（2）

（489 ～ 490 ／ 299 ～ 300）「**純粋に商人的な流通費**（……発送、輸送、保管などのための
費用をのぞいたもの）は、商品の価値を実現するために必要な――……**商品の交換を媒
介するために必要な――諸費用に帰着する。**その場合、……商人的業務がそれらから
まったく分離して実存しうるような生産諸過程があってもそれは完全に度外視され
る。**このような生産諸過程、たとえば現実の運輸業および配送業は、実際に、商業と
はまったく異なった産業諸部門**でありうるし、またそうであり、また、売買されるべ
き諸商品も、ドック（埠頭倉庫）その他の公的な置き場に貯蔵されていることもあり
うる。そして**このことから生じる費用は、**商人がそれを前貸ししなければならない限
り、第三者によって商人の負担分に算入される。これらすべては、本来の**卸売商業**で
見られることであり、そこでは商人資本がもっとも純粋に、また他の諸機能ともっと
もからみ合うことなく、現われる。輸送業者、鉄道経営者、船舶所有者は、〈商人〉

ではない。われわれがここで考察する費用は、買うことの費用と売ることの費用である。これらの費用は、……計算、簿記、市場取引、通信などに帰着する。……（中略）……

　それらは、純粋な流通費である。それらは、……流通過程にはいり込み、それゆえ再生産の総過程にはいり込む。」

❼　流通費のなかの可変資本部分の源泉

（490／300）「これらの費用のうち、ここでわれわれの関心を引く唯一の部分は、可変資本に支出される部分である。（そのほかには次のことが研究されねばならないであろう。──①～③、略）

（491～492／301～302）　商品の売買の「操作に必要とされる労働時間は、資本の再生産過程における必要な諸操作に費やされるのであるが、しかしなんらの価値もつけ加えはしない。」

- ・商業労働者を使用しない（自営）の場合の商人の所得
- ・産業資本家の事務労働者に支払われる労賃
- ・産業資本家の直接の商業代理人（仕入れ人、販売人、出張販売員）の労賃もしくは利潤の割り前（手数料、歩合）等は、「商業利潤からのみ生じる。」⇐これは、商業労働が、「価値を創造する労働ではないということに由来する。」

〔解説③〕商人資本の自立化による利潤率の変化〔計算例②〕

（492～495／302～303）この個所では、商品の生産と販売についての「資本機能の分割」➡「商人資本の自立化」の事情が、具体的数字例を含めて説明されている。

　商業資本の自立化は「もっぱら流通過程に費やされる時間が減少し、そのために前貸しされる追加資本が減少し、そして商業利潤の姿態で現われる総利潤のうちの損失分がこの分割の行なわれない場合よりも減少する」（493／302）際に行われる。

〔計算例②〕
① 産業資本の生産した商品 W の価値 $1,080 = 720\,C + 180\,V + 180\,m$
② 利潤率は $180 ÷ 900 = 20\%$
③ 商業資本 100 の自立化がなければ、産業資本の必要な追加資本がおそらく 200

となりその結果、総前貸資本は、900 ＋ 200 ＝ 1,100 となり、利潤率は 180 ÷ 1,100 ＝ **16・4/11%** に減少する。

④ **商人資本 100 が自立化した場合は**、先述のとおり、産業利潤 162、商業利潤 18、平均利潤率 18％となる。→利潤率は 20％から 18％に減少するが、**減少の度合いは小さい**。

⑤ **商人資本の前貸しが 100 に純粋流通費 50 を加えて 150 となった場合は**、180 ÷（900 ＋ 150）＝ **17・1/7%** の平均利潤率となる。

⑥ ➡「産業資本家は、商品を 900 ＋ 154・2/7 ＝ 1,054・2/7 で商人に売り、商人はこれを、1,130（1,080 ＋ 50）＊で売る。**なお商人資本と産業資本との分割には、商業費用の集中、それゆえこの費用の減少がともなうものと想定されなければならない。**」

注意

＊マルクスは、1,130（1,080 ＋ 50）で売る、としているが、その問題点を是正した、（495／303）の**訳注の再計算の数字での売値は 1,080 である。**すなわちそこでは、商人資本の追加した資本 50 が、剰余価値 180 から差し引かれたものとして再計算され、その結果、180 － 50 ＝ **130 の m が 900 ＋ 100 ＋ 50 ＝ 1,050 に配分され、平均利潤率は 12・8/21%に低下**する、となっている。

　このばあいは、商人資本は商品を産業資本から 900 ＋ **111・3/7（産業利潤）** ＝ 1011・3/7 で買い、これを 1011・3/7 ＋ 50（純粋流通費）＋ **18・4/7（商業利潤 ＝ 1080 で（価値通りに）販売することになる。

　これに対し、**マルクスの設例では、純粋流通費 50 の補填が剰余価値からの控除によって行なわれる関係が明示されておらず**、商品は商業資本によってその純粋流通費分だけ価値（生産価格）を超える価格で販売されるものとされていて、**「名目的な」**価値の形成が、**現実的な価値の追加と区別され難いものになっている。**この点要注意。

◎　**商業労働者**

（495 〜 497 ／ 303 〜 304）「**いまや問題は、商人的資本家——ここでは商品取引業者——が就業させる商業賃労働者の事情はどうであるか？　ということである。**……商人は単なる流通代理人として、**価値も剰余価値も生産しないのであるから**（……）、彼によってこの同じ諸機能に就業させられる**商業労働者たちもまた、**彼のために**直接に剰余価値を創造することはできない。**……（中略）……**商業資本は、商品のなかに**（……）**潜んでいる不払労働を生産資本に全部は支払わないでおき、**その代わり諸商品の販売にさいしては、まだ諸商品のなかに潜んでいて自

分が支払わなかったこの部分を自分にたいして支払わせることによって（商業）利潤を得るのである。……（中略）……**商業資本が再生産過程で資本として機能し**、それゆえ機能しつつある資本として、総資本によって生み出された**剰余価値の分け前にあずかるのは、価値を実現するという商業資本の機能によってだけである**。」

◎　商業労働者の労働

（497〜498／305）「**商人的資本家は、彼の貨幣を資本にする機能そのものを、大部分は彼の労働者たちに行なわせる**。これらの**事務員の不払労働は、剰余価値を**創造はしないが、しかし**商人的資本家のために剰余価値の取得〔の可能性〕を創**造するのであり、それは、この資本にとっては**結果から見れば〔剰余価値の創造と〕まったく同じことである**。したがって、**この不払労働は、この資本にとっては利潤の源泉である**。……

　労働者の不払労働が生産資本のために**直接**に剰余価値を創造するのと同様に、**商業賃労働者たちの不払労働は商人資本のために右の剰余価値の分け前を創造する**。

❶　可変資本部分の取扱

（498〜500／305〜306）「**困難は次の点である**。……（商人）が、商業労働力の購入に投下する可変資本については事情はどうなのか？この**可変資本は、出費として前貸商人資本に加算されるべきなのか？**

　① **加算されるべきでないとすれば**、これは利潤率均等化の法則と矛盾するように見える。前貸資本として 100 を計算しうるだけなのに、150 を前貸しする資本家があるであろうか？

　② **加算されるべきであるとすれば**、それは商業資本の本質と矛盾するように見える。というのは、この資本種類が資本として機能するのは、産業資本のように他人の労働を運動させることによってではなく、**それ自身が労働する――すなわち売買の機能を果たす――**ことによってであり、また、まさにそのことにたいしてのみ、またそのことによってのみ、**産業資本によって生み出された剰余価値の一部分を自分のほうに移転させるのであるから**。」

（499〜500／306）「**商人資本を考察することにしよう**。第一には、純商人的労働にかんすること。……（中略）……**商業の仕事場で、……明確な分業が行なわれれば、莫大な量の労働時間が節約され、その結果、卸売業で使用される商業労働者たちの数**

は、**営業の大きさに比べればまったく取るに足りないほどである**。……（中略）……
それゆえ、**集積**もまた、商人の営業では産業の仕事場でよりも歴史的に早くから現われ
れる。さらに、（第二には）こんどは**不変資本への支出について**〔**考察してみよう**〕。
100の小さな事務所は一つの大きな事務所よりも、また100の小さな倉庫は一つの大
きな倉庫よりも、無限により多くの費用を必要とする、等々。少なくとも、前貸しさ
れるべき費用として商人の業務にはいり込む輸送費は、細分化につれて増大する。」

---

❷ **説明（要点）**（501〜504／307〜308）

①諸商品の売買に直接に投下された資本：B

②この（売買）機能に消費される不変資本（物的な取引諸費用＝流通費）：K

③商人が投下する可変資本：b

イ）商人は、Bを商品の販売価格の一部として**回収**し、またBに対する**利潤**を受け
　　取る。

ロ）商人は、Kも販売価格から**補填**する。またKに対する**利潤**を受け取る。

ハ）これまでのところ、販売価格は、B＋K＋（B＋Kにたいする**利潤**）からなっ
　　ている。

ニ）そこに、商人によって前貸しされる**可変資本b**が、はいってくる。

　　➡**販売価格**は、B＋K＋b＋（B＋Kにたいする利潤）＋（bにたいする**利
　　潤**）となる。

〔平均利潤の減少の仕方〕

　　前貸産業資本〔−（B＋K）〕について（10％で）計算され、（B＋K）のた
　　めの平均利潤控除分が商人に支払われ、➡それが**商業利潤となる**。

（504〜505／308〜309）「しかし、b＋（bにたいする利潤）については、すなわち、
利潤率が10％と想定されているこの場合における b＋（b×0.1）については、事
情が異なる。**そしてここに、真の困難がある。**（商業労働者の労働はなんらの価値を創造
しない労働であること）……

　b＋（bにたいする利潤）においては、**第一には**、労働が支払われるように見え、
……**第二には**、商人自身が行なわなければならないであろうこの労働への支払い金額
にたいする利潤が支払われるように見える。

　商人資本は、**第一には**、bの払いもどしを受け取り、**第二には**、これにたいする利
潤を受け取る。したがって、このようなことは次のことに起因する。すなわち、商人

資本は、**第一に**、それが商人資本として機能するのに用いる労働にたいして支払をしてもらうということ、そして**第二に**、それが資本として機能するので——すなわち、機能しつつある資本としての自分に利潤で支払われる労働を行なうので——利潤にたいして支払をしてもらうということが、それである。したがって、**これが解決されなければならない問題である**。……略」

(508〜509／311〜312)「**商業労働者は、直接には剰余価値を生産しない**。……（中略）……彼の賃銀は、彼が資本家を助けて実現させる利潤の総量とはなんの必然的な関係もない。**彼が資本家に費やさせるものと、彼が資本家にもたらすものとは、異なる大きさである。彼が資本家にもたらすのは**、彼が直接に剰余価値を創造するからではなく、彼が、**一部分は不払いの労働を行なう限りで、剰余価値実現の費用の軽減を助けるからである**。……（中略）……〔商業労働者の〕**労働能力は向上するのに、彼らの賃銀は低下する**。資本家は、より多くの価値をおよび利潤を実現する必要がある場合には、これらの労働者の数を増加させる。この労働の増加は、つねに剰余価値の増加の結果であって、決してその原因ではない。」　☞　〔原注39（a）〕に留意。

---

❸ 商業資本にとっての流通費と商業労働は生産的

(510〜511／313)「商業的諸機能および諸流通費は、商業資本にとってのみ、自立化して現われる。……（中略）……**産業資本にとっては、流通費は空費として現われ、また実際にそうである。商人にとっては、流通費は、彼の利潤の源泉として現われる**のであり、この利潤は———一般的利潤率を前提すれば——流通費の大きさに比例する。それゆえ、これらの**流通費のために行なわれる支出は、商業資本にとっては生産的な投資である**。したがって、商業資本が買う**商業労働も、商業資本にとっては直接に生産的である**。」☞〔注記〕

注記

① **商業労働者からの剰余労働の搾取度が高ければ、高いほど**、a）それだけ流通費とそれに前貸しされる資本量が少なくて済み、b）また剰余価値からの控除と剰余価値（産業利潤＋商業利潤）を平均利潤に転化せしめる際の分母となる数が減少し、この面からの一般的利潤率の上昇➡商業利潤の増加が図られる。

② 労働時間の延長・労働強化等により、**平均的な搾取度よりもより高い搾取度で商業労働者を使用する商業資本**は、それだけより多くの剰余価値の「分け前」を得、かつ超過利潤を得ることができる。また価格競争上の優位に立って——というのは、通常よりも安価に販売し

てなおかつ平均利潤以上の利潤を得ることができるから──販路を拡大し、資本の回転速度を増大することができる。それが価格競争上の優位を増幅し、大規模経営（大型店舗）の更なる膨張をもたらすことになる。

第18章　商人資本の回転。価格

> ### 〔解題〕商人資本の回転の「独自性」
>
> ① 商人資本の回転の、産業資本の回転との異同の考察を通して、商人資本の「自立的運動」が再生産過程に「弾力性」を生み出すこと、またそのことが恐慌の発現に及ぼす影響が考察される（〔補足説明①〕参照）。
>
> ② ならびに流通過程が商品価格に与える影響が考察され、流通過程が諸商品の価格を規定するかのような「顛倒した諸観念」の発生が論じられる。

❶ 産業資本の回転と商人資本の回転

（512／314）「**産業資本の回転は**、その生産時間と流通時間との統一であり、それゆえ全生産過程を包括する。これに反して、**商人資本の回転は**、……商品の変態の第一局面 W─G を、一つの特殊な資本の自己還流運動として表わしているだけである。すなわち、G─W、W─G を商人的見地から商人資本の回転として表わしているだけである。」

❷ 商人資本の回転と G─W─G'

（513／315）「① 貨幣が流通手段として通流する場合には、まさに同じ貨幣片がさまざまな人の手を通過し、したがって繰り返し同じ機能を果たすのであり、それゆえ通流貨幣片の総量を通流速度で埋め合わせる。② ところが、**商人の場合には**、どれだけの貨幣片からなっているかにかかわりなく、まさに**同じ貨幣資本**、**同じ貨幣価値が**、**繰り返しその価値額だけの商品資本を買っては売り**、**それゆえ、同じ手中に繰り返しG＋⊿Gとして**、**価値プラス剰余価値としてその出発点に還流する。**このことが、**商人資本の回転を資本の回転として特徴づけるのである。商人資本は流通から、恒常的に、自分がそこに投げ込むよりも多くの貨幣を引き出す。**」

❸ 再生産過程の「弾力性」と商人資本の自立的運動

（514〜515／316）「商人資本は、① 第一に、生産資本のために局面 W—G を短縮する。② 第二に、近代的信用制度のもとでは、商人資本は社会の総貨幣資本の一大部分を使用することができ、その結果、③ すでに買ったものを終極的に売ってしまうまえに、自分の購入を繰り返すことができる。その場合、わが商人が直接に最終消費者に売るのか、それともこの両者のあいだに一ダースもの別の商人が介在するのかは、どうでもよいことである。与えられたどんな制限も乗り越えて**つねに推進される再生産過程の巨大な弾力性**のもとでは、商人は、生産そのものにはどんな制限も見いださないか、またはせいぜい非常に弾力性のある制限を見いだすだけである。

④ したがってここに、**商品の本性に由来する W—G と G—W との分離のほかに、架空の需要がつくり出される**。

❹ 商人資本の自立的運動と恐慌との関連

（515〜516／316〜317）「①商人資本の運動は、その運動の自立化にもかかわらず、流通部面内における産業資本の運動以外のなにものでもない。しかし、

② **商人資本は、その自立化によって**、ある限界内では再生産過程の諸制限にはかかわりなく運動するのであり、それゆえ**再生産過程をその制限を越えてまでも推進する**。

③ （産業資本との間の）**内的依存性と外的自立性とは、商人資本をかり立て、内的な連関が暴力的に、恐慌によって回復される点にまで到達させるのである**。

④ **恐慌がまず出現し爆発するのは**、直接的消費に関係する小売業においてではなく、**卸売業と、これに社会の貨幣資本を用立てる銀行業との部面においてであるという恐慌の現象はこうして生じるのである。**」

⑤ 製造業者は現実に輸出業者に売り、この輸出業者はまた外国の取引先に売るであろうし、輸入業者は彼の原料を製造業者に売り、この製造業者は、彼の生産物を卸売商人に売るであろう、等々。しかし、どこか目立たない個々の地点で、商品は売れないままになっている。または、こんどは、**すべての生産者と中間商人との在庫がしだいに過剰になってくる**。まさにそのような場合にこそ消費は最も盛んになるのがつねである。なぜなら、一部には、一人の産業資本家が他の産業資本家たちを順々に運動させるからであり、一部には、彼らの就業させる労働者たちが完全就業をして通常よりも多くの支出をしうるからである。**資本家たちの所得とともに、彼らの支出も増加する**。

⑥ さらに、すでに見たように（第二部、第三篇〔本訳書、第二巻、674〜679、685〜692頁〕）、**不変資本と不変資本とのあいだにも恒常的な流通**が（促進される蓄積を度外

視しても）行なわれており、**この流通は**決して個人的消費にはいり込まない限りでは
さしあたり個人的消費にかかわりがないが、にもかかわらず**終極的には個人的消費に
よって限界づけられている**。というのは、不変資本の生産は、決して不変資本そのも
ののために行なわれるのではなく、個人的消費にはいり込む生産物を生産する生産諸
部面でより多くの不変資本が使用されるからこそ行なわれるからである。

　⑦ とはいえ、これ（不変資本の生産）は、しばらくは、**見込み需要に刺激されて平**
穏に進行することができ、それゆえこれらの部門では、**商人の場合も産業家の場合も
事業は非常に景気よく進展する**。

　⑧ 遠隔地に売る（または国内でも在庫の山をかかえてしまっている）商人たちの〔支出
の〕還流が緩慢になって、まばらになり、その結果、銀行には支払いを迫られたり、
諸商品購入のさいに振り出した手形が諸商品の転売が行なわれないうちに満期になる
ということになれば、**ただちに恐慌が到来する**。そこで**強制販売、支払いをするため
の販売が始まる**。そうなればそこにあるのは**崩落**であって、それは**外見的な繁栄に一
挙に結末をつける**のである。」

☞ **第三篇第 15 章の恐慌論との相違点に留意**。章末の〔補足説明①〕参照。

❺ 生産価格の高低と単位当たり商品の利潤額

（517 〜 518 ／ 317 〜 318）

〔Ⅰ 当初の数字〕

売買する商品 砂糖の量	生産価格 （1 £ × 100）	年平均 利潤率	利潤額	＠ 販売価格	販売価格総額
100 ポンド	100 £	15%	15 £	1p3 s ／1 £	115 £

〔Ⅱ 生産価格が 1／20 に低下した場合の数字〕

売買する商品 砂糖の量	生産価格 （1 s × 2000）	年平均 利潤率	利潤額	＠ 販売価格	販売価格総額
2000 ポンド	2000 s = 100 £	15%	15 £	1s 1・4/5 ペンス （1ポンド 当たり）	115 £

　①「生産価格の高低は、利潤率にはなんのかかわりもないであろう。」

　②「しかしこの高低は、**1 ポンドあたり**の砂糖の販売価格のうち商業利潤に帰着
する可除部分——すなわち、商人が一定分量の商品（生産物）につけ加える価格追加
——がどれだけの大きさであるかということには非常に大きく、決定的にかかわりを

もつであろう。」

③「**ある商品の生産価格が低ければ**（Ⅱのケース）、商人がこの商品の購入価格に——すなわちこの商品の一定総量に——前貸しする金額も小さく、それゆえ、与えられた利潤率のもとでは、彼がこの与えられた分量の安い商品からあげる利潤の額も小さい。または同じことになるが、その場合には彼は、与えられた資本たとえば100でこの安い商品の一大総量を買うことができ、彼が100からあげる**総利潤15は、この商品総量の個々の各部分にたいして、小さな分数（1s1・4/5ペンス）に分割されて分配される。**

④その逆に、**ある商品の生産価格が高ければ、この逆になる。**このことは、まったく、商人が取引する諸商品を生産する産業資本の生産性の大小に依存する。」」

❻ 商品の販売価格を規定するもの

（519／318）（商品の）「**販売価格にとっては二つの限界がある。**——**一方には**彼の自由にならない商品の生産価格があり、**他方には**同様に彼の自由にならない平均利潤率がある。

彼が決定しうる唯一のことは——といっても、そのさい彼の自由にしうる資本の大きさその他の事情が問題となるが——高い商品を取引しようとするか、安い商品を取引しようとするか、ということだけである。」

❼ 「偏見」を支えている「事情」

（520〜521／319）「……偏見——……利潤などについてのすべての誤った観念と同様に、商業だけの観察と商人的偏見とから生じる——を支えているのは、とりわけ次のような諸事情である。

第一に——競争の諸現象。——しかしこれは、ただ総商人資本の持ち分所有者たちである個々の商人のあいだへの商業利潤の分配に関係するだけである。

第二に（略）

第三に（略）

第四に（略）

◎　産業資本の回転と商業資本の回転

（522〜523／320〜321）「**産業資本の場合には、回転は、一方では、**再生産の周期性を表現し、それゆえ一定期間内に市場に投げ込まれる商品の総量は再生産の周期性に依存する。**他方では、**通流時間が一つの限界、ただし伸縮可能な限界をなすのであり、この限界は生産過程の規模に影響するので、価値および剰余価値

の形成に多かれ少なかれ制限的に作用する。それゆえ回転は、積極的要素として**ではなく、制限的要素として、年々生産される剰余価値総量に、それゆえ一般的利潤率の形成に、規定的にはいり込む。**

これに反して、平均利潤率は、商人資本にとっては一つの与えられた大きさである。商人資本は、利潤または剰余価値の創造において直接に協力するのではなく、それが〔社会的〕総資本のなかで形成する持ち分に応じて産業資本の生産した**利潤総量から自分の配当を引き出す限りでのみ、一般的利潤率の形成に規定的にはいり込む。**」

❶ 設例 　(524〜525／321〜322)
商人資本の相対的大きさが、社会的総資本の 1/10 と仮定する。

①社会的総資本 10,000 ➡商人資本 1,000　②社会的総資本 1,000 ➡商人資本 100

　　回転が速い場合、商人資本の絶対的大きさは、①が 1,000 £、②が 100 £、

　　　　　　　々　　相対的大きさは 1/10

　　回転がより遅い場合、商人資本の絶対的大きさは、①が 2,000 £、②が 200 £

　　　　　　　々　　相対的大きさは、総資本の 1/10 から 1/5 に増大

❷ 資本主義的生産様式の商人資本に対する二重の作用
(524〜526／322〜323)「**発展した資本主義的生産様式は、以前の状態に比べて、商人資本に二重に作用する。**すなわち、〔一方では〕同じ分量の商品が現実に機能する商人資本のよりわずかな総量で回転させられる。商人資本のより速い回転と、それの基礎をなす再生産過程のより大きな速度とによって、産業資本にたいする商人資本の割合が減少する。

他方では、資本主義的生産様式の発展につれて、すべての生産が商品生産となり、それゆえすべての生産物が流通代理人の手中にはいるが、**これには次のような事情がつけ加わる。**

すなわち、小規模に生産していた以前の生産様式のもとでは、……（中略）……**商業資本は、**それが回転させる**商品資本にたいする比率ではより大きいにもかかわらず、**

（一）**絶対的にはより小さい。**なぜなら、……（略）……

（二）資本主義的生産様式の基礎の上では、より大きい商品総量が生産されるだけでなく（……）、……同じ総量のうちのますます多くの分量が商業にはいり込む。その結果として、さらに、**商人資本の総量が増大するだけでなく、**一般に、**流通に──**

たとえば船舶輸送、鉄道、電信などに——**投下されるすべての資本が増大する。**

　（三）**しかし**—……—、資本主義的生産様式が進展するにつれて、小売商業に割り込むことが容易になるのにつれて、**投機と遊離資本の過剰とが増加するにつれて、機能しない商人資本または半分しか機能しない商人資本が増大する。**」

❸ 商人の利潤は、回転を媒介する貨幣資本の大きさに規定される

(526／323)「しかし、総資本に比べての商人資本の相対的な大きさを与えられたものと前提すれば、異なる商業諸部門における回転の相違は、商人資本に帰属する総利潤の大きさにも、一般的利潤率にも影響しない。**商人の利潤は、**彼が回転させる商品資本の総量によってではなく、彼がこの**回転の媒介のために前貸しする貨幣資本の大きさによって規定されている。**」

❹ 商人資本の回転総数と諸商品の商業価格

(527／323)「したがって、異なる産業諸部門における**商人資本の回転総数は、諸商品の商業価格に直接に影響する。**商業的な**価格追加**——与えられた一資本の商業利潤のうち、**個々の商品の生産価格に帰属する可除的部分**——の大きさは、異なる営業諸部門における**商人諸資本の回転総数または回転速度に反比例する。**」

❺ 回転時間が商品価格に与える影響

(527〜528／323〜324)「異なる商業諸部門における諸資本の平均的回転時間が販売価格に与える影響は、次のことに帰着する。すなわち、この**回転速度に比例して、同じ利潤総量**—……—が、**同じ価値の商品総量に異なる仕方で分配され、**たとえば1年に5回回転する場合には商品価格に15／5＝3％がつけ加えられ、これに反して1年に1回回転する場合には15％がつけ加えられるということが、それである。一般的年利潤率＝15％と前提されている。➡（526／323）

　したがって、異なる商業諸部門における商業利潤の**百分率は同じでも、この百分率は、それらの部門の回転時間の割合に応じて、諸商品の価値にたいしてまったく異なる百分率に計算される**ので、その分だけこれらの商品の販売価格は高くなる。」

❻ 産業資本の場合の回転時間

(528／324)「これに反して、産業資本の場合には、回転時間は、生産される**個々の諸商品の価値の大きさ**には決して影響しない——といっても、回転時間は、搾取される労働の総量に影響するのであるから、与えられた資本によって与えられた時間内に生産される**価値および剰余価値の総量には影響するが。**」

◎ **転倒した諸観念の形成**

（528〜529 ／ 324〜325）「他方、商人資本の回転が商業価格におよぼす影響は、諸中間項の非常に詳細な分析をしなければ、<u>まったく恣意的な価格の規定</u>——……——を前提するかのように見える諸現象を示す。ことに、回転のこのような影響によって、<u>あたかも流通過程そのものが</u>、一定の限界内では生産過程にかかわりなく、<u>諸商品の価格を規定するかのように見える。</u>

　<u>再生産の総過程にかんするすべての表面的で転倒した見解</u>は、商人資本の考察から引き出されたものであり、<u>商人資本特有の諸運動が流通代理人たちの頭のなかに呼び起こす諸観念から引き出されたものである。</u>……（中略）……商人や相場師や銀行家の諸観念は、必然的にまったくさかさまである。」

❼ **商人資本全体の平均値を前提**

（530 ／ 326）「なお自明のことではあるが、それぞれの商業部門における商人資本の回転にかんするこのような法則は——……——この部門に投下されている<u>商人資本全体が行なう諸回転の平均にだけあてはまる。</u>」

〔補足説明①〕第18章の恐慌規定の位置づけについて

　第三篇第15章での恐慌規定と第18章での「新たな」恐慌規定（項目❹の①〜⑧、<u>新しい恐慌の運動論</u>）との間に「断絶」があるという不破哲三氏の評価（第15章末尾の〔補足説明③〕）については、なお以下のような検討すべき余地があるように思われる。

　① 第15章の末尾の〔補足説明②生産と消費の矛盾＝恐慌の発展した可能性〕に示したように、周期的全般的（一般的）過剰生産恐慌は、「労働者によって消費されるべき商品」、「資本家によって消費されるべき商品」が、ともに「<u>消費と（資本の）価値増殖とのあいだの適正な〔比例〕関係を保持するには過多に</u>」、つまり（資本の本性である）<u>価値増殖にとって</u>（価値増殖運動をこれ以上継続することが困難になるほどに、それゆえ資本そのものが生産活動継続の「制限」となるほどに）<u>過多に生産されていること</u>が、<u>市場において</u>、大量の売れない商品の発生、在庫の増大を生み、そのために、生産活動のストップ、倒産、失業者の排出・増大等として<u>発現すること</u>（矛盾の爆発＝<u>顕在化</u>）を意味した。

　② このことは、——（①と同じく）第15章末尾の〔補足説明②〕で見たように——第三篇第15章においても、「生産力が発展すればするほど、<u>生産力は、消費諸関係が</u>

立脚する狭い基盤とますます矛盾するようになる。この矛盾に満ちた基盤の上では、資本の過剰が人口過剰の増大と結びついているのは、決して矛盾ではない。」（⑨分冊、417／255）と説明されており、また本第四篇の後続の章・第五篇第30章「貨幣資本と現実資本Ⅰ」においても、「現実の恐慌の究極の根拠」として、次のように述べられている。──

「……労働者たちの消費能力は、一部は、労賃の諸法則によって制限され、一部は、労働者たちは、彼らが資本家階級のために利潤をもたらすように使用されうる限りにおいてしか使用されないということによって制限されている。すべての現実の恐慌の究極の根拠は、依然としてつねに、資本主義的生産の衝動と対比しての、すなわち、（あたかも）社会の絶対的消費能力だけがその限界をなしているかのように生産諸力を発展させようとするその衝動と対比しての、大衆の貧困と消費制限である。」（⑪分冊、835／501）

③　第18章での（新たな──不破氏による）恐慌規定（項目❹の①〜⑧）は、資本の生産過程（資本主義的生産のいわゆる「深部」）における、資本の「衝動」としての商品の過剰生産、過剰資本の累積が、資本の流通過程（資本主義的生産のいわゆる「表面」）に発現し顕在化するに至るまでの事情・経路の説明であると思われる。

「流通部面内における産業資本の運動以外のなにものでもない」商人資本の「自立化」が、「再生産過程をその制限を越えてまでも推進」することにより、生産過程（深部）における「生産と消費の矛盾」・生産過程で進行する「過剰生産」の発現を引き延ばしうるとしても、そのこと自体が、当の「生産と消費の矛盾」・「過剰生産」をよりいっそう深刻化させ、「外見的な繁栄に一挙に終末をつける」「崩落」に帰結する以上、恐慌は、なによりもまず、第15章「この法則の内的矛盾の展開」、特にその第一節の項目❸「直接的搾取の諸条件と搾取の実現の諸条件の矛盾」、第二節「生産の拡張と価値増殖との衝突・矛盾」、第三節「人口過剰のもとでの資本過剰」において明らかにされた、資本の生産過程（深部）に生まれる諸矛盾の解明こそが不可欠であり、それを基礎においた上で、それら諸矛盾の流通過程（表面）における発現経路の考察がなされにければならないと思われる。したがって第15章は、克服済みの古い見解の残存したもので削除さるべき部分だとみなすべきではない。

不破氏の言われる、第18章の「新たな」恐慌規定（恐慌の運動論）は、第15章における、「深部」の論理段階での恐慌規定を基礎に置いたその補完、と位置づけるべきであろう。

＊　また不破氏は、『「資本論」完成の道程を探る』において、第15章は「資本主義的生産の

没落の必然性」、「資本の強力的転覆」の必然性を述べたものと捉えていたが、恐慌は諸矛盾の周期的な暴力的解決➡新しい産業循環の開始を告知するもの、とそこでは捉えられていた点（435／265）が見落とされてはならない。

第19章　貨幣取引資本

〔解題〕貨幣取引資本の自立化（要点）

（532／327）

「① 産業資本および商品取引資本─………─の流通過程において貨幣が遂行する純粋に技術的な諸運動、この諸運動は、それが自立して一つの特殊な資本の機能となり、この特殊な資本がこの諸運動を、そしてこの諸運動だけを自分に特有な諸操作として営むようになれば、この資本を貨幣取引資本に転化する。

② 産業資本の一部分、さらに立ち入って言えば商品取引資本の一部分も、絶えず貨幣形態で、貨幣資本一般として、存在するだけでなく、この技術的な諸機能にたずさわっている貨幣資本として存在するであろう。いまや、総資本のうちから一定の部分が分離して、貨幣資本──その資本主義的機能は、もっぱら産業資本家たちおよび商業資本家たちの全階級のためにこの諸操作を遂行することにある──の形態で自立化する。

③ 商品取引資本の場合と同様に、〔貨幣取引資本の場合も〕貨幣資本の姿態で流通過程に現存する産業資本の一部分が分離して、残りの資本全体のために再生産過程上のこの諸操作を行なう。したがってこの貨幣資本の諸運動も、これまた、自己の再生産過程中にある産業資本の自立化した一部分の諸運動でしかないのである。」➡均等な率での利潤の分与に参画する。

❶ 貨幣の運動の起点と終点

（532〜533／327〜328）「資本が新たに投下される場合にのみ、かつその限りでのみ──蓄積の場合にもまたそうであるが──、貨幣形態にある資本が運動の起点および終点として現われる。しかし、ひとたび自己の運動の過程にはいってしまっているどの資本にとっても、起点も終点も、通過点として現われるだけである。」

❷ 貨幣の支払・収納という技術的操作は特別の労働を形成する

（533 〜 534 ／ 328）「① 貨幣がここで流通手段として機能するか支払手段として機能するかは、商品交換の形態に依存する。どちらの場合にも、資本家は、つねに多くの人々に貨幣を支払い、つねに多くの人々から貨幣の支払いを受けなければならない。

　② **貨幣支払いおよび貨幣収納のこの単に技術的な操作は、特別の労働を形成する**のであり、この労働は、貨幣が支払手段として機能する限りでは、差額計算や決済行為を必要とする。

　③ この労働は、**一つの流通費であり、決して価値を創造する労働ではない。**

　④ この労働は、それが特殊な一部類の代理人たちまたは資本家たちによって残りの全資本家階級のために遂行されることによって、**短縮される。**」

❸ 蓄蔵貨幣の保管

（534 〜 535 ／ 328 〜 329）

　「① **資本の一定部分は、つねに蓄蔵貨幣として、潜勢的な貨幣資本として、現存しなければならない**——購買手段の準備金、支払手段の準備金、貨幣形態のままで使用を待っている遊休資本として現存しなければならない。また、資本の一部分は、つねにこの形態で還流する。

　② **このことは、〔貨幣〕収納、支払い、および簿記のほかに、蓄蔵貨幣の保管を必要にし、これもまた一つの特殊な操作である。**……

　③ 資本のうち、資本機能そのものから分離され、貨幣として実存する部分のこの恒常的な運動、**この純粋に技術的な操作、それが、特殊な労働および費用——流通費——の原因になるのである。**」

❹ 貨幣取引資本の登場

（534 〜 535 ／ 328 〜 329）

　「① **分業の結果、**……この技術的諸操作は、可能な限り、資本家階級全体のために一つの部類の代理人たちまたは資本家たちによって専属の機能として行なわれるようになるか、またはこれらの人々の手に集中するようになる。

　② それはこの場合にも、商人資本の場合と同様に、二重の意味での分業である。**それは特殊な営業となる。**…… それは集中されて大規模に営まれる。

　③ **ところがまた、この特殊な営業の内部に、**…… **分業が生じる**（……）。貨幣の支払い、収納、差額の決済、当座勘定の処理、貨幣の保管などが、これらの技術的諸操作を必要にさせる諸行為から分離されて、**これらの諸機能に前貸しされた資本を貨幣**

取引資本にする。」

❺ 貨幣取引業は国際交易から発展する

（535 ～ 536 ／ 329 ～ 330）「**貨幣取引業──貨幣商品の取引業──は、なによりもまず国際交易から発展する**。」……

① 国内鋳貨と外国（現地）鋳貨、さまざまな鋳貨と**世界貨幣**としての未鋳造の純銀もしくは純金との両替➡**両替業が生じる**──「近代的貨幣取引業の自然発生的な基礎の一つ。」

②「そこから発展してくるのが**振替銀行**であり、そこでは、**銀（または金）**が流通鋳貨とは区別された**世界貨幣として**──いまでは**銀行貨幣**または**商業貨幣**として──機能する。**為替業**は、……すでにローマおよびギリシアでも、本来の両替業務から発展していた。」☞　〔原注 43〕要留意。

❻ 地金取引業

（537 ／ 330）「**商品**（奢侈品製造のための原料）**としての金銀の取引は、地金取引業の、**すなわち世界貨幣としての貨幣の諸機能を媒介する商業の、**自然発生的な土台をなしている**。この貨幣のこれらの機能は、……二重である。すなわち、……（略）……」

❼ 両替業と地金取引業─貨幣取引業者の本源的形態

（537 ～ 538 ／ 330 ～ 331）「世界貨幣としては、① 国内貨幣はその局地的性格を脱ぎ捨てる。ある国内貨幣が他の国内貨幣で表現され、こうしてすべての**国内貨幣がそれぞれの金銀純分に還元される**が、

② 他方、同時に**この金銀**は、どちらも世界貨幣として流通する二商品として、**つねに変動するそれら相互の価値比率に還元されなければならない。この媒介を貨幣取引業者は自分の特殊な営業にする。**

③ こうして、**両替業と地金取引業とは、貨幣取引業のもっとも本源的な形態**なのであり、それらは、貨幣の二重の機能──すなわち国内貨幣としての機能および世界貨幣としての機能──から生じるのである。」

❽ 単なる預金出納業者から貨幣取引業者へ

（538 ～ 9 ／ 331 ～ 2）「資本主義的生産過程からも、また商業一般からも──前資本主義的生産様式のもとでさえ──、次のことが生じる。」

第一に、蓄蔵貨幣としての貨幣の収集。蓄蔵貨幣の第一の形態。第二の形態。

第二に、貨幣の支出、受領、支払の決済。

第Ⅱ部　第一編　第二編　第三編　第Ⅲ部　第一編　第二編　第三編　第四編　第五編　第六編　第七編

　「これらすべてのことを、貨幣取引業者はさしあたり商人と産業資本家たちのための**単なる預金出納業者**として行なうのである。」

（540／332）「貸し付けおよび借り入れの機能ならびに信用取引が、貨幣取引業のその他の諸機能と結合するようになれば——……——、**貨幣取引業は完全に発展している**のである。これについては、**次篇、利子生み資本のところで述べる。**」

❾ 地金取引そのもの
（540／332）「地金取引そのもの、すなわち一国から他国への金銀の移転は、商品取引の結果でしかないのであり、それは、**国際的諸支払いの状態およびさまざまな市場における利子率の状態を表現する為替相場によって規定されている。地金取引業者自体は、その諸結果を媒介するだけである。**」

❿ 産源地からの貨幣材料の調達
（540〜541／332）「**産源地からの貨幣材料**——金および銀——**の調達について言えば、それは、**直接的商品交換、すなわち商品としての金銀と他の商品との交換に帰着し、したがって、それ自身、鉄その他の金属の調達と同様に、**商品交換の一契機である。**」

⓫ 貨幣取引業の役割
（542〜543／334）「**〔既述の内容の再確認〕。**……したがって、貨幣取引業は、われわれがここで考察しているような**純粋な形態**では、すなわち**信用制度から切り離された形態**では、商品流通の一契機すなわち**貨幣流通の技術と、この貨幣流通から生じる貨幣のさまざまな機能とに、関係するだけである。**

　このことが、貨幣取引業を商品取引業から本質的に区別するのであり、……」

⓬ G—G'（G＋⊿G)・⊿Gの源泉
（543〜544／334）「貨幣資本が、一つの特殊な部類の資本家によって、貨幣流通のこのような技術的媒介に前貸しされる限りでは——……——、**資本の一般的形態であるG—G'は、ここにも現存する。**Gの前貸しによって、この**前貸しをする人のためにG＋⊿Gが生み出される。**しかし、G—G'の媒介は、ここでは、変態の本質的な諸契機に関係するのではなく、その技術的な諸契機に関係するだけである。

　貨幣取引業者たちが取り扱う貨幣資本の総量は、……明らかである。また、**彼らの利潤が剰余価値からの控除にすぎないということも同様に明らかである。**というのは、彼らは、すでに実現されている価値（たとえ債権の形態で実現されているだけで

あるとしても）にかかわりをもつだけだからである。」

第Ⅱ部
第一編
第二編
第三編

第Ⅲ部

第一編
第二編
第三編
第四編
第五編
第六編
第七編

第20章　商人資本にかんする歴史的スケッチ

〔解題〕本章の要点

(1) **近代的商業資本と前近代の商業資本**

① **近代的商業資本**——産業資本の流通過程における流通資本が独自な資本種類として自立化したもの。

② **商業資本一般は**、商業とともに資本主義的生産様式よりもはるかに古いのであって、それは、「**資本の、歴史的にもっとも古い自由な実存様式である。**」(548／337)

(2) **商人資本の歴史的役割**

① 商人資本の発展が「資本主義的生産様式の発展にとっての歴史的前提」と言われるのは、それによる**貨幣財産の集積**がなされ、また個々の顧客にたいする販売ではなく大量販売が可能となる限りにおいてである。(551／339)

② 商人資本と商業の発展は、交換価値目当ての生産を発展させることにより、既存の生産組織に対して、「多かれ少なかれ分解的に作用」(560／344)するが、しかし、「**商人資本の発展**」は、**それだけでは、旧生産様式から新生産様式への移行を説明することができない。**(551〜552／339)

③ （それどころか）**他方においては**、「商人資本の自立的な発展は、社会の一般的な経済的発展に反比例する。」——資本主義的生産の発展が阻害されることになる。

➡**前期的商人資本は**、生産地域間の価格差から「**譲渡利潤**」を獲得するが、それは、**自生的生産の発展（➡産業資本の発展）を阻害する**。☞章末の〔補足説明②〕

❶ 商品取引資本・貨幣取引資本の自立化について

(545／335)「……**商人資本**——商品取引資本の形態をとるにせよ、貨幣取引資本の形態をとるにせよ——**を、産業資本の一つの特殊な種類とみなすことほどばかげたことはありえない**。どの産業資本も、自己の再生産過程の流通局面にあるあいだに、商品資本および貨幣資本として、商人資本がこの二つの形態で専属に果たす機能として現われるものとまったく同じ機能を果たすということを単に観察するだけでも、この粗雑な見解は不可能にならざるをえないであろう。

　逆に、**商品取引資本**および**貨幣取引資本**においては、**生産資本**としての（生産部面における）産業資本と流通部面における同じこの資本との区別が、次のこと、すなわち、資本が流通部面で一時的にとる一定の諸形態および諸機能が、資本の分離した部分の自立的な諸形態および諸機能（商品取引資本および貨幣取引資本のそれら）として現われ、もっぱらこの分離資本部分に閉じ込められているということによって、自立化されているのである。**産業資本の転化形態（商人資本＝商品取引資本および貨幣取引資本）**と、異なる生産に投下されている**生産諸資本**のあいだの、異なる産業諸部門の性質から生じる、**素材的な諸区別（鉱業資本、農業資本など）**とは、天と地ほどの違いがある。」

❷ 古典派ならびに俗流経済学批判（1）

（546〜547／335〜337）「**経済学者**は、一般に、形態の諸区別を粗雑に考察し、実際には素材的側面にしか自分の関心をよせないが、**俗流経済学者の場合には**、この粗雑さのほかに、さらに二通りのことがこうした取り違えの基礎になっている。**第一に**、商業利潤の独自性を解明する能力が彼にはないこと、**第二に**、彼の弁護論的な次のような努力、すなわち、　資本主義的生産様式　——……——の独特な形態から生じる商品資本および貨幣資本という諸形態、さらには商品取引資本および貨幣取引資本という諸形態を、生産過程そのものから必然的に生じる諸姿態として導き出そうとする努力（が見られないこと）。」

❸ 古典派ならびに俗流経済学批判（2）

（547〜548／336〜337）「スミス、リカードウなどのような偉大な経済学者たちは、資本の基本形態、すなわち産業資本としての資本を考察し、流通資本（貨幣資本および商品資本）は、実のところ、それ自身が各資本の再生産過程における一局面である限りでこれを考察しているにすぎなのであるから、**一つの独自な種類としての商業資本については当惑している**。産業資本の考察から直接導き出される価値形成・利潤などにかんする諸命題は、商人資本には直接には当てはまらない。それゆえ彼らは、**商人資本を事実上まったく無視し**、これに言及するのは産業資本の一種類としてのみである。」

❹ 商業・商業資本は古くから存在した

（548〜549／337）「われわれは、これまで、……商人資本を考察してきた。しかし、**商業だけでなく商業資本もまた、資本主義的生産様式よりも古く、実際には資本の、歴史的にもっとも古い自由な実存様式である。**……（中略）……

　　商業資本は流通部面に閉じ込められており、その機能は、もっぱら商品交換を媒介することにあるから、この資本が実存するためには——直接的な交換取引から生じる未発展な形態を度外視する——単純な商品流通および貨幣流通に必要な諸条件以外にはどのような条件も必要ではない。またはむしろ、**単純な商品流通および貨幣流通は、商業資本の実存条件である。**

　　商品として流通にはいり込む諸生産物がどのような生産様式の基盤の上で生産されるにせよ——**原始共同体の基盤**の上でにせよ、**奴隷生産の基盤**の上でにせよ、**小農的および小ブルジョア的生産の基盤**の上でにせよ、**資本主義的生産の基盤**の上でにせよ——このことは商品としての諸生産物の性格を変化させないのであり、商品としては、諸生産物は交換過程およびそれにともなう形態諸変化を通過しなければならない。……

　　ただ一つ必要なことは、この両極が商品として現存することであり、……**商人資本は、商人資本にとって与えられた前提であるこの両極の運動、諸商品の運動を媒介するだけである。**」

❺ 商業の発達と生産様式

(549／337～338)「① 生産が商業にはいり込み、商人の手を通っていく範囲は、生産様式に依存しており、**資本主義的生産が十分に発展したとき**——生産物がもう商品としてだけ生産され、直接的な生活維持手段としては生産されないとき——**にその最大限に達する。**

　　② 他方、どの生産様式の基盤の上でも、商業は、生産者たち（ここでは諸生産物の持ち主たちと解すべきである）の**享受と蓄蔵貨幣とを増やすために、交換にはいり込むべき余剰生産物の生産を促進する。**したがって、**商業は、生産にたいしてますます交換価値をめざすという性格を与えるのである。**」

◎　商人資本の特徴的運動としての G―W―G'

(550／338)「① 商人資本は、商品交換を媒介するだけであるが、しかし、この商品交換を、はじめから直接的生産者たちのあいだの商品交換であるとだけ解してはならない。**奴隷関係、農奴関係、貢納関係**（原始共同体が考察される限りでは）**においては、生産物の持ち主、すなわち生産物の販売者は、奴隷所有者であり、封建領主であり、貢納を受領する国家である。**……

　　② しかし、生産諸部面—……—の社会的組織がどのようなものであろうとも、**商人の財産**は、つねに貨幣財産として実存し、彼の貨幣はいつも資本として機能

する。**その形態は、いつも G─W─G' である**。交換価値の自立的形態である貨幣が出発点であり、**交換価値の増殖が自立的目的である**。

　商品交換そのもの、およびそれを媒介する諸操作─……─は、**単に富の増殖のでなく、交換価値という一般的社会的形態での富の増殖**の、単なる手段として行なわれるものである。**推進的動機および規定的目的は、G を G＋⊿G に転化することである**。G─G' という行為を媒介する G─W および W─G' という行為は、G の **G＋⊿G** へのこの転化の過渡的契機として現われるだけである。

　③ **商人資本の特徴的運動としてのこの G─W─G'** は、使用価値の交換を最終目的としてめざす**生産者たち自身のあいだの商品取引 W─G─W** とは異なる。それゆえ、生産が未発展であればあるほど、それだけ貨幣財産が商人の手に集中するか、またはそれだけ商人財産の独特な形態として現われるであろう。」

❻ 前近代の商人資本の役割・資本主義発展との関係

（551 ～ 552 ／ 339）「① **資本主義的生産様式の内部では**─……─商人資本は、特殊な一機能を営む資本としてだけ現われる。**それ以前のすべての生産様式のもとでは**、また生産が生産者の生活諸手段の直接的生産であればあるほどますます、**商人資本であることが、資本の"典型的"機能として現われる**。……

　② 商人資本の実存および一定程度の発展は、それ自体が資本主義的生産様式の発展にとっての**歴史的前提**である。（一）それは、貨幣財産の集中という先決の条件としてそうであり、また（二）資本主義的生産様式は、商業のための生産を前提とし、個々の顧客にたいする販売ではなく大量販売を、したがってまた、自分の個人的欲求を満たすために買うのではなく**多数の人々の購買行為を自分の購買行為に集中する商人**を前提とするからである。

　③ **他方**、商業資本のあらゆる発展は、生産にますます交換価値をめざすという性格を与えるように、諸生産物をますます商品に転化させるように作用する。けれども、**商人資本の発展は、……それだけでは、ある生産様式の他の生産様式への移行を媒介し説明するには不十分である**。」

　☞ （552 ／ 339）〔原注 46〕要留意。☞章末の〔**補足説明②**〕参照。

❼ 中継商業とその利得の源泉

（554 ～ 555 ／ 341）

　「① 商人資本の自立的な発展は資本主義的生産の発展度に反比例するという法則は、ヴェネツィア人、ジェノヴァ人、オランダ人などの場合のように、**中継商業**（"中

継貿易"）の歴史においてもっともよく現われており、したがってこの場合には、おもな利得は、自国の諸生産物の輸出によってではなく、商業的および一般に経済的に未発展な諸共同体の諸生産物の交換を媒介することによって、そして両方の生産国を搾取することによって、得られる。……これこそ商人資本形成の主要源泉である。

②　しかし、諸国民―……―の経済的発展が進むのと同じ割合で、この中継商業の独占、それにともなってこの商業そのものが衰退していく。……これこそ、資本主義的生産の発展につれて商業資本の産業資本への従属が現われる一つの特殊な形態にすぎない。」☞〔原注47〕要留意。

⑧ 等価交換と商人

（556／342）「諸生産物が交換される量的な割合は、はじめはまったく偶然的である。……継続的な交換、および交換のためのいっそう規則的な再生産は、こうした偶然性をしだいに 取りのぞく。しかしそうなるのは、……貨幣価格を比較してその差額を懐に入れる商人にとってである。商人は、彼の運動そのものによって、等価性を措定する。」

⑨ 商業による共同体の解体

（557／342～343）「資本主義社会に先行する諸段階では商業が産業を支配するが、近代社会ではその逆である。もちろん、商業は、……諸共同体に多かれ少なかれ反作用するであろう。商業は、……生産をますます交換価値に従属させるであろう。それによって、商業は、古い諸関係を分解する。……とはいえ、こうした分解作用は、生産する共同体の性質におおいに依存する。」

⑩ 詐欺とペテンによる商業利潤は略奪とも結合

（557～558／343）「商業資本が、未発展な諸共同体の生産物交換を媒介する限りでは、商業利潤は詐欺とぺてんのように見えるだけではなく、その大部分は詐欺とぺてんとから生じる。……〔未発展な〕生産諸様式のもとでは、……商人資本は、一部には、諸共同体―……―のあいだの中継商人としてそうするのであり、一部には、……商人の取引相手である剰余生産物のおもな所有者たち――奴隷所有者、封建領主、国家（たとえば、東洋の専制君主）――が享楽的富を象徴するからであり、この富に商人が罠をかけることは、……すでにA・スミスが正しく嗅ぎ出したとおりである。したがって、商業資本が優勢な支配力をもつところではどこでも、それは略奪制度をなしており、……暴力的略奪、海賊、奴隷狩り、植民地における圧制と直接に結びついていることに、それが見られる。……」☞〔原注48〕要留意。

（560 〜 567 ／ 344）この後に、商業と商業資本と「古い生産様式」との関係についての記述続く。☞章末の〔補足説明②〕参照。

❶ 商業の発展・資本主義の発展
（561 〜 563 ／ 345 〜 346）

　「① 16世紀および17世紀には、**地理上の諸発見にともなって商業に生じた**、商人資本の発展を急速に高めた大きな諸革命が、封建的生産様式の資本主義的生産様式への移行を促進する主要な一契機をなすということは、疑う余地のないことであり、**そしてこの事実こそは、まったく誤った見解を生み出したのである**。

　② **世界市場の突然の拡張**、……これらのものが、生産の封建的諸制限を粉砕するのに本質的に貢献した。**とはいえ**、近代的生産様式は、その第一期であるマニュファクチュア時代には、そのための諸条件が中世内部で生み出されていたところでだけ発展した。**たとえば**、**オランダをポルトガルと比較せよ**。……（中略）……**商業の覇権も**、いまでは、**大工業の諸条件の大なり小なりの優勢と結びついている。たとえば、イギリスとオランダとを比較せよ。支配的商業国としてのオランダの没落の歴史は、商業資本の産業資本への従属の歴史である**。

　③ **前資本主義的、国民的生産様式の内的な堅固さと編制**とが商業の分解作用に対抗して設ける障害は、インドおよび中国とのイギリス人の交易に適切に示されている。」

　　インド―土地の共同所有にもとづく村落共同体、工＝農生産の統一の太古的＝不可分的部分
　　中国―略、ロシア―略　　〔原注49、50、51〕要留意。

　◎　**封建的生産様式から資本主義的生産様式への移行**

（564 〜 567 ／ 347 〜 349）「**封建的生産様式から〔資本主義的生産様式へ〕の移行は、二重の仕方で行なわれる**。

　① **生産者が商人兼資本家になって**、農業的自然経済に対立し、また中世的都市工業の、同職組合に結合された手工業に対立する。**これが、現実に革命的な道である**。

　② そうでなければ、**商人が生産を直接に支配する**。あとの道が、どれほど歴史的に移行として作用しようとも――……――、**この道は、それ自体としては、とうてい古い生産様式を変革するものではなく、むしろ古い生産様式を保存し、それ**

を自己の前提として保持する。

　　➡フランスの絹工業、イギリスの靴下およびレース工業、ロンドンの手工業的
　経営の家具製造業

（566〜567／348）「したがって、**三通りの移行**が行なわれる。**第一**には、商人が
　直接に産業家になる。一例えば、15世紀イタリアの奢侈品工業。**第二**には、商
　人が小親方たちを自分の中継商人たち（"仲介人たち"）にしたり、あるいは直接
　に独立生産者からさえも買いつける。……**第三**には、産業家が商人になって、直
　接に商業のために大規模に生産する。」

◎　**重商主義と近代経済の真の科学**

（568〜569／349）「**近代的生産様式の最初の理論的論究──重商主義──**は、必
　然的に、商業資本の運動において自立化している**流通過程の表面的な諸現象から
　出発し**、それゆえ外観だけを取り上げた。それは、①　**一部には**、商業資本は資
　本一般の最初の自由な実存様式だからである。②　**また一部には**、商業資本が封
　建的生産の最初の変革期、近代的生産の成立期においておよぼす圧倒的な影響の
　ためである。③　**近代経済の真の科学は、理論的考察が流通過程から生産過程に
　移行するところではじめて始まる。**……」

〔補足説明②〕前期的資本の性格について

　　第20章「商人資本にかんする歴史的スケッチ」の内容にかかわる資料として、大塚
久雄「前期的資本の歴史的性格─流通過程から利潤を抽出する─」（『大塚久雄著作集、第
三巻・近代資本主義の系譜』岩波書店。1969年）からその一部を以下に紹介します。
　**近代の資本主義社会に登場する産業資本と、前近代の社会に生成した「前期的資本」
の基本的性格の相違を**、簡潔に活写した論文です。

　　　　　　　　　　　　　　　　＊⑴⑵……、（　　）、下線やゴチは中川による

〔一〕

　⑴　近代的経済社会は、……通常「資本主義」と呼ばれているが……そこでは、人間
生活にたえず生活物資を供給するところの「生産」は、資本家が賃金労働者を雇用し、
彼らをもって組織する産業経営体（マニュファクチュア・工場・近代的農場）を基軸とし
て、遂行され（ている。）（412頁）

　⑵　資本の生産過程は、大体において、16世紀の西欧に発端し、18世紀末以降確立さ

れることになるのであるが、いま、「資本」をこうした**特殊歴史的な規定性をもつ「産業資本」（資本制生産）**の意味に厳密に解することなく、**きわめて抽象的・形式的に「自己を増殖するところの価値」**一般、いわば利潤の追求とか金儲けというほどに解するならば、……やや誇張した表現を許されるなら、それは「**人類の歴史とともに古い**」のである。

　……近代以前の（社会の）諸段階ないし諸時代に見出されるところの「資本」は、（特殊歴史的な範疇である）産業資本と範疇的に異にしている。したがって、**こうした古い性格の「資本」をば**、近代的なそれと区別して、一般に「**前期的資本**」と呼ぶべきである……。（413頁）

〔二〕

　（3）われわれは前期的資本が、近代的なそれと異なって、**「資本の生産過程」をもっていないということに注意しなければならない**。……（しかしその資本は）現実に利潤を獲得し「自己を増殖する価値」として作用するのである。が、それはいかにして可能となるのであろうか。……

　生産過程をもたずして、しかも利潤を獲得するとすれば、それはひとまず流通過程からであることは明らかであろう。そして流通過程から利潤が獲得されるとすれば、等価交換ならぬ**非等価交換**、すなわち**価値以下に買って価値以上に売るという方法**以外では不可能であることも明らかであろう。**前期的資本が存在しかつ自己増殖の活動を行うのは、まさしく、こうした非等価交換の地盤の上においてなのである**。（413〜414頁）

　（4）価値法則（等価交換への必然性）が、**生産力の低位**とそれに照応する**経済外的な諸制約**のゆえに、自己を実現しようとしてもそれを妨げられているという、**すぐれて過渡的な状態**、こうしたものこそ前期的資本が利潤を獲得するために不可欠な前提条件なのである。……

　こうした意味において前期的資本の活動が、そもそもその根底において、経済的ではなく、むしろ**経済外的強制に結びつくような歴史的性格**をはらんでいることを看過してはならない。（414〜415頁）

　（5）やや誇張した例をとってみよう。あのヴァスコ・ダ・ガマがアフリカの南端を迂回して初めてインドに到着した頃、彼がカリカットで買い入れた**胡椒100ポンドの価格は2〜2・5ダカット**であった*。これを**リスボン**に持ち帰って**40ダカットで売った**のである。この莫大な利潤にあずかるために、多くの商人たちがこの貿易に参加するにいたった。その結果、胡椒の価格はたちまちに**100ポンド20ダカットへと大幅に下落**

した。そして、その下落が一層はなはだしくなるのを阻止するために、ポルトガル王が**王室独占**を企てることになったのである。

　その後も長く、あの世界市場アントワープにおいては胡椒の価格が商船隊の成功不成功によって**きわめて非合理な動き**をみせており、その結果、一方では**取引所で盛んな投機**が行われたし、他方ではこの**動きを有利に固定**しようとして、しばしば**経済外的な独占**が形成されたのであった。（415 頁）

　　＊　ダカット（Ducat ドゥカート）金貨。ダカット金貨は国際的交易の発展とともに、様々な
　　　　国で発行されてきたものですが、そもそもは 14 世紀にヴェネツア共和国によって発行さ
　　　　れ、諸国に広がりました。直径約 2cm、重さ約 3.545g、品位 99.47％の純金製。

　(6) さきに、前期的資本は流通過程から利潤を**抽出する**といい、**作出する**とはいわなかった。この点は十分注意されねばならない。前期的資本は非等価交換というメカニズムを通じて**流通過程から利潤を抽出する**のであるが、しかし、もとより、**それを作出したり**、**生産したり**するのではない。

　それでは**前期的資本が獲得するところの利潤は**、**いったいどこで作出されるのであろうか**。いうまでもなく、前期的資本がその活動の基盤としているところの**近代以前的な諸社会構造**──アジア的であれ奴隷制的であれ封建制的であれ──**に特有な生産過程においてである**。

　すなわち、前期的資本は、あるいはアジア的なあるいは奴隷制的なあるいは封建制的な、ともかく近代以前的な姿の生産過程において**作出された余剰生産物をば**、**非等価交換の流通機構を通じて貨幣形態で獲得するのである**。前期的資本は何らか自己独自の生産過程をもつのではなく、むしろ近代以前の……生産諸様式の上に**寄生し**、そうした生産過程において**作出**された余剰生産物をばただ**分け取る**にすぎない。（➡保守的たる根拠）（415 ～ 416 頁）

〔三〕

　(7)（前期的資本の）活動の中心は……流通過程のうちにあり、**非等価交換の可能性を利用して商略や欺瞞、時には強力によって安く買い高く売ること**──あの掛値と値切りの掛け引きまたは腹芸や押し売り──**こそが本領なのである**。……著しく投機的な色彩を帯び、またゲーテが（『ファウスト』）において「商業と戦争と海賊とは三位一体で切り離し得ない」とメフィストにいわせているように、押しも押されぬ**経済外的な暴力**に直ちに転化しうるのも全くそのためである。（416 ～ 417 頁）

　(8) 資本を「商品」の形態に止めておくのが前期的資本にとってはきわめて危険であ

ること——近代の資本家のばあいには財産を貨幣の形態で置いておくことが止むをえない害悪となるのとは正反対に、**前期的資本家は絶えず貨幣を流通過程の外に引き出し、貨幣財産として堆積しようとする**。すなわち**文字通り「金持ち」になろうとする**。あの千両箱を積み重ねている豪商の姿にほかならぬ。(417 頁)

(9) 前期的資本は、ほぼ以上のような歴史的性格をもつのであるが、終わりに一言はっきり指摘しておきたいのは、こうした**前期的資本の発達自体のなかからは、近代の産業資本やその基礎をなす近代的生産様式が決して出てこない**ということである。(418 頁)

〔補足説明③〕　「幕藩体制」下の商品経済について

イギリスが「**先発**資本主義国」であるのに対し、日本やドイツは「**後発**資本主義国」です。

明治維新を画期に、「近代化」が短期間に強力に進められていきますが、では維新以前の　「徳川幕藩体制」下の「前期的」商品経済は、どのようなものであったのでしょうか。——以下では、粕谷誠『ものづくり日本経営史』(名古屋大学出版会、2012 年) の第 1 章の内容を紹介しておきます。ただし全文ではなく、要約したものです。

〔1〕江戸時代の法と制度

江戸時代は、基本的に封建社会の特色をもっており、武士・百姓・町人その他の身分が存在し、居住や移動も自由ではなかった。……武士および商工業者が城下町に集住し、武士が農村の農民から米で年貢 (封建地代……中川) を収集する**石高制**と**兵農分離**の体制は、武士による余剰米の売却と商工業者からの商品購入、商工業者による米を含めた商品の売買、……自給率は高かったものの農民による米を中心とする農作物の売却、鍬などの農具をはじめとするさまざまな商品の購入、という**商品流通を不可欠としていた**。農民は米のみならず色々な商品作物を生産し、さらには多様な副業に従事し、農閑期を中心に町場に出稼ぎも行っていた。

このように商品生産が盛んになったのは、**検地帳**に記載された農民が事実上の土地所有権をもち、さらに**享保改革期** (吉宗、1716 ～ 45 年) 以降の**定免法**＊のもとでは、生産の増加分が農民に帰属したため、生産を増加させるインセンティブを農民がもっていたことによるところが大きい。また幕府・諸藩は専売などさまざまな手段を講じたものの、増大した米以外の産物からの新たな年貢や**運上金**＊＊の徴収を有効におこなえなかったことも、商品生産を促進したといえる。江戸時代は、地域的な時間差をともないつつ、**最小の費用で最大の効果を得ようとする経済行動が基本である「経済社会」となっていった**。ここに種々の企業経営がみられることになる。ここでは江戸時代のメカニズ

ムを支えたさまざまな制度と経済の発展を概観しておく。

> ＊**定免法**─過去（5 〜 20 年）の実績に基づいて年貢高を定め、一定期間、毎年の豊凶にかか
> わらず定額を徴収。
>
> ＊＊**運上金**─商・工・漁猟・運送などの営業者に課した雑税。

(1) 対外貿易

鎖国への政策転換の結果、日本人の出国禁止、外国人の居住限定（出島・唐人屋敷）。

① 長崎を通じるオランダ、中国（清）、② 対馬を通じる朝鮮、③ 薩摩を通じる琉球、④ 松前を通じる蝦夷（アイヌ）、との交易が幕府の管理下で行われることに留まる。

初期には銀が輸出されたが、やがて銅や海産物に変わり、輸入では、中国産生糸（白糸）、絹織物、綿布等が①②の経路で行われたが、貿易制限や国内での生産増加により減少。

(2) 法制度

① **民事裁判**が行われ、1718 年の江戸街奉行所の民事訴訟件数は 35,750 件にのぼり、広く定着。② 各藩も裁判権をもっていたが、領主の異なる取引に関する訴訟は幕府の評定所が担当。**公事方御定書**などの法令集や先例にのっとって判決が下された。③ 江戸では、民事訴訟を受け付けない**相対済令**＊が発布され、債券取り立てに長い時間のかかる**切金**＊＊制度があったが、大阪にはなく商取引が迅速になされた。天保改革期（1831 〜 45）に江戸も大阪に倣うようになる。④ 発明を保護する仕組みはなく、商標も保護されず疑似商標が横行した。

> ＊**相対済令**：金銭貸借、売り掛け金などをめぐる紛争は当事者間で解決するように、という令。
> ＊＊**切金**：金をさまざまな形に鋳造しておき、必要に応じて切り、秤にかけて使用した貨幣。

(3) 株仲間

幕府は当初は、織豊政権の「**楽市楽座**」＊を継承して、商人の仲間組織の結成を認めていなかったが、次第に認知されるに至る（田沼意次── 1772 年に老中──が冥加金と引き換えに結成を容認）。株仲間は、仲間商人の利害を守る独占組織の一面を持つが、メンバーの数が固定されないことも多く、商取引や基準や習慣を決めて、取引を促進する機能を担った。

> ＊**楽市楽座**：商人を城下町に集めるため、独占的な市座の特権を廃止し、新規の商人にも自由な営業を認知。

(4) 土地所有権

　17 世紀中に小農の「自立」が進み検地帳に記載された者が**事実上の土地所有者**となっていった。1643 年に「田畑永代売買禁止令」が各藩レベルでも出されたが、「**質地**」を通じて事実上売買が行われていった。村役人がその結果を「**登記**」し取引が保護されていた。

　都市の町人地には「**沽券状**」（売り渡しの証文）が発行され、売買も可能であった。町役人がその結果を「**登記**」し保護。

(5) **貨幣制度**

　全国統一の貨幣制度の整備＝**三貨制度**（金銀銭）。ただし貨幣間の交換比率が固定されず、相場が立ち、かつどの貨幣も通用制限がなかった。金貨が 1 両＝ 4 分＝ 16 朱の 4 進法で、**品位と量目**を定める**計数貨幣**であったのに対し、銀貨は**品位のみ**を定める秤量貨幣で、大型の丁銀、小型の豆板銀があり、単位は 1 貫＝ 1,000 匁＝ 3.75kg であった。

　貿易の影響の強かった西日本では銀貨が、弱かった東日本では金貨が主に用いられた。1772 年には、南鐐（美しく良質の）二朱銀の発行が始まった。これは銀製の貨幣でありながら、二朱という金貨の単位をもつ計数貨幣であり、8 枚で 1 両となる。幕府は、丁銀・豆板銀を回収し、一分銀・二朱銀・一朱銀・といった**金の単位をもつ貨幣**を鋳造していったので、19 世紀には秤量貨幣はほとんど流通しなくなった。

　銭貨は、1636 年から寛永通宝が発行され、日常的な少額取引の手段として全国に普及していったが、1739 年にはそれまでの銅銭に加えて、鉄銭の鋳造も始まった。単位は銭 1 貫＝ 1,000 文。——ほかに**藩札**も発行されていた。

〔2〕**導入技術の改良・普及と教育**

　江戸後期には、武士と一部の庶民に教育を与える**藩校**、藩が庶民のために設立した**郷学**、高レベルの教育を施す**私塾**、庶民に読み書き算盤の初歩的教養を与える寺子屋などさまざまな教育機関が発展。幕末の寺子屋数 7 万 5 千、就学率 4 割、識字率 8 割（推計）。

〔3〕**全国市場の形成と展開**

(1) **織豊政権**——関所を廃止し、通行税を廃止した。徳川幕府は、関所は残したものの通行税は課さなかった。

(2) **運輸**

街道の整備。しかし馬車の通行禁止。軍事上の理由から大きな川に架橋せず。

　　商品輸送を担ったのは主に海運（と河川舟運）——東回り・西回りの航路整備。上方と江戸の間は**菱垣廻船**＊、**樽廻船**＊就航—— 1700 年代末には衰退。理由：北前船、尾州廻船、奥筋廻船等の新興海運業者の成長にとって替られた＊＊。

　　＊**菱垣廻船**：江戸十組問屋<ruby>十組問屋<rt>とくみどいや</rt></ruby>と大阪二十四組問屋に属し、主に幕府・諸藩の荷物を回漕し、公の保護を受ける。**樽廻船**は、江戸と大阪の間の酒樽を運送。

　　＊＊いずれも沿岸航路船のため小型船だった（中川）➡外洋には適さず、そのため悪天候による「**難破**」被害多発。以下余談——**江戸期の難破・漂流**をテーマとした多くの作品を、故吉村昭が遺している。☞吉村昭『漂流記の魅力』（新潮新書）

(3) 市場の形成

① 江戸前期

　最重要の米価——全国の領主米集散市場としての大阪（堂島の米市場）と各地方の米価は、大阪との距離が近いほど連動し、かつ遠距離でも海運の便があると連動度が上昇しており、統一的な市場を形成していた。

　大阪・京都を中心とする**幾内が経済の先進地**であり、主に手工業製品を生産していた——地方領国は、米を大阪で販売しその代金で手工業製品を購入。江戸は新開の消費都市。幕府の財政収入で大阪から物資を購入。大坂は、**領主金融市場**としての地位をも確保。

　　【余談】「酒田照る照る、堂島曇る、江戸の蔵前雨が降る。本間様には及びもないが、せめてなりたや殿様に」　☞　酒田＝日本一の大地主で廻船問屋を兼ねた本間家、堂島＝米市場の中心地、蔵前＝江戸の米商人。➡それら三者の「繁栄・力の差」の謂い。

② 江戸後期

　地方領国での特産物生産が成長し、さらに農村工業が発展するに連れて、幾内の競争力が低下。また江戸周辺での農業・絹綿業の発展を軸に、「**江戸地廻り**」の経済圏が発展＝幾内への依存度の低下が生じた➡江戸の集荷力向上、地方領国間の交易も拡大して、大阪の米価支配力が低下。

(4) 所謂「豪商（前期的資本）」について

① 江戸、大阪の都市整備・建設需要に応えた「**豪商**」

② **荷受問屋**、**仕入問屋**、保管（**倉庫**）業。——これらはまた、（特定地域に特化した営業をする）**国問屋**、（特定商品に特化した営業をする）**専業問屋**に分かれるが、のちには相互乗り入れや転換が図られていった。

〔4〕江戸期の経済発展

(1) 第一段階（17世紀〜18世紀初葉）

　沖積平野の開発➡**耕地拡大**、**農業生産増大**、**人口増大**、1人当たりの耕地面積は減少したが、労働集約化により**土地生産性は上昇**。

(2) 第二段階（1730年〜19世紀初頭）

　耕地面積・人口は停滞するが実収石高は着実に増大。乾田化による裏作の増加、肥料の投入増加による生産の増大、農具の改良、綿、菜種、藍など商品作物の増加。

(3) 第三段階（19世紀）

　耕地面積、**人口**、**実収石高がともに増加**。一人当たり耕地面積は横ばいながら、1人当たり石高、単位面積当たり石高はともに増加。農家副業＝**農村工業も発達**。

〈第五篇〉
利子と企業家利得への利潤の分裂。
利子生み資本〔E書簡で「重要」指定章が複数あり〕

〔解説①〕本篇の「草稿」と「現行版」の異同について

　第五篇は、新書版二分冊（⑩⑪）で約500頁、章の数が21章から36章まで16という長篇です。しかもこの篇が、「主要な困難をきたしたのは、この**第三部全体のなかで実際にもっとも錯綜した対象を取り扱っている**」篇であるとエンゲルスが述べている篇です。しかも、残されていた「草稿」を編集するに当たり、エンゲルスによって、「表題を含む章節編成、記述の削除や変更など、もっとも多くの手が加えられていた」*こと、「そこには読者に無用の混乱を与えるものも少なくない」*と言われている篇です。多くの訳注が付されているのはそのためです。「草稿」と「現行版」の異同に留意して下さい。——そこでまず、宮田惟史氏が作成された「草稿」の第5章と現行版第五篇との対応表を見ておきましょう。

　　*宮田惟史「マルクス信用論の課題と展開」（大谷禎之介・前畑憲子編『マルクスの恐慌論』桜井書店、2019年10月、707頁）

草稿第3部第5章 利子と企業者利得（産業利潤または商業利潤）とへの利潤の分裂。利子生み資本	現行版第3部第5篇 利子と企業者利得とへの利潤の分裂。利子生み資本
1）〔表題なし〕	第21章　利子生み資本
2）利潤の分裂。利子率。利子の自然率	第22章　利潤の分裂。利子率。利子率の「自然的な」率
3）〔表題なし〕	第23章　利子と企業者利得
4）利子生み資本の形態における剰余価値および資本関係一般の外面化	第24章　利子生み資本の形態における資本関係の外面化

第21章　利子生み資本 （E 書簡で「非常に重要」指定章）

〔解題〕利子生み資本と利子

　生産過程の外にあって、① 社会に滞留しているいっさいの**遊休貨幣資本**を動員して再生産過程の拡張を媒介しつつ、② それに寄生し吸着し、利潤の一部を利子として取得する**独自の資本範疇としての利子生み資本**の本質を解明する。

　その際、① 貨幣が本来貨幣としてもつ使用価値（諸機能）のほかに、**貨幣資本として機能する（利潤を生むための手段となる）という「追加的使用価値」**を持つものとなること、

　② この属性において、貨幣は本来の商品とは異なる**特殊な種類の商品（擬制された商品）**として、**取引の対象となること**が示される。

　利子は、機能資本家（産業資本、商業資本）が、貨幣所有者（所有資本家）から、利潤を生み出す貨幣の貸付を受け、一定期間後に、生み出された「利潤の一部」を所有資本家に支払うが、それは**貨幣の資本機能としての使用価値にたいする支払い**を意味するものであることが示される。

$$G—〔G—W\cdots\cdots P\cdots\cdots W'—G'〕—G'（G＋利子）〔貸付対象が産業資本家〕$$

$$G—〔G—W—G'〕—G'（G＋利子）\qquad〔貸付対象が商業資本家〕$$

＊この**利子生み資本の運動範式 G—G'** は、「より多くの貨幣を生む貨幣、両極を媒介する過程なしに自己を増殖する価値」・「資本が利子の、資本自身の増殖の、**神秘的で自己創造的な源泉**」として現われることを物語っていること。（➡第 24 章）

❶ 貨幣の追加的使用価値

（572 ／ 351）（資本主義的生産の基礎上では）「貨幣は、それが貨幣として有する使用価値のほかに、一つの**追加的使用価値**、すなわち資本（**自己を増殖させる価値）として機能するという使用価値**を持つようになる。」

❷ 利子とはなにか①➡「利子とはなにか②」で再規定

（573 ～ 574 ／ 351）「利潤のうち彼（機能資本家）が（貨幣資本の）持ち主に支払う部分は利子と呼ばれるのであり、したがって、これは、利潤のうち、機能資本〔家〕が自分のポケットに入れずに（貨幣）資本の持ち主に支払わなければならない部分を表す特殊な名称、特殊な項目にほかならない。」

❸ 利子生み資本の運動の特徴

——商業資本 G—W—G' と利子生み資本の運動 G—G—W—G'—G' の比較——

（581 ～ 582 ／ 355 ～ 356）「① 自分の貨幣を利子生み資本として増殖しようと思う貨幣所有者は、その貨幣を第三者に譲渡し、それを流通に投げ入れ、それを**資本としての商品**にする。彼自身にとってだけではなく、他者（借り手）にとっても資本としての商品にする。**それは、単にそれを譲渡する者にとって資本であるだけでなく、最初から資本として、剰余価値すなわち利潤を創造するという使用価値をもつ価値として、第三者に引き渡される**。それは、運動のなかで自己を維持し、自己の機能を果たしたのちに最初の支出者、この場合には貨幣所有者のもとに復帰してくる価値として、引き渡される。

② したがって、それは……一時的にのみその所有者の占有から機能資本家の占有に移るのであり、したがって、それは支払われてしまうのでも売り渡されるのでもなく、**ただ貸し付けられる**だけである。すなわち、それは、**一定期間後に**、第一に、その出発点に復帰し、ただし第二に、実現された資本として復帰し、その結果、**剰余価**

値を生産するというその使用価値を実現した資本として復帰するという条件のもとで、譲渡されるだけである。」

➡ （583／356）「<u>貸し出された資本は二重に還流する</u>。再生産過程において、それは機能資本家のもとに復帰し、次に、貸し手である貨幣資本家のもとへの移転として、資本の現実の所有者、資本の法律上の出発点への〔資本の〕返済として、もう一度復帰が繰り返される。」

（590／361）「一定期間にわたる貨幣の手放しすなわち<u>貸し付けと、利子（剰余価値）をともなうこの貨幣の回収（G—G'）、これが利子生み資本そのものにふさわしい運動の全形態である</u>。貸し付けられた貨幣の資本としての現実の運動は、貸し手と借り手とのあいだの<u>諸取引の外部にある操作</u>である。これらの取引そのものにおいては、この〔現実の運動の〕<u>媒介</u>は消えうせており、目に見えないし、直接にそこには含まれていない*。」

　　*「諸取引の<u>外部にある操作</u>」・「消えうせて」いる〔<u>現実の運動</u>〕の媒介とは、G—〔G—W—G'〕—G'における〔G—W—G'〕の部分を指している。その結果は、<u>G—G'</u>である。

❹ 利子とはなにか②

（593／363）「貸し手は、自分の貨幣を<u>資本として</u>支出する。彼が他人に譲渡する価値額は資本であり、それゆえ彼のもとに還流する。しかし、彼のもとへの<u>単なる復帰</u>は、資本としての貸付価値額の還流ではなく、貸し付けられた価値額の単なる返還であろう。<u>資本として還流するためには</u>、前貸価値額は、その運動において単に自己を維持するだけでなく、<u>自己を増殖し</u>、その価値の大きさをすでに増加させていなければならず、したがって、<u>剰余価値をともなって、G＋⊿Gとして復帰しなければならないのであり</u>、この場合この⊿Gは、利子、すなわち、<u>平均利潤のうち機能資本家の手中にとどまらずに貨幣資本家のもとにはいっていく部分</u>である。」

❺ 利子を資本という商品の価格というのは不合理

（598／366）「① 貸し手と借り手とは、いずれも同じ貨幣額を資本として支出する。しかし、それが資本として機能するのは、後者の手中においてだけである。同じ貨幣額が二人の人物にとって資本として二重に定在することによって、利潤が二倍になりはしない。<u>利潤の分割によってのみ、それは両者にとって資本として機能することができる</u>。貸し手のものとなる部分は、<u>利子</u>と呼ばれる。

　② 前提によれば、全取引は二種類の資本家、すなわち貨幣資本家と産業資本家ま

たは商業資本家とのあいだで行なわれる。**決して忘れてならないのは、ここでは資本と**しての**資本が商品であるということ**、または、**ここで問題にする商品は資本であるということ**である。それゆえ、**ここで現われるすべての関係は**、単純商品の立場からは、あるいはまた、再生産過程で商品資本として機能する限りでの資本の立場からは、**不合理であろう**。売買ではなく貸借であるということが、**ここでは商品──資本という商品**──**の独特な性質から生じる区別**である。

③　ここで**支払われるものが商品の価格ではなく利子である**ということも、同様である。もし利子を**貨幣資本の価格**と呼ぼうとするのであれば、それは**価格の不合理な形態**であり、**商品の価格という概念とまったく矛盾する。**」

〔**解説②**〕**項目❺の文意**

　価格の本来の概念は、商品の価値を貨幣で表現したものであったのに対し、「商品としての資本（貨幣資本）」の価格が利子であるとされるのは、「ある価値額が、……それ自身の貨幣形態において表現されている価格以外に、（それとは異なる・利子に示された）価格をもつことを意味し、**これは、本来の商品の価格概念と矛盾する、ということ**。──「資本」として機能する貨幣（資本）の、**貸付**・（利子を付しての）**返済という取引の関係**を、貨幣資本の「**商品（使用価値）」としての売買**になぞらえ、利子はその商品の「**価格**」であると捉えるのは不合理である、と批判している。

➡ **第22章の記述の先取り**

（620／379）「すでに見たように、利子生み資本は、商品とはまったく異なるカテゴリーであるにもかかわらず、**"特殊な種類の"商品**となるのであり、それゆえ**利子はその価格となる**のであり、この価格は、普通の商品の場合にその市場価格がそうであるように、いつも**需要と供給とによって固定される**。……（中略）……貨幣資本家たちがこの商品を供給して、機能資本家たちがそれを購入し、それにたいする需要を形成する。」

---

❻ **利子率➡詳しくは次章で**

（600／367）「資本は、その価値増殖によって自己が資本である実を示す。その価値増殖の程度は、……これを前貸しされた資本の価値と比較することによってのみはかることができる。それゆえ、**利子生み資本の価値増殖の大小（利子率）**も、**利子額**、す

なわち**総利潤のうち利子生み資本に帰属する部分を、前貸しされた資本の価値と比較**することによってのみはかることができる。」

第22章　利潤の分割、利子率、利子率の「自然」率
（E 書簡、同前）

> **〔解題〕利子率とその大きさ**
>
> **利子率の大きさ**について、それはどのようにして決まるかが考察される。

❶ 問題の限定

（605 ／ 370）「貸し手と借り手との競争、およびそれから生じる金融市場の比較的短期の諸変動」と「産業循環」の諸局面における変動は考慮の外に置く。

❷ 利子率の最高限度と最低限度

（605 〜 606 ／ 370）「最高限度は全利潤」➡全利潤 −「監督賃金」（後述）。「最低限度は規定することはまったくできない。それはどんな任意の低さにでも下落しうる。」

（608 ／ 372）「全利潤」➡「一般的（平均的）利潤率」が「利子を最終的に規定する最高限度とみなされるべきである。」

❸ 利子率は利潤率の変動から独立に低下する傾向もある（その二つの主要な原因）

（610 〜 611 ／ 373 〜 374）Ⅰ金利生活者の階級の増加➡資本の貸し手の増加、Ⅱ貨幣貯蓄の増加➡「貨幣資本として作用しうる大量に達すること」が利子率を「圧迫」➡利子率低下（後に詳述）

❹ 「平均利子率」と「自然的利子率」

（612 〜 613 ／ 374）「平均利子率を見いだすためには、（一）大きな産業循環中に生じる利子率の諸変動を通じる平均を計算し、（二）資本が比較的長期間貸し出されるような投資における利子率を計算しなければならない。**一国で支配する平均利子率は──つねに変動する市場利子率とは違って──決して法則によっては規定されえない。**経済学者たちが自然的利潤率と自然的労賃率とについて語るような意味での、**自然利子率というものは存在しない。**」

❺ 担保・貸付期間と利子率

（618／378）「借り手の提供する**担保の種類**に応じて、また**貸付期間**に応じて、利子率そのものがつねに相違するということは、確かにそのとおりである。しかし、これらの担保の種類ごとに、ある与えられた時点では利子率は一様である。したがって、それらの相違は、利子率の固定的で一様な姿態をそこなうものではない。」

❻ 市場利子率

（619／378〜379）「つねに変動している市場利子率のほうは、これは諸商品の市場価格と同様に、どの瞬間にも固定的な大きさとして与えられている。なぜなら金融市場では、つねに、すべての**貸付可能な資本が総量として機能資本に対立**し、したがって、一方における**貸付可能な資本の供給**と他方における**これにたいする需要との関係が、そのときどきの市場利子水準を決定するからである**。信用制度の発展およびそれと結びついたその集中が、貸付可能な資本に一般的社会的な性格を与え、これを一挙に同時に金融市場に投入するようになればなるほど、ますますそうなっていく。」

第23章 利子と企業者利得（E書簡、同前）

〔解題〕利潤の利子と企業者利得への分裂の意味すること

① 利潤の「量的分割」が「質的分割（利子・企業者利得）」をもたらすことについて、**利子は**、資本所有がそれ自体として（資本機能とは無関係に）**自ずからもたらす果実**、**企業者利得は、資本機能がもたらす果実**（産業利潤または商業利潤の形態をとる。そのドイツ的表現が企業者利得）、という相異があること、

② しかし、両者はともに剰余労働の所産であることが見失われ、**利子はたんなる資本所有の所産として現われ**、**企業者利得は**、機能資本家にとって、（賃労働・労賃と対立するものとしてではなく）「**利子に対立して、資本所有とはかかわりのないものとして、むしろ（資本の）非所有者としての、労働者としての、彼らの諸機能の結果として、現われる**。」（643／393）こと、

② そして、企業者利得は、資本を機能させる彼らの機能＝**指揮・監督労働**への

報酬＝監督賃金であるという「観念」が生じる、という次第が解明される。

　④　指揮・監督労働の担い手（支配人・管理人）について、**株式会社と労働者協同組合の異同**が考察される。

❶ 二種類の資本家

(627／383)「利潤の一部分を利子に転化し、一般に**利子というカテゴリーをつくりだすのは、資本家たちの貨幣資本家たちと産業資本家たちとへの分化**だけである。また**利子率をつくりだすのは、この二種類の資本家間の競争**だけである。」

❷ 「量的分割」が「質的分割」になるのはどうしてか

(630／385)「利潤の、**純利潤と利子**とへのこの**純粋に量的な分割**が、**質的な分割**に転化するということに、どうしてなるのか？……利潤の偶然的な量的分割が、どれもこのように質的分割に転化するわけではない。たとえば、（例は略）……量的分割が生じるのは、所有者が偶然に複数の法人格からなっている場合であり、そうでない場合には生じない。」

➡利子形成の現実的出発点

(631／385)「**貨幣資本家と生産的資本家**とは、法的に異なる人格としてだけでなく、再生産過程においてまったく**異なる役割を演じる人格として**、……**現実に相対し合っているという想定から出発しなければならない。一方は資本を貸す**だけであり、**他方はこれを生産的に使用する**。」

　　☞この点については、なお項目❺（635／388）に留意。

❸ 純利潤は利子によって規定される

(631／386)「借入資本をもって仕事をする生産的資本家にとっては、**総利潤は二つの部分に**——彼が貸し手に支払わなければならない**利子**と、**利子を超える超過分**で彼自身にたいする利潤の分け前（純利潤）をなすものとに——分かれる。……**機能資本家のものになる部分は利子によって規定されている**。というのは、この**利子**は（……）一般的利子率によって固定されており、**生産過程が始まるまえに**、すなわちその成果である**総利潤が獲得されるまえに**、**まえもって前提されている**からである。」

❹ 企業者利得

(632／387)「彼が総利潤のうちから貸し手に支払わなければならない**利子に対立して、**利潤のうち**彼に帰属するなお残る部分は、必然的に産業利潤または商業利潤の形態を**

とる。またはこの**両者を含むドイツ的表現**でこれを示せば、**企業者利得**という姿態をとる。」

---

❺**「資本所有の果実」としての利子・「機能資本の果実」としての企業者利得**
（633 ～ 635 ／ 387 ～ 388）

「① **機能資本家**は、ここでは、資本の非所有者であると想定されている。資本の所有権は、彼に対立して、貸し手すなわち**貨幣資本家**によって代表されている。

② したがって、彼が貨幣資本家に支払う**利子**は、総利潤のうちこの資本所有そのものに帰属すべき部分として現われる。これに対立して、利潤のうち能動的資本家に帰属する部分は、いまや**企業者利得**——もっぱら、彼が再生産過程において資本を用いて遂行する諸操作または諸機能から、したがってとくに、彼が企業家として産業または商業において行なう諸機能から、発生する企業者利得——として現われる。

③ したがって、彼にたいして**利子**は、**資本所有の単なる果実として、**……資本の再生産過程を捨象した**資本自体の単なる果実**として、現われる。これにたいして、彼にとって**企業者利得**は、彼が資本を用いて行なう**諸機能の独占的果実**として、**資本の運動および過程進行**——……——**の果実**として、現われる。

④ 総利潤の二つの部分のあいだのこの質的な分離、すなわち、利子は、**資本自体の果実**、生産過程を度外視した**資本所有の果実**であり、企業者利得は、……**生産過程で作用しつつある資本の果実**であり、それゆえ**資本の使用者が再生産過程で演じる能動的役割の果実**であるという、**この質的分離は、**一方では貨幣資本家の、他方では産業資本家の、単なる主観的な見解では決してない。それは**客観的事実にもとづいている。**

というのは、**利子**は、資本の単なる所有者であり、したがって生産過程以前に生産過程の外部で単なる資本所有を代表している貨幣資本家すなわち貸し手のもとに流れ込み、また**企業者利得**は、資本の非所有者である、単に機能しつつある資本家のもとに流れ込むからである。……（中略）……

⑤ 総利潤の両部分の、**あたかもそれらが二つの本質的に異なる源泉から生じたかのようなこの相互の骨化と自立化**とは、いまや、総資本家階級にたいし、また総資本にたいし、**確立されざるをえない。**」

➡ この**質的分割**は、（635 ／ 388）「使用される資本が借り入れたものであろうと

なかろうと、あるいはまた貨幣資本家に所属する資本が彼自身によって使用されようとされまいと」「確立されざるをえない。」

➡ 一人の資本家が、貨幣資本家であるとともに機能資本家でもある、という二重の性格＝「二つの人格」に分裂するケース、あるいは資本家階級のなかでの「二つの階層」の形成。

❻（636〜640／389〜391）**量的分割が質的分割に転化する「諸理由は……簡単に判明する」**

当の「理由」が、第一から第四まで記されている。ただし、第四は、「草稿」では空白（640／391）のため、実質は第三まで。

---

❼ **資本と賃労働との搾取・被搾取の関係＝対立関係が没却・消失する構図の現出**
（642〜643／392〜393）

① **利子**とそれを取得する**利子生み資本**においては、賃労働とは「直接に対立」せず、**企業者利得と機能としての資本とに対立する。**

（647／396）「利子は、二人の資本家のあいだの一関係であって、資本家と労働者のあいだの関係ではない。」

② また**企業者利得**とそれを取得する**機能としての資本**は、企業者利得が、平均利潤が所与として前提されていれば、利子率によって規定されるため、賃労働とは「直接に対立」しないで、**利子と利子生み資本**に対立する、という関係が現出する。

剰余価値＝（平均）利潤の、利子と企業者利得への分割➡その「**骨化と自立化**」・**相互対立の顕現**により、利子と企業者利得の基礎的前提をなす、**剰余価値をめぐる「資本と賃労働の対立関係」**が没却・消失してしまう。

---

❽ **企業者利得の「監督賃金（労働の監督にたいする賃金）」への転化という観念の展開**

（643〜644／393）「企業者利得は――賃労働にたいしてなんらかの対立をなすもの、また他人の不払労働（の結晶）にすぎないもの、であるどころか――① むしろそれ自身、労賃であり、監督賃銀、"労働の監督にたいする賃銀"であり、② 普通の賃労働者の賃銀より高い賃銀である――なぜなら、（一）彼の労働（監督機能）が複雑労働であるからであり、（二）彼は自分自身に労賃を支払うからである――という観念が展開される。」

❾ 指揮・監督労働

（648～649／396～397）「労働者たちとの対立において資本家に帰属する特殊な諸機能は、**単なる労働諸機能**として表わされる。……**搾取過程**そのものは、機能資本家が労働者とは違った労働（指揮・監督労働）を遂行するにすぎない**単なる労働過程**として現われる。」

（649～650／397）「監督および指揮という労働は、直接的生産過程が社会的に結合された一過程の姿態をとり、自立的生産者たちの個々ばらばらの労働としては現われないところでは、どこでも必然的に生じてくる。しかし、**この労働は、二重の性質をもっている**。」

　①「どの結合された**生産様式においても**遂行されなければならない生産的労働」としての性質。

　②「直接生産者としての**労働者と生産諸手段の所有者との対立を基礎とするすべての生産様式において**、必然的に発生する」労働の性質。

➡以下、古代の奴隷制、近代の（アメリカ合衆国の）奴隷制等についての例証続くが、「指揮・監督労働の二重の性質」については、第一部第四篇「相対的剰余価値の生産」第Ⅱ章「協業」において詳述されていた（訳書③分冊）。

---

❿ 「指揮・監督労働」を担う「支配人・管理人」の登場

（655～656／400）指揮・監督労働は、「資本所有からまったく分離されて、街頭でいつでも手にはいる」ものとなった＝「支配人」「管理人」の登場➡（658／401）「**資本家は余計な人物として生産過程から消えうせる**。」

　① **株式企業の場合**（657／401）──「一般に株式企業……が、**機能としてのこの管理労働を、**……**資本の占有からますます分離していく傾向を示すこと**……。」

　② 労働者の協同組合工場の場合（656／400）──「**監督労働の対立的性格はなくなる**。」

（657／401）「**管理賃銀は、**……**企業者利得からまったく分離されたものとして現われる**。」

第24章　利子生み資本の形態における資本関係の外面化（E書簡、同前）

> ### 〔解題〕G─G'における「資本の物神化」の完成
>
> 　利子生み資本の運動形態 G─G' において「資本の物神化」が完成していること
> を、第23章までの考察を踏まえて説明すること。

❶ 資本の物神的姿態と資本物神の観念の完成

（663 〜 665 ／ 404 〜 405）「利子生み資本において、資本関係はその<u>もっとも外面的で</u>
<u>物神的な形態</u>に到達する。ここでわれわれが見いだすのは、G─G'（G＋ΔG）、<u>よ</u>
<u>り多くの貨幣（G'）を生み出す貨幣（G）、両極を媒介する過程なしに自己自身を増</u>
<u>殖する価値</u>、である。」

<u>商人資本の場合</u>、G─W─G' → G─〔G─W─G'〕─G' の〔　〕が、「媒介する
　過程」

<u>産業資本の場合</u>、G─〔G─W……p……W'─G'〕─G' の〔　〕が、「媒介する
　過程」

（664 ／ 405）利子生み資本においては、「<u>自己自身を増殖する価値、貨幣を生む貨</u>
<u>幣──が純粋に仕上げられており</u>、資本は、この形態においては、もはやその<u>発</u>
<u>生のなんらの痕跡も帯びていない。</u>」

（665 ／ 405）「G─G'においてわれわれが見いだすのは、<u>資本の没概念的形態</u>、生
　産諸関係の<u>最高度の転倒と物化</u>であり、……<u>再生産から独立して</u>自己自身の価値
　を増殖する貨幣または商品の能力──<u>もっともきわだった形態での資本の神秘</u>
<u>化</u>」である。

（667 ／ 406）「利子生み資本においては、資本の運動が簡約に短縮されている。
　……（中略）……<u>利子生み貨幣資本において、……貨幣蓄蔵者の敬虔な願いが実</u>
<u>現されている。</u>」

第25章 信用と架空資本 (E書簡、同前)

> ### 〔解題〕考察する問題の限定──商業信用と銀行信用
>
> (680／413)「信用制度とそれがつくりだす諸用具（信用貨幣など）との立ち入った分析は、われわれの計画の範囲外にある。ここではただ、資本主義的生産様式一般の特徴づけに必要な二、三のわずかな点だけをはっきりさせておくべきであろう。そのさい、われわれは**商業および銀行業者信用だけを取り扱う**。右の信用の発展と公信用の発展との連関は考察しないでおく。」
>
> ➡ より詳しい内容の説明（特に後者について）は第29章でおこなわれる。

❶ 信用制度の発展①

(680〜681／413)「支払手段としての貨幣の機能、……債権者・債務者の関係」の発生について➡単純な商品流通（第Ⅰ部、第3章、第三節）で既述。

(681／413)

「① 商業が発展し、もっぱら流通を顧慮して生産する資本主義的生産様式が発展するにつれて、信用制度のこの自然発生的基礎は拡大され、一般化され、仕上げられる。

② 一般に、**貨幣はここでは支払手段としてのみ機能する**。すなわち商品は、貨幣と引き替えにではなく、一定の期限に支払うという**書面による約束**と引き換えに販売される。この支払約束をわれわれは、簡単化のために、すべてをまとめて、**手形**という一般的カテゴリーのもとに総括することができる。

③ これらの手形は、それ自体また、その**満期＝支払日**にいたるまで**支払手段として流通する**。そして、これらは本来の**商業貨幣**を形成する。

④ これらの手形は、**債権債務の相殺によって最終的に決済される限りでは、絶対的に貨幣として機能する**。というのは、その場合には、貨幣への最終的な転化は生じないからである。

⑤ 生産者たちと商人たちどうしのこの**相互的前貸し**が信用の本来の基礎をなすのと同じように、彼らの流通用具である**手形**は、**本来の信用貨幣である銀行券*等々の基礎をなす**。

⑥ **この銀行券等々は**、貨幣流通──金属貨幣の流通であるか国家紙幣の流通であるかを問わず──に基礎をもつのではなく、**手形流通に基礎をもっている**。」

　＊銀行券＝銀行業者の、**持参人一覧払の約束手形**

➡ (683／414)「〔為替〕手形は、裏書きにより、所有権を人手から人手に移転する

限りでは、貨幣から独立した流通手段（"通貨"）であることは疑いない。」（J・W・ボウズンキト）

❷ 信用制度の発展②

（685 〜 686 ／ 415 〜 416）

「① 信用制度のもう一つの側面は、**貨幣取引の発展**に結びついており、資本主義的生産においては、この貨幣取引の発展は、もちろん、商品取引の発展と歩調をそろえて進められる。

② 前篇（第四篇第19章）で見たように、事業者たちの準備金の保管、貨幣の受け払いや国際的支払いの技術的諸操作、それゆえまた地金取引は、**貨幣取引業者たちの手に集中される**。

③ この貨幣取引と結びついて、**信用制度のもう一つの側面**、利子生み資本あるいは貨幣資本の管理が、貨幣取引業者たちの特殊的機能として発展する。**貨幣の貸借が彼らの特殊的業務となる**。彼らは貨幣資本の現実の**貸し手と借り手との媒介者**として現われる。

④ 一般的に言えば、**銀行業者の業務は**、この面から見れば、貸付可能な貨幣資本を自分の手に大量に集中し、その結果、個々の貨幣の貸し手に代わって銀行業者たちが、**すべての貨幣の貸し手の代表者として、産業資本家たちおよび商業資本家たちに相対することにある**。彼らは、**貨幣資本の一般的な管理者**になる。

⑤ 他方では、彼らは、商業世界全体のために借りるのであるから、**すべての貸し手にたいして借り手を集中する**。

⑥ 銀行は、一方では、**貨幣資本の集中**、**貸し手たちの集中**を表わし、他方では、借り手たちの集中を表わす。銀行の利潤は、一般的に言えば、自分が貸す場合よりも安い利子で借りることにある。」

❸ 貸付可能な資本の集中 （要点のみ摘記）

（686 〜 687 ／ 416）「……貸付可能な資本は、いろいろな方法で銀行に流れ込む。」第一に、**準備金**。第二に、**預金**。最後に、**徐々にしか消費されないはずの収入の預け入れ**。

❹ 貸付の方法

（687 ／ 416 〜 417）「貸し付けは（……）は、(1) **手形の割引**——手形を満期前に貨幣に換えること——によって、また、(2) **さまざまな形態での前貸し**、すなわち、① 対人信用による直接前貸し（無担保）、② 国庫債券（国債）やあらゆる種類の株式（や社

債）など利子生み証券を担保とする前貸し、③……船荷証券・倉庫証券・その他の証明ずみ商品所有権利証書にたいして行なわれる前貸し、④ 預金を超える当座貸越（当座預金口座への）などによって、行なわれる。」

❺ 銀行業者の与える信用の諸形態

（687 〜 688 ／ 417）「さて、銀行業者の与える信用はさまざまな形態で与えられうるのであり、たとえば、① 他の銀行あての手形、② 他の銀行あての小切手、③ 同種の信用開設（顧客の当座勘定への預金設定）、最後に、④ 発券銀行の場合にはその銀行の自己銀行券で与えられる。」☞章末の〔補足説明①〕参照。

➡「**銀行券とは**、いつでも持参人に支払われうる、銀行業者によって（信頼度の低い）個人手形に置き換えられる、（支払いの確実な）銀行業者あての手形にほかならない。」

➡「この最後の信用形態は、素人にはとくに目につく重要なものに見える。なぜなら、**第一に**、この種の信用貨幣は、単なる商業流通から出て一般的流通にはいり、ここで貨幣として機能するからである。また〔**第二に**〕、たいていの国では、銀行券を発行する主要銀行は、**国家的銀行**と**私営銀行**との奇妙な混合物として実際にはその背後に**国家信用**をもち、その銀行券は多かれ少なかれ**法定の支払い手段**＊であるからである。また〔**第三に**〕、銀行券はただ流通する**信用章標**を表わすにすぎないので、銀行業者が商売の対象にするのは**信用そのもの**であるということが、ここで明瞭になるからである。」

　＊「法定の支払い手段」は、「草稿」では、法貨（legal tender）となっていた。

　以上の考察において、マルクスが明らかにしようと企図したのは、**銀行が信用形態を創り出し、貸し付けによって銀行営業の資本を創造することを明らかにすること**であった。なお、第 28 章で、この問題に立ち戻る旨が述べられている（689 ／ 417）。

➡ 689 頁 3 行目以下では、1845 〜 47 年の産業循環の諸局面の展開に即して、**銀行信用の拡張がいかにして過剰取引と過剰供給をもたらしたか**、が考察されている。そのなかに、695 頁冒頭の ¦われわれが見たように、から 699 頁の本文末尾¦まで、**エンゲルスのコメント**がある。

---

❻ 内容の 5 項目（Ⅰ〜Ⅴ）への整理

（700 ／ 423）Ⅰ 1847 年の恐慌中の国債証券および株式のたいへんな価値減少について

〔補足説明①〕　銀行の信用創造

⑴ 銀行の信用創造①

　銀行が直接に信用を貸付けることによって「**無準備**」の銀行債務を創り出し、しかもこの「**無準備**」の銀行債務が**貨幣に転化することなく**、そのままの形態で──**絶対的に貨幣として**──**機能**し、**貨幣にとって代わる**とき、銀行は信用を、または**信用貨幣を創造**したと言われる。

⑵ 銀行の信用創造②　預金通貨──典型的な信用貨幣

　銀行は貸出に際して、自行の銀行券を発行するという方式をとることが元来の方法であった。その後それに代えて貸出額だけの預金を「借り手」の「**当座勘定**」*に設定し、「借り手」は、これにあてて**小切手**を振り出すという方法が取られるようになった。──これを「**帳簿信用の開設**」という。この「帳簿信用の開設」という貸出方法の変更に伴って、預金銀行制度も広汎に形成されていく。「帳簿信用の開設」による信用の創造及び貸付は、「**預金の振替**」と「**手形交換**」**という支払決済制度の発展**に伴われて急速に発展した。中央銀行による銀行券発行の独占により、私営の普通銀行は、預金の創設による貸付と、その信用の「相互決済」の制度を普及させた。

　すなわち、「帳簿信用の開設」によって銀行が創造した信用は、同一銀行内部におけるたんなる「**帳簿上の振替**（行内交換）」により、あるいは「**手形交換所**」における異種銀行間の「**小切手の相互交換**（行外交換）」により、**現金なしで相互に決済される**ようになった。この場合には、貨幣への終局的な転形がなんら生ぜず、**手形も預金も完全に貨幣の代わりをする**からである。これが「**預金通貨**」──預金が引き出されて現金になることなく、**預金のままで通貨機能を担う「預金通貨」**である。

　「手形交換所」における交換尻の決済も、現金支払いではなく、**種々の銀行が中央銀行に開設している「預金勘定上のたんなる振替（帳簿信用）」**によって行われるようになる。

かくして、銀行による「無現金取引」は、その量においてもその範囲においても著しく発展した今日、**預金通貨の流通額は、銀行券のそれをはるかに凌駕するに至っている**。銀行券が主として**小口取引の決済手段**であるのに対し、預金通貨は**大口取引の決済手段**として、きわめて重要な貨幣機能を担っている。**預金通貨こそは今日における典型的な信用貨幣**と言ってよい（流通貨幣総額のうち、預金通貨はその80から90％を超える、というデータもある）。

> ＊「当座勘定（当座預金口座）」とは、口座所有者が必要に応じて、それに宛てて小切手を振り出すことにより、いつでも自由に払い戻しを請求できる預金であり、無利子である。企業・個人事業者間の「決済口座」として活用される。
>
> 　また日本銀行には、各銀行が「当座預金口座」を開設、銀行間の「資金決済」に利用したり、銀行が日本銀行から資金を引き出す際の資金源としている。

第26章　貨幣資本の蓄積。それが利子率におよぼす影響（E書簡、同前）

〔解題〕貨幣資本と現実資本・貨幣の前貸しと資本の前貸しの峻別

　① 貨幣資本の大きさとそれが利子率に及ぼす影響➡利子率の上昇を利潤率の上昇から説こうとすることによる、「貨幣資本」と「現実資本」の同一視・混同への批判、ならびに、② 銀行業者による手形の割引を、資本の前貸しと捉えること・「貨幣の前貸し」と「資本の前貸し」の区別をしないこと、への批判、が行われる。(これは、第28章で検討される問題の整理にもなっていることに留意。)

❶「通貨主義」について

(722／433)＊**訳者による注記**：「**通貨主義**」についての**説明**に留意。〔金が唯一真実の通貨であると前提して、物価は流通通貨の分量によって規定されるとする**貨幣数量説**に依拠し、金属通貨と銀行券が流通する場合にも、銀行券の分量を金の流出入に対応して調節すべきであるとする、**純粋金属通貨制を理想とする学説**。➡1844年のイギリスの**ピール銀行法**はこの考えをもとにしていた。これにたいするマルクスの批判については、……第34章……参照〕

❷ エンゲルスによる問題の整理

　途中エンゲルスが、自身のコメントを差し挟み、739頁までに扱ったオウヴァストン
の議論の「混乱」の中身を整理している。その件は以下の通り――

（740～743／443～445）｜ノーマンの場合にも、ロイド・オウヴァストンの場合にも、
　銀行業者はいつも〈資本を前貸しする〉者としてそこにおり、その顧客は銀行業者に
　〈資本〉を要求する者としてそこにいる。……（中略）……銀行業者は、貨幣形態で自
　由に使用できる社会的資本の――貸し付けの形態での――分配者の役をつとめること
　に慣れきっているので、銀行業者にとっては、彼が貨幣を手放すあらゆる機能が貸し
　付けのように思われる。彼が払い出すいっさいの貨幣が、彼にとっては前貸しのよう
　に見える。貨幣が直接に貸し付けとして支出されるならば、これは文字どおりに正し
　い。貨幣が手形の割引に投下されるならば、それは事実上、銀行業者自身にとって
　は、手形の満期までの前貸しである。こうして、前貸しでない支払いはできないとい
　う考えが彼の頭にこびりつく。しかも、この前貸しは、……銀行業者が顧客に、ある
　金額を貸し付けによって引き渡すと、それが後者の自由に使用できる資本をそれだけ
　増加させるという、特定の意味での前貸しである。こうした考えこそ、銀行の帳場か
　ら経済学に移されると、銀行業者が自分の取引顧客に現金貨幣で自由に使用させるも
　のは資本であるか、それとも単なる貨幣・流通手段・"通貨"であるか？という混乱
　した論争問題を生み出したものなのである。この――根本的には簡単な――論争問題
　を解決するためには、われわれは銀行の顧客の立場に自分をおいてみなければならな
　い。銀行の顧客がなにを要求し、なにを入手するのかが、問題である。

（1）無担保の「対人信用」だけでの貸し付けの場合➡追加貨幣資本の前貸しを入手す
　る。
（2）有価証券などを担保とした前貸しの場合➡返済を条件とした貨幣の前貸し、しか
　も前貸しを受ける貨幣額より担保の有価証券の額が大きい➡これは追加資本の前貸し
　ではなく貨幣の前貸しである。
（3）前貸しが手形の割引によって与えられる場合
　　➡銀行に手形を引き渡して、割引料を引いた金額を受け取ること。これは、現金と
　引き換えに行われる手形の（裏書による）所有権の銀行への移転であり、通常の商品
　の売買、「純粋な買いと売り」の関係と同じである➡正規の割引業務では、銀行の顧
　客は資本ででも貨幣ででも前貸しを手に入れるのではなく、売られた商品に代わる貨
　幣を手に入れるのである。したがって、顧客が銀行に資本を要求し、これを手に入れ

る場合は、**彼が単に貨幣を前貸ししてもらうとか、貨幣を銀行で買うとかいう場合と**
は非常にはっきり区別されている。……｝

➡以下（743／445）、マルクスが、第32、33章で、「要点について同じことを述べ
ている」ことを紹介する文章続く。

第Ⅱ部
第一編
第二編
第三編

第Ⅲ部

第一編
第二編
第三編
第四編
第五編
第六編
第七編

第27章　資本主義的生産における信用の役割（E書簡、同前）

〔解題〕「自立」した信用制度の再生産過程への「作用」の考察

　先行する二つの章における、信用形態と信用制度についての考察内容を、**資本の**
再生産過程から「自立」した信用制度に視点を据え、それの再生産過程への「作
用」の仕方を改めてまとめなおし、信用制度と利子生み資本の関連という、なお残
されたテーマへの橋渡しをすることが主題となる。──その際の問題項目は以下の
通り。

① **信用について、前章までに「われわれが引き出した一般的諸論点」4項目。**
　(a)　利潤率均等化の媒介（高利潤部門への追加資本の流入促進）
　(b)　流通費の節減
　　　・諸支払（信用）相殺
　　　・貨幣流通の速度の増大（再生産過程の流動性向上）
　　　・銀行券・預金通貨による貨幣の代位
　(c) 資本蓄積の加速（蓄積基金の積み立てを待つことのない投資）
　(d)　資本の集中を促進

② **株式会社制度・株式会社**
　(a)　資本調達機構➡資本集積機構
　(b)　〔(a)により〕高度に社会化された大規模生産を営む資本が、「私的資本に対
立する社会資本、直接に結合した諸個人の資本・結合資本の形態」をとることを可
能にする。
　　　　株式＝結合資本に対する「持ち分比例的な所有名義」
　　　　株式の資本価値＝「配当（剰余価値の持ち分比例的な取得分）÷利子率」
　　　　株式市場＝「株式」は、現実資本とはかかわりなく商品として売られ、そ

の価格は現実に機能しつつある資本価値とは直接には無関係に変動する。──「株式市場」という擬制市場の形成。

(c)　「資本所有と資本機能の分離」の内実とその評価

③ **株式会社と協同組合工場の歴史的意義の評価**
　　　　──新たな生産形態への「通過点」

(754／451)「これまで信用制度を考察したさいにわれわれが引き出した一般的諸論点は、次のようなものであった。

Ⅰ

(754／451)「**諸利潤率の均等化を媒介するための**、あるいは全資本主義的生産の基礎をなすこの均等化の運動を媒介するための、**信用制度の必然的な形成**。」

➡銀行が貸付可能な資本の保有者であることによって、迅速な追加資本の供給が可能となるため、とくに固定資本の不動性による**資本の移出入の困難を緩和する**ことができるようになる。

Ⅱ

(754〜755／451〜452)**流通費の軽減**。

　(一)「一つの主要な流通費は、……貨幣そのものである。**貨幣は信用によって三通りの仕方で節約される**。

A「取引の一大部分にとって、**貨幣がまったく必要とされなくなることによって（➡ 債券・債務の相殺による貨幣の節約）**」。

B「**通流する媒介物〔流通手段〕の流通が速められることによって**」➡銀行の行なう預金─貸付（割引）という操作に媒介されて、同一の貨幣片がなんども商品の価格の実現を行なうことによる**貨幣の節約**。「他方では、信用は商品変態の速度を、したがってまた貨幣流通の速度を、速める。」☞原注〔85〕に、フランスとイギリスの例が示されている。

C　「**紙券による金貨幣の代位**。」➡銀行券は一般流通に入り、**現金通貨**として機能し得るようになる。

(756／452)

　(二)「流通または**商品変態の**、さらには資本の変態の個々の局面の、**信用による加速**、またこのことによる再生産過程一般の加速。」➡ ① 商業信用による不変流動資

本（原料）等の入手が可能となれば、**購買手段準備金としての貨幣資本の保持を免れ、節約できる**。② 期限付の手形（①）を、一覧払の銀行券に転換することにより、資本の現金形態での先取り、還流によって**購買手段準備金としての貨幣資本の節約ができる**。➡他方では、信用は、G—W と W—G とを比較的長期にわたって分離することを許し、それゆえ**投機の土台**として役立つ。

Ⅲ

（756 〜 760 ／ 452 〜 454）**株式会社の形成。**

（756 ／ 452）

　（一）「**生産の規模の巨大な拡張**、——個別的諸資本にとっては不可能であった諸企業〔の出現〕。」政府企業の会社企業化。

（756 〜 757 ／ 452）

　（二）「それ自身**社会的生産様式に立脚して生産諸手段および労働諸力の社会的集積を前提とする資本が**、ここでは直接に、**私的資本に立脚する社会資本（直接に結合した諸個人の資本）の形態をとる**のであり、このような資本の諸企業は、私的諸企業に対立する社会的諸企業として登場する。それは、**資本主義的生産様式そのものの限界内での、私的所有としての資本の止揚である。**」

（757 〜 758 ／ 453）

　（三）「① 現実に機能している資本家の、**他人の資本の単なる管理人・支配人への転化**、資本所有者たちの、単なる所有者たち・**単なる貨幣資本家たちへの転化**。

　② 彼らの受け取る**配当**が利子および企業者利得すなわち総利潤を含む場合でも（……）、この**総利潤**は、いまでは（総利潤－監督賃金＝）**利子の形態でのみ**、すなわち**資本所有の単なる報償としてのみ受け取られる**。……こうして利潤（……）は、他人の剰余労働の単なる取得としてのみ現われるのである。——この剰余労働は、生産諸手段の資本への転化から、……現実に生産において活動するすべての個人にたいする他人の所有としての生産諸手段の対立から生じる。

　③ **株式会社においては、機能が資本所有から分離され**、したがって労働も、生産諸手段および剰余労働の所有からまったく分離されている。**資本主義的生産の最高の発展のこの結果こそ**、資本が生産者たちの所有に、ただし、もはや個々ばらばらな生産者たちの私的所有としての所有ではなく、**結合された生産者である彼らの所有としての、直接的な社会的所有としての所有に、再転化するための必然的な通過点である**。

　④ 他方では、それは、これまではまだ資本所有と結びついていた**再生産過程上の**

すべての機能が、結合された生産者たちの単なる諸機能に、社会的諸機能に、転化するための通過点である。

　⑤さらに論を進める前に、なお、経済学的に重要な次の点を注意しておかなければならない——利潤はここでは純粋に利子の形態をとるのであるから、こうした諸企業は、それらが単に利子を生み出すだけの場合にもなお可能であり、そしてこのことこそ、一般的利潤率の低下を阻止する原因の一つである。というのは、可変資本に比べ不変資本が巨大な比率を占めるこれらの企業は、必ずしも一般的利潤率の均等化には参加しないからである。」

　➡エンゲルスのコメント（758〜760／453〜454）、以下その趣旨➡次項⑥の「これこそは」の内容。——株式会社を「二乗にも三乗にもした」「新たな産業経営形態」が発展——生産の拡張の速さに追いつけない「市場」拡張の緩慢さ➡「慢性的過剰生産」➡行き詰まる「競争の自由」➡「生産調整のためのカルテル」結成➡「競争が独占に取って代わられ、総社会〔＝総会社〕すなわち国民による将来の収奪が申し分なく準備されているのである。—F・エンゲルス」

（760／454）

　⑥「これこそは、資本主義的生産様式そのものの内部での資本主義的生産様式の止揚であり、それゆえ自己自身を止揚する矛盾であり、この矛盾は"明らかに"新たな生産形態への単なる過渡期として現われる。この場合にそれは、こうした矛盾として現象にも現われる。それは、一定の諸部面で独占を生み出し、それゆえ国家の干渉を誘発する。それは、新たな金融貴族を、企画屋たち、創業屋たち、単なる名目だけの重役たちの姿をとった新種の寄生虫一族を再生産する。すなわち、会社の創立、株式発行、株式取引にかんするぺてんと詐欺の全体制を再生産する。これは、私的所有の統制を欠く私的生産である。」

Ⅳ

（760〜761／454〜455）信用制度・株式会社・労働者協同組合工場
　「株式制度——………——を度外視しても、信用は、個々の資本家または資本家とみなされる人に、他人の資本および他人の所有、それゆえ他人の労働にたいする、一定の制限内での絶対的な処分権を提供する。自己資本にたいする処分権ではなく社会的資本にたいする処分権は、資本家に社会的労働にたいする処分権を与える。」

（761〜762／455〜456）①（資本主義的生産様式の「出発点」を画した）「収奪の実行がこの生産様式の目標であり、しかもその目標は終極的にはすべての個人からの生産諸手段の収奪であり、この生産諸手段は社会的生産の発展につれて、私的生産の諸手段お

よび私的生産の諸生産物であることをやめ、いまではもはや、**結合された生産たちの手中にある生産諸手段、それゆえ彼らの社会的所有でありうるにすぎなくなる**──生産諸手段はそれが結合された生産者たちの社会的生産物であるのと同様に。

　② しかし、**この収奪は**、資本主義体制そのものの内部では、対立的姿態で、**少数者による社会的所有の取得として、現われる**。

　③ そして**信用は、この少数者にますます純然たる山師の性格を与える**。所有はここでは**株式の形態**で実存するので、**所有の運動および移転は取引所投機の純然たる結果となる**のであり、そこでは小魚たちは鮫たちにのみ込まれ、羊たちは取引所狼たちにのみ込まれる。

　④ 株式制度のうちには、古い形態──……──との対立が確かに実存する。しかし、**株式形態への転化自体は**、まだ依然として、**資本主義的諸制限に閉じ込められている**。それゆえこの転化は、**社会的富としての富の性格と私的富としての富の性格との対立を克服するのではなく、この対立を新たな姿態につくりあげるにすぎない**。」

（763～764／457）「古い形態の内部では、**労働者たち自身の協同組合工場は、古い形態の最初の突破である**──……。しかし、**これらの協同組合工場の内部では、資本と労働との対立は止揚されている**──たとえ最初には、組合としての労働者たちが彼ら自身の資本家であるという、すなわち、生産諸手段を彼ら自身の労働の価値増殖に使用するという、形態においてにすぎないとしても。**これらの工場は**、物質的生産諸力の、およびこれに照応する社会的生産諸形態の一定の発展段階においては、**いかにしてある生産様式からある新たな生産様式が自然に発展し形成されるのかを示す**。」

（764／456）「**信用制度**は、資本主義的私的企業が資本主義的株式会社に漸次的に転化するための主要な基盤をなすのと同じように、多かれ少なかれ国民的な規模での協同組合企業の漸次的拡大の手段を提供する。**資本主義的株式企業は、協同組合工場と同様に、資本主義的生産様式から結合的生産様式への過渡形態とみなされるべきであるが、ただ対立が、前者では消極的に止揚され、後者では積極的に止揚されるのである**。」

☞章末の〔補足説明②〕参照。

◇次章以降の考察に先立って

（764／457）「これまでわれわれは、信用制度の発展──および、そのうちに含まれている**資本所有の潜在的止揚**──を、おもに産業資本と関連させて考察してきた。**以下の諸章では、信用を利子生み資本そのものと関連させて**──信用が利子生み資本におよぼす影響、ならびにそのさいに信用がとる形態を──**考察する**。そしてそのさい、

一般的になお若干の、とくに経済学的な注意（論評）が述べられなければならない。
　　☞第28章の内容

（764～765／457）「**あらかじめ、なお次のことだけ**〔を述べておこう〕──

　① **信用制度が過剰生産**および**商業における過度投機の主要な梃子として現われる**とすれば、それはただ、その性質上弾力的である再生産過程が、ここでは極限まで押し広げられるからであり、しかもそれが押し広げられるのは、社会的資本の一大部分がこの資本の非所有者たちによって使用されるからである。

　② この非所有者たちは、それゆえ、資本の所有者自身……とはまったく違ったやり方で仕事に熱中する。……すなわち、**資本主義的生産の対立的性格にもとづく資本の価値増殖**は、ある一定の点までしか現実的な自由な発展を許さず、したがって、実際には**生産の内在的な束縛と制限をつくりだす**のであり、**この束縛と制限は信用制度によってつねに突破される**ということが、それである。

　③ それゆえ、**信用制度は、生産諸力の物質的発展および世界市場の創出を促進する**のであり、これらのものを、**新たな生産形態の物質的基盤としてある程度の高さにまでつくりあげることは、資本主義的生産様式の歴史的任務である**。それと同時に、**信用は、この矛盾の暴力的爆発、すなわち恐慌を、それゆえ古い生産様式の解体の諸要素を促進する**。」

（765／457）「**信用制度に内在する二面的性格**──**一方では、**資本主義的生産の動力ばね、すなわち、他人の労働の搾取による致富を、もっとも純粋かつ巨大な賭博とぺてんの制度にまで発展させ、社会的富を搾取する少数者の数をますます制限するという性格、しかし**他方では、**新たな生産様式への過渡形態をなすという性格──**この二面性こそは、**ローからイザアク・ペレールにいたる**信用の主要な宣伝者にたいして、ぺてん師でありまた予言者である**という、**彼ら特有のゆかいな混合性格を与えるものである。**」

　　　　　　　〔補足説明②〕　労働者協同組合工場論

（１）Ⅲ と Ⅳ で展開された①「**株式会社論**」と②「**労働者協同組合工場論**」は、**第Ⅰ部第七篇第24章末尾における、資本主義的生産様式が達成した未来社会の土台＝基礎的前提に関する下記の内容**──諸資本の「集中……と相ならんで、ますます増大する労働過程の協業的形態、科学の意識的な技術的応用、土地の計画的利用、**共同的にのみ使**

用されうる労働手段への労働手段の転化、結合された社会的な労働の生産手段としてのその使用によるすべての生産手段の節約、世界市場の網のなかへのすべての国民の編入、したがってまた資本主義体制の国際的性格が、発展する」(1306 ／ 790) を継承し、より具体的な次元に引き上げて発展させたものと位置づけられるであろう。

（2）労働者協同組合工場については、**国際労働者協会**（第１インターナショナル、1864年創立、於ロンドン〜 1876 年解散）においても、積極的に評価されていた。

①「**国際労働者協会創立宣言**」から――

「所有の経済学にたいする労働の経済学のいっそうの大きな勝利が、まだその〔10 時間労働法〕のあとに待ちかまえていた。われわれが言うのは、協同組合運動のこと、とくに少数の大胆な〔働き手〕が**外部の援助をうけずに自力で創立した協同組合工場**のことである。これらの偉大な社会的実験の価値は、いくら大きく評価しても評価しすぎることはない。それは、議論ではなく行為によって、次のことを示した。すなわち、**近代科学の要請におうじて大規模に営まれる生産は、働き手の階級を雇用する主人の階級がいなくてもやっていけるということ、**……

賃労働は……やがては、自発的な手、いそいそとした精神、喜びにみちた心で勤労にしたがう結合労働に席をゆずって消滅すべき運命にあるということ、これである。」（『マルクス・エンゲルス全集』第 16 巻、9 頁）

② 国際労働者協会「**中央評議会代議員への指示**」から――

「（イ）われわれは、協同組合運動が階級敵対に基礎をおく現在の社会を改造する諸力のひとつであることを認める。この運動の大きな功績は、資本にたいする労働の隷属にもとづく、窮乏を生みだす現在の専制的制度を、**自由で平等な生産者の連合社会という、福祉をもたらす共和的制度とおきかえること**が可能だということを、実地に証明する点にある。

（ロ）しかし、協同組合制度が、個々の賃金奴隷の個人的な努力によってつくりだせる程度の零細な形態に限られるかぎり、それは資本主義社会を改造することはけっしてできないであろう。**社会的生産を自由な協同組合労働の巨大な、調和ある一体系に転化するためには、全般的な社会的変化、社会の全般的条件の変化が必要である。**この変化は、社会の組織された力、すなわち**国家権力**を、**資本家と地主の手から生産者自身の手に移す以外の方法では、けっして実現することはできない。**」（同前、194 頁）

（3）パリ・コミューン以降

① 「パリ・コミューン（1871年）」の考察から──

「コミューンは、多数の人間の労働を少数の人間の富と化する、あの階級的所有を廃止しようした。それは収奪者の収奪を目標とした。それは、現在おもに労働を奴隷化し搾取する手段となっている生産手段、すなわち土地と資本を、自由な協同労働の純然たる道具に変えることによって、個人的所有を事実にしようと望んだ。……もし協同組合的生産が……資本主義制度にとってかわるべきものとすれば、もし協同組合の連合体が一つの共同計画にもとづいて全国の生産を調整し、こうしてそれを統制のもとにおき、資本主義的生産の宿命である不断の無政府状態と周期的痙攣（恐慌）とを終わらせるべきものとすれば……それこそは共産主義、（可能な）共産主義でなくてなんであろうか！」
（『フランスにおける内乱』同前、第17巻、319〜20頁）

② エンゲルスからベーベル宛の書簡（1886年1月20日）から──

「僕（エンゲルス）の提案は、既存の生産のなかへ協同組合を根づかせることを要求しているのだ。……完全な共産主義経済への移行にあたって、中間段階として、われわれが協同組合的経営を広範囲に応用しなければならないということ、このことについてはマルクスも僕も疑問をもったことはなかった。」（同前、第36巻、373〜374頁）

　　＊この問題については、第一篇第5章において、「労働者たち自身の所有する工場、たとえばロッチデイルの工場」として取り上げられていた（146／96）。☞第5章末の〔補足説明②〕も参照。

第28章　流通手段と資本。トゥックとフラートンの見解

〔解題〕「貨幣資本と現実資本」分析の前提としての銀行学派批判

　銀行学派（トゥック、フラートンなど）が、通貨と資本の区別を、「収入の流通」と「資本の流通」という、機能資本の再生産過程における二つの流通部面の区分と混同したことによる「混乱」を批判し、それぞれの内容とそれらの関連を正しく整序すること、またそれに基づいて、流通手段量の増減要因を考察することにより、次

第Ⅱ部

第一編

第二編

第三編

第Ⅲ部

第一編

第二編

第三編

第四編

第五編

第六編

第七編

章以降の「貨幣資本と現実資本」の分析への接合を図っている。

❶ トゥック等の混乱

（767〜769／458〜459）「トゥック、ウィルスン、その他の人々が行なっているような**通貨と資本の区別**は——そのさい、① **貨幣としての、貨幣資本一般としての、流通手段**と、② **利子生み資本としての流通手段**とのあいだの区別が、ごちゃまぜに混同されているが——次の二つのことに帰着する。

　流通手段は、一方では、**収入の支出**を媒介し、したがって、個人的消費者たちと小売業者たち——……——とのあいだの交易を媒介する限りでは、**鋳貨（貨幣）として流通する**。この場合には、貨幣は、つねに資本を補填するとはいえ、鋳貨の機能において流通する。…………

　これに反して、貨幣が購買手段（流通手段）としてであれ支払手段としてであれ、**資本の移転を媒介する限りでは、それは資本**である。……（中略）……

　したがって、区別は、実際には、**収入の貨幣形態と資本の貨幣形態との区別であって、通貨と資本との区別ではない。**……

　ところが、トゥックの見解には、次のことによって異なる種類の混乱がはいり込んでいる——

㈠　機能的な諸規定の混同によって。

㈡　両方の機能をともに合わせて流通する貨幣の量にかんする問題の混入によって。

㈢　両方の機能において、それゆえ再生産過程の両部面〔資本部面と収入部面〕において流通する通流手段の分量相互間の相対的比率にかんする問題の混入によって。」

❷ 混乱（一）について

（770／460）「一方の形態での貨幣は流通手段（〝通貨〟）であり、他方の形態での貨幣は資本であるという、**機能的な諸規定の混同**について。」

（772／461）「収入の流通としての流通と、資本の流通としての流通との区別を、流通手段〔通貨〕と資本との区別に転化することは、まったくまちがいである。」

（772〜773／461）「**規定性の相違**——貨幣が収入の貨幣形態として機能するか、資本の貨幣形態として機能するか——は、なによりもまず、流通手段としての貨幣の性格をなにも変えはしない。貨幣は、この性格を、それが一方の機能を果たそうと他方の機能を果たそうと、保持する。

　とはいえ、貨幣は、それが収入の貨幣形態として登場する場合には、より多く本来の流通手段（鋳貨、**購買手段**）として機能する。というのは、これらの購買および販

売は分散して行なわれるからであり、また、収入支出者の多数をなす労働者が信用で買うことができるのは比較的まれだからである。他方、通流手段が資本の貨幣形態である商業界の取引においては、……貨幣は主として**支払手段**として機能する。しかし、**支払手段としての貨幣と、購買手段（流通手段）としての貨幣の区別は、貨幣そのものに属する区別づけであり、貨幣と資本との区別ではない。**」

❸ 混乱（二）について

（773／461～462）「**貨幣が購買手段としてであれ支払手段としてであれ流通する限りでは**——両部面のどちらにおいてであるかを問わず、また、**その機能が収入の実現であるか資本の実現であるかにかかわりなく**——、**貨幣の流通総量については、……第一部、第3章、第二節b……で展開された諸法則があてはまる**（①分冊、202／133）*。流通速度、……同時に行なわれる売買または諸支払いの総量、流通する諸商品の価格総額、最後に、同時に決済されるべき諸支払差額〔第一巻、228～241頁参照〕、**これらのものが、どちらの場合にも、流通する貨幣の総量、"通貨"の総量を規定する。**こうして**機能する貨幣が支払者または受領者にとって資本を表すか収入を表すかは、どうでもよいことであり、事態を絶対になにひとつ変えはしない。**」

*については、☞〔補足説明③〕参照。

❹ 混乱（三）について

（774／462）「両流通部面にはある内的な連関がある。というのは、一方では、支出されるべき収入の総量は**消費の規模を表わし**、他方では、生産および商業で流通する資本総量の大きさは**再生産過程の規模および速度を表わす**からである。

　それにもかかわらず、**同じ事情が、両機能もしくは両部面で流通する貨幣総量にたいして、……異なる作用をし、また反対の方向にさえ作用する。そしてこのことが、通貨と資本とについてのトゥックのばかげた区別に新たなきっかけを与える。**"通貨"主義説の諸氏が二つのべつべつのことがらを混同するという事情は、これらのことがらを概念的区別として叙述する根拠には決してならない。」

❺ 繁栄期─再生産過程の大膨張・加速・躍動期

（775／463）「繁栄期においては**収入の支出**に役立つ通流手段の総量が明らからに増大する……。ところで、**資本の移転**に必要な、したがって資本家たち自身のあいだでのみ必要な流通について言えば、こういう**好況時**は、**同時に信用がもっとも弾力的でもっとも容易な時期**でもある。資本家と資本家とのあいだの流通の速度は直接に信用によって調整され、したがって諸支払いの決済に必要な流通手段の総量はもちろん、

現金買いに必要な流通手段の総量さえ、……**絶対的には膨張するかもしれないが、**……**相対的には、すなわち再生産過程の膨張に比べれば、減少する。**」

（776／464〜465）「**信用は、貨幣形態での（貨幣の）還流**を、産業資本家にとってであれ商人にとってであれ、**現実的還流の時点から独立させる。両者のいずれもが信用で売る。**……（中略）……他方では、彼は、**信用で買う**……（中略）……。こうした繁栄期には還流が容易にかつ円滑に進行する。…………

　急速で確実な還流という外観は、それが現実ではなくなったのちもいつも長期間、ひとたび動き出した信用によって維持される。というのは、**信用の還流が現実の還流の代理をするからである。**」

❻ 恐慌期

（777／464）「**恐慌期には事態は逆になる。流通Ⅰ（収入の支出）は収縮し、物価は下落**し、労賃も同様である。就業労働者の数は制限され、取引の総量は減少する。これに反して、**流通Ⅱ（資本の移転）**では、信用が減少するにつれて、貨幣融通にたいする欲求が増大するが、この点にはすぐあとでもっと詳しく立ち入ることにする。

　再生産過程の停滞と時期が一致する信用の減少のさいには、Ⅰすなわち**収入の支出に必要な通貨総量は減少するが**、他方、Ⅱすなわち**資本の移転に必要なそれは増加する**、ということには疑いの余地はまったくない。しかし、この命題が、**フラートンその他によって定立された次の命題とどこまで同じであるかは、研究する必要がある**──〈**貸付資本にたいする需要と追加流通手段にたいする需要とはまったく別のものであり、両者が結びついていることはあまりない**〉。」

❼ フラートンの「命題」の検討

（780／465）「**フラートンが設定しているような対置は正しくない。①　停滞期を繁栄期から区別するもの**は、彼の言うように**貸付にたいする強い需要では決してなく**、この需要が**繁栄期に満たされることの容易**さと、それが**停滞の到来期に満たされることの困難**さである。

　②　停滞期における信用逼迫をもたらすものは、まさに、繁栄期における信用制度の巨大な発展であり、したがってまた、貸付資本にたいする需要の膨大な増加、および、こうした時期に供給がこの需要にすすんでこたえる傾向にほかならない。したがって、**両時期を特徴づけるものは、貸し付けにたいする需要の大きさにおける区別ではない。**

　すでに前述したように、両時期は、まず、**繁栄期には消費者たちおよび商人たちのあいだにおける通流手段の需要が優勢**であり、その**反動期には資本家たちのあいだに**

おける**通流手段の需要が優勢**である、ということによって区別される。**事業停滞期には**前者が減少して後者が増加する。」

❽ フラートンにおける資本の貸付けと貨幣の貸し付け

（783 〜 784／468 〜 469）「周知のように、イングランド銀行はそのいっさいの前貸しを自行の銀行券で行なう。では、……（中略）……**通流された銀行券はどうなるか、どのようにしてそれはイングランド銀行に還流するのか？**

　（1）「まず、**貨幣融通にたいする需要が国民的支払差額の逆調（国際収支の赤字）から生じ、それゆえ金流出を媒介する場合**には、**ことがらは非常に簡単である**。手形が銀行券で割り引かれる。その銀行券がイングランド銀行自身の“発券部”で金と交換されて、その金が輸出される。……（中略）……この金は、……資本——銀行〔業〕資本または商人資本——を表わすとはいえ、**需要は、資本としての金にたいしてではなく、貨幣資本の絶対的形態としての金にたいして生じる**。需要は、まさに、外国諸市場がイギリスの実現不可能な商品資本で充満している瞬間に生じる。したがって、要求されるのは、資本としての資本ではなく、……**貨幣が一般的世界市場商品であるところの形態にある資本である**。そして、これは、貴金属としての、貨幣の本源的な形態である。したがって、**金流出は**、フラートン、トゥックなどが言うような“単なる資本の問題”ではない。そうではなく、“**貨幣の問題**”——……——である。……（中略）……それは、そこでは**貨幣が国際的支払手段という形態にある“貨幣の問題”である**。」

　（2）**国内流通で支払い手段として、イングランド銀行券にたする需要が生じている場合**。

（788 〜 789／471 〜 472）「金の流出を別とすれば、発券銀行、したがってたとえばイングランド銀行は、それなら、いかにして、その**銀行券発行〔高〕を増加させることなしに**、自己の行なう貨幣融通の額を増加させることができるのか？」

　発行された銀行券は「銀行の保有外にある。したがって、銀行がその割引および担保貸付——“有価証券”を担保とする前貸し——を拡張すれば、そのために発行される銀行券はふたたびその銀行に還流するに違いない。というのは、そうでなければそれは通貨の額を増加させることになるが、そんなことはとうていあるはずがないからである。**この還流は二様の仕方で生じうる**。」

第一に。（Aへの貸付債権、Bへの預金債務、が残る）
第二に。（Aへの貸付債権が残る）」

> 注記
>
> 　いずれの場合も銀行の貨幣融通（有価証券保有高）は増加したが、銀行券は支払い手段として発行銀行に還流しているので、**銀行券発行高はもとに戻っている**。支払手段としての銀行券の流通は、このように、瞬間的・一時的なものでしかないため、フラートンらには貨幣流通とは見えず、「資本の貸付」と見なされたのである。

❾ 資本の前貸しか貨幣（支払手段）の前貸しか

（789〜791／472〜473）「それでは、Ａにたいする銀行の前貸しは、どの程度まで資本の前貸しとみなされ、どの程度まで単なる支払手段の前貸しとみなされるであろうか？ ｛このことは、<u>前貸しそのものの性質いかんにかかっている</u>。これについては**三つの場合が研究されるべきである**。……──Ｆ・エンゲルス｝」＊

　　➡ ＊ の後に続く「第一の〜第三の場合」の内容は、**エンゲルスが第 26 章で述べていた**「三つの場合」（741〜744／444〜445）の内容についての、**より詳細な説明である**。──原注〔91〕、なお第 26 章の当該箇所には、「なお第 28 章において、もう一度この問題に立ち戻る」と予示されていた。

❿ これ以下（792〜798／473〜477）において触れられている論題

　① 私営の銀行が発行する銀行券の場合。イングランド銀行券または金の前貸しを表わしている。（792／473）

　② 発行高の増を伴う銀行券の発行ではない場合。──前貸しが銀行券ではなく「帳簿信用」による前貸し（銀行にとっては、自己の「債券」の前貸）となる。（793／474）

　③ 貨幣融通にたいする需要が資本に対する需要である場合。貨幣資本を求める需要である。（同前）

　④ 銀行券を入手する場合に売られる利子生み有価証券など。──国庫債券＝購入者にとっては資本、株式＝将来の剰余価値の「所有権証書」（794／474）➡銀行資本の欠乏・それにたいする焦眉の需要が、現実資本の減少と混同されることになる。（794／475）➡「こうした逼迫期に不足しているものはなんであるのか　……これは一つの論争問題である。」（797／477）

　⑤「対立は、貨幣としての形態にある資本と、商品としての形態にある資本とのあいだに存在する。」（798／477）──求められているのは資本の貨幣形態。商品資本は過剰。（同前）

第29章 銀行資本の構成諸部分 <small>（E書簡で「重要」指定章）</small>

〔解題〕銀行資本の構成諸部分の考察

（801〜802／481〜482）「**銀行資本がなにから構成されているか**」（第25章「信用と架空資本」で考察した内容について）の考察が主題。

「銀行資本は、㈠**現金すなわち金または銀行券**と、㈡**有価証券**とから構成されている。後者は、さらに二つの部分に分けることができる。すなわち、一つは**商業証券である手形**で、これは短期のもので、次々に満期になり、銀行業者本来の業務はそれを**割り引くこと**である。

もう一つは、**国債証券、国庫証券のような公的有価証券**、あらゆる種類の**株式**、要するに、手形とは本質的に区別される**利子生み証券**である。（不動産）抵当証券もこれに含めることができる。これらの物的構成部分からなる資本はまた、**銀行業者自身の投下資本**と、彼の銀行業資本または借入資本をなす**預金**とに分かれる。発券銀行の場合には、さらに**銀行券**がこれにつけ加わる。」

❶ 架空（擬制）資本の形成・資本還元

（802〜803／482）「利子生み資本の形態は、……一定の規則的な貨幣収入がすべて資本の利子として現われるということを必然的にともなう。」

〔例〕 **平均利子率年5%、500£ ➡ 25£の利子を生む。500£は利子生み資本。**

（1）国債

① 所有者A＝債権者、国家＝債務者➡国債（100£）は国家の「債務証書」。

② 債権者は、国家に、年5%・5£の請求権をもつ。（5%の原資は租税）

③ 債権者は、100£の「債務証書」を任意に他者Bに売却できる。

➡ 「**純然たる幻想的な観念**」の発生。

（804〜805／483）「これらすべての場合には、資本——国家による支払いがそれの子（利子）と見なされる資本——は、**幻想的なもの、架空資本にとどまる**。

① 国家に貸し付けられた金額がもはやまったく実存しないという理由からだけではない。

② もともとその金額は、決して資本として支出され、投下されるよう予定されてはいなかったのであり、その金額は、それが資本として投下されることによっての

み、自己を維持する価値に転化されえたであろうからである。……（中略）……これらの取引は、さらになお幾度も繰り返されるかもしれないが、国債という資本は、依然として**純粋に架空なもの**であり、**債務証書が売却不可能となるその瞬間から、この資本という外観はなくなるであろう。**」

(2) 労賃

① 労働力＝（利子生み）資本と**観念される**。

② 労賃は利子であると解され、それゆえ労働力は、この利子を生む資本であると解される。

➡年間の労賃50￡とすると、**労働力はそれを生む1000￡の資本に等しいと見なされる。**

➡**資本家的な考え方の錯乱は、ここではその頂点に達する。**

❷ 架空資本の形成は資本還元と呼ばれる

(806〜807／484)「規則的に反復される所得は、いずれも、平均利子率に従って計算することによって、……この利子率で貸し出された資本がもたらすであろう**収益として計算することによって、資本に還元される。**……（中略）……こうして、資本の現実的価値増殖過程とのいっさいの連関は最後の痕跡にいたるまで消えうせ、**資本とは自己自身で自己を増殖する自動装置であるという観念が固定する。**」

❸ 所有権証書としての株式

(807／484〜485)「（株式企業に）資本として支出されるために株主たちによって前貸しされている貨幣額」＝株式は、「この資本によって実現されるべき**剰余価値にたいする"比例的な"所有権証書（出資証券・配当請求権）➡**（出資された資本は現実資本に転化されて回収できない）**以外のなにものでもない。**」

❹ 所有権証書の価値の自立的運動

(807〜809／485〜486)「これら所有権証書……は、（売買される）商品となり、**それらの価格は固有の運動と決まり方をする。**それらの市場価値は、現実資本の価値に変化がなくても（……）、その名目価値とは異なる規定を受け取る。」➡分与されるべき**配当収入の大きさ・確実さと市場利子率によって、その価格は変動する。**

➡**その価格変動は、貨幣資本集中の強力な手段となる。**──「貨幣市場の逼迫時」には、①市場利子率の高騰、②保有証券の投げ売りによる証券市場への供給過剰、によって、その価格は「暴落」する。➡減価した証券の買い集め（貨幣資本の集中）

をもたらす➡この「嵐が過ぎ去るやいなや」ふたたび価格は「もとの水準に騰貴」
する。

(810／486)「すべての資本主義的生産諸国には、膨大な量のいわゆる利子生み資本ま
たは貨幣資本が、こうした形態で実存する。そして貨幣資本の蓄積とは、その大部分
が、<u>生産にたいするこれらの請求権の蓄積</u>、これらの<u>**請求権の市場価格**</u>、すなわち<u>**幻
想的資本価値の蓄積**、**以外のなにものでもない**</u>と解されなければならない。」

❺ 銀行の準備資本の架空性

(1) 手形

(810〜811／487)機能資本家への支払い約束に備えて、銀行は準備資本を保有➡その
最大部分は「**手形**（支払約束証書）」である。

　「**割引**」──銀行は「手形を買うさいには、流通する期間の利子（**割引料**）を差し引
く。」

(2) 貨幣準備（金または銀行券）⇐「公衆」（諸階級）の保有する「遊休・蓄蔵貨幣」
の「**預金**」＝諸階級からの「**借り入れ**」

➡「預金」の大部分は銀行の手によって、機能資本家への「**貸し付け**」、または国債
や株式などの「**架空資本**」に替えられていく。（➡第33章）

〔実例〕イングランドの場合─イングランド銀行（中央銀行）と市中銀行の関係

(a) 市中銀行の預金（債務）に対する支払準備としての銀行準備金は、① 一部は当該
銀行の「金庫」内の現金、② 多くはイングランド銀行"銀行部"への「預け金」、
とに分かれる。

(b)(818／491〜492)「預け金」に対するイングランド銀行"銀行部"の準備金は、
「同行が発行する権限を与えられている銀行券のうち、（銀行の外で現実に）流通し
ている銀行券を超える超過分に等しい。」　➡この超過分が、市中銀行の「預け金」
への支払い準備に充てられる。

(c) 19世紀半ばと末葉の数字

① 19世紀半ば。

(818／491〜492)イングランド銀行の「"銀行部"の準備金は、同行が発行する権限
を与えられている銀行券のうち、流通している銀行券を超える超過分に等しい。**発行**

されうる銀行券の法定最高限度は、**1400万**（……）、**プラス、同行の貴金属保有額**、である。……貴金属保有額が1400万ポンド・スターリングであれば、同行は、2800万ポンド・スターリングの銀行券を発行しうるのであり、そのうち2000万が流通しているとすれば、**“銀行部”の準備金は800万**である。この場合には、この800万の銀行券は、法律上、同行が自由に処分しうる**銀行業者資本**であり、同時に同行の**預金にたいする準備金**でもある。そこで、金の流出が生じ、金属保有が600万だけ減少すれば、……“銀行部”の準備金は800万から200万に低下するであろう。」➡「破綻」の危機内包。

② **19世紀末葉**。―エンゲルスの補注（四）と「公式の表」の数字

（819 〜 820 ／ 492）ロンドンの15の大銀行の「負債」が約23,000万£であるのにたいし、**「現金準備」は約2,800万£（準備率は約12%）**。そして、この「現金準備」のうち、│少なく見積もっても、2,500万はイングランド銀行に預金されており、せいぜい300万が現金で15の銀行自身の金庫のなかにあるだけである。ところが**イングランド銀行の銀行部の現金準備は、同じ1892年11月に1,600万にも満たなかった**のである！―Ｆ．エンゲルス}――これは、全銀行での**「準備金」**の**「架空化」**が進行していることを物語る。

第30章　貨幣資本と現実資本Ⅰ

〔解題〕第30〜32章 貨幣資本と現実資本Ⅰ・Ⅱ・Ⅲ、が扱う問題

（822 〜 823 ／ 498）「信用制度に関連してわれわれがいま取り組もうとする**比類なく困難な諸問題**は、次のようなことである。

第一に――**本来の貨幣資本の蓄積**。これは、どの程度まで資本の現実的蓄積の、すなわち拡大された規模での再生産の指標であり、どの程度までそうでないのか？

資本のいわゆる過多、……貨幣資本だけに用いられるこの表現は、ただ産業上の過剰生産の特殊な表現法にすぎないのか、それとも、それとは別の特殊な現象なのか？　この過多すなわち貨幣資本の過剰供給は、停滞する大量の貨幣（地金、金貨、銀行券）の現存と一致するのか、その結果、現実の貨幣のこの過剰は、貸付資本のあの過多の表現であり現象形態であるのか？」

> ➡貸付可能な貨幣資本の過多（欠乏）は、現実資本の過剰（不足）といかなる関係があるか？　貸付可能な貨幣資本の蓄積と現実資本の蓄積との、対応・乖離の関係について。
>
> 「第二に──貨幣逼迫すなわち貸付資本の欠乏は、現実資本（商品資本と生産資本）の欠乏をどの程まで表現するのか？　他方では、それは、貨幣そのものの欠乏、流通手段の欠乏とどの程度まで一致するのか？」
> ➡貸付可能な貨幣資本の過多（欠乏）は、貨幣量とどのような関係があるのか？

❶ 復習

（823／493）「われわれがこれまで……」から（827／496）「もっぱら問題なのである。」まで。

❷ 商業信用

（827／496）「われわれは、まず**商業信用**、すなわち、再生産に従事する**資本家たちが相互に与え合う信用**を分析しよう。」

（828〜829／497〜498）「さて、この純然たる商業信用の循環の場合には、二つのことが注意されねばならない。

　第一に──この相互の債務の決済は、**資本の還流**に、すなわち、延期されているにすぎない**W─Gに依存する**。……

　第二に──この信用制度は、**現金払いの必要性をなくすものではない**。➡その理由。」

❸ 商業信用にとっての限界

（830／497）「この商業信用にとっての**限界**は、……

　㈠ 産業家たちおよび商人たちの富、すなわち還流遅滞の場合に彼らが**自由に使用できる準備資本**、

　㈡ この**還流そのものである**。」

➡これは、上記の「注意されねばならない」「二つのこと」に対応している。

➡商品市場の拡大は、資本の**還流を長期化し**、かつ投機的要素も加わって、**還流を不確実なものにする**。➡商業信用のための「準備資本」の必要性高まる。

❹ 再生産過程と信用の関係

（833／500）「再生産過程が円滑に流れ、それゆえ〔資本の〕還流が確保され続ける限り、**この信用は持続し膨張するのであり、そしてその膨張は、再生産過程そのものの拡張にもとづいている。**還流の遅滞、**市場の供給過剰、価格の下落の結果、停滞が生じるやいなや、産業資本の過剰が**――……――**実存する。**大量の商品資本が現存しても、それは売れない。大量の固定資本が現存しても、再生産の停滞によって大部分が遊休している。信用は収縮する。なぜなら、㈠ この資本が遊休しているからである。…………㈡ 再生産過程の円滑な流れにたいする信頼が打ち壊されているからである。㈢ この商業信用にたいする需要が減少するからである。」

（834〜835／500〜501）「したがって、再生産過程のこの拡張に攪乱が生じたり、またはその正常な拡張に攪乱が生じるだけでも、それとともに信用不足も生じる。諸商品を信用で手に入れることがいっそう困難になる。……**恐慌のさなかには、**だれもが売るものを持っていながら売ることができず、しかも支払いをするためには売らなければならないのであるから、資本の総量――遊休していて投下を求めている資本の総量ではなく、自己の再生産過程のなかでせき止められている資本の総量――は、まさに信用欠乏もまた最大であるとき（……）にこそ、最大なのである。そのときには、すでに投下されている資本も、実際には、大量に遊休している。なぜなら、再生産過程が停滞しているからである。工場は休止し、原材料は堆積し、完成生産物は商品として市場に満ちあふれている。……まさにこのときこそ、**生産資本の過剰が現存する。**――……。

……（中略）……

　恐慌は、……① 実際のところは、生産に投じられた諸資本の補填の大部分は、生産的でない諸階級の消費能力に依存する。② 他方、労働者たちの消費能力は、一部は、労賃の諸法則によって制限され、一部は、労働者たちは、彼らが資本家階級のために利潤をもたらすように使用されうる限りにおいてしか使用されないということによって制限されている。③ **すべての現実の恐慌の究極の根拠は、**依然としてつねに、**資本主義的生産の衝動と対比しての、**すなわち、**社会の絶対的消費能力だけがその限界をなしているかのように生産諸力を発展させようとするその衝動と対比しての、大衆の貧困と消費制限である。**

➡ （836／501）「**この商業信用に、本来の貨幣信用が加わる。**産業家たちおよび商人た

ちの相互の前貸しに、銀行業者たちおよび金貸し業者たちの側からの彼らへの貨幣の前貸しが混ぜ合わされる。」

❺ 貨幣資本の蓄積に立ち返る

(838／502)「貸付可能な貨幣資本の増加が、すべて、現実の資本蓄積または再生産過程の拡大を示すわけではない。**この増加がもっとも明瞭に現われるのは、恐慌切り抜け直後の、貸付資本が大量に遊休している産業循環の局面においてである**。……（中略）……**低い水準の利子率**が支配的であり、……（それが）示しているものは、まさに**産業資本の収縮と麻痺とによる貸付可能な資本の増加にほかならない**。」

➡ 1847年恐慌の直後の例⇦（841／504）市場の膨大な供給過剰と東インド商品取引での際限のないペテン、が主要な原因。

❻ 貸付資本の量と利子率

(844〜845／505〜506)「一般に、**貸付資本の運動**は、それが利子率において表されるように、**産業資本の運動と反対の方向に進むのである**。① 低いとはいえ、最低限度よりも高い利子率が恐慌後の〈好転〉と信頼の増大と時を同じくして現われる局面、② またとくに利子率がその平均的な高さ……に達する局面、**この二つの時期のみが、豊富な貸付資本と産業資本の大膨張とが時を同じくして現われることを表わしている**。③ しかし、**産業循環の始めには低い利子率が産業資本の収縮**と時を同じくし、**循環の終わりには高い利子率が産業資本の過剰と時を同じくする**。④〈好転〉にともなう低い利子率は、商業信用がまだひとり立ちしており、わずかの程度しか銀行信用を必要としないことを表わしている。」

➡ これに続く、**産業循環の周期性**と、**原注〔8〕**にある**循環周期の変化**等に関するエンゲルスの記述に留意。

❼ 恐慌と信用（1）

(847〜848／507〜508)「……信用が突然停止し、現金払いしか通用しなくなれば、明らかに**恐慌が、支払手段にたいする猛烈な殺到が、起こらざるをえない**。それゆえ、一見したところでは、全恐慌が**信用恐慌および貨幣恐慌**としてのみ現われる。実際に問題になるのは、手形の貨幣への転換可能性だけである。しかしこれらの手形の大部分は現実の売買を表わしており、**社会的必要をはるかに超えたそれの膨張が結局は全恐慌の基礎になっているのである**。」

➡ これに続く、（848／507）「いかさま取引」、「失敗した投機」等についての記述にも留意。

❽ 恐慌と信用（2）

（853〜854／510）「恐慌時または一般に事業停滞時には、

① 商品資本は、**潜勢的な貨幣資本を表わしているというその属性をいちじるしく失うのである。**

② 架空資本である**利子生み証券**についても、それら自身が貨幣資本として証券取引所で流通している限りでは、**同じことが言える。利子の上昇につれて、これらの証券の価格は下落する。**

③ **この価格は、**さらに、**一般的な信用欠乏**——これは、これらの証券の所有者たちに、貨幣を調達するため証券を市場で大量にたたき売りすることを余儀なくする——によって、**下落する。**

④ 最後に、**株式の場合には、その価格は、**一部は、株式がその支払指図証券となっている収入の減少によって、また一部は、その株式が実にしばしば代表している企業のいかさま的性質によって、**下落する。**この架空な貨幣資本は、恐慌時には非常に減少しており、それとともにその持ち主たちがそれを担保にして市場で貨幣を調達する力も非常に減少している。

⑤ けれども、**これらの有価証券の相場の下落は、**それらが表わしている現実資本とはなんの関係もないが、それに反して**その持ち主たちの支払い能力にはおおいに関係があるのである。**」

第31章　貨幣資本と現実資本 Ⅱ

（855／511）「**貸付可能な貨幣資本の形態での資本の蓄積が、**どの程度まで**現実的蓄積、すなわち再生産過程の拡大と一致するのかという問題**については、われわれは、まだ結末に達していない。貨幣の貸付可能な貨幣資本への転化は、貨幣の生産資本への転化よりもはるかに簡単なことである。しかしここでは、二つのことを区別しなければならない——

㈠　貨幣の貸付資本への単なる転化

㈡　資本または収入の、貸付資本に転化される貨幣への転化

産業資本の現実の蓄積と連関する積極的な貸付資本の蓄積を含みうるのは、**後者**だけである。」

第一節　貨幣の貸付資本への転化

❶ 貸付資本の堆積・過剰

（855〜856／511〜512）「すでに見たように、生産的蓄積とは反比例する……**貸付資本の堆積、過剰**」は、「**産業循環の二つの局面で生じる**。すなわち、

　第一には、**産業資本が**生産資本および商品資本の双方の形態で**収縮している時期、**したがって恐慌のあとの循環の開始期。」

　① 以前使用されていた貨幣資本が**遊休**貸付資本として現われる。

　② 産業資本の**停滞**を表現している。

　③ 貸付資本の過剰は、現実の蓄積の表現の**正反対**」のものである。

　④ 現実の蓄積過程の拡張が「**低い物価**」と一致している。

　「**第二**には、好転が始まってはいるが、商業信用が**銀行信用をまだわずかしか要求しない時期**。」

　①貨幣資本はしだいに多く使用されるものとなる——低利子率のもとで。

　②「還流の円滑な流れ、信用期限の短期性、および主として自己資本による営業」＝「商業信用の銀行資本からの相対的独立を表現」。

　③「再生産過程の新たな膨張と一致」しているが、貸付資本の過剰は減少しており、「需要に比べて相対的に過剰」な状態。

　④ 現実の蓄積過程の拡張が——「ゆっくり騰貴する物価と一致する低い利子が、利潤のうちの企業者利得に転化する部分を増加させるので」——促進される。

❷ 技術的諸手段による貸付資本の蓄積

（857／512）「貸付資本の蓄積は、少しも**現実の蓄積なしに、単に技術的な諸手段**……**によって行なわれうる**。➡銀行制度の拡張と集中、流通準備金・支払い手段の節約等、短期間だけの貸付（割引も短期間）。」

❸ 貸付資本の量は流通手段の量とは異なる

（863〜864／515〜516）**流通手段の量**＝すべての流通している銀行券＋貴金属の地金を含むすべての硬貨の量➡その一部が貸付可能な貨幣資本（諸銀行の準備金）をなす。

　➡**利子率の変動**は、貸付資本の供給＝貨幣、硬貨および銀行券の形態で貸し付けられる資本の供給、に依存する。（866／517）また**遊休貨幣資本の量**は、諸銀行の準備金の流出入に示される。

第二節　資本または収入の、貸付資本に転化される貨幣への転化

❶ 現実資本の増大から乖離して増大する貨幣資本の蓄積

（869／519）「信用制度の発展と、大銀行の手中における貨幣貸付業務の途方もない集中とは、それ自体すでに、**貸付可能な資本の蓄積を、現実の蓄積とは異なる形態として促進せざるをえない。**」（それは）「**再生産過程の発展**の帰結であり、またこれらの貨幣資本家の蓄積源泉をなす利潤は、再生産資本家たちがしぼり出す**剰余価値からの一控除分**（同時に**他人**の貯蓄の利子の一部の取得）にすぎないからである。」

➡ （871／520）①「利潤のうち、**収入として支出されないで、蓄積に予定される部分**」（**蓄積基金**）、②「**収入として支出されるべき部分**」の、実際に「消費」されるまでの間の「**預金**」、③「このことは、**すべての収入**──それが徐々に消費される限りでは──に、すなわち、地代、より高級な諸形態の労賃、不生産的諸階級の所得**などに、あてはまる。**」

☞以上の内容については、次の第32章で再論される。

第32章　貨幣資本と現実資本Ⅲ

❶ 前項で述べられていた内容の再論

（873〜874／521〜522）「収入（の一部）」➡「貸付可能な貨幣資本として蓄積」（銀行業者の下で）➡「前貸し」される。＝「**資本の処分権が、まったく仲介者としての諸銀行業者の手に握られる**という形態をとる。」

➡ （878／524）「貨幣資本家は、**他人の貯蓄を自分の資本にし**、また再生産資本家たちが相互に与え合う信用と、公衆が彼らに与える信用とを**その私的な致富の源泉にするのである。**資本がまるで自分の労働および貯蓄の生みの子であるかのような資本主義体制の最後の幻想も、これで崩壊する。**利潤が他人の労働の取得であるばかりでなく、この他人の労働を運動させ搾取するのに用いる資本も、他人の所有物からなっているのであり**、それを貨幣資本家が産業資本家の自由な使用にゆだね、その代わりにこんどは貨幣資本家が産業資本家を搾取する。」

❷ 貨幣資本蓄積の特殊な諸形態

（875 ～ 876 ／ 522 ～ 523）「次になお、貨幣資本の蓄積の、いくつかの特殊な諸形態を取り上げなければならない。」

　　① 原料等の価格の下落による（資本の遊離）➡貸付可能な貨幣資本に転化。

　　②「事業に中断が生じると、……資本が貨幣形態で遊離」➡　同上

　　③「最後に、貨幣資本の蓄積は、……再生産から引退する（貨幣資本家に転じる）多数の人々によって実行される。」

　　④「（利潤のうち）収入として消費されるように予定されてはいない部分」が同じ「事業の拡大」に使用されず、また他の事業にも投下されないため、貨幣資本の「過多」が生じる。

---

❸ 貨幣資本の過多と信用

（877 ／ 523 ～ 524）「貸付資本の蓄積が、現実的蓄積からは独立し、にもかかわらずそれにともなっているこうした諸契機によって増大させられるという理由からだけでも、循環の一定の諸局面ではつねに貨幣資本の過多が生じざるをえないのであり、またこの過多が、信用の発達につれて発展せざるをえないのである。したがって、この過多とともに、同時に生産過程をその資本主義的諸制限を超えて駆り立てる必然性、すなわち過剰取引、過剰生産、過剰信用が発展せざるをえない。それと同時に、これは、いつでも反動を呼び起こすような諸形態で起こらざるをえない。」

---

❹ 貨幣資本家階級の増加

（883 ／ 527）「素材的富の増大につれて、貨幣資本家たちの階級は大きくなる。一方では、引退している資本家たち、すなわち金利生活者たちの数と富とが増加する。また第二には、信用制度の発展が促進され、それとともに銀行業者たち、貨幣貸付業者たち、金融業者たちなどの数が増加する。──自由に利用できる貨幣資本の発展につれて、利子生み証券、国債証券、株式などの総量が、先に述べたように増加する。しかし、それと同時に、これらの有価証券の投機取引を行う証券取引業者たちが貨幣市場で主役を演じるので、自由に利用できる貨幣資本にたいする需要も増加する。」

➡これらの有価証券の売買がすべてもっぱら現実の資本投下の表現であるとすれば、これらの売買が貸付資本にたいする需要に影響することはありえない、ということは正しいであろう。というのは、Aが自分の証券を売る場合には、彼はBがその証券に投下するのと同じ額の貨幣を引きあげるからである。

➡けれども、確かに有価証券は実存するが、その証券がはじめに表わしている資本は

（少なくとも貨幣資本としては）実存しない場合でさえも、**その証券は、つねに、このような貨幣資本にたいする"その分だけ"新たな需要をつくりだす。」**

➡ （884〜885／527）にある｛チャップマン｝の「回答」に示されている事例に留意。

➡ （885／528）「銀行業者たちは、これら商人（証券取引業者）連中に公衆の貨幣資本を大量に用立てるのであり、こうして**賭博師一味が増大する。**」

❺ 利子率

（885／528）「（既述のように）比較的長い年数にわたる平均利子は、他の事情に変わりがなければ、利潤の平均率によって規定されるのであり、企業者利得―………―の平均率によって規定されるのではない。……」

（886／528）「**ここで次の二通りのことを述べておかなければならない。**――

　　第一に――利子率が比較的長い期間にわたって高いとすれば、（……）、それは"明らかに"、この期間を通じて利潤の率が高いということの証明ではあるが、企業者利得の率が高いということを必ずしも証明するものではない。……

（887／529）**第二に**――利潤率が高いので、貨幣資本にたいする需要が、またそれゆえ利子率が増大するという表現は、産業資本にたいする需要が増大し、それゆえ利子率が高いという表現と同じではない。

　　恐慌期には……。これに反して、恐慌後の回復期には……。」

❻ 労働力にたいする需要の増大と利子率

（888／529）「労働力にたいする需要、それゆえ可変資本にたいする需要の増加は、それ自体としては、利潤を増大させることはなく、むしろ、"それだけ"利潤を減少させる。とはいえ、**労働力にたいする需要の増加につれて可変資本にたいする需要**、したがってまた**貨幣資本にたいする需要も増加しうる**のであり、そしてこのことが**利子率を高騰させうる。**その場合には、労働力の市場価格はその平均以上に騰貴し、平均よりも多数の労働者が就業させられ、またそれと同時に利子率が高騰する。なぜなら、このような事情のもとでは貨幣資本にたいする需要が増加するからである。」➡ **賃金の上昇と利子率の上昇とが並行して生じる。**

❼ 商品にたいする需要の変動と利子率――オウヴァストン批判

（889〜891／530〜501）「オウヴァストンが〈資本に対する需要〉と呼ぶものは、諸商品にたいする需要のことでしかない。……（中略）……氏の試みのすべては、貸付資本の利害と産業資本の利害とを同じものとして示すことにある」が、① 商品につ

いての需給変動➡**価格変動**、② 貸付可能な貨幣資本にたいする需要変動➡**利子率の変動**、この①②の間には、**直接的関係あるいは一般化できる関係はない**ことを指摘したうえで、

　① 商品にたいする需要＞供給➡価格上昇、のばあいでも、「貸付可能な貨幣資本にたいする需要はおなじまま」で、利子率も高騰しない、というケース。それとは逆に、

　②「買った商品を売ることなしにそれの支払いをするためには、商業的な〈手形操作〉によって貨幣が調達される」ような場合には、「貸付資本にたいする需要が増大し、また利子率は……高騰しうる」ケース、等を例示している。

❽ 信用と貨幣恐慌

（892 ～ 894／532 ～ 533）**恐慌時には**「信用貨幣」ではなく、支払手段としての「**現金貨幣**」**の需要が急増する**。──「貨幣恐慌は、現実の恐慌とはかかわりなく、またはそれの激化として、**不可避である**。他方では、

　① 銀行の信用がゆらいでいない限り、銀行は、このような場合には**信用貨幣**の増加によって**パニックを緩和する**が、しかし信用貨幣の引きあげによっては**パニックを増加させる**ということは明らかである。

　② 近代産業のすべての歴史が示しているように、もし国内の生産が組織化されていれば、金属は、実際には、**国際貿易の均衡が一時的に混乱したさい**、その決済のために必要とされるだけであろう。*

　③ 国内では、こんにちすでに金属貨幣が必要でないということは、非常の場合にはいつでもいわゆる**国家的諸銀行の現金支払停止**〔銀行券の金属貨幣との兌換停止〕**が唯一の救済策としてとられる**ということによって証明されている。」

　　　　　　　➡ **＊については、次のように再論されていることに留意。**

（894 ～ 895／533）「一国の貿易差額は結局は均衡するはずであるにもかかわらず、支払差額はその国にとって**順または逆でありうる**」こと、「支払差額が貿易差額と区別されるのは、それが一定の時期に支払期限のくる貿易差額であるということによってである。さて、恐慌が引き起こすものは、それが支払差額と貿易差額とのあいだの〔期限の〕**差を短期間へと圧縮する**ということである。そして、恐慌に襲われ、それゆえいまや支払期限がきている国のもとで展開される一定の状態──この状態がすでに、**決済期間のこうした収縮をともなう**のである。

　① まず、**貴金属の送り出し**。

　② **次いで**、委託された諸商品の投げ売り。投げ売りするための、または国内で輸

出にたいする貨幣前貸しを手にいれるための、商品の輸出。利子率の高騰、信用の回収通告、有価証券の〔相場の〕下落、外国有価証券の投げ売り、こうした減価した有価証券への投資のための外国資本の導入、

③ 最後に、**大量の債権を清算する破産。**

④ **そのさい、**しばしばなおも金属が恐慌の勃発した国に送られる。なぜなら、その国あての手形はあてにならないので、支払いは金属〔貨幣〕でするのがもっとも確実だからである。……」

第33章　信用制度下の通流手段 <small>（E 書簡で「重要」指定章）</small>

〔解題〕「貨幣資本と現実資本 I ～ Ⅲ」の準備ノート

本章以下 35 章までは、先行する第 30 ～ 32 章「貨幣資本と現実資本 I ～ Ⅲ」のための準備ノートと見做しうる内容のものである。

① 本章の冒頭部分の〔訳者注〕＊には、「エンゲルスは、（第三部の）〈序言〉において、〈『混乱』（第30章のこと）からあとの、そしてそれ以前の個所ではまだ取り入れられなかった限りでの、これらいっさいの材料から、**私は第33～35章をまとめた**〉と書いている（本訳書、第三巻、⑧分冊、13頁）」とある。

② 8分冊「序言」の、〈『混乱』…………まとめた〉に続く文章は、以下の通りである。

「もちろんこれは、連関をつけるための、**私のほうでの多くの書き入れなしにはすまなかった。**これらの書き入れが単に形式的な性質のものでない限りは、私の手になるものとして明記されている。このようにして私は、ついに、**いくらかでも本題に関係のある著書の論述のすべてを本文のなかに取り入れることに成功した。**……」＊

③ したがって、第33～35章までは、第30～32章までの内容に立ち返りながら、それらと突き合わせながら読み進めると、理解がしやすい。

注記　（第29～35章）─（第五篇の）「この最後の部分が、〈5 信用。架空資本の中心部分をなすものと考えられるが、草稿はここで**ますます未定稿的な性格を強めており、**マルクスが　ここで**本来書こうとしたこと**がどの程度実現されているのか、**それを超える**ことが

どの程度書かれているのか、ということを判断するのはきわめてむずかしい」（大谷禎之介「〈経済学批判〉体系プランと信用論」『資本論体系』6、有斐閣、1985年4月、272頁）、というのが、わが国での評価である。したがってエンゲルスの自己評価＝「いくらかでも本題に関係のある**著書の論述のすべてを本文のなかに取り入れることに成功した。**」は、手放しでは受け取れない。

❶ 信用と貨幣の流通速度

（900〜902／536〜537）「〈**流通速度の大きな調節器は信用である。**このことから、貨幣市場における激しい逼迫が、通常、潤沢な流通と一致するのはなぜか、ということが説明できる。〉（『通貨理論の吟味』、65頁、本の著者は不明。この文章は、10分冊、755頁の原注〔85〕にもある。）

　これは、二重に解すべきである。……（中略）……同じ貨幣片が、現実の売買の媒介なしに──**預金として、および割引において**──**持ち手を変換した**ことが、……一連の現実の取引における**この貨幣片の持ち手変換を速めたのである**。」

❷ 銀行券流通量

（903／538）「すでに単純な貨幣流通の考察にさいして（第一部、第3章、第二節）証明したように、**現実に流通する貨幣の総量は***、流通の速度と諸支払の節約とが与えられているものと前提すれば、諸商品の価格と諸取引の総量とによって規定されている。**同じ法則は***、銀行券流通の場合にも支配する。」──以下、銀行法委員会での「証言」等からの引用が続く。　　　　　　　　☞*については〔補足説明③〕参照。

（906／539）「すでにこのことから明らかように、発券諸銀行は、その銀行券がいつでも貨幣（金）と交換されうるものである限りは、**流通銀行券の数**を決して意のままにふやすことはできない。」

（907／540）「流通銀行券の総量は取引の必要に順応するのであり、過剰な銀行券はすべてただちにその発行者のところにもどってくる。」

（911／541）「**流通する貨幣**──**銀行券と金**──の量に影響をおよぼすのは、事業そのものの需要だけである。この場合、まず第一に問題になるのは、一般的な事業状態がどうであろうと、毎年繰り返される**周期的な諸変動**、20年来、……という諸変動である。」

❸ 挿入されたエンゲルスのコメント

（913〜914／543）｜すでに行なわれた前貸しにたいして……（中略）……──そこで恐

慌が勃発し、きのうまでまだあれほど豊富であった銀行券が一夜にして市場から姿を消し、それとともに手形を割り引く人たちも、有価証券に前貸しする人たちも、商品を買う人たちも、姿を消してしまう。イングランド銀行が助けに呼び出されることになる——しかしその力もやがて尽きてしまう。……（中略）……恐慌が勃発すれば、問題になるのは、もう支払手段だけである。……**市場にある支払手段すなわち銀行券を求めてまったくの障害騎馬競走が始まる**。だれもが入手できるだけの銀行券をしまい込み、**こうして銀行券は、それがもっとも必要とされるその日に、流通から姿を消してしまう**。｝

❹ 通貨流通量と「金融逼迫」・「金融緩和」

（916／544）「決して忘れてならないのは、ほぼ恒常的に1,900万ないし2,000万の銀行券が公衆の手もとにあると言われていても、これらの銀行券のうち、一方では現実に流通している部分と、他方では〔発行されても〕出回らずに準備として銀行で眠っている部分とは、互いにつねに大きく変動し合う、ということである。この準備部分が大きく、したがって**現実の流通高が少なければ**、それは、貨幣市場の立場からは、流通は十分である（"流通は十分で、貨幣は豊富である"）と言われる。準備部分が小さく、したがって**現実の流通高が十分であれば**、貨幣市場〔の立場から〕は、流通は少ない（"流通は少なく、貨幣は乏しい"）と言う——すなわち、遊休貸付資本を表わす部分が、少額なのである。」

> このことは、次のことを意味する。——① **銀行券＋金貨の総量の増が与えられていれば**、現実に流通している通貨の量と、準備金として銀行内にとどまる通貨の量とは、**互いに逆の変動をすること**。② 銀行の貸付・証券投資能力は、現金準備（銀行券＋金貨）の量に比例し、それに規定されるから、**銀行券・金貨の流通量が増えれば**（準備金の減少➡）「**金融の逼迫**」を、逆に**流通量が減少すれば**（準備金の増加➡）「**金融の緩和**」という状態を作り出す。

❺ 流通手段量と利子率

（918～919／546）「**流通手段の絶対量が利子率に規定的に影響するのは、逼迫期においてだけである**。……（中略）……そうでない場合には、流通手段の絶対量は、利子率には影響しない。というのは、この絶対量は——貨幣通流の節約と速度とを不変と前提すれば——、**第一に**、諸商品の価格と諸取引の総量とによって規定され（そのさい、たいていの場合、一方の契機は他方の契機の作用を麻痺させる）、結局は信用の状態によって規定されているのであって、逆にこの絶対量が信用の状態を規定するのでは決

してないからであり、また**第二に**、諸商品の価格と利子とのあいだにはなんらの必然的な連関はないからである。」

---

❻ 銀行の信用創造

（942 〜 943 ／ 557）「イングランド銀行が、その地下室にある金属準備によって保証されていない銀行券を発行する限りでは、同行は、**価値章標を創造する**のであり、この価値章標は、通流手段ばかりでなく、同行にとっては、この**無準備銀行券の名目額だけの追加の**——架空であるとはいえ——**資本をも形成する**。そしてこの追加資本は、同行に**追加利潤をもたらす**。」

➡ （943 〜 944 ／ 557 〜 558）「同じことは、……銀行券を発行している個人諸銀行についても言える。……（中略）……さらに、諸銀行は、ほかにも資本を創出する手段をもっている。……」

➡ （944 〜 945 ／ 558）「われわれは、ここで、どのようにして、諸銀行が信用と資本とを創出するかを知る。すなわち、（一）**自己の銀行券を発行**することによって。（二）**ロンドンあての手形**—— 21 日までの流通期間をもっているが、振り出しと同時に現金で支払ってもらえる——**の振り出しによって**。（三）**割り引かれた手形**——このような手形の信用能力は、少なくとも当該地方にとっては、まず第一に、かつ主として、**この銀行の裏書きによってつくりだされる**——の払い出しによって。*」

＊「割引手形の支払い」・「手形の裏書き」については、この引用文の直前（944 ／ 558）のパラグラフに説明がある。——そこで言及されている「手形の裏書き」とは、銀行が手形の引受人が支払不能になった場合の支払いを保証するという「証」。これにより手形は、銀行保証付手形となり、現金同様の信用度が高いものとなる。銀行は、**手形の裏書きにより**、「諸支払の決済にも役立つ」**銀行券と似た通貨を創造した**ことになる。

---

❼ イングランド銀行の力と利潤量

（945 ／ 558）「イングランド銀行の力は、同行が**市場利子率を規制する**点に現われる。」

➡ （948・560）イングランド銀行とアイルランド銀行の**利潤量**についてのデータ。

➡ （949・560）「いわゆる国家的諸銀行と、それらを取り巻く大貨幣貸付業者たちおよび大高利貸したちとを中心とする信用制度は、巨大な集中であって、それはこの寄生階級に、単に産業資本家たちを大量に周期的に破滅させるだけでなく、危険きわまる方法で現実の生産にも干渉する途方もない力を与える——しかもこの一味は、生産のことはなにも知らず、また生産とはなんの関係もない。」

〔補足説明③〕貨幣数量説を基礎とした通貨学派について

（1）第34章では、**リカードウの「貨幣数量説」を理論の基礎に置いた**、**「通貨主義」についての批判**が主題となっています。この章の始め（951／562）から（956／565）までの約６頁は、**エンゲルスが執筆**し、この章の「**理論的概括**」と言ってよい内容になっています。その冒頭では、「諸商品の価格との関係における貨幣価値についてのリカードウの理論が検討されている」「以前の著作」として、マルクスの『経済学批判』の参照が求められています（原注〔13〕）。

（2）ここでは、**『資本論』第一部第一篇第３章「貨幣または商品流通」**の中から、**リカードウの「貨幣数量説」に関わる叙述を拾っておきます**。『経済学批判』と併せ活用して下さい。

　　第二節「流通手段」の項目ｂ「貨幣の通流」のなかの一節です。──「流通手段として機能する貨幣の総量」について述べた（205／135）の本文を読み進めていくと、（207／137）に「**流通手段の量は、流通する商品の価格総額と貨幣通流の平均速度とによって規定されるという法則** (78) は、諸商品の価値総額が与えられていて、それらの変態の平均速度が与えられていれば、**通流する貨幣または貨幣材料の量はそれ自身の価値によって決まる**、というように表現することもできる。」とあり、それに続けて、「**逆に、商品価格は流通手段の総量によって**、その流通手段の総量はまた**一国に存在する貨幣材料の総量によって、規定されるという幻想** (79) は、その最初の提唱者たちにあっては、商品は価格なしに、貨幣は価値なしに、流通過程にはいり、次にそこにおいて、ごたまぜの商品群の一可除部分が山をなす金属の一加除部分と交換されるという**ばかげた仮説に根ざしている** (80)。」と述べられています。

　これにつづく、脚注（78）には、ヒュームの「物価は貨幣の量に依存する」という主張、脚注（80）には、**モンテスキュー**の『法の精神』における「計算例」に触れたあと、**リカードウ**や、彼の弟子たちのジェイムズ・ミル、**ロード・オウヴァストン**などによる**この理論のいっそうの発展**については、上記の『経済学批判』を参照、との記述があります。

（3）上述の**太い下線を引いた「逆に」以下の２行**が、**貨幣数量説の主張**と、それが「**幻想**」であり「**ばかげた仮説**」であるとマルクスが批判した文章です。

　これは、貴金属の生産量が増大したことによる、価値の尺度としての**金や銀の価値の**

減少＝一定の金銀を生産するのに必要な（金銀の価値の大きさを規定する）**労働時間の減少**により、諸商品の価値は、**それ自身の価値を減じた金銀によって度量され表現される**ことになったため、**同一の商品の価値を表現する金銀の量は以前よりも多くなり、その結果「価格」は以前よりも「騰貴」することになったこと**、逆の場合は逆の現象が生じること、を意味しています。──つまり、諸商品の**交換価値は同じままであるのに、流通手段の量の増減につれて、価格は変動するということが、目に見える現象になったこと**、その目に**見える現象をそのまま「理論」に仕立て上げた**のが、ほかでもない「貨幣数量説」なのです。金銀が兌換銀行券になっても事情は同じです。

　リカードウがこの「理論」を「発展」させたと（209 ／ 138）の脚注（80）で言われているのは、① 第34章の冒頭の頁の2行目以下で、**「正しい比率」「比率以上」「比率以下」**という論点を加えたこと、② **国際関係を織り込んだこと**、を指しています。

　この②の内容は、具体的には、（954 ／ 554）の半ば以降で触れられている金の流出入の問題です。**基本となる論理は**、商品の価格は金の相対的多寡によって変動するから、**貨幣数量増加➡物価上昇**➡貿易差額のマイナス➡為替相場の下落➡**金流出➡貨幣数量減少➡物価下落**➡貿易差額のプラス➡為替相場の上昇➡**金流入**……というように、物価も金の国際的配分も自動的に調節される、と要約できます。

　　＊なお、金の流出入と為替相場の問題は、第35章で改めて主題となっています。

　（4）この「理論」を、ピール銀行法を押しつけた銀行理論家たちの一派（通貨学派）が「強引に自分たちのために利用して」「手を加えたその仕方・様式」を、下院委員会の審議に即して検証していくことが、（956 ／ 565）の末尾以降の内容になっています。**検証の結論は**、「理論的概括」と位置づけた部分の、（955 ／ 565）8行目、「**リカードウの誤った前提、……」**からその頁の末尾までのところに示されています。

第34章　“通貨主義”と1844年のイギリスの銀行立法（E書簡、同前）

> **〔解題〕リカードウ「貨幣数量説」を基礎に置いた「通貨主義」批判**
>
> 　1844年のピール銀行法を論材として、リカードウの「貨幣数量説」と、それに理論的基礎をおいた「通貨主義」に対して批判的検討行うことが主題となる。

第II部

第一編

第二編

第三編

第III部

第一編

第二編

第三編

第四編

第五編

第六編

第七編

＊ 冒頭から約6頁にわたって、**エンゲルスが問題についての「理論的概括」を展開している**。それに続く叙述は、エンゲルスの「数ページの論評」を除けば、ほとんどが「ピール銀行法」にかんする 1857 年の「下院委員会の審議」内容による「例証」に割かれている。ここでは「例証」部分は割愛する。

❶ 理論的概括（1）──リカードウの貨幣理論

（951 ～ 952／562 ～ 563）{以前の著作において、諸商品の価格との関係における貨幣価値についてのリカードウの理論が検討されている。それゆえここでは、もっとも必要なことだけに限ればよい。

　リカードウによれば、貨幣──金属貨幣──の価値は、その貨幣に対象化されている労働時間によって規定されるのであるが、**しかしそれは貨幣の量が、取引されるべき諸商品の分量と価格とにたいして正しい比率をなしている限りでだけである。貨幣の量がこの比率以上に増加すれば**、貨幣の価値は低下し、諸商品の価格は騰貴する。**それが正しい比率以下に減少すれば**──他の事情に変わりがなければ──貨幣の価値は騰貴し、諸商品の価値は下落する。

　第一の場合には、この金の過剰が存在する国は、その価値以下に低下した金を輸出して諸商品を輸入するであろう。**第二の場合には**、金は、それがその価値以上に評価される諸国に流れていき、他方、価値以下に評価された諸商品は、その国から、正常価格を得ることができる他の市場に流れていくであろう。

　このような前提のもとでは、「金そのものが、鋳貨としてであれ、地金としてであれ、それ自身の金属価値よりも大きい、または小さい金属価値の価値章標となりうるのであるから、兌換銀行券が流通していれば、これも同じ運命をともにすることは、自明である。銀行券が兌換可能であり、したがってその実質価値が名目価値に照応していても、金と兌換券とからなる流通貨幣の総量は、以上述べた諸理由によって、その総量が、流通する諸商品の交換価値と金の金属価値とによって規定されている水準以上に増加したりそれ以下に減少したりするのに応じて、価値増加したりそれ以下に価値減少したりしうる。

　……このような価値減少、**金にたいする紙幣の価値減少ではなく、金も紙幣もひとまとめにしての価値減少、すなわち一国の流通手段の総量の価値減少は、リカードウのおもな発見の一つであり、この発見をロード・オウヴァストン一派は、強引に自分たちのために利用して、1844 年と 1845 年のサー・ロバート・ピールの銀行立法の基本原理にしたのである**。」（『経済学批判』、155 頁、〔邦訳『マルクス・エンゲルス全集』第 13 巻、149 頁〕）}

　「同じ個所で行なったこの**リカードウの理論の本末転倒の証明をここで繰り返す必**

要はない。**われわれに興味があるのは**、ただ前記のピール銀行法を押しつけた銀行理論家たちの一派が、**リカードウの諸命題に手を加えたその仕方・様式だけである。**」
➡以下の（2）に続く。

❷ 理論的概括（2）

(952／563〜564)「19世紀中の諸商業恐慌、ことに1825年および1836年の大恐慌は、リカードウの貨幣理論をそれ以上には発展させなかったのであるが、しかしその新たな利用を呼び起こした。……（中略）……**リカードウの貨幣理論は、それが同義反復に因果関係の外観を与えるので、非常に好都合であった。**諸商品価格の周期的な一般的下落は、なぜ起こるのか？　貨幣の相対的価値の周期的上昇からのためである。逆に、諸商品価格の周期的な一般的騰貴は、なぜ起こるのか？貨幣の相対的価値の周期的低下のためである。これが正しければ、諸価格の周期的騰落は、諸価格の周期的騰落から生じる、と言っても正しいであろう。……同義反復の因果関係への転化が一度認められれば、ほかのことはなんでも容易に明らかになる。……」

(955／565)「銀行券の発行は、貴金属の輸出入に応じて、または為替相場に応じて、規制されなければならない。**リカードウの誤った前提、**金は鋳貨にすぎず、それゆえ輸入されるすべての金は通流する貨幣を増加させ、それゆえ諸価格を騰貴させるし、輸出されるすべての金は鋳貨を減少させ、それゆえ諸価格を下落させるという前提、**この理論的前提は、ここでは、そのときどきに現存する金と同量の鋳貨を流通させようとする実際上の実験となる。**イギリスで　『"通貨主義"』学派という名で知られているロード・オウヴァストン……その他の一群の著述家は、**この教義を説教したばかりでなく、**1844年および1845年のサー・ロバート・**ピールの銀行法**という手段を用いて、それをイングランドおよびスコットランドの銀行立法の基礎とした。……**この教義の理論的ならびに実践的な不名誉な失敗は、信用論ではじめて叙述することができる。**（同前165〜168頁〔邦訳『マルクス・エンゲルス全集』第13巻、158〜160頁〕）」

(956／565) ｛**この学派にたいする批判は、**トマス・トゥック、ジェイムズ・ウィルスン……およびジョン・フラートンによって提起された。しかし、彼らもまた金の性質にかんする彼らの洞察がいかに不十分であったか、また貨幣と資本との関係について、彼らがいかに不明確であったかは、すでにわれわれがたびたび、ことにこの**第三部第28章**〔本訳書、第三巻、767〜789頁〕**で見たところである**＊。そこで、ここではピールの銀行法にかんする1857年の下院委員会の審議（『銀行委員会』、1875年）に関連して、なお若干のことを述べておこう。──Ｆ・エンゲルス｝＊

　　＊　☞前出の〔補足説明③〕参照。

❸ 1844 年の「ピール銀行法」の評価（エンゲルス）

（965 ～ 966 ／ 570）ピール銀行法の内容

　　☞章末の〔補足説明④〕参照。

（966 ～ 967 ／ 570 ～ 571）¦1844 年の銀行法は、全商業界を、恐慌が勃発しそうになる
と時機を失せず銀行券の予備を用意するように直接に仕向け、……恐慌を促進し激化
させたのである。この銀行法は、……支払手段にたいする需要を……人為的に増加さ
せること───……───によって、しかもそれと同時にその供給を制限しながらそうす
ることによって、**恐慌期の利子率を未曾有の高さにまで押し上げる**。したがって、こ
の銀行法は、恐慌を除去するどころか、むしろ**全産業界か銀行法かのどちらかが破滅**
せざるを得ない点にまで、**恐慌を激しく**する。1847 年 10 月 25 日と 1857 年 11 月 12
日との二度にわたって、恐慌はこの頂点まで登りつめた。そのとき政府は、1844 年
の**法律を停止すること**によって、イングランド銀行をその銀行券発行の制限から解放
したのであり、二度ともこれによって**恐慌を抑えるのに成功した**。¦

> 〔補足説明④〕ピール銀行法（1844 年）について

　1845 年、この法律（ピール銀行法）とともに、アイルランドの発券銀行に関する法律、
スコットランドの発券銀行に関する法律が制定され、1928 年まで、イギリスの銀行制
度の在り方を規制していました。以下は、（965 ～ 967 ／ 570 ～ 571）にあるエンゲルス
の記述を踏まえ要点をまとめ直したものです。

　⑴ イングランド銀行は、**発券部**と**銀行部**に分けられ、発券部は、金準備と 1400 万ポ
ンドの銀行券を発行する。1400 万ポンドは、国債などを準備する発券で、「**保証準備発**
行」と称される。

　⑵ 銀行部は、発券部から受け取った銀行券を**預金の現金準備**として用いて貸出をす
る。これにより、民間に流通する銀行券と銀行部に残る銀行券（銀行部準備）との区別
が生ずる。

　　金準備＋保証準備－民間流通銀行券＝銀行部準備という関係が成立。

➡ ① 金準備の増減は、それに等しい銀行部準備の増減を引き起こし、民間流通銀行券
の増は、それに等しい銀行部準備の増を引き起こす。また、② 民間流通銀行券の量は、
通常、保証準備＝ 1400 万ポンドを上回るので、銀行部準備＜金準備という関係が成立
する。

(3) イングランド銀行券は「**法貨**（現金）」とされた。➡イングランド銀行券にいつでも転換できるイングランド銀行預金も**現金化する**（**預金通貨**・払い戻しにより流通に入る）。

(4) アイルランド、スコットランドの銀行券の発行認知。**発券枠設定**。枠を超えての超過発券分については、超過分と等額の金準備保有が必要とされた。

(5) この銀行法により、イングランド銀行は、**金準備高＝銀行券発行高、を極力維持すること（金本位制）を至上命題**とし、金準備の増減にすこぶる敏感な銀行となった。

第35章　貴金属と為替相場（E 書簡、同前）

〔解題〕**貴金属の「流出入」について注意すべき点、並びに為替相場について**

　金（ならびに銀行券）の、中央銀行からの「（国家間の）流出入」が、全信用、ひいては現実の再生産過程にたいして与える影響について、また為替相場について考察される。

第一節　金準備の運動

❶ 金流出入について・注意点

(986 ～ 995 ／ 580 ～ 585)「**貴金属の流出および流入にかんして注意すべきことは、次のことである。**」

(1) **金銀生産国から非生産国への金銀の移動**

　これにより、ヨーロッパと北米の国内金流通が増加、中央銀行金準備の増加、金による対アジア輸出用の銀の購入

(2) **金銀非生産国間での金銀移動。**

　金銀の入超・出超は、通常、諸商品の輸出入関係の結果であり表現であるが、同時にそれとは係わりのない貴金属の輸出入関係の表現でもある。

(3) **中央銀行の金属準備の増減は、金銀の流出入の正確な測定器ではない。**

　国内での金銀貨流通量の増減と奢侈品としての金の需要の増減が、中央銀行の金

銀準備に影響するから。

(4) 金銀の輸出が中央銀行の金属準備を最低限度近くまで減少させると、金属の輸出は「**流出**」（drain）という形をとること。

(5) 中央銀行の金属準備は、イ）**国際的支払準備金**、ロ）**国内金属流通の準備金**、ハ）**預金支払いおよび銀行券兌換のための「保証」準備金**、という「**三つの機能**」があるが、金属貨幣の代わりをする銀行券が広く流通することになると、ロ）の機能がなくなり、準備金の一部が外国に出て行く。

(6) **現実の恐慌**は、為替相場が反転し、**貴金属の輸入が輸出より優勢になると勃発した**。1847年恐慌が典型。――諸供述。

背景：① 輸出代金「延払い」⇔輸入代金「現金払い」（1032／606）➡貿易収支が黒字であっても、国際収支は赤字。➡②「延払い」期間の延長（手形の書き換え）（922／548）チャップマンの供述参照。③ 輸出業者の資金繰り困難➡「投げ売り」、④ 外国証券の売却、等々。――（850／509）、（894／533）参照。

(7) **恐慌が収束すれば**、金銀はふたたび、「さまざまな諸国の特別の準備金として諸国に均衡状態で実存していたのと同じ割合で、配分される。」

(8) **金属流出**は、……外国貿易の状態の変化の徴候➡新たな恐慌の成熟

(9) **支払差額は**アジアに**順**、ヨーロッパとアメリカに**逆**でありうる。

❷ 貴金属の輸入と輸出

（995～996／585～586）「**貴金属の輸入は、主として二つの時期に生じる。一方では、**恐慌に続く、かつ生産の制限を表わす、利子率の低い第一の局面においてである。そして次には、利子率は上がるが、まだその中位の高さには達していない第二の局面においてである。…………

　他方では――入金がもはや円滑でなく、諸市場が供給過剰で、見せかけだけの繁栄が信用によってやっと維持されるようになるやいなや、したがって、すでに貸付資本にたいする非常に強い需要が実存し、それゆえまた利子率が少なくともすでにその中位の高さに達してしまうやいなや、**貴金属の流出、その連続的な激しい輸出が起こる**。……（中略）……利子率の上昇は、信用取引を縮小させるのではなく、それを拡大し、そのあらゆる補助手段の過度の緊張に導く。それゆえ、**この時期は崩落に先行する**。」

❸ 信用・銀行制度が破局を促迫

（997～998／587）「資本のこのわずかな増減――……――は、イギリスのような生産規模のなかでは実際には微々たる大きさである。しかし、まさに信用制度・銀行制度の発

達こそは、**一方では**、すべての貨幣資本をむりやり生産に奉仕する（……）ように駆り立て、**また他方では**、循環のある局面において金属準備を、それがその当然の諸機能をもはや果たしえなくなるような最小限度にまで縮小させる。——**この発達した信用制度・銀行制度こそ、全有機体のこの過敏症を生み出すのである。**」

❹ 信用制度の要としての中央銀行と金属準備

(998 〜 999 ／ 587 〜 588)「**中央銀行は信用制度のかなめである**。そして**金属準備はまたこの銀行のかなめである** (18)。私がすでに第一部、第三章、支払手段のところで述べたように、**信用主義から重金主義への転化は必然的である**。危急の瞬間に金属的基礎を維持するために、現実の富の最大の犠牲が必要であるということは、トゥックによってもロイド・オウヴァストンによっても承認されている。**争点は**、ただ、プラスかマイナスか、また不可避なことの合理的取り扱いが多いか少ないか、ということだけである (19)。総生産と比べれば問題にならないある分量の金属が、制度のかなめとして認められている。**そこから**——かなめとしての金属のこうした性格が恐慌時におそろしいほど例証されることは別として——**実にみごとな理論的二元論が生じるのである。**」

　➡ (1001 ／ 589) 原注〔18〕での、ニューマーチの供述、原注〔19〕でのトゥックとロイドの見解、を参照。

❺ 金銀というもの

(999 〜 1000 ／ 588 〜 589)「**さて金銀はなにによって富の他の諸姿態から区別されるのか？　価値の大きさによってではない**。というのは、価値の大きさは、金銀に対象化された労働の量によって規定されるからである。**そうではなく、富の社会的性格の自立した化身・表現として区別されるのである**。……富のこうした社会的定在〔貨幣〕は、社会的富の現実的諸要素とならんで、またそれらの外部に、彼岸のものとして、物、物件（ザッフェ）、商品として、現われる。生産が円滑に流れている限り、このことは忘れられる。**信用は、やはり富の社会的形態として、貨幣を駆逐してその地位を奪う**。生産の社会的性格にたいする信頼こそは、諸生産物の貨幣形態を、なにか単に刹那的で観念的なものとして、単なる観念として、現われさせるのである。しかし、**信用がゆらぐやいなや**——……——こんどはすべての**現実の富**が実際にかつ突然に**貨幣すなわち金銀に転化されなければならない**……しかも、この莫大な要求を満たすべき金銀のすべては、イングランド銀行の地下室にある 200 〜 300 万にすぎない (20)。したがって、**金流出の影響のなかには**、**生産が現実には社会的生産として社会的管理のもとにおかれていないという事情が、富の社会的形態は一つの物として富の外部に実存するという形態で、はっきりと現われる**。……（中略）……もっとも明確に、かつ**不**

合理な矛盾と背理とのもっともグロテスクな形態で現われる。」

　　➡（1101／589）原注〔20〕での、チャップマンの供述参照。

（1002／589）「恐慌時には、すべての手形、有価証券、商品を一挙に同時に銀行貨幣に
　　換えるべきであり、またさらにこの銀行貨幣のすべてを金と交換可能にすべきである
　　という要求が現われる。」

第二節　為替相場

❶ 為替相場

（1002／589）「貨幣金属の国際的運動のバロメーターは、周知のように**為替相場**であ
　　る。」➡<u>ポンド（スターリング）高、安の問題</u>。

❷ 利子率の為替相場におよぼす影響

（1003／590）利子率の上昇➡有価証券の価格低下。イギリスで購入した有価証券を、
　　利子率が低く＝有価証券の価格が高い国で売却➡プラスの差額＝金の流入。

❸ 対アジア為替貿易

（1006～1007／591～592）「① まずなによりも自明なことは、インドで鉄道に投資す
　　るために、何百万ポンド・スターリングかが同地に、貴金属で送られようとレール
　　（実物）で送られようと、どちらも、**同一の資本額を一国から他国へ移転するうえで
　　の形態の相違にすぎない**、ということである。しかも、この移転は、普通の商業取引
　　の勘定にははいり込まず、輸出国は、この鉄道の収益からその後の年々の収入以外に
　　は、この移転にたいする他のいかなる還流も期待しないのである。
　　　② この輸出が貴金属の形態で行なわれるのであれば、この輸出は、それが貴金属
　　であり、そして貴金属としては直接に貸付可能な貨幣資本であり、全貨幣制度の土台
　　であるために―……―<u>この貴金属を輸出する国の貨幣市場にそれゆえまたその国の利
　　子率に、**直接影響をおよぼすであろう**。それはまた、**為替相場にも同じように直接に
　　影響をおよぼす**</u>。すなわち、貴金属が現送されるのは、ロンドンの貨幣市場で供給さ
　　れる、たとえばインドあての手形だけでは、この特別送金をするには十分でないから
　　にすぎず、またその限りでのことにすぎないからである。……
　　　③ <u>これに反して、**資本がレールなどの**（実物）**形態で送られるならば**、インドはそ
　　の返済をしなくてもよいから、それが為替相場に影響をおよぼすことはまったくあり
　　えない。だからこそ、それは貨幣市場に影響をおよぼすはずもないのである。」</u>

　　＊以下、ウィルスンとニューマーチとの論戦、ニューマーチとウッドとの論戦の経緯が、
　　（1021／599）まで辿られる。その後に、ウィルスンについての**エンゲルスのコメントが
　　挿入されている**（1021〜1022／599）。

　　　そして、（1022〜1031／600〜604）まで、『エコノミスト』誌上のウィルスンの主張
　　＝「あらゆる種類の商品の大量の在庫によって示される……資本過剰は、必然的に、商品
　　一般の価格の低下をもたらすだけでなく、資本の使用にたいする利子率のいっそうの低下
　　をもたらさざるをえない」という主張、に対する**マルクスの論評が続く。**

❹ イギリスの貿易差額

(1) イギリスは、様々な方途で、外国から多額の利子・配当収入をえていること（1031
〜1032／604〜605）

(2)『エコノミスト』誌の記事から引き出せる、**外国為替相場の変動要因**

　① ときどきの「支払差額」とその原因（1033／605）

　② 一国の貨幣の価値減少──純粋に名目的問題（同上）

　③ 金本位国と銀本位国間の為替相場は、金銀比価の変化（相対的な価値変動）に依
　存する。（1033〜4／605〜6）

　④「イギリスでは貨幣がはなはだしく過剰で、利子率が低く」・「有価証券の価格
　が高い」場合（➡外国の安価で高利回りの有価証券購入に向かう➡「為替相場の逆調」（ポ
　ンド売り＝外貨買い→ポンド価下がる）➡「金の流出さえも、起こりうる。」（1034／
　606）

(3) **重金主義・信用主義**

（1035／606）「**重金主義は**本質的に**カトリック的**であり、**信用主義は**本質的に**プロテス
タント的**である。……救いを与えるのは**信仰**である＊。……しかし、プロテスタント
がカトリックの基礎から解放されていないように、**信用主義も重金主義の基盤から解
放されてはいない**。」

　　＊「信じてバプテスマ（洗礼）を受ける者は救われる」の言い換え。

第36章　資本主義以前〔の状態〕

〔解題〕前近代の高利資本の歴史的役割・近代的利子生み資本の成立史

①　近代の利子生み資本とは対照的な**高利資本の蓄積様式や歴史的役割**を考察すること、②　利子生み資本の産業資本への従属として展開する、**近代的利子生み資本の成立史**を考察すること、③　**近代の信用制度の歴史的位置づけ**、これが主題となる。

❶ 資本の大洪水以前的形態

（1036 〜 7 ／ 607）「利子生み資本、またその古風な形態を**高利資本**と特徴づけることができるのであるが、それは、**双子の兄弟である商人資本**とともに、**資本の大洪水以前的諸形態**に属しており、……資本主義的生産様式にはるかに先行し、きわめて**さまざまな経済的社会構成体のなかに見いだされるものである。**」

「高利資本の実存にとって必要なのは、諸生産物の少なくとも**一部分が商品に転化**し、同時にまた、商品取引とともに**貨幣**がそのさまざまな機能において発展してきているということ、だけである。」〔**必要条件**〕

「**高利資本の発展は**、商人資本の発展、ことに**貨幣取引資本の発展と結びついている。**」

❷ 特徴的な二形態

（1037 〜 1038 ／ 608）「高利資本が資本主義的生産様式以前の諸時代に実存する特徴的な諸形態は、二通りある。……**第一に**、浪費家の貴族たち、本質的には**土地所有者たちへの貨幣貸し付けによる高利である**。第二に、自分自身の労働諸条件を所有している**小生産者たちへの貨幣貸し付けによる高利**で、このなかには手工業者が含まれているが、……農民階級がその〔個別生産者たちの〕大多数をなす……。

高利による富裕な土地所有者たちの破滅も、〔高利による〕小生産者たちの吸血も、両方とも**大きな貨幣資本の形成と集中をもたらす**。しかし、この過程がどの程度まで古い生産様式を廃除するか——近代ヨーロッパでそうであったように——、また、この過程が古い生産様式の代わりに資本主義的生産様式をもたらすかどうかは、まったく**歴史的発展段階**と、それによって与えられる**諸事情**とにかかっている。」

❸ 高利資本の「破壊力」と限界

（1041 ／ 610）「高利は、**一方では**、**古典古代的および封建的富にたいし**、また古典古代

的および封建的所有にたいし転覆的かつ破壊的に作用する。他方ではそれは、**小農民的および小市民的生産**、要するに、生産者がまだ自分の生産諸手段の所有者として現れるようなすべての形態**を転覆し破滅させる**。」

（1042／610）「高利は、生産諸手段が分散しているところで貨幣財産を集中する。高利は生産様式を変化させず、寄生虫としてこれに吸いつき、これを悲惨なものにする。**高利は生産様式の血を吸い取り**、**衰弱させ**、**ますます哀れな諸条件のもとで再生産が進行することを余儀なくさせる**。……

　　債務を負った奴隷所有者もしくは封建領主は、**彼自身がより多くの血を吸い取られるので**、**より多くの血を吸い取る**。または、**結局彼は高利貸しに席を譲り**、高利貸し自身が、古代ローマの騎士のように、土地所有者または奴隷所有者となる。古い搾取者の搾取は多かれ少なかれ家父長的であったが─……─、この**古い搾取者に代わって**、冷酷な、金に飢えた成り上がり者が登場する。しかし、**生産様式そのものは変化させられない**。」

　➡「政治的編制」については、（1043～1044／611）参照。

❹ 高利資本の搾取様式

（1044～1045／611）「**高利資本は**、資本の生産様式をもつことなしに**資本の搾取様式をもっている**。………

　　高利は、消費されるだけの富とは反対に、**それ自身が資本の一つの成立過程である点で歴史的に重要である**。高利資本と商人財産とは、**土地所有から独立した貨幣財産の形成を媒介する**。商品としての生産物の性格が発展することが少なければ少ないほど、……それだけますます貨幣は、諸使用価値での富の局限された表現様式に対立して、**本来的富そのもの**、**一般的富として現われる**。**蓄蔵貨幣の形成はこのことに立脚する**。」

❺ 蓄蔵貨幣の資本への転化

（1045／611～612）「世界貨幣および蓄蔵貨幣としての貨幣を別とすれば、貨幣が商品の絶対的形態として登場するのは、ことに支払手段の形態においてである。そしてことにこの**支払手段としての貨幣の機能こそが**、**利子**、**したがってまた貨幣資本を発展させる**。浪費的で腐敗をもたらす富が欲するものは、貨幣としての貨幣、すべてのものを買う手段としての貨幣である。（同じくまた債務支払いの手段としての貨幣である。）……（中略）……蓄蔵貨幣の所有者が求めるものは、資本ではなく、貨幣としての貨幣である。しかし彼は、**利子を通して**、この蓄蔵貨幣を自分のために資本に──すな

わち、剰余労働の全部または一部分、……生産諸条件そのものの一部分を支配するための手段に──**転化する**。」

❻ 信用制度の発展と利子生み資本

（1048／613）「信用制度の発展は、高利に対する反作用としてなしとげられる。……その意味するところは、**利子生み資本は資本主義的生産様式の諸条件および諸要求に従属する**、ということ以上ではなく、またそれ以下でもない。

　大局的に見れば、**利子生み資本は、近代的信用制度のもとでは、資本主義的生産様式の諸条件に適合させられる**。高利そのものは、単に実存し続けるだけでなく、発展した資本主義的生産の諸国民のもとでは、古いすべての立法によって課されていた諸制限から解放される。……（中略）……

　資本主義的生産様式の本質的な一要素をなす限りでの**利子生み資本を高利資本から区別するものは、決してこの資本の本性そのものまたは性格そのものではない**。……利子生み資本が機能するさいの諸条件が変化し、それゆえまた、貨幣の貸し手に相対する借り手の姿態がすっかり変化しただけである。」

➡ （1049／614）「一連の新しい山師たち」──資本の支配を強固にする「社会の下層からのつねに新しい兵力」の補充。➡ （1050／614）「支配階級が被支配階級のもっとも優秀な人物を仲間に加えることができればできるほど、その支配はますます堅固でまた危険なものとなる。」

---

❼ 信用制度の歴史的発展

（1050～1052／614～615）「公設質屋」「土地銀行」……略

（1052～1053／615～616）「12世紀および14世紀にヴュネツィアとジェノヴァで設立された**信用組合は**……海上貿易およびこれにもとづく卸売業の必要から生じたものである。これらの都市共和国で設立された本来の諸銀行は、同時にまた、**公信用のための施設として現われ**、……国家が将来の税収を担保にしてそれから前貸しを受けたのであるが、忘れてならないのは、右の信用組合を結成した商人たちは、……**自分自身と同じくその政府をも高利から解放すること** (23)、そして同時に、**それによって国家をますますかついっそう確実に自己の隷属下におくことに関心をもっていた**。」☞ （1053／616）原注〔23〕に留意。

（1054／616）アムステルダム銀行（1609年）、ハンブルグ銀行（1619年）──「純粋な預金銀行」であった。……（中略）……「18世紀全体を通じて、オランダを

引き合いに して、**利子生み資本を商業資本および産行資本に従属させる**―……
―ために、**利子率の強制的な引き上げを求める叫びが高まった**――そして立法は
この趣旨で行動した。」

　➡（1055 ／ 617）サー・ジョウサイア・チャイルドは言う。――「一国を富
裕にするものが交易であるとすれば、また、利子の引き下げが交易を増進させる
とすれば、**利子を引き下げまたは高利を制限すること**は、疑いもなく、**一国民の
富に有益な結果をもたらす主要原因である**。」

---

❽ 近代的銀行制度

（1056 ／ 617）「**この強力な高利排撃、すなわち利子生み資本を産業資本に従属させ
ようとするこの要求**は、資本主義的生産のこれらの条件を近代的銀行制度におい
てつくりだす有機的創造物の前ぶれにすぎないのであり、この制度は、一方で
は、**死蔵されているあらゆる貨幣準備を集中し**、**これを貨幣市場に投じることに
よって、高利資本からその独占を奪い**、他方では、**信用貨幣の創造によって貴金
属そのものの独占を制限する**。」

---

❾ イングランド銀行の曲折

1694 年**イングランド銀行創立**、1844 年**中央銀行化**、1946 年**国立銀行化**。

　☞〔補足説明⑤〕参照。

（1057 ～ 1058 ／ 617 ～ 618）「イングランド銀行にたいしては〈すべての**金匠**と質屋が
憤怒の叫びをあげた。*〉」

　＊**金匠について**：16 世紀末から、**ゴールド・スミス**（金匠）という名の金銀細工商が、商
　　人の金銀貨を預かるようになるが、金匠は預かった証拠として**手形（ゴールド・スミス・
　　ノート）**を発行。この手形がそのまま商人間の支払手段として利用されるようになり、や
　　がて銀行券にまで発展するに至った、と考えられている。

　　「最初の 10 年間、イングランド銀行は大きな諸困難とたたかわなければならなかった。
　　外部からの激しい敵意。同行の銀行券はその名目価値のはるかに以下でしか受け取られな
　　かった。」（1057 ／ 617）

　➡（1059 ～ 62 ／ 618 ～ 20）サン－シモン派（サン－シモン、アンファンタン、エミル・
　　ペレール）。彼らの「銀行＝信用幻想」を実現したのが、「クレディ・モビリエ」創立（1852
　　年―1867 年破産）

原注〔24〕のエンゲルスによる、サン－シモン派とオウエンへの言及に留意。

❿ 信用制度の歴史的位置づけ

（1062／620）「決して忘れてならないのは、**第一に**、貨幣——貴金属の形態での——が依然として基礎であり、信用制度はことの本性上この基礎から決して解き放たれることができないということである。**第二に**、信用制度は、私人たちの手もとにおける社会的生産諸手段の（資本および土地所有の形態での）独占を前提とするということ、また**信用制度自体が**、**一方では**、資本主義的生産様式の内在的形態であり、**他方では**、**この生産様式をその可能な最高かつ最終の形態にまで発展させる推進力であるということ**、である。」

（1063〜1064／620〜621）「**信用制度・銀行制度は、① 資本の私的性格を止揚し**、こうしてそれ自体、しかしまたそれ自体でのみ、**資本そのものの止揚を含んでいる**。銀行制度によって、資本の配分は、……社会的機能として、個人資本家および高利貸したちの手から取り上げられている。② **しかし銀行および信用は**、このことによって同時に、**資本主義的生産を駆り立てて、それ自身の諸制度を踏み越えさせるもっとも強力な手段となり**、また、③ **恐慌とぺてんとのもっとも有効な推進力の一つとなる**。……（中略）…… ☞章末の〔追記〕参照。

　最後に、④ **資本主義的生産様式から結合された労働の生産様式への移行の時期に、信用制度が有力な槓杆として役立つであろうことは、なんの疑いもない。とはいえ、それはただ、生産様式自体の他の大きな有機的諸変革と連関する一要素としてでしかない。**」

　➡「これに反して、**社会主義的意味での、信用制度・銀行制度の奇跡的な力についての諸幻想**は、資本主義的生産様式とその諸形態の一つである信用制度とにかんする完全な無知から生じる。」➡以下、サン−シモン主義者、中世における利子、教会にとっての利子禁止の効用、等の断片続く。

〔補足説明⑤〕シティとバンク

❶ シティとマーチャント・バンカー

「**シティとは**、ロンドンのギルド・ホールを中心とした、ごくせまい旧ロンドン市内の金融街・商業街をいう。……半径わずか数百ヤードの範囲内に、イギリスの銀行はもちろん、世界各国の銀行の支店が、あたかも銀行展示会のように蝟集しているありさまは、まことに壮観である。……

　国際的金融機関は、外国銀行の支店を別とすれば、**バンク（イングランド銀行のこと）**、

市中銀行、旧植民地銀行などであるが、それらにまじって、**マーチャント・バンカーと呼ばれる個人金融業者**が店舗を構えている。……その代表はなんといっても、世界の金融王といわれた ロスチャイルド商会であろう。……マーチャント・バンカーこそ、**シティにおける国際的な資本取引において中心的な地位を占め**、外国債券の発行と引受け、つまり資本輸出を主要な業務として、……**世界経済の動脈を握ることにより**、**世界の政治をも背後から動かしていたのである**。……

　海外投資のやり方は、簡単にいえば次のようになる。たとえばインドの鉄道会社がロンドン資本市場で借款をしようとする場合、その証券発行に対して、マーチャント・バンカーが**保証**を与える。……その保証のもとに、市中銀行、信託銀行、保険会社などが参加して、証券発行を引き受ける**シンジケート（証券発行引受組合）**がつくられる。マーチャント・バンカーはその元締になる。こうして引受けが成功すれば、彼らはまず、数％の**保証手数料**をかせぐ。ついで**株式相場の変動を利用**して、プレミアをかせいだり、さやをかせいだりする。自己資金をつぎ込むこともあるが、多くの場合、資金は引受け金融機関から出されるから、マーチャント・バンカーは、その金融力をバックにして、**一文の金を投資することなく**、**労せずして**、**濡れ手に粟のぼろもうけをすることができる**。他方、**引受金融機関のほうは、証券の額面価格と引受価格の差をかせぐこと**になる。インドのような資本不足の国は、証券を額面どおりの価格で引受けてもらえない。**引受価格**は、それをはるかに下回って、**70〜80％にしか及ばない**。最後に、証券は額面ないしそれに近い額で株式取引所に上場され、投資家大衆に売り出される。シティの路地に**こうもり**のごとく潜むマーチャント・バンカーたちは、まことに悪辣な手段で、インドの資本不足を利用しながら稼ぎまくった。しかし、インドにとっては、**100ポンドの額面に対して**、**75ポンドしか借りられなくとも**、**利子は100ポンドに対して支払わなければならない**。めぐりめぐって、その負担は結局、インドの民衆の上にかぶさってくる。シティの〈無尽蔵な資力〉は、このような〈創意に富む〉方法によって、築きあげられたのである。」（吉岡昭彦『インドとイギリス』岩波新書、1975年、195〜197頁）

❷ 金流出への恐怖とバンクの容姿

　「シティのどまん中、スレッドニードル街に面して、いかめしい巨大な建物が立っている。いうまでもなくバンクである。**バンクは、〈スレッドニードルの老淑女〉と呼ばれてきた**が、その建物は、およそ〈淑女〉と呼ばれるにはふさわしくない。グロテスクであると評する人もある。しかし、私は、それが、バチカンと並ぶ歴史的遺物として、ある種の風格を備えていると思う。いうまでもなく、**バチカンは中世ヨーロッパ世界の支配者**であり、**バンクは近代世界市場の支配者**であった。その周囲は、高さ14〜5メートルもある、窓ひとつない外壁をもつ建物でとりかこまれている。……私は同じ

ような外壁をもつ建物をヨーロッパで見たことがある。中世フィレンツェで栄えた**大金融業者メジチ家の建物**がそれである。**金融業者は、みずからの保有する金を守るために、このような建物を作るのであろうか**。……バチカンが、**金の祭壇と金の偶像を支配の象徴**としたのに対して、**近代世界の支配者は、現身の金を支配の究極の拠り所としている**。**近代的な銀行制度が、価値の化身である金の国外流出について抱く懸念は、恐怖に近い**。金流出に対する恐怖を表象するものと思えば、バンクのあのグロテスクな建物も、一つの歴史的所産に見えてくるのである。……

　イギリスから**金を流出**させるような動きは、なんとしてでも抑えなければならない。そしてできるだけイギリスに**金を吸収**しなければならない。これが、バンクと大蔵省の懸念であり方針であった。」（同上、199〜203頁）

　　➡**以上に関わって、原注〔15〕（994／585）と〔16〕（995／585）に止目されたい**。

　　〔15〕は、「外国への**金流出は次の三通りの原因から生じうる**」として、「（一）純粋に取引上の原因から。すなわち、……**輸入が輸出よりも大きかった場合**」、「（二）1857年の**インドの鉄道建設の場合**がそうであるように、**イギリス資本を外国に投資するための資金を調達するため**、（三）1853年と1854年の東方での戦争目的の支出がそうであるように、**外国での終極的支出のため**」を挙げている。

　　　➡（二）は「シティとマーチャント・バンカー」にあった、「海外投資」の件と照応する。

　　〔16〕は、「第九に。**支払差額はアジアに順で、ヨーロッパおよびアメリカに逆である**」という本文に付されている。──「もしあなたがインドと中国をひとまとめにされるならば、もしあなたがインドとオーストラリアとのあいだの諸取引、および、中国と合衆国とのあいだのいっそう重要な諸取引を考慮されるならば──これらの場合には**取引は三角貿易であり**、その**決済はわが国を介して行なわれます**。──……**貿易差額**はわが国にとって**逆**であっただけでなく、フランスにとっても合衆国にとっても**逆**であったというのが正しいのです。」
　　➡シティが、「決済はわが国を介して行なわれます」と言われる場合の当の場所であった。
　　なお、支払　差額と貿易（輸出額と輸入額の）差額の異同に留意。

〔追記〕恐慌と信用の役割について
　産業資本は、各生産諸部門での、蓄積＝再生産過程において、支払能力にある「需要」（特に労働者階級の「狭隘な消費能力」の制限）を超えているという意味での「過剰」な商品を生産する。それは、競争の強制法則の下で各個別諸資本が、より多くの利潤の獲得を目指して生産力を高め、生産を拡大していくことの帰結である。このようにして生じる**「生産と消費の矛盾」**の累積について、第30章「貨幣資本現実資本I」は、次

のように述べていた。──「すべての現実の恐慌の究極の根拠は、依然としてつねに、**資本主義的生産の衝動と対比しての**、すなわち、社会の絶対的消費能だけがその限界をなしているかのように生産諸力を発展させようとするその衝動に対比しての、**大衆の貧困と消費制限である。**」（835/501）──各生産諸部門における生産と消費の矛盾の累積は、**全般的な過剰生産恐慌**として**周期的に爆発**し、矛盾をその都度**暴力的に解決（解消）**しつつ、**産業循環を繰り返す**。このことは、第三篇第15において解明されていたところである＊。

　この過程において、利子生み資本は、産業資本やその「代理人」たる商業資本に、その活動が必要とする貨幣資本を貸付け、その活動を支援し**促迫する役割**を果たすことが、本篇第30～32章「貨幣資本と現実資本Ⅰ・Ⅱ・Ⅱ」で語られているが、**全般的な過剰生産恐慌を引き起こす主役は、あくまでも産業資本であること**に改めて留意が必要である。

　　＊労働者教育協会の責任編集による、勤労者通信大学基礎理論コースの、2020年にニリューアルしたテキストでの恐慌の説明(211～214頁)も、第三篇　第15章での説明に基本的に沿っている。

《第六篇》
超過利潤の地代への転化

〔解説①〕 **本編を読み進めるに当たって**

「地代論」（第六篇 超過利潤の地代への転化）に入ります。第 37 章から第 47 章まで全 11 章立て、346 頁の第五篇に次ぐ長編です。長編であるだけでなく、**未完の草稿の状態の原稿をエンゲルスがまとめなおしたものでもあり**、細かい数字の計算を多用し、ところによっては、**エンゲルスが（マルクスとは異なる）独自の設例に基づき加筆してもいますから**、読解には骨が折れる篇です。

まず近代イギリスの大土地所有制と日本の地主制について、簡単な考察をしておきます。マルクスは、**大土地所有者・借地農業資本家・農業労働者＝賃労働者**という階級構成の下での、イギリスの**大規模農業**を考察の対象とし、「超過利潤の地代への転化」を書きました。イギリスの大土地所有制が、どれほどのスケールのものであったか、われわれもそれを十分承知したうえで、第六篇を読み進めたいと思います。

(1)「**近世・近代のイギリス社会の特徴の一つは、**（大土地所有者である）**貴族の数の少なさである。**……イングランドおよびウェールズの聖俗貴族あわせて **186 家族に過ぎない**。人口が 4 倍以上に増加した **1871 年になっても、その数は約 400 でしかなかった**。アンシャン・レジュウム期に約 2 万もの貴族がいたというフランスをはじめ大陸諸国と比して、この数は極めて少ないといえる。」（村岡健次・川北稔共著『イギリス近代史』ミネルヴァ書房、1989 年、107 頁）

「**18 世紀の農業革命の過程で成立したこの国の大土地所有制が 19 世紀の 70 年代までほとんどそのまま生き残った**、ということである。19 世紀においてジェントリーといわれた人は、通常少なくとも **1,000 エーカー**（約 122,400 坪＝ 408 町歩）の土地をもっており、**貴族となると 1 万エーカー**（約 1,224,000 坪＝ 4,080 町歩）以上の土地所有が普通であった。*

　＊ 1 エーカーは 0.40805 町歩＝約 122.4 坪、➡ 122.4 坪× **1,000 エーカー**＝ **約 122,400 坪**、➡
　　 1 町歩＝ 300 坪、122,400 ÷ 300 ＝ **408 町歩**、➡ cf. **幕藩体制下の日本の少数の巨大地主＝**

1,000 町歩地主は、ジェントリーの約 2.45 倍のスケールに相当、貴族との比ではその約 1/4 に過ぎない。

　　山形県酒田市を拠点とした本間家の場合は、最盛期に推計約 **3,400 町歩**を所有、途中一部を小作人に「解放」しつつ、戦後農地改革時は 1,600 町歩を「解放」、残ったのは 4 町 1 反のみ。――本間家は、海運・貸金（奥州 11 藩に対し約 240 億）・米商い等で財を蓄積。➡️「酒田照る照る、堂島曇る、江戸の蔵前雨が降る」「本間様には及びもないが、せめてなりたや殿様に」と謳われた巨大地主であったことは第四編の〔**補足説明②**〕で既述。

　（2）1874 ～ 76 年にかけて行なわれた全国土地調査によると、イングランドとウェールズにおける貴族、ジェントリークラスの土地所有者の総数は約 4,200 人、**全土地所有者の 0.4% を占めたにすぎなかったが、彼らが実にイングランドとウェールズの優に半分以上の土地を所有していた**。……これらの所有地の多くの部分は、農業のために**借地農**に貸し出されたが、……（地代収入は）最低でも年 1,000 ポンド程度の収入が期待されえた。……**貴族・ジェントリーは、普通のブルジョア階級をはるかに凌駕する大資産家階級であったのである**。……1870 年代に至るまで、貴族の要件は土地所有であり、それゆえ上院議員はすべて土地所有者の**地主貴族**であった。」（同上、146 ～ 147 頁）

　「この農業部門の繁栄も、1870 年代中頃に突然終わりを告げた。（アメリカ合衆国等からの、莫大な量の安価な食料品がヨーロッパ市場を席巻し始めたことによる。）……**利潤と地代の低下**で、農場経営者の多くは耕地を変えて、**牧畜農業および酪農業に転換**せざるをえなくなった。……**地主階級の経済的衰退の兆候**が目立ち始めるが、それに付随して彼らの社会的・政治的立場もまた後退した。」（同上、192 ～ 193 頁）「（第一次大戦後）ノルマン征服あるいは宗教改革期の修道院解体以来と表現されるような土地所有の大規模な移動がみられた。……**これらの土地の多くは自作農の手に移った**。」（同上、254 頁）

　（3）ちなみに、**戦前の日本の地主制下の農業の発展水準が、いかに低位であったか**は、このイギリスとの比較で歴然とします。（上記の数字との比較再確認）

　「米作の発展を基礎に地主制も拡大した。**地主制は松方デフレ期〈原始的蓄積期〉に全国的に拡大するが、その後も拡大を続けている**。全国的統計でみると、松方デフレ期の 1883 ～ 84（明治 16 ～ 17）年から資本主義確立期の 1908（明治 41）年にかけて、**自作農は 37.3% から 32.9% へ減少**し、**自小作農も 41.8% から 39.9% に微減**し、**小作農が 20.9% から 27.2% に増大**している。この間に**小作地率**は、35.5% から 45.5% へかなりの増大を示している。つまり、**地主制は松方デフレ期に成立し**、そして**産業革命期に確**

立したのである。

　地主制の確立過程において**小作地の集中**が進み、**巨大地主**および**大地主**が全国的に発生した。全国の耕地**50 町歩**＊**以上所有の地主**の戸数は 1923（大正 12）年までにかなり急速に増大し、5,078 戸のピークに達し、以後減少した。また**10 － 50 町歩地主**は、1908（明治 41）年の約 4 万戸から 1928（昭和 3）年の 4 万 8,503 戸へ漸増し、以後減少したのち、また増加に転じて 1934 年（昭和 9）年に 4 万 6,416 戸の**第二のピーク**を形成した。……

　一方、**農家経営規模からみると**、1888（明治 21）年から 1908（明治 41）年にかけて、全体として経営規模の**零細化が進展している**。……**多数の農家経営の零細経営の集積・固定化の基礎のうえに、家計補充的低賃金収入の補充なしには再生産不可能な零細農家群が大量に生み出され、こうした《高率小作料と低賃金の相互規定関係》が一般的に成立し、この基本構成成立を基礎に日本地主制が最終的に確立するのである。**」（大石嘉一郎『日本資本主義百年の歩み』東京大学出版会、2005 年、84 ～ 85 頁）

　　＊日本地主制の「解体」は、ご承知のように、戦後改革期の「農地改革」によって推進され、
　　　小規模の自営農民（自作農）が創出されました。

第37章　緒論

　　第三部　本編を読む前に　で紹介したマルクスからエンゲルス宛ての書簡では、この篇についてはなぜかノーコメント。エンゲルスからアドラー宛の書簡では、**37 ～ 38 章は重要**、**39 ～ 40 章**は「ついでに読んでおいた方が良い」章、**41 ～ 43 章**は「さっと素通りできる」章、**44 ～ 47 章**は「重要だがたいていは気楽に読める」章、とされていました。しかし、〔解説〕「本編を読み進めるに当たって」でもふれたように、「さっと（は）素通り」できない、「気楽に（は）読め」ない、難しさがあります。姿勢を正して読み進めましょう。

〔解題〕課題と考察対象の限定

（1077／627）① 「われわれがこの土地所有に取り組むのは、**資本によって生み出された剰余価値の一部分が土地所有者の手に帰する限りでの**」、「**したがって、われわれが想定するのは、農業が製造業とまったく同様に資本主義的生産様式によって支配されるということ、すなわち、農業が資本家たちによって経営され、**

　　この資本家たちが他の資本家たちと区別されるのは、さしあたりはただ、彼らの資本とこの資本によって運動させられる賃労働とが投下されている本来の活動領域によってにすぎないということ、である。」

（1078／627）②「われわれが考察する土地所有形態は、一つの特殊な、歴史的な土地所有形態である。これは、封建的土地所有なり、生産部門として営まれる小農的農業なりが資本および資本主義的生産様式の作用によって転化された形態である。……（中略）……農業における資本主義的生産様式は、農村労働者たちから土地を収奪し、農業を利潤のために経営する資本家のもとに農村労働者たちを従属させることを前提する。……」

（1079／628）③「われわれに必要なのは、近代的土地所有形態の考察である。なぜなら、農業における資本の投下から発生する一定の生産および交易諸関係を考察することが、一般に、肝要だからである。この考察がなければ、この資本の分析は完全なものではないであろう。したがってわれわれは、本来の農耕における、すなわち、住民が生活するための主要栽培作物（小麦）の生産における資本投下に、もっぱら考察を限定する。」

❶ 土地所有

（1080／628～629）「土地所有は特定の人格の独占、すなわち、地球の一定諸部分を自分の私的意志の専属領分として、他人をすべて排除しながら、自由にするという独占を前提とする。このことを前提にすれば、問題となるのは、資本主義的生産の基盤の上でのこの独占の経済的価値、すなわちそれの利用を解明することである。」

❷ 資本主義的生産様式の偉大な成果

（1081～1082／630～631）

　①「農業を社会のもっとも未発展な部分の単に経験的機械的に伝承された方式から、農学の意識的な科学的応用に転化する──それも一般に、私的所有にともなう諸関係の内部で可能な限りでのことであるが──ということ、」

　②「資本主義的生産様式が土地所有を、一方では、支配・隷属諸関係からすっかり解き放し、他方では、労働条件としての土地を土地所有および土地所有者から完全に分離して、彼にとっては、土地はもはや、彼がその土地独占を媒介として産業資本家である借地農場経営者から徴収する一定の貨幣税以外にはなにものも表わさないよう

にすること、」

③「〔資本主義的生産様式が〕このように〔土地所有者と土地所有の〕連関をすっかり解き放す結果、土地所有者が、その土地所有はスコットランドにあるのにコンスタンティノープルでその全生涯を送れるほどになること、がそれである＊」

＊いわゆる不在地主ということ。

④「こうして土地所有は、その従来のすべての政治的および社会的な縁飾りと混ざり物を振り捨てることによって、……（中略）……その純経済的な形態を受け取る。」

---

❸ 誤解を防ぐためのいくつかの前おき

（1085 ～ 1086 ／ 631 ～ 632）「**資本主義的生産様式の場合、その前提は、要するに次のようなことである。──**

① **現実の耕作農民たちは賃労働者であり、資本家である借地農場経営者に雇われている**のであり、この借地農場経営者は、農業を、資本の特殊な一つの搾取場面としてのみ、特殊な一つの生産部面における自分の資本の投下としてのみ経営する。

② この**借地農場資本家は、土地所有者にたいし、**すなわち、自分が利用する土地の所有者にたいし、この特殊な生産場面で自分の資本を使用することを許される代償として、**約定の貨幣額を**（貨幣資本の借り手が一定の利子を支払うのとまったく同じように）一定の期限ごとに、たとえば年々、**支払う。**

③ **この貨幣額は、**耕作地、建築地、鉱山、漁場、森林などのどれのために支払われるかを問わず、**地代と呼ばれる。**これは、契約によって土地所有者が土地を借地人に貸し付けた、すなわち賃貸しした全期間にわたって支払われる。したがって**地代は、この場合、土地所有が経済的に自己を実現する、すなわち収益をもたらす形態である。**

④ さらに、ここには、**近代社会の骨組みをなす三つの階級が、全部そろって、互いに対立し合いながら登場する**──賃労働者、産業資本家〔＊機能資本家〕、土地所有者。

---

❹ 土地資本

（1086 ／ 632）「**資本は、土地に固定され、土地に合体されうる。**── 一部は……**比較的一時的に、**……一部は……**比較的恒久的に。**このように土地に合体された資本を、

私は……**土地資本**と名づけた。これは、**固定資本のカテゴリーに属する**。土地に合体された資本にたいする、および土地がこのように生産用具としてほどこされる諸改良にたいする**利子**は、借地農場経営者が土地所有者に支払う**地代の一部分**をなしうるが、しかしそれは、……土地そのものの使用に支払われる**本来の地代を構成するものではない**。」

---

❺ 土地所有者の富の増大の秘密

（1087／632〜633）

①（借地農場経営者によってなされる）「**資本投下は**、単純な耕作一般……（中略）……と同じように、**土地を改良し**、**その生産物を増加させ**、**土地を単なる物質から土地資本に転化させる**。耕作された畑地は、……未耕の原野よりも、価値は大きい。」

（1087〜1088／633）

②「契約で決められた借地期間が過ぎれば、——……——**土地に合体された諸改良は**、**実体である土地の不可分な偶有的属性として**、**土地所有者の所有物として**、**彼のものとなる**。土地所有者は、新たな借地契約を結ぶにあたって、**土地に合体された資本にたいする利子を本来の地代につけ加える**……。

③　**こうして彼の地代がふくれ上がる**。または、彼がその土地を売ろうとすれば——……——いまやその価値は増大している。彼は、……改良された土地、その土地に合体されており、彼にはなんらの費用もかからなかった資本をも、売るのである。

④　**これこそは**、——本来の地代の運動はまったく別として——……**土地所有者たちの富がますます増大し**、**彼らの地代が絶えず膨張し**、**彼らの地所の貨幣価値が増大する**、**秘密の一つである**。こうして彼らは、……″天の賜物を浪費するために生まれた″者たちである。

しかしこれこそは、同時に、**合理的農業の最大の障害の一つでもある**。というのは、借地農場経営者は、借地期間中にそれらの完全な還流を期待できないようなあらゆる改良や支出を避けるからである。」

---

❼ 土地が建築地として利用される場合

（1091／634）「イギリスで建築用に使用される——……——土地の圧倒的大部分は、……

（賃貸期間が過ぎると）土地そのものとともに**建物は土地所有者の手に帰する**。……（中略）……王国における**家屋所有権の全部が**、農村における土地所有権とまったく同じように**大地主の手に帰するであろう**。これが事実である。」

❽ 建物の所有にかんする実例が重要である理由

（1092〜1093／635）

①「**本来の地代**と、土地に合体された**固定資本の利子**――地代への一追加分をなしうるもの――との区別を明瞭に示すからである。……」

②「土地とともに、**土地に合体された他人の資本も結局は土地所有者のものとなり、この資本の利子が彼の地代を膨張させる**ことを示すからである。」

❾ 利子と地代・土地の購買価格

（1094／636）「一定の貨幣所得（**地代**）はいずれも**資本還元されうる**、すなわち、ある**想像上の資本の利子とみなされうる**。」

☞章末の〔**補足説明①**〕参照。

> 〔**例示**〕　200ポンドの年々の地代―4000ポンドの資本の利子に相当する。
>
> 　価格4000ポンドの土地は、年5％の地代（200ポンド）を生むということは、**年5％で200ポンドの地代をその所有者にもたらす土地の価格は、4000ポンド**ということ。
>
> （20年間の地代で、200×20＝4000ポンドの土地の購入価格の補填・回収が可能）

「これは、"明らかに"、労働の価格とまったく同じように**不合理なカテゴリー**である。というのは、土地は労働の生産物ではなく、したがってなんらの価値ももたないからである。しかし、他方では、**この不合理な形態の背後には、一つの現実的な生産関係が隠されていれている**。」――〔例示〕のような。

（1095／636）「**地所の購買価格は**……**地代の資本還元を表わす別の表現にほかならない。これは、実際は、土地の購買価格ではなく、土地がもたらす地代**――普通の利子率を基準として計算された――**の購買価格（擬制価格）**である。しかし、**地代のこうした資本還元は地代を前提するのであって、その逆に、地代が、地代自身の資本還元から導き出され説明されうるのではない**。販売とかかわりなく地代が実存することこそ、むしろここでは出発点となる前提なのである。」

（1095／636）「それゆえ、**地代が不変の大きさであると前提すれば、土地価格は、利子**

率の上昇または下落に反比例して騰貴または下落しうる、ということになる。」➡例
示あり（略）

⓾ 平均利潤・標準的労賃からの控除分の「地代」化

（1098／638）「すでに明らかにしたように、土地に合体された資本にたいする利子は、
……一国の地代収入額へのつねに増大する追加分をなすに違いない。しかし、この
利子は別としても、**借地料の一部のなかに、またある場合**、すなわち、本来の地代が
まったく存在しない場合、それゆえ土地が現実に無価値である場合には、**借地料の全
部のなかに、平均利潤なり標準的労賃なりからの控除分、または同時にこの両者なり
からの控除分が、潜んでいるということがありうる**。この部分は、利潤の一部であ
れ、労賃の一部であれ、ここでは、地代の姿態で現われる。**なぜなら、この部分は
……借地料の形態で土地所有者に支払われるからである。**」

◇ アイルランドの借地人＝小農の場合（1099／638〜639）──略
◇ イギリスの例外的な例（1100／639）──略
◇ イギリスの、借地農場経営者のうちの「小資本家」の場合、1815〜30年（"農業
　の窮境"）

⓫ 労賃から控除分の「地代」化の例

（1102〜1104／640〜642）　イギリスの場合

（1106／642）フランスの場合

（1107〜1112／642〜645）　平均利潤と平均労賃からの控除の例

⓬ 剰余労働＝剰余生産物の自然的土台

（1112／645）「剰余労働一般の自然発生的な土台、すなわち、剰余労働が可能となるの
になくてはならない自然条件は、ある労働時間、労働日の全部をのみ尽くしはしない
労働時間を使用すれば必要な生活維持諸手段を自然が──……──与えてくれるというこ
とである。**農業労働**（……）**のこの自然発生的生産性は、いっさいの剰余労働の土台
である。**」

⓭（1112／645）**農耕労働と工業労働はもともと未分離、後者は前者に付属**

⓮ 労働者階級の総労働の分割

（1113／646）　全社会のための必要労働──労働者階級の総生活諸手段を生産

残りの部分全体──剰余労働とみなしうる。

(1113／646)　農業労働者と工業労働者たちの分業

(1114／646)　奢侈品の生産と必要消費諸手段の生産への労働の分割

◎　地代の考察で銘記すべきこと

(1114／646)「地代の現象諸形態、すなわち、土地の利用──………──にたいして地代という名称で土地所有者に支払われる借地料を考察するさいには、土地のような、それ自体なんらの価値ももたない物、すなわち労働の生産物ではない物の価格、または……少なくとも労働によって再生産されえない物の価格は、非常に偶然的な〔事情の〕組み合わせによって規定されうるということを銘記すべきである。」

---

❶ 地代を取り扱う際に避けるべき、そしてその分析をくもらせる誤り（1）

(1115／647)「社会的生産過程のそれぞれ異なる発展段階に照応する、さまざまな地代形態を混同すること。」

◇ 地代のすべての特殊な形態に共通すること

・ 地代の取得は土地所有がその形態で自己を実現する経済的形態であること。

・ 地代のほうは、また土地所有＝地球の一定部分にたいする特定の個人の所有を前提すること。

◇ さまざまな土地所有の内容　①②③④ ──（1115／647）参照

◇「さまざまな地代諸形態のこの共通性は、──もろもろの区別を見逃させる。」

---

❷ 地代を取り扱う際に避けるべき、そしてその分析をくもらせる誤り（2）

(1116／647)「すべての地代は剰余価値であり、剰余労働の生産物である。地代は、その未発展な形態である現物地代においては、まだまったく剰余生産物である。この点から次のような誤りが生じる。すなわち、資本主義的生産様式に照応する地代──………利潤を超える超過分………──、すなわち、剰余価値のこの特殊で独特な構成部分は、剰余価値および利潤一般の一般的実存諸条件を説明することによって説明されるとすることが、それ（誤り）である。」

「この諸条件とは、次のようなものである。すなわち、直接生産者たちが彼ら自身の労働力の再生産に、彼自身の再生産に必要な時間以上に労働しなければならないということ。」　➡「主観的条件」

　「**客観的条件**は、彼らがまた剰余労働をも行いうるということ ―すなわち、彼らの利用できる労働時間の一部分だけで生産者としての彼らの再生産および自己維持に十分であるような自然諸条件、彼らの必需生活諸手段の生産だけでは彼らの全労働力が消費されないような自然諸条件が存在するということである。」

（1116 ／ 648）「ここでは、**自然の豊度**が一つの限界、一つの出発点、一つの土台をなす。他方では、彼らの**労働の社会的生産力の発展**が、もう一つの限界、出発点、土台をなす。」

（1119 ／ 649）「**剰余労働および剰余価値の主観的および客観的諸条件は、利潤とか地代とかの規定された形態とはおよそなんのかかわりもない**。これらの諸条件は、剰余価値がどのような特殊な形態をとろうとも、剰余価値そのものに妥当する。**それゆえ、これらの諸条件は地代を説明するものではない**。」

---

❸ **地代を取り扱う際に避けるべき、そしてその分析をくもらせる誤り（3）**

（1119 〜 1120 ／ 649）「地代の額は、決してその受領者の関与によって規定されるのではなく、受領者の関与とはかかわりのない、彼の参加しない社会的労働の発展によって規定されるということ、このことがことに独自なものとして立ち現われるのは、まさに、土地所有の経済的利用が行なわれる場合であり、地代が発展する場合である。**それゆえ、商品生産の基盤の上で**、より厳密に言えば、**その全範囲にわたって商品生産である資本主義的生産の基盤の上で、全生産部門およびその全生産物に共通なことが、ややもすれば、地代（また農業生産物一般）の独自性と解されがちである**。」

（1121 ／ 650 〜 651）「**地代は、商品生産の、より厳密に言えば資本主義的生産の基盤の上でのみ、貨幣地代として発展しうる**のであり、貨幣地代は、農業生産が商品生産となるのと同じ程度で、したがって、非農業生産が農業生産にたいして自立した発展を行なうのと同じ程度で発展する。」

◎　**地代の独自性**

（1124 ／ 652）「農業生産物が商品として他の諸商品に相対し、また非農業生産物が商品として農業生産物に相対するということ、または、農業生産物が社会的労働の特殊な表現として発展するということは、地代の独自性ではない。

　その**（地代の）独自性**は、農業生産物が価値（商品）として発展する諸条件と

ともに、また農業生産物の価値が実現される諸条件とともに、**土地所有の機能、すなわち、自己の関与なしに創造されるこれらの価値のますます増大する部分を取得する権能もまた発展し、剰余価値のうちますます増大する部分が地代に転化するということである**。」

〔補足説明①〕土地の価格とその高騰について

第37章の項目❾利子と地代・土地の購買価格が関連する重要な記述です。——例示した数字と、（1095／636）「地所の購買価格……」をワンセットのものとして再読願います。以下にその内容を敷衍しておきましょう。

(1) **地代と土地価格**。——**地代を利子とみなして資本還元したものが土地価格です。土地価格は、土地の購買価格ではなく、地代を平均的な利子率で計算したものの購買価格**であり、価値の実体をもたない**架空の価格（擬制価格）**です。*

  *第46章の項目❹土地価格による地代のルーツの隠蔽では次のように述べられています。
   —— 「**資本還元された地代**、したがって、まさに資本還元されたこの貢納が、**土地の価格として現われ、それゆえ、土地は他のあらゆる取引物品と同じように販売されうるという事情**、によって（そのルーツが）隠蔽される。それゆえ、〔土地の〕買い手にとっては、地代に対する彼の請求権は、無償で与えられるもの……として現われないで、請求権の等価物を支払ったものとして現われる。彼にとっては、……**地代は、彼が土地、それゆえ、地代の請求権を買うのに投じた資本の利子としてのみ現われる**。」

(2) **現実の土地価格**。——地代と土地価格との関係を考える場合、土地は、人間の労働が加えられていないものと想定されています〔(1)〕の説明の前提）。しかし**実際には、土地には資本と労働が投下されています**。この土地に合体された（固定）資本を**土地資本**と呼ぶことは、第37章の項目❹土地資本で説明されていました。そして土地資本は現実に価値を持っており、土地生産物の価値形成に参加しますから、**現実の土地価格**においては、**本来の地代**のほかに、**土地資本に対する利子**が含まれ、さらには**平均利潤や労賃からの控除分**も含まれます（項目❿⓫）。
  現実の地代は、借地農業資本家が「**借地料**」の形で土地所有者に支払う「**すべてのもの**」となり、したがって**現実の土地価格は、土地の賃貸から生ずる「収入」を、普通の利子率に基づいて資本還元したもの**となります。

（3）**土地価格の変動**。　土地価格は、**地代（200）÷利子率（0.05）＝4,000として
算出されます**（項目❾の〔例示〕）。

① 土地価格は、**地代を一定とすれば**、利子率の変動に反比例します。ただし**長期的
に見れば**、利潤率の傾向的低落にともなって利子率は下がる傾向にあり、また**利子率は
貸付可能な貨幣資本の増加の結果としても下がっていく傾向**がありますから、土地価格
は上昇の軌道を描くと見ることが出来ます。

② もし**利子率を一定とすれば**、地代の増大につれて土地価格は上昇し、また資本の
蓄積につれて土地資本も増大していくと考えれば、**地代は増加に向かい**、この点でも**土
地価格は上昇していく**、と見做せます。

③ このように、資本主義の発展につれて、土地価格は上昇する傾向にあるため、**土
地は確実な投資対象になっていきます**。

　**地代と土地価格のこうした関連は、『資本論』が書かれた19世紀の資本主義はもと
より、20世紀の資本主義、今日の資本主義においても、不変のものと考えてよいと思
います**。

（4）**バブル経済の時期**。

金融資本は、内外の株式、債券の取引、土地・不動産の取引などで、一攫千金の利益
を追求する**投機**を自らくりひろげるとともに、諸企業による**投機**を支援しました（資本
主義の腐朽性・カジノ資本主義）。その結果、株式や土地などの**架空資本の名目的価値が膨
張**し、ついには弾け、「**不良債権**」の山を残しました。

投機活動のベースには、金融資本の手元に（借り手を捜し求める）**貨幣資本の膨大な蓄
積**がありました。1985年Ｇ５の「**プラザ合意**」①以降の超低金利政策の継続が、そのこ
とを雄弁に裏付けています②。

　　〔注記①〕「プラザ合意」＝アメリカの「双子の赤字」の拡大、「債務国転落」をうけて、
　　ニューヨークのプラザホテルで開催された主要先進５か国の蔵相・中央銀行総裁会議の合意
　　事項──①ドルを日本の円、西ドイツのマルクに対して切り下げる（➡円高不況）。②国際
　　的な金融協力関係の構築など。

　　〔注記②〕「『バブル／日本迷走の原点』（新潮社。2016年11月刊）は、安倍晋三首相の断定
　　に異を唱えて始まる。株価上昇は〈アベノミクスの成果〉だと言い切った首相の〈大見え〉
　　に。

　　　首相再登板から１年、日経平均が就任時の1.5倍近い１万5000円台に乗せた2013年12月。

経済専門家の懇親会に招かれた首相は手放しで株価対策の手応えを誇った。

　それを〈危ないな〉と受け止めたのが本の著者、永野健二・日本経済新聞社顧問（67）である。日経新聞の証券部記者として、バブル時代（1980年代後半から90年代ばじめ）の経済と事件を深く取材し、敏腕で鳴らした。**永野の信念は、〈市場は（長期的には）コントロールできない〉だった。**」

　——　これは『毎日新聞』2017年1月30日に載った、山田孝男の「書評風エッセイ」の一節である。永野のこの著書は、金融バブルと伴走した、**土地をふくむ不動産バブルの推移**を活写していて一読に値する。

第38章　差額地代。概説

❶ 地代分析の前提

（1125／653）「地代を支払う諸生産物……が、他のすべての商品と同じように、それらの**生産価格で販売される**ということ、……**これらの生産物の販売価格は**、その費用諸要素（消費された不変資本および可変資本の価値）に、一般的利潤率によって規定され、前貸しされた総資本——消費された、およびまだ消費されていない——にもとづいて計算される、ある利潤を加えたものに等しい。すなわち、われわれは**これらの生産物の平均的な販売価格がその生産価格に等しいと仮定する。**」

➡　（1126／654）**平均的・規制的市場価格＝市場生産価格**

❷ 原動力が蒸気機関の場合と自然の落流（水力）の場合

（1126～1127／653～654）

　① 蒸気機関の場合　　　100（費用価格）＋15（利潤）＝ **115（生産価格）**

　② 水力の場合　　　90（費用価格）＋15（平均利潤）＋ **10（超過利潤）** ＝ 115

　〔注記〕＊**数字の修正**　90＋13.5（15％の平均利潤）＝ 103.5（個別生産価格）

　　　　　　　　＋ 11.5（12・7/9％の超過利潤）＝ 115（市場規制的生産価格）

❸ 水力の場合の超過利潤

（1128／654）「……**この超過利潤は、やはり、このめぐまれた生産者たちの個別的生産価格**と、この全生産部面の**一般的社会的な、市場規制的な、生産価格との差額に等しい。この差額は、商品の個別的生産価格を超えるその一般的生産価格の超過分に等しい。**」➡　（1128～1130／655～656）まで同様の説明続く。

❹ 超過利潤が生ずる理由

(1130 〜 1131 ／ 656)　「落流は自然に存在するのであって、石炭……のようには、費用がかかりはしない。……その生成にはなんらの労働もはいり込まない。

　しかし、それがすべてではない。蒸気機関を用いて仕事をする工場主も、もろもろの自然力を使用するのであり、……（これらの自然力は）資本によって独占される。……（中略）……<u>この独占化は一般的利潤率を高めるが、しかしそれは、平均利潤を超える個別的利潤の超過分にほかならない超過利潤を創造しはしない</u>。……それには他の修正的な諸事情がはいり込まなければならない。」

(1133 〜 1134 ／ 658)　「<u>落流を使用する工場主の超過利潤の場合</u>……彼によって使用される労働の生産力の増大は、……（中略）……自然力の利用と結びついた、労働の自然発生的な生産力の増大から発生する。<u>ただし、ここに言う自然力とは、……すべての資本が自由に使用できる自然力</u>……のことではない。そうではなく、<u>落流のように、特殊な地片とそれに所属する物とを自由に使用しうる人々によってのみ、自由に使用されうる、独占されうる自然力のことである</u>。……（中略）……<u>工場主たちのうち落流を占有する人々は、これを占有していない人々を、この自然力の使用から排除する</u>。なぜなら、土地は、まして水力にめぐまれている土地は、限られているからである。」

(1135 ／ 659)「<u>落流のこの利用から発生する超過利潤は、資本から発生するのではなく、独占されうる、また独占されている自然力の、資本による使用から発生する。このような事情のもとで、超過利潤は地代に転化する</u>。すなわち、それは落流の所有者の手にはいる。」

> ### ❺ 超過利潤＝差額地代
>
> (1136 ／ 659)
> 　①「この地代がいつでも<u>差額地代</u>であることは明白である。」
> 　②「この地代は、ある生産部面に投下された特定の個別諸資本の<u>より大きな相対的豊度</u>—……—から発生する。」
> (1136 〜 9 ／ 660 〜 1)
> 　③「<u>自然力は超過利潤の源泉ではなくて</u>、自然力が労働の例外的に高い生産力の自然的基盤であるから<u>超過利潤の自然的基盤であるにすぎない</u>。」
> 　④「<u>土地所有は、この超過利潤の創造の原因ではなく、この超過利潤の地代形態への転化の原因</u>であり、それゆえ土地または落流の所有者による利潤または商品

価格のこの部分の取得の原因である。」

⑤「**落流の価格**……（中略）……は、**資本に還元された地代**以外のなにものでもない。」

➡　超過利潤＝地代 10 ポンド、平均利子率 5%、➡ 落流の価格は 200 ポンド

第39章　差額地代の第一形態（差額地代Ⅰ）

〔解題〕考察する問題・豊度と地所の位置

(1142 ／ 663)「リカードウなどの展開とは異なる**私の展開の独自性**を、ごく簡単に要約しておこう」に続いて、「① 同じ面積の異なる地所に使用された、② 等しい分量の資本の、③ **不等な諸収穫**を考察しよう……」と述べ、「**不等な諸収穫をもたらす一般的で資本とはかかわりのない二つの要因**」として、① 豊度、② 地所の位置、をあげている。──これが前提である。

❶ 表Ⅰ〜Ⅲの比較から判明する重要な内容

(1156 〜 1158 ／ 671 〜 672) において、表Ⅰ（1146）、Ⅱ（1152）、Ⅲ（1153）を、比較してみたときに、次の諸点が判明すると総括されている。これがまず重要な点。

①「**順序は**、それがひとたびでき上がれば──その形成過程の進行がたとえどんなものであったとしても──、いつでも、**下降的なものであるように見える**ということ。というのは、地代の考察にさいしては、人はいつも、まず第一に、**最高限の地代を生む土地**から出発し、**最後にやっと**、**なんらの地代も生まない土地に到達する**であろうからである。

② なんらの地代も生まない**最劣等地の生産価格**が、いつも**規制的市場価格**である。──といっても、……

③ **差額地代**は、そのときどきにおける農業の発展程度にとって与えられた、**土地の自然的豊度における相違**（ここではまだ位置は度外視される）**から**、したがって最優良地の面積の有限性から、および、等しい諸資本が不等な種類の土地、したがって、**同じ資本にとって不等な生産物をもたらす不等な種類の土地に投下されなければならないという事情から**、生じる。

④……差額地代の現存は、下降の段階をなして**優良地から劣等地に進むこと**によっても、その逆に、**劣等地から優良地に進む**ことによっても、また**上昇と下降とあれこれ交錯して進むこと**によっても、生じうる。……

⑤　差額地代は、**その形成様式のいかんに応じて**、土地生産物の価格が不変である場合、騰貴する場合、および低下する場合に形成されうる。……」（以下の具体的例は略）

❷ 差額地代Ⅰの「源泉」についての理解の要点

（1160 ～ 1162 ／ 673 ～ 674）「一般に差額地代について注意しなければならないのは、**市場価値がいつでも生産物総量の総生産価格を超えているということ**」であるとし、「**これこそは、資本主義的生産様式の基礎の上で、競争を媒介として自己を貫徹する市場価値による〔市場価格の〕規定である**。これ（競争）は、ある**虚偽の社会的価値を生み出す**。このことは、土地諸生産物が従わせられる市場価値の法則から生じる」から始まり、「消費者とみなされる社会が農業生産物に対し**払い過ぎるもの**、すなわち、土地生産（物）における**社会の労働時間の実現のさいにマイナスをなすもの**が、いまや、社会の一部分である**土地所有者たちにとってのプラスをなす**」で終わる叙述の理解、特に波線の理解が問題となる。

> ## 〔解説②〕**虚偽の社会的価値について**
>
> 　（1）**工業部門**の市場価値は、中位・平均的条件で生産される商品の個別価値によって規定される。この場合は、市場価値の総額＝個別価値の総額となる**（これを「平均原理」と呼ぶ）**。
>
> 　これに対し**農業**では、優良地が資本主義的経営により占有される。「**土地経営の独占**」により、農業生産物の総需要を充足するためには最劣等地での生産が不可欠となる。その場合、最劣等地に投資する資本家にも平均利潤が保証されることになる。そのため、**農業生産物の市場価値は、最劣等地の生産物商品の個別的価値（あるいは個別的生産価格）によって規定される**ことになる**（これを「限界原理」と呼ぶ）**。その結果、市場価値総額（表Ⅰ、600シリング）は、常に、当の個別的価値（あるいは個別的生産価格）の総額（60 × 4 ＝ 240シリング）を 360シリング 超えることになり、この **360シリングが地代総額**をなす。（1146 ／ 666）
>
> 　（2）しかし**地代総額 360シリング は、それ自体としては、価値の実体的基礎をなす労働を欠いている価値であるため、**これをマルクスは「**虚偽の社会的価値**」として

扱っている。それではその**内実・源泉をどのように理解するべきであろうか？**

　この点については、① 農業部門内部での「強められた労働」により生産された剰余価値と見るか、② 農業部門以外で、あるいは農業を含めた社会全体で生産された剰余価値の一部が、流通経路を迂回して（市場価値実現のメカニズムに媒介されて）農業部門内で実現されたものと見るか、あるいは、③ 農産物を最劣等地の価格で購買する他の部門の資本または消費者（賃労働者が主）が、現実に投下された労働よりも多くの労働を含むものとして支払う（「消費者と見なされる社会が……払いすぎる」）という意味での「空費」と見るか、等の諸説があることに留意が必要。

　その場合、①「社会の資本主義的形態が止揚されて、社会が意識的かつ計画的な結合体として組織される」（1161／673）と考えたときには、「社会は、この土地生産物を、それに潜んでいる現実の労働時間の２倍半では買い取らないであろう。それとともに、土地所有者たちという階級の基盤がなくなるであろう」（1161／673〜674）と把握される一方、しかし同時に、②「同じ種類の諸商品にとって市場価格が同一であるということは、資本主義的生産様式の基盤の上で、また一般に個々人のあいだの商品交換を基礎とする生産の基盤の上で、価値の社会的性格が自己を貫徹する様式である」（1161／674）のだと捉えられている点を**合わせ考えること**、その上で、

　③「**消費者とみなされる社会が**農業生産物にたいし**払い過ぎるもの**、すなわち、土地生産（物）における**社会の労働時間の実現のさいにマイナスをなすもの**が、いまや、社会の一部分である**土地所有者たちにとってのプラスをなす**」（1161〜2／674）と締めくくられている点が、**問題の理解の鍵をなす**。☞第39章末の〔**補足説明**②〕参照。

❸（1163〜4／675）**各種の土地の耕作面積が問題となる場合についての考察**
表Ⅰ：出発点を示す。
表Ⅰａ：耕作地エーカー数がそれぞれ２倍になると仮定されたことを示す。
表Ⅰｂ：生産が２種類の最劣等地に拡大されたと仮定したことを示す。
表Ⅰｃ：すべての土地で生産および耕作地域が不均等に拡大されたと仮定したことを示す。

これらの各表の比較から読み取るべきは、次の二点。

（1）四つの表は、どの場合にも1エーカーあたりの地代は同じままであり、また土地生産物の価格も不変のままであるが、「どの場合にも、耕作の拡張がもっぱら、なんらの地代も支払わない最劣等地で生じるのでない限り、この耕作の拡張とともに**総地代収入額は増大する**。しかし、**この増大はさまざまである**」（1166／676）こと。

（2）価格および耕作地の豊度の差が変わらず、また1エーカーあたりの地代も、または「現実に地代を生む各等級の土地で1エーカーあたりに投下された資本にたいする地代率、もしくは現実に地代を生む全資本にたいする地代率が不変のままである場合には、1エーカー**あたりの平均地代の相対的高さ**、および**平均地代率、もしくは、土地に投下された総資本にたいする総地代収入額の比率は、耕作の単なる外延的拡張によって増加または減少しうるということ**」（1173／680）

❹ **差額地代Ⅱにもあてはまる「追加」の説明4点**──第一（1174／680）。第二（1175／681）。第三（1177／682）。最後に（1181／684）。

〔補足説明②〕　差額地代Ⅰについて・設例による説明

差額地代Ⅰについての数字を挙げた具体的説明は、（1145／665）以下で行なわれていますが、第39章の冒頭の❶**考察する問題・豊度と地所の位置**でごく簡単に触れるにとどまっているので、（1146／665）の表Ⅰに若干手を加えた表を以下に示し、説明しておきます。

差額地代Ⅰ（表1）

土地の種類	①資本投下額（シリング）	農産物		③－①利潤総額	地代	
		②クォーター	③シリング	④シリング	⑥クォーター	⑤＝④－10（シリング）
（最劣等地）A	50	1	<u>60</u>	<u>10</u>（10）	──	──
B	50	2	120	70（10）	1	60
C	50	3	180	130（10）	2	120
D	50	4	240	190（10）	3	180
合　計	200	10	600	400（40）	6	360

＊利潤総額欄の（　）内は平均利潤

【説明】

① 社会の穀物需要を充たすためには、**最劣等地Ａでの耕作も必要**であることを前提。

② 各借地農業資本家は、同一面積の、豊度の異なる土地、（最劣等地）Ａ、Ｂ、Ｃ、Ｄに、同額の**資本50シリング**を投下。

③ 各借地農場資本家が取得する平均利潤は20％で算出→ 50 × 0.2 ＝ **10シリング**。

④ **最劣等地Ａの生産物の個別的生産価格**（1クォーター・**60**）が、**市場規制的生産価格**となります。

⑤ **各土地における生産物の販売価格は**、**1クォーター当たり60シリンクで計算されますから**、 Ａは1クォーターで60シリング、Ｂは（60 × 2クォーターで）**120シリング**、Ｃは（60 × 3クォーターで）**180シリング**、Ｄは（60 × 4クォーターで）**240シリング**となり、**総生産物10クォーターの販売価格は**、10 × 60シリング ＝ 600シリングになります（**表の③欄**、以下同じ）。

⑥ 各借地農場資本家の**利潤総額（表④）は**、**販売価格（表③）－資本投下額（表①）で計算**されます。

⑦ 土地所有者Ａ以外の各土地所有者が取得する（**超過利潤の転化形態としての）地代は**、**利潤総額－ 10（平均利潤）の値で**、**Ｂは70 － 10 ＝ 60シリング**、Ｃは130 － 10 ＝ **120シリング**、Ｄは190 － 10 ＝ **180シリング**となり、その合計**360シリング**の**超過利潤が転化したものとなります。この360シリングが差額地代Ⅰであり**、「**虚偽の社会的価値**」となります。

＊「**虚偽の社会的価値**」の内実・源泉については本文中の「解説②」参照。

第40章　差額地代の第二形態（差額地代Ⅱ）

〔解題〕差額地代ⅡのⅠとの相異点

（1183 ／ 686）**差額地代の第二〔Ⅱ〕形態は**、「**生産性を異にする一定額の諸資本がつぎつぎに同一地片に投下される場合**」**に生ずる差額地代である**。それは、「異なる諸地片に相ならんで投下される場合（第Ⅰ形態）」と超過利潤の形成のメカニズムに関する限り「結果は同一」であること。ただし、**形態Ⅱでは**、「**超過利潤の地代への転化にとって、資本主義的借地農場経営者から土地所有者への超過利潤の移転を含むこの形態変化にとって、もろもろの困難が生じる**」（1184 ／ 687）**点が**、形態Ⅰとの「**相違をなす**」こと、これらの点が解明される。

❶ 以上についてのより具体的叙述は以下の通り。☞章末の〔補足説明③〕参照。

（1）（1185／687）「**地代は地所の賃貸借にさいして確定され**、その後は、それに即して、**借地契約が存続する限り**、**資本の順次の投下から生じる超過利潤が借地農場経営者のポケットに流れ込む**。長期の借地契約をめざす借地農場経営者たちの闘争、逆に、優位にある地主たちの力による年々解約できる借地契約（"任意借地"）の増加はここに由来する。」

（2）（1188／689）**形態Ⅱの考察に際して強調しておくべき二つの点。**

　　①（1186／688）形態Ⅱの基礎、出発点は形態Ⅰであること。

　　②（1188／689）形態Ⅱの場合、「豊度の差異のほかに、借地農場経営者間における資本（および信用能力）の配分の相違」がつけ加わる」こと。

（3）（1189〜1190／690）「**差額地代Ⅱは、差額地代Ⅰの別の表現にすぎず、しかも当然これと一致する**。異なる土地諸種類の豊度の相違が差額地代Ⅰの場合に作用するのは、この相違の結果として、土地に投下された諸資本が――諸資本の大きさが同じである場合にも、または、諸資本の大きさの比率に照らしてみても――不等な結果、不等な生産物をもたらす限りにおいてのみである。こうした不等が、同じ地片でつぎつぎに投下される異なる諸資本にとって生じるのか、異なる土地諸種類の幾多の地片に使用された異なる諸資本にとって生じるのかということは、豊度の差異または諸資本の生産物の差異にとっては、それゆえ、より生産的に投下された資本諸部分にたいする差額地代の形成にとっては、なんら相違を生じることではない。**同額の資本投下のもとで異なる豊度を示すのは相変わらず土地であり**、**ただ**、**Ⅰでは異なる種類の土地が**、**それらに投下された**、**社会的資本の同じ大きさの異なる諸部分のためにすることを**、**ここ（Ⅱ）では同一の土地が**、**異なる諸部分に分かれて順次に投下された一資本のためにする**、**というだけのことである。**」

　➡「**超過利潤の形成は表Ⅰ**（1190〜1191／690）におけると同じであろう。」（同上）

（4）（1191／691）「**形態Ⅱは形態Ⅰを前提する**」、ということがわかる。

　「差額地代一般が、ことに形態Ⅰと結びついた形態Ⅱの差額地代が、**いかに複雑きわまる組み合わせを生じさせるか**ということがわかる。」（1193／691）

　➡以下さまざまなケースの説明続く……。

❷ 形態Ⅰと形態Ⅱの「本質的な区別」

(1199／695)「いまやわれわれは、差額地代の両形態〔ⅠおよびⅡ〕の**本質的な区別**に
到達する。」

　　（1）「生産価格が不変のままであり、また〔異なる土地の豊度の〕格差も不変のま
まである場合には、差額地代Ⅰにおいては、総地代とともに1エーカーあたりの平均
地代が、または資本にたいする平均地代率が、増加しうる〔1174／680、（形態Ⅰの場
合についての説明）第一に、……参照〕。しかし、平均なるものは一つの抽象にすぎな
い。1エーカーあたり、または資本あたりで計算された現実の地代の大きさは、この
場合には不変のままである。」

　　（2）「これに反し、同じ前提のもとで〔差額地代Ⅱにおいては〕投下資本にたいし
て計算された**地代率は不変のままであるにもかかわらず**、**1エーカーにたいして計算
された地代の水準は増加しうる。**」

❸ 相対的豊度不変を前提とした四つの土地への資本投下の例

(1201／696)「このことからわかるように、生産価格が不変のままであり、利潤率が不
変のままであり、〔豊度の〕格差が不変のまま（それゆえ、資本にたいして計算された超
過利潤または地代の率も不変のまま）であっても、**1エーカーあたりの生産物地代およ
び貨幣地代の大きさ、それゆえ土地価格は増大しうる。**」

(1201〜1202／696)「超過利潤の率、それゆえ地代の率が低下する場合、すなわち依
然として地代を生む追加資本投下の生産性が減少する場合にも、同じことが生じう
る。……（中略）……順次の二度の投下にとっての地代と資本との関係は**上の表**（<u>1202
の上段の表</u>）のようになるであろう――」

(1202〜1203／696〜697)「このように資本の相対的生産性の率、それゆえ、資本に
たいして計算された<u>超過利潤の率が低落するにもかかわらず</u>、**穀物地代および貨幣地
代は**、Bでは……、Cでは……、Dでは……**増加しているであろう。**この場合には、
Aに投下された資本と比較しての追加諸資本のその差額は減少し、生産価格は不変の
ままであろうが、**1エーカーあたりの地代、それゆえ1エーカーあたりの土地価格
は増加しているであろう。**」

(1203／697)「さて、差額地代Ⅰを基礎として前提する差額地代Ⅱのもろもろの組み合
わせは次のとおりである。」　➡第41章へ

┌───┐
│〔補足説明③〕差額地代Ⅱについて・設例による説明│
└───┘

　差額地代Ⅱについては、（1189／690）以下の数字例よりは、〔補足説明①〕の**差額地代Ⅰの数字（表）**をそのまま活用した方が分かりやすいと思います。以下その説明です。

　（1）**差額地代Ⅱは、同一地所に順次投下される資本諸分量が、生産性を異にすること**によって**生ずる地代**でした。

　表1の**最優良地D**に、最初の投下資本50シリングに加えて、さらに**50シリングの第2次の資本投下**が行なわれ、それが**3クォーター**の農産物を増産し、さらに**第3次の50シリング**の資本投下により**2クォーター**の農産物を増産、さらにまた**50シリングの第4次**の資本投下によって、**1クォーター**の農産物の増産をもたらすとすれば、**表1**の場合のように、4種類の土地に相並んで**50シリング**ずつの資本投下が行なわれたのと、**全くおなじ6クォーターの増産がD地においてなされた**ことになります。

　（2）**D地**において、(1)のように第4次まで資本投下が行なわれると、**最も生産性の低い第4次の投下資本**による農産物の個別的生産価格（50シリング＋20％の平均利潤10シリング→**1クォーター当たり60シリング**）が市場規制的生産価格となります。そうなるのは、借地農業資本家に平均利潤が保障されなければ、第4次の投資は行なわれないからです。

　（3）その結果、**D地**への、（4回分の）合計**200シリング**の資本投下により、180＋120＋60＝**360シリング**の**超過利潤**が**D地**に生じることになります。

　（4）下記の**表2**は、農産物への増加する需要を充たすために、土地の等級序列に応じた追加資本が投下され、その投下資本の額は各土地への**標準投下額**と見なされ、それに応ずる生産高が**標準生産高**と見做されるケースにおける**差額地代**を示すものです。

差額地代Ⅱ（表２）

土地の種類	①資本投下額（シリング）	農産物		③−①利潤総額	地代	
		②クォーター	③シリング	④シリング	⑥クォーター	⑤＝④−平均利潤、（シリング）
A	50	1	60	10（10）	—	—
B	100	3	180	80（20）	1	60
C	150	6	360	210（30）	3	180
D	200	10	600	400（40）	6	360
合 計	500	20	1200	700（100）	10	600

【説明】

① 表２は、土地Bには第２次の資本投下（50 ＋ 50 ＝ 100）まで、土地Cには第３次の資本投下（50 ＋ 50 ＋ 50 ＝ 150）まで、土地Dには第４次の資本投下（50 ＋ 50 ＋ 50 ＋ 50 ＝ 200）までが行なわれたと想定したものです。投下総資本は 500 です（単位はシリング）。

② 土地Bへの第２次の資本投下は１クォーターを、土地Cへの第２次の資本投下は２クォーター、第３次の資本投下は１クォーターを、それぞれ増産し、そして、上記の（１）に述べたとおり、土地Dへの第２次の資本投下は３クォーターを、第３次の資本投下は２クォーターを、第４次の資本投下は１クォーターを増産した、と想定しています。増産高の合計は 10 クォーターになります。

③ その結果、それぞれの土地の生産高は、土地Bが２＋１＝３クォーター、土地Cが３＋２＋１＝６クォーター、土地Dが４＋３＋２＋１＝10 クォーターとなり、これに土地Aの生産高１クォーターを加えれば、生産高は合計 20 クォーターになります（表の②欄、以下同じ）。

④ 上記（２）に述べたように、市場規制的生産価格は 60 シリングですから、表③の生産物の価格は、表②（クォーター）の数字×60 で計算されます。

⑤ 表④欄の利潤総額は、③欄の生産物の価格から、①欄の資本投下額を引いた数字です。この利潤に含まれている平均利潤は（　）内の数字です。

⑥ 表⑤欄の地代は、利潤総額④欄の数字から各土地での平均利潤（10、20、30、40）を引いたものです。

⑦ 地代の数字のうち、地代を生産高（クォーター）で表示した数字は、生産物の価格と地代の額の比率と等しくなるように、生産高における「生産物地代」の量（X）の比率を割り出したものです。例えば土地Cについて示せば、

$$360 : 180 = 6 : X \qquad X = \frac{1{,}080}{360} = 3 \text{ となります。}$$

⑧ **第1次の資本投下**は、各土地 **50シリング**であり、**差額地代Ⅰは360シリング（表1）**ですから、この**表2**の地代の合計 **600シリング**と、**差額地代Ⅰ 360シリング**の差額 **240シリング**が、**差額地代Ⅱ部分**と見なせます。

―――＊―――

〔以上の説明に基づく追記〕――**資本と土地所有の「利害」の対立**（第37章緒論の説明項目❺**土地所有者の富の増大の秘密**）について

　通常、地代は土地の賃貸借の際に確定され、**その契約の続く間は**、追加投資により生ずる超過利潤は借地農業資本家のものとなりますが、双方に同意されうる**標準的な収穫量**の決定および**借地契約期間**をめぐって、土地所有者と借地農業資本家とのあいだにしばしば**対立**が生じます。

　後者は、自己の資本投下の成果たる超過利潤を確保しようとし、**前者は**上記の「**差額地代Ⅱ（表2）**」の**D地**のように、第4次までの継続的投資が標準的な投資量であり、またそれによってもたらされる10クォーター（600シリング）がD地での標準的収穫量であるとして、それに応ずる地代（超過利潤の全額＝6クォーター分・360シリング）を要求しますから、両者の「利害」は対立する関係にあります。――このことにより、**資本の側の追加投資意欲は減殺されますから**、**私的土地所有は農業生産の発展にとっての桎梏である**、ということが浮き彫りになっていきます。しかし、自らも生産諸手段の私的所有者である資本家が、**土地の私的所有の廃止**を主張することは「天に唾する」ことになり、できないのです。

　土地の私的所有廃止の旗を掲げうるのは、一切の生産諸手段の私的所有から排除されていて、「失うものが無い」賃労働者のみであることを、このことはいみじくも物語っています。

第41章　差額地代Ⅱ―第一例　生産価格が不変の場合

〔解題〕追加投資の生産性と地代

　以下第43章まで、**追加投資の生産性が地代の形成を規定するものとして検討される**。――その際、生産性の異なる追加諸投資が、いかなる豊度の地所にどのように投下されるかによって、生産価格の変動を促すし、生産価格の変動はまた、最劣等地に影響し追加投資の行なわれ方に影響するので、**追加投資の生産性**（不変、低落、増加）**と生産価格の変動**（不変、低落、高騰）**とを組み合わせ、差額地代Ⅰとの関連、投下資本の各等級の土地への配分等との関連で、問題が考察される。**

❶ 生産価格不変と仮定しての考察Ⅰ〜Ⅳ

（1204／698）**第一例は生産価格不変と仮定しての考察である**。この場合は、市場価格が最劣等地Aに投下された資本によって規制される、ということを意味する。

　以下Ⅰ〜Ⅳの四つの例が検討されている。

Ⅰ　優等地（B、C、D）での追加資本が最劣等地Aで同じ資本が生産するだけしか生産しない場合。――この場合には、地代におよぼす影響は皆無である。（1204／698）

Ⅱ　追加の諸資本が、相異なるどの種類の土地においても、それらの資本の大きさに比例する追加生産物をもたらす場合。――この場合には、地代は資本増加に比例して増大する。**表Ⅰの表Ⅱへの転化**＊。（1206／698〜699）
　＊表Ⅰの「原表」は（1146／665〜666）参照。

Ⅲ　追加の諸資本が超過生産物をもたらし、それゆえ超過利潤を形成するが、しかしその率が低減して資本の増大に比例しない場合。――この場合、前提された価格条件のもとでの減少の限界は、最優等地での第1次投資の生産物（最高）と、最劣等地Aでの同じ投資の生産物（最低）である。この場合、追加諸資本の大きさに比例してではなくとも、すべての土地種類で地代が絶対的に増大する。（1207〜1209／700〜701）　➡**表Ⅲ**参照。

Ⅳ　より優良な土地種類での追加の資本諸投下が最初の諸投下よりも多くの生産物を生み出す場合。――この場合には、単位面積当たりの諸地代が増加し、しかも追加資

本よりも大きな比率で増加する。（1209 ／ 701 ～ 702）

❷ 考察から得られる結論

（1214 ／ 704）「資本が増加する場合にこの資本の超過利潤率が不変であろうと増加しようと減少しようと——、**1エーカーあたりの超過生産物**、およびこれに照応する**超過利潤は増大し**、したがって結局は地代、すなわち**穀物地代と貨幣地代も増大する**。」

（1215 ／ 704）「**1エーカーあたりの地代の水準は**、これらの事情のもとでは、単純に土地に投下された資本の増加の結果として増大する。しかも、この増大は、生産価格の不変のもとで起こるのであって、**追加資本の生産性が不変であるか減少するか増加するかにかかわりなく起こる**。……**これは、差額地代Ⅱに特有な、差額地代Ⅱを差額地代Ⅰと区別する現象である**。」

（1215 ／ 704）「追加の資本投下が同じ土地に時間的に継起的に行なわれるのではなく、それぞれ質の一致する新たな追加諸土地に空間的に並立して行なわれるとすれば、地代収入額の分量は増大するであろうし、……総耕作面積の平均地代も増大するであろうが、**1エーカーあたりの地代の水準は増大しないであろう**。」

（1215 ／ 704 ～ 705）「しかし、資本主義的生産様式が発展すればするほど同じ土地面積での資本の集中はますます発展し、したがって**1エーカーあたりで計算された地代もますます増加する**。」➡　このことは**土地価格の騰貴をももたらす**。

第42章　差額地代Ⅱ—第二例　生産価格が低下する場合

〔解題〕生産価格の低下

（1217 ／ 706）「**生産価格は**、資本の追加的な投下が、**生産性の率の不変のもとで行なわれる場合にも**、**下落または増大**するもとで行なわれる場合にも、**低下しうる**。」——以下では、それぞれの場合について検討される。

第一節　追加資本投下の生産性が不変な場合

❶ エーカー当たりの差額地代の、不変、増加、減少の各ケース

（1217／706）最劣等地Ａの生産価格の替わりに、Ａより優良な土地の生産価格が規制的生産価格になる。こうした事態は、追加的諸投資の追加的生産物が需要を満たし、低級地の生産は余計なものになるという条件のもとで生じる。**この場合のエーカー当たりの差額地代は、不変、増加、減少のいずれもありうる**。それは、低級地から資本を引き上げて、① **そこでの生産なしでも供給を満たすために必要な生産額**、② **追加資本の額**、③ **追加資本の諸土地種類への配分**、④ **価格の下落比率**、⑤ **優等地の等級間比率**、**などに依存するから**である。➡ （エンゲルスの）表ⅩⅥ（1255／730）

❷ その幾つかのケース（1220／707）

（1）Ａが脱落し（Ａへの投資を引き上げて）、Ｂの生産価格が規制的となる場合。

　➡ **表Ⅳ**（1218／707）

（2）Ａの脱落がＣの第３次（追加）資本投資を招いた場合の結果。

　➡ **表Ⅳa**（1220／708）

（3）Ｄに第３次（追加）資本投資がなされた場合の結果

　➡**表Ⅳb**（1221／709）

（4）表Ⅳbの諸条件のもとで、Ｂでの地代がなくなっても、総地代収入が表Ⅰのそれと同じであるためには、必要な追加資本の大きさは、それをＣで投下するかＤで投下するか、または両者の間に配分するかに応じて異なる。（1222〜3／709）➡ 表Ⅳc と表Ⅳd（1223／710）

（5）**重要な点**──（1230／713）「資本を土地Ａから引きあげＡなしで供給を満たすためにはこれこれの量の追加資本が必要であったという限り、それには、すべての地所でではないにしても若干の地所で、また耕作諸地所の平均について、**１エーカーあたりの地代の不変、増加または減少がともないうることが明らかになる**ということ、がそれである。」

　☞上記の❶を再読。

　〔原注34〕の、エンゲルスのコメント（**計算のし直し**）参照。

第二節　追加諸資本の生産性の率が下落する場合

（1231／714）**前節の場合と同じ**。表Ⅲ（1207／700）が**表Ⅴに転化する**（1223／714）。

なお**表Ⅴの欄外注記**を参照（エンゲルスによる再計算）。

第三節　追加諸資本の生産性の率が増大する場合

❶ 最劣等地Aの駆逐と、Aへの追加投資のケース

　この場合として、（1）**最劣等地Aを駆逐する場合**と、（2）**最劣等地Aに資本が追加投下される場合**、の二通りのケースが問題とされている。（1233〜1234／715）

　（1）の場合は、**第一節のケースと同じである**が、ただAを駆逐するために必要な追加生産物の供給がより容易に得られ、**Aの駆逐がより急速に生じる点が異なる**。

　（2）の場合は、最劣等地Aに追加投下された資本と原資本とが均等化され、**新たな標準資本になる**ということが述べられている点に留意。このことなしには生産価格が低下しないがためである。**この場合、以下のようなことが生じうる**。

　①追加投下資本の生産性の率が増加する結果として生産価格が低下する場合には、**エーカー当たりの地代は、投下資本増加の比率よりも大きな比率で増大する**。

　② しかし、最劣等地Aの生産性が、より急速に増大する結果として、生産価格がもっと大きく低落する場合には、エーカー当たりの地代は減少することもありうる。**追加投資の生産性の増大が、より優等な土地により高いほど、地代の増大はおおきい。土地豊度の差を増大させるからである。**

　③ 逆に、追加資本投下による改良が、土地豊度の差等を全体的にまたは部分的に減少させ、劣等な土地により多く作用すれば、地代は減少する。**地代の増大・減少は、作用の不等性の比率に依存するからである。**

❷ 追加投下資本の作用

（1234／715〜716）「**追加資本投下の生産性が下落する場合にも増加する場合にも、**そのこと〔追加資本投下〕の作用は、資本諸投下が異なる土地種類にどのように配分されているかに応じて、異なりうる。この異なる作用が、諸格差を等しいものにするか、激しいものにするかに応じて、より優良な土地種類の差額地代、それゆえまた総地代収入額は減少または増加するであろうが——**この場合についてはすでに差額地代Ⅰのところで見たとおりである。それ以外には、**すべては、Aとともに駆逐される土地面積と資本との大きさにかかり、また、生産性の増加のもとで、需要を満たすべき追加生産物を供給するのに必要とされる資本前貸しの相対的大きさにかかる。」

❸ 表Ⅵ（1235／717）が示していること

（1240／719）「さて**表Ⅵ**は、これを表ⅠおよびⅡと比較すれば、……（中略）……資本

追加による豊度の増加が異なる土地種類にたいして異なる作用をするとすれば、それは、これらの土地種類の差額地代の変化を引き起こすであろう。」

❹ 表Ⅵa（1241／720）**が示していること**

（1240～1241／719～720）「いずれにしても、**すでに証明されているように、追加資本投下の生産性の率が増加する結果、生産価格が低下する場合には**――すなわち、この生産性が資本投下よりも大きな比率で増大する場合には――**1エーカーあたりの地代は、たとえば資本投下額が2倍になれば2倍になりうるだけでなく、2倍以上になりうる。しかし、この1エーカーあたりの地代は、土地Aでの生産性が急速に増大する結果、生産価格がもっと激しく低下する場合には、減少もしうる。**

もし追加資本投下が、たとえばBおよびCではAでと同じ比率では生産性を増加させず、その結果、BおよびCにとっては比例的格差が減少し、生産物の増大が価格の低下を埋め合わせることがないと仮定すれば、**表Ⅱの場合に比べて〔貨幣〕地代はDでは増加し〔変化せず〕** ＊、**BおよびCでは減少するであろう。」** ➡Ⅵa参照。

　＊ 訳注：増加し、は変化せずの誤記。

第43章　差額地代Ⅱ─第三例　生産価格が騰貴する場合。諸結果

❶ 生産価格が騰貴するケース ＊

（1244／732）｛「生産価格の騰貴は、① なんらの地代も支払わない最劣等質の土地の生産性が減少することを前提する。Aに投下された2・1/2ポンド・スターリングが1クォーターよりも少なくしか、もしくは5ポンド・スターリングが2クォーターより少なくしか、生産しない場合にだけ、

　② またはAよりもさらに劣等な土地が耕作圏内に引き入れられねばならない場合にだけ、規制的とみなされる生産価格が1クォーターあたり3ポンド・スターリング以上に騰貴しうる。

　③ 第二次資本投下の生産性の不変のもとで、または生産性の増加のもとでさえ、生産価格の騰貴が起こりうるのは、2・1/2ポンド・スターリングという第一次資本投下の生産性が減少した場合だけであろう。」

・表Ⅶ、表Ⅷが示すもの……（1245／722～723）参照。

　＊第43章の冒頭（1244／732）｛から、（1249／726）の仕切線｝まではエンゲルスの執筆

による。

❷ 第三例が純粋に現われる場合

（1245 ／ 723）「第三例が純粋に現われるのは、第一次資本投下の生産性が、第一例（第
41章）および第二例（第42章）についてどこでもそう仮定されたように不変であるの
に、第二次資本投下の生産性が減少する場合だけである。この場合には、差額地代Ⅰ
は関係がなく、変化が起こるのは、差額地代Ⅱから生じる地代部分についてだけであ
る。二つの例を示そう。」

① **第一例（表Ⅸ）では**、第二次投下資本の生産性が1／2に減少

② **第二例（表Ⅹ）では**、　　　　　　　〃　　　　　　1／4に減少するとしよう。

　・**表Ⅸは表Ⅷに同じ**

　・**表Ⅹ**（1247 ／ 724）の総収益、貨幣地代収入額および地代率は、表Ⅱ、表Ⅶ、
　　表Ⅷに同じ。

❸ 生産価格が騰貴するときに可能なもう一つ場合

（1247 ／ 724）「それまでは耕作しても引き合わなかった、いっそう劣等な土地（ａ）が、
いまや耕作圏内に引き入れられる場合には、事態はどうなるか？　それまでの「無地
代地Ａが地代をもたらすであろうし、そのときには**前掲の表Ⅶ、表ⅧおよびⅩは、次
のような姿をとるであろう。**」

➡（1248 ／ 726）**表Ⅶ ａ、表Ⅷ ａ、表Ⅹ ａ、に表示**。「土地ａを割り込ませること
によって新たな差額地代Ⅰが発生する。そしてこの新しい基礎の上で、次には差額地
代Ⅱが、同じく変化した姿をとって発展する。」

❹ エンゲルスによる検討（1249 ～ 64 ／ 726 ～ 36）の｜　｜部分

（1249 ／ 726）｜上に述べた第三例〔本章「差額地代Ⅱ—第三例」〕は、草稿では仕上げ
られていなかったので、—……—以上のようにこれをできる限り補足することが編集
者の仕事として残された。ところが、さらにまた、編集者には、差額地代Ⅱについて
の**三つの大分類例**〔第一～第三例〕**および九つの小分類例の場合**〔三つの大分類例に
おいて、追加資本の生産性が不変、減少、または増加する三つずつの場合〕のこれ
までの研究全体から生じてくる一般的諸結論を引き出すことが残されている。しか
し、この目的のためには、草稿のなかにある諸例はほんのわずかしか役に立たない。
……。」➡ **エンゲルスによる、最初の表 Ⅺ から表 ⅩⅩⅣ までの、13 の表の作成とそ
の説明に続く。**

（1251／727）「以下の**13の表は**、同一の土地で1エーカーあたり50シリングの追加資本投下がなされて、生産価格が不変の場合、低下する場合、騰貴する場合という、本章および前二章で論じられた差額地代Ⅱの三つの例に照応する。これらの例のどれもまた、第一次資本投下に比べて第二次資本投下の生産性が、（一）不変な場合、（二）低下する場合、（三）増加する場合に、それがとる形に応じて示される。そのさいに、なおとくに具体的に説明されるべき若干の変化形態が生じる。」

➡**以下（1251／727）から（1261／734）まで、13の表と説明が続く。**

---

❺ **その説明を受けての一応の「まとめ」の叙述**──（1264／737）までの。

（1262／734）「このように、土地に使用される資本が多ければ多いほど、一国における農耕と文明一般との発展が高ければ高いほど、**1エーカーあたりの地代も地代総額もますます増加し、社会が超過利潤の姿態で大土地所有者たちに支払う貢物もますます巨大になる**──ひとたび耕作圏内に引き入れられた土地種類がすべて競争能力を保持する限りにおいて。」

（1262／734〜735）「この法則は、**大土地所有者階級のおどろくべき生命力の強さを説明する。これほど浪費的な生活をする社会階級は他にはないし、この階級ほど、伝来の《身分相応な》ぜいたくをする権利を**──そのための貨幣がどこからこようとおかまいなしに──**要求する階級はなく、この階級ほど、気楽に債務に債務を積み重ねる階級はない。しかもなおこの階級は、いつもうまく切り抜ける**──土地に投下された他人の資本、資本家がそれから引き出す利潤とはまったく**不つり合いな地代をこの階級にもたらす他人の資本のおかげで。**」

（1262／735）「しかし、この同じ法則はまた、**大土地所有者のこの生命力の強さがなにゆえにしだいに尽き果てていくかをも説明する。**」

（1262〜1263／735）「**イギリスの穀物関税が1846年に撤廃されたときに、**イギリスの工場主たちは、これによって土地所有貴族を受救貧民に転じさせたものと信じた。ところがそうなるどころか、**土地所有貴族はこれまで以上に富裕になった。**どうしてそうなったか？　非常に簡単である。第一に、（地代率アップ）。また第二に、（多額の国家補助金引き出し）。……

（1263〜1264／735〜736）「しかし、**すべてははかないものである。**……（中略）……ヨーロッパの土地の一部は、**穀作では決定的に競争圏外に脱落し、どこでも地代が下**

落して、われわれの**第二例の変化形態2**（1257頁の**表ⅩⅦ**）──価格が低下し、追加資本投下の生産性が減少する場合──が、ヨーロッパにとっての常則となったのであり、これがスコットランドから……東プロイセンにいたる**大地主たちの嘆きのもとである**。……＊」｝（❹からここまでエンゲルスの筆による）

　　＊このあとに「**地代論のプラン**とも言うべきものが書かれている。」（1265／736）から再び「本文」に戻っている。

---

❻ 差額地代一般の考察での一般的結果

（1265〜1270／736〜738）「差額地代一般の考察での一般的結果として、次のことが判明する──

　　第一に、──超過利潤の形成は、異なる道を経て行なわれうる。**一方では**、差額地代Ⅰにもとづいて、……（略）……　さらに〔**他方では**〕、差額地代Ⅱとして、……（中略）……。

　　第二に──、追加資本投下（……）の生産性の率が減少する場合には……B１エーカーにおける総資本投下がもはやなんらの地代も形成しなくなるであろう限界は、B１エーカーあたりの生産物の個別的平均生産価格が、A１エーカーあたりの生産価格まで騰貴するであろう場合であるということ、がそれである。

（1274〜1275／740）「**いずれにしても、これによって次のことがわかる**。すなわち、**より優良な諸地所で追加資本投下**──その生産物が規制的生産価格よりも高い費用がかかる追加資本投下──**が行なわれても、そこでは地代は**、少なくとも実際に許される諸限界内では、**消滅することはなく、減少せざるをえないだけ**であり、それも、**一方では**この豊度のより低い資本が総資本投下のなかで占める可除部分に比例して、**他方では**この資本の豊度の減少に比例して、減少せざるをえないだけであるということ、がそれである。

　　この資本の生産物の平均価格は依然として規制的価格以下であろうし、それゆえ**依然としてなお地代に転化されうる超過利潤を残すであろう**。」

---

❼ 地代消滅の例（地代消滅表）

（1275〜1277／740〜742）「生産性が減少する４回の順次の資本投下（４回の投下額の数字─略）の結果、Bの１クォーターあたりの平均価格が一般的生産価格と一致するものと仮定」した場合 ➡表（1276／741）に示されている。

　　（そこにおいては）「**超過利潤とマイナスの利潤とが相殺される。それゆえ地代は消**

滅する。しかし、実際にこのことが可能なのは、超過利潤または地代を形成した剰余価値の諸要素が、いまや平均利潤の形成にはいり込むからにほかならない。**借地農場経営者は**、15ポンド・スターリングにたいする3ポンド・スターリング、すなわち、20％という**この平均利潤を**、**地代の犠牲において手にいれる**のである。」

　以下の まとめ が続く

(1279 ～ 1286 ／ 742 ～ 746)「**これまで述べたことから、なによりもまず明らかになるのは次のことである**――

　第一。同一の土地に追加諸資本が超過生産性をもって投下される限りは、たとえ生産性が減少していく場合でも、穀物および貨幣での1エーカーあたりの絶対的な地代は増加する。とはいえ、それは相対的には、前貸資本にたいする比率においては（すなわち超過利潤の、または地代の率は）、減少するのであるが。この場合には……

　第二。平均利潤を生産するにすぎない追加資本、したがってその超過生産性がゼロである追加資本の投下は、形成された超過利潤の水準、それゆえ地代の水準を少しも変えない。……

　第三。その生産物においては個別的生産価格が規制的価格以上である追加資本投下、したがって、その超過生産性が単にゼロなのではなく、ゼロよりも少なくマイナスである諸投下、すなわち、規制的な土地Aへの同額の資本投下の生産性よりも低い諸投下は、**より優良地の総生産物の個別的平均価格をますます一般的生産価格に接近させ**、したがって、**超過利潤または地代を形成する両価格のあいだの差額をますます減少させる**。**超過利潤または地代を形成していたもののますます多くが**、**平均利潤の形成にはいり込む**。しかし、それでもなお、Bの1エーカーに投下された総資本は超過利潤をもたらし続ける。ただし、この超過利潤は、生産性が不足する資本の分量の増加につれて、またこの不足生産性の程度につれて、減少しはするが。……

　地代が消滅しうるのは、優良地Bでの総生産物の個別的平均生産価格が規制的価格と一致する場合、したがって、**最初のより生産的な資本諸投下の超過利潤全部が平均利潤の形成のために使い果たされている場合**だけである。」

第一編
第二編
第三編

第III部

第一編
第二編
第三編
第四編
第五編
第六編
第七編

321

（1285〜1286／746）「このように、**差額地代は超過利潤の地代への形式的転化にすぎ**
ず、土地所有は、この場合には、超過利潤を借地農場経営者の手から自分の手に移転
することを〔土地〕所有者に可能にするにすぎないにもかかわらず、**しかしなお次の**
ことが明らかになる。すなわち、**同じ土地への資本の順次的投下**、または同じことで
あるが、**同じ土地で投下される資本の増加は**、**資本の生産性の率が減少しかつ規制的**
価格が不変のままである場合には、**はるかに早くその限界を見いだすこと**、すなわ
ち、実際には、土地所有の結果である、超過利潤の地代への単に形式的な転化によっ
て、多かれ少なかれ**一つの人為的な制限を見いだすこと**が、それである。したがっ
て、**この場合には**、**一般的生産価格の騰貴**——この場合には普通の場合よりも狭い限
界のもとでこの騰貴が必要になる——**が**、**差額地代の増加の原因であるばかりではな**
く、**地代としての差額地代の実存が**、**同時に**、**増加が必要になった生産物の供給をそ**
のようにして確保するための、**一般的生産価格のより早い**、**またより急速な騰貴の原**
因でもある。」

　　　☞前述〔**補足説明②**〕再見。

第44章　最劣等耕地にも生じる差額地代

❶ 三つの仮定

（1288／747）「**穀物にたいする需要が増加し**、**供給が満たされうるのは**、① 地代を生
む諸地所での不足生産性をもってなされる順次的資本投下によってか、② または土
地Aでの同じく減少する生産性をもってなされる追加資本投下によってか、③ また
はAよりも劣等な質の新たな諸地所での資本投下によってか、**そのいずれかによって**
のみであると仮定しよう。」

❷ 第一様式

（1293／749）「さらに劣等な土地が耕作圏内に引き入れられずに、従来の最劣等地A
で地代が成立しうる第一の様式。」

　「これまで考察したのは、……**土地Aにおける個別的な**、**従来の規制的な生産価格**
と、最後の追加資本が必要な追加生産物をより優良な土地において不足生産力をもっ
て供給する場合の、**新たな**、**より騰貴した生産価格との**、**差額による地代の成立様式**
であった。」

（1288／747）「地代を生む諸地所の代表として土地Bをとろう。……

➡　**（1291／749）の上の表**：１クォーターしかもたらさないＢで３・1/2ポンド・スターリングの新資本投下が行なわれる以前の状態を示す。**同頁の下の表**：この資本投下後の事態を示す。

（1290〜1292／749）表に示されていた「**マルクスの計算**」についての、**エンゲルスによる批判の記述あり。**

❸ 第二様式

（1293／750）穀物の需要増大に対して、供給を満たすために、優等地への追加投資、または最劣等地よりも劣等な土地への投資で、新地所を耕作地に引き入れるよりも、最劣等地Ａに追加投資することが有利な場合に、最劣等地Ａ自体に差額地代が生じるケース。これには、① **追加投資が超過生産性を示す場合**と、② **生産性が減少する場合**がある。

（1293／750）　①「〔**第一に**〕価格──………──が不変のもとで、**追加資本投下が超過生産性を生み出す場合**。これは"明らかに"ある点までは、まさに最劣等地の場合にはいつもそうであるに違いない。」

（1297〜1298／752）「Ａの生産価格の、資本支出に増加のもとで得られるＡの生産物の平均価格への均等化は、こうして、資本支出のこの増加から得られる超過利潤の、地代の形態での固定化によって、さまたげられうるであろう。この場合においては、前に追加諸資本の生産力の減少の場合のより優良な諸地所で見たように、**生産価格を騰貴させるのは、またしても超過利潤の地代への転化**、**すなわち土地所有の介入であって**、差額地代は単に個別的生産価格と一般的生産価格との差額の結果ではないであろう。この転化・介入は、土地Ａにとっては、Ａの平均的生産価格による生産価格の規制をさまたげるのであるから、個別的生産価格と一般的生産価格との一致をさまたげるであろう。したがってそれは、**必要生産価格以上に高い生産価格を固持して、そのことによって地代を創造するであろう。**」

（1293／750）　②「しかし**第二に、それとは逆に、土地Ａでの順次的な資本投下の生産性が減少する場合。**」

（1300／753）「順次的資本投下のもとでの生産性の減少については、リービヒが参照されるべきである。すでに見たように（1298〜1299／752〜753）、**資本諸投下の超過生産力の順次的減少は、生産価格が不変である場合には、いつでも１エーカーあたりの地代を増加させ、生産価格が低下する場合でさえもそれを増加させうる。**」

❹ 自然諸要素—資本の無償自然力・労働の無償自然生産力

(1301／753～754)「費用のかからない自然力が生産にはいり込んでも、その助けで供給される生産物が需要を満たす限りは、それは価格決定にさいしては計算にはいらない。ところが、……（中略）……追加生産物がこの自然力の助けなしに、……生産されなければならなくなれば、一つの新たな追加的要素が資本にはいり込む。したがって、同じ生産物を得るために、相対的により多くの資本投下が行なわれる。」

第45章　絶対地代

〔解題〕絶対地代論の要点と留意点

(1) 絶対地代とは

　差額地代は、社会の需要を充たすためには、最劣等地での耕作を不可欠としながらも、その土地の所有者には地代は支払われないということが前提されていました。しかし経済的代償なしに、ただ土地を利用させるということは非現実的です。一定の経済的代償をとらずには、土地を利用させないという意味で、土地所有は資本投下に対して「絶対的制限」をなしています。そうした土地に対する排他的独占に基づく「制限」により、農産物の価格そのものが上昇せしめられることによって成立するのが絶対地代です。(1329～1331／770～771)

(2) 絶対地代と「本来の独占価格」

　絶対地代は、土地所有の「制限」によって農業部門で生産された剰余価値のうち、平均利潤を超える部分が、工業部門を含む諸資本間での全剰余価値の均等化に加わることを妨げられる結果として生ずる超過利潤の転化形態です（1329～1346／770～80）。この場合「本来の独占価格」との違いに留意して下さい。(1332／772、1351～1352／783～784)

(3) 差額地代と絶対地代

　両者は成立根拠において異なり、範疇的に異なる地代の二形態です。差額地代は、農産物の市場規制的生産価格が個別的生産価格をこえる超過分①に等しく、絶対地代（の上限）は、農産物の価値が生産価格をこえる超過分②によって割されます。したがって、両地代の合計である総地代は、超過分①と②の合計に等しいも

のとなります。絶対地代は、①「もし**農業資本の平均構成が社会的平均資本の構成と同じであるか、またはそれよりも高ければ**」消滅し、②　また**土地に対する私的所有が廃絶されれば消滅すること**（差額地代は消滅しないこと）に留意して下さい。（1334／775）

〔解説③〕理論展開の筋道について（<u>要点と留意点</u>）

（1）章のタイトルが「絶対地代」となっているにもかかわらず、**冒頭の（1305／756）から（1320／765）までは、差額地代に関する叙述に割かれている。**

（2）（1321／766）の第三パラグラフ「**そこで次のことが問題となる。**豊度の格差から導き出されえない最劣等地の地代」について、「……**問題なのは、最劣等地の支払う地代がこの土地の生産物の価格**——前提によれば一般的市場価格を規制する価格——にはいり込む仕方は、租税が課されている商品の価格に租税がはいり込むのと同じ仕方なのかどうか、すなわち、その商品の価値とはかかわりのない要素としてなのかどうか、ということである。」（1322／766）

（3）（1322／776）の、上の文章に続くパラグラフで、「決して必然的にそうなるのではないのであって、**諸商品の価値と諸商品の生産価格との区別がこれまで把握されていなかったからそのように主張されるにすぎない**」こと、したがってこれまでに主題となっていた**問題を改めて立ち上げ再確認していくなかで差額地代とは概念的に区別される絶対地代が解明されていく**、という議論の流れになっていることに、まず要留意。

（4）（1323／767）の４行目「一商品の生産価格のその価値にたいする比率は、もっぱら……その商品を生産する資本の有機的構成によって、規定されている」から、**次頁の７行目末尾**までが、先立つ諸篇で解明されていた、工業諸生産物に関する、資本の有機的構成の高低（労働の生産力の高低）と、価値と生産価格との関連把握（価値法則の貫徹）についての要点を示しています。

（5）<u>この要点の再確認を理論的前提として、以下の諸点が解明されていきます。</u>

①　農業は工業に比して、**生産力の発展が低位**であり、農地に投下される資本の有機的構成が（社会的平均資本の構成よりも）低位であること（1325／768）。

　　②　この前提のもとでのみ、「農業生産物の価値がその生産価格以上でありうるということ、すなわち、与えられた大きさの一資本によって農業において生み出される剰余価値……が、社会的平均構成をもつ同じ大きさの一資本の場合よりも大きいということは、理論的に確定されている。」（同上）。「したがって、われわれがここで研究する──……──地代の形態にとっては、この仮定をするだけで十分である。」（1326／769）こと。

　　③「競争を通じて、総資本によって生産された剰余価値の配分におけるこの均等化を生じさせること、またこの均等化にとってのあらゆる障害を克服することが、資本の恒常的な傾向である」（1327／769）が、しかし工業諸部門とは異なり、農業は土地の私的所有が、土地への自由な資本投下の制限・障壁をなしていること（1327〜1328／770）。

　　④　そのため、農業生産物の市場価格は、「生産価格を超える超過分すなわち地代を支払いうる点まで騰貴せざるを得ない」（1329／770）こと。

　　⑤　以下（1331／772）の４行目（本著では、後述の項目❽絶対地代の発生の５行目）まで、この超過利潤の「絶対地代への転化」、（6行目以降に於ける）その量等についての説明続く。

❶ 差額地代

（1305／756）「差額地代の分析の場合には次の前提から出発した。すなわち、最劣等地は地代を支払わないということ、または、より一般的に表現すれば、その生産物が市場規制的生産価格よりも低い個別的生産価格をもっており、こうして地代に転化する超過利潤が生じる土地だけが、地代を支払うということが、それである。まず注意しなければならないのは、差額地代そのものの法則は、この前提の当否とはまったくかかわりがないということである。」

❷ 最劣等地Ａも地代ｒを支払う場合

（1306〜1307／756〜567）「次の二通りのことが起こる。

　　第一に──等級Ａ（最劣等地Ａ）の土地生産物の価格は、その生産価格によっては規制されず、この生産価格を超える超過分を受け取り、Ｐ＋ｒであろう。……（中略）……その場合には、市場に存在する、すべての土地種類の総生産物の規制的市場価格は、……生産価格プラス地代、Ｐ＋ｒであって、Ｐではないであろう。というのは、等級Ａの土地生産物の価格は、一般に、規制的な一般的市場価格の限界、それで総生

産物が供給されうる価格の限界を表わし、その限りでこの総生産物の価格を規制する<u>から</u>である。

　しかし、それでもなお**第二に**、この場合には、土地生産物の一般的価格が本質的に修正されるであろうけれども、**差額地代の法則は決してそのために廃棄されはしないであろう**。（というのは、から4行略）したがって、差額地代は依然として同じであり、同じ法則によって規制されるであろう。」

❸ 地代の支払いなしに土地への資本投下がなされうる場合

（1310〜1311／759）「**第一に**、土地所有者自身が資本家であるか、または、資本家自身が土地所有者である場合。」

（1311〜1312／760）「**第二に**──ひとまとめになった借地のなかには、市場価格の所与の高さではなんらの地代も支払われず、したがって実際に無償で貸し出されている若干の地所がありうる。……（中略）……**（最劣等地）Ａがより優良な土地の不可分な混入地片をなしているにすぎない組み合わせ**」が前提されている場合。➡「土地所有者が念頭におくのは自分の<u>賃貸地の総地代</u>であって、個々の構成地片の**特殊的地代**ではない」ということ。

（1312〜1314／760〜761）「**第三に**、借地農場経営者は、同じ借地で追加資本の投下によって得られる追加生産物が……通常の利潤をもたらしはするが追加地代の支払いを可能にはしない（場合）。……投下された資本の一部では彼は地代を支払うが、資本の他の部分（追加資本部分）では地代を支払わない。しかし、このような想定がどれほども問題を解決するものでないかは、次のことからわかる。」

❹ 最劣等地への追加耕作が地代をもたらす二つの場合

（1315／762）「**一つには**、市場価格が、旧諸借地での最後の追加資本諸投下でさえも超過利潤をもたらす─……─ほどの高さでなければならない〔場合〕。」

（1315〜1316／762〜763）「しかし、**二つには**、旧諸借地での最後の資本諸投下がなんらの地代ももたらさないが、それにもかかわらず市場価格が、土地Ａが耕作されえ、地代をもたらすのに十分なほどの高さに騰貴している〔場合〕。この場合には、なんらの地代ももたらさない〔旧諸借地での〕追加資本諸投下が可能であったのは、市場価格が土地Ａに地代を支払うのを許すようになるまでは土地Ａは耕作されえないからにすぎない（からである）。」

❺ 最劣等地の所有そのものが価格騰貴（➡地代）を創造する根拠

(1317／763)「**差額地代**のもつ独自性は、……土地所有が、そうでなければ借地農場
経営者が……かすめ取る超過利潤を、横領するにすぎないということにある。……
（中略）……**土地所有はこの場合には、……価格騰貴を創造する原因ではない**。これに
反し、最劣等地Aが——……——この生産価格を超える超過分である地代をもたらすまで
は耕作されえないとすれば、**土地所有がこの価格騰貴を創造する根拠である。土地所
有そのものが地代を生み出したのである。**」

◎　本章の〔解説③〕「理論的展開の筋道……」の（5）の①〜⑤を再確認

---

❻ 農業生産物の価値はその生産価格以上である

(1325〜1326／768〜769)「**この前提のもとでのみ農業生産物の価値がその生産価格
以上でありうるということ**、すなわち、与えられた大きさの一資本によって農業にお
いて生み出される剰余価値……が社会的平均構成をもつ同じ大きさの一資本の場合よ
りも大きいということは、理論的に確定されている。

　したがって、**われわれがここで研究する——またこの仮定のもとでのみ生じうる
——地代の形態にとっては、この仮定をするだけで十分である。**この仮定がなくなる
ところでは、この仮定に照応する地代の形態もなくなる。」

---

❼ 差額地代とは概念的に区別される絶対地代

(1326〜1327／769)「農業諸生産物の価値がその生産価格を超過するという単なる事
実は、それだけでは、土地種類の豊度の差異とも、また同じ土地での順次的資本諸投
下の豊度の差異ともかかわりのない地代の存在、要するに**差額地代とは概念的に区別
される地代**、それゆえ**絶対地代**と名づけうる地代の存在を説明するには決して十分で
はないであろう。」

---

❽ 絶対地代の発生

(1329〜1331／770〜771)「土地所有は、……地代を要求することなしには、こ
れまでの未耕作地または未賃貸地での新たな資本投下をまったく許さない障壁で
ある。……（中略）……**けれども、土地所有が設けるこの制限の結果、市場価格
は、土地が生産価格を超える超過分すなわち地代を支払いうる点まで騰貴せざる
をえない**。……（中略）……

　地代が価値と生産価格との差額の全部に等しいか、それとも、この差額の大な

り小なりの一部分に等しいだけであるかは、まったく、需要にたいする供給の状態と、新たに耕作圏内に引き入れられた地域の大きさとに依存するであろう。……（中略）……しかしこの**絶対地代**が生産価格を超える価値の超過分の全部に等しいにせよ、その一部分に等しいだけであるにせよ、**農業諸生産物はいつも独占価格で売られるであろう**。そのわけは……（中略）……農業諸生産物の独占というのは、**その価値が一般的生産価格よりも高い他の工業諸生産物の場合と異なり、生産価格に平準化されない点にあるであろう**。……（中略）……

　最後に、**この場合には、生産物の騰貴が地代の原因ではなく、地代が生産物の騰貴の原因である、ということになる**。」

（1331 〜 1332 ／ 772）**例示—剰余価値率 100%**

　① 非農業的社会的資本の平均構成　　85c ＋ 15v ＋ 15m　　生産価格 ＝ 115
　② 農業資本の構成　　75c ＋ 25v ＋ 25m　　**価値および規制的市場価格 ＝ 125**
　両者が平均価格に均等化されるとすると、総剰余価値は 40、200 の資本にたいし剰余価値率は 20% となる。**➡どちらの生産物も 120 で売られるであろう。**

　したがって生産価格への均等化のもとでは、①の商品の平均市場価格はその**価値以上**になり、②の商品の平均市場価格はその**価値以下**となる。**➡**しかし価値通りに売られるとすれば、①の商品は、均等化の場合より**5低く**、②の商品は、均等化の場合より**5高く**売られることになる。**➡**②にとって、**＋5 が絶対地代**となる。

---

❾ 独占価格と地代

（1332 ／ 772）「生産価格を超える価値の超過分から生じるこの絶対的な地代は、**単に農業の剰余価値の一部であり、この剰余価値の地代への転化、土地所有者によるこの剰余価値の横取りである**。それはちょうど、差額地代が、一般的規制的生産価格のもとで、超過利潤の地代への転化、土地所有による超過利潤の横領から生じるのと同じことである。**地代のこの両形態〔絶対地代と差額地代〕は、唯一正常な形態である**。これら以外には、**地代は、本来の独占価格**——諸商品の生産価格によっても、価値によっても規定されるのではなく、購買者の欲求と支払い能力とによって規定される**本来の独占価格**——にのみ立脚しうるのであり、この独占価格の考察は、市場価格の現実の運動が研究される**競争論**（『資本論』の守備範囲外）に属する。」

❿ 絶対地代の消滅

（1334／773）「**もし農業資本の平均構成が社会的平均資本の構成と同じであるか、またはそれよりも高ければ、絶対地代——……——は消滅するであろう**。その場合には、農耕生産物の価値は、その生産価格より高くはなく、また農業資本は、非農業資本に比べて、**より多くの労働を運動させることはなく**、したがって、**より多くの剰余労働を実現することもないであろう。**」

（1332～1333／773）土地が賃貸しされた場合に生じる差額地代　（省略）

⓫ 労働の自然発生的生産性

（1336／775）「**農業においては、**（……）労働の社会的生産性だけでなく、**労働の自然発生的生産性——これは労働の自然諸条件に依存する——も問題である**。農業における社会的生産力の増加は自然力の減退を埋め合わせるにすぎないか、または埋め合わせることさえなく——この埋め合わせはいつも一時的に作用するだけである——、そのため農業では技術の発展にもかかわらず、生産物は安くはならず、ただそのいっそうの騰貴がさまたげられるだけであるということがありうる。また、穀物価格の騰貴のもとでは、生産物の絶対的分量は減少し、他方では、相対的な超過生産物は増大するということがありうる。」

（1337／775～776）地代論は、「畜産」ではなく、主要生活手段の植物性食糧生産に基づいて展開されるべきことの説明は**省略**。☞cf.A・スミス

⓬ 絶対地代は独占価格によると思わせる現象

（1340～1344／777～779）「すでに差額地代のところで展開されているように、**耕作が進むにつれて、より劣等な土地と同様に、等質の土地およびより優良な土地さえも新たに耕作されることがありうる。——**

　　第一に、なぜなら、差額地代の場合には、（……）ときには相互に麻痺させ合い、ときには交互に支配的であるような、二つの条件〔豊度と位置〕が逆の方向に作用するからである。……（中略）……**位置と豊度との相反する作用、および、位置という要因**——つねに均等化されるとともに、均等化をもたらそうとする恒常的な前進的諸変化をたどっている——**の可変性、これらが交互に、等質地、より優良地、またはより劣等地を旧耕作地との新たな競争に加わらせる。**
　　第二に。自然科学と農学の発展につれて、土地の諸要素をただちに利用可能な状態

にすることのできる諸手段が変化するので、土地の豊度も変化する。……

　第三に。すべての旧文明諸国では、古い歴史的および伝統的な諸関係が、たとえば**国有地**、**共同地**などの形態で、まったく偶然的に広大な土地を耕作から遠ざけてきており、そのためにこれらの土地は徐々にしか耕作されるにいたらない。これらの土地が耕作されていく順序は、その地味にも、またその位置にも依存せず、まったく外部的な事情に依存する。……

　第四に。〔二つの点―略〕を度外視すれば、**土地耕作の空間的拡大は、一国の資本市場と商況との状態全体に依存する**。〔資本の〕逼迫期には、追加資本を耕作に振り向けるには、未耕地が借地農場経営者―……―に平均利潤をもたらしうるということだけでは不十分あろう。それと異なる資本過多期には、市場価格が騰貴しなくても、他の正常な諸条件が満たされてさえすれば、資本は農耕に流れていく。」

〔まとめ〕　絶対地代の本質

(1345〜1346／779〜780)「**絶対地代の本質は、次のことにある**――すなわち、異なる生産諸部面における同じ大きさの諸資本は、同じ剰余価値率または同じ労働搾取のもとでは、それらの資本の平均構成が異なるのに応じて異なる分量の剰余価値を生産するということが、それである。**工業においては**、この異なる分量の剰余価値が平均利潤に均等化されて、社会資本の可除部分としての個々の資本に均等に配分される。

　<u>生産が土地を必要とする</u>――農業のためであれ、原料採取のためであれ――**やいなや、土地所有は、土地に投下された諸資本にたいするこの均等化をさまたげ、土地所有がなければ一般的利潤率への均等化に参加するであろう剰余価値の一部分を横領する**。その場合には、**地代**は、諸商品の価値、詳しく言えば**剰余価値の一部分――この部分は、労働者たちからそれをしぼり出した資本家階級にではなく、資本家たちからそれを取り上げる土地所有者たちに帰属する**――をなす。……（中略）……

　この絶対地代は、……もっとも低い資本構成が無条件に支配している、**本来の採取産業**―……―では、なおいっそう重要な役割を演じる。地代がもっぱら独占価格に起因するかのように見えるこの場合にこそ、諸商品がその価値どおりに売られるためには、または地代が商品の生産価格を超える商品の剰余価値の超過分全部に等しくなるためには、このうえなく好都合な市場諸関係が必要である。たとえば漁場、採石場、原生林などの地代の場合がそうである。」☞〔**補足説明④**〕参照。

〔補足説明④〕　エンゲルスへの書簡での「絶対地代論の要約的説明」

　エンゲルス宛の書簡において、マルクスは地代論について言及しています。不破哲三編の『マルクス、エンゲルス書簡選集』上巻（新日本出版社、2012年5月）にその幾つかが収録されています。いずれも <u>1862年の書簡</u> ですが、地代論、特に絶対地代論の内容を理解する一助になると思われる部分＝「<u>マルクスの絶対地代論の要約的な説明</u>」（**8月2日付け**）を紹介しておきます。このタイトルは不破氏が付けたものです。

　絶対地代論は、**第二篇、特に第9章での平均利潤の形成・生産価格の成立（第9章の項目❸❹）** の解明を理論的前提とし、**それと密接に連関しているため**、第9章の復習にもなっています。第二篇を読み直した上でマルクスの「**要約的な説明**」に目を通して下さい。価値と生産価格についての理解に失敗したスミス、リカードウが絶対地代を否定することになる必然性もそこで指摘されています。かなりの長文であるため、途中一部を省略しています。――なお、原文の傍点が付してある部分には、波線を付けてあります。

　「僕がもくろんでいるのは、すぐにこの巻のなかで **地代論** を、挿入された一章として、すなわち **以前に立てた一つの命題**（価値の生産価格への転化―中川）の〈**例解**〉 **として**、取りこむ、ということだ。詳しく書けば長たらしくて複雑な話だが、それをわずかばかりの言葉で書いてお目にかけるから、**君の意見を知らせてくれたまえ。**……（中略）……

　……剰余労働を50％と仮定しよう。そこで、たとえば1ポンド・スターリングが1労働日に等しく（……）、1労働日は12時間で、必要労働（賃金を再生産する労働）は8時間だとすれば、30人の労働者（……）の賃金は20ポンド、彼らの労働の価値は30ポンドとなり、労働者1人当たり（……）の可変資本は、2／3ポンドで、彼がつくりだす価値は1ポンドとなるだろう。100ポンドの一資本がいろいろな部門で生産する剰余価値量は、100という資本が不変資本と可変資本とに分けられている割合によって、いろいろに違っているだろう。

　不変資本をＣとし、可変資本をＶとしよう。たとえば綿工業では構成がＣ80、Ｖ20だとすれば、生産物の価値は110となるだろう（……）。剰余価値量は10で、利潤率は10％だ。というのは、利潤は100（支出資本の総価値）対10（剰余価値）の割合に等しいからだ。大規模な裁縫業では構成がＣ50、Ｖ50だと仮定すれば、生産物は125、剰余価値は（前記と同じく50％の率では）25で、利潤率は25％となる。また別の一産業では割合がＣ70、Ｖ30だと仮定すれば、生産物は115、利潤率は15％となる。最後に、構成がＣ90、Ｖ10の一産業では、生産物は105で利潤率は5％だ。

　ここでは、労働の搾取度は等しいのに、違った諸部門にある等額の諸資本について非常に違う剰余価値量があり、したがってまた非常に違う利潤率がある。

　ところが、前記の四つの資本を合計すれば、次のようになる。

			生産物価値	利潤率	剰余価値率
1	C 80	V 20	110	10%	50%
2	C 50	V 50	125	25%	50%
3	C 70	V 30	115	15%	50%
4	C 90	V 10	105	5%	50%
	資本　400			利潤 = 55	

これは100にたいして $13\frac{3}{4}$％の利潤率となる。

　この階級の総資本（400）を見れば、利潤率は $13\frac{3}{4}$％になるだろう。

　そして、資本家たちは兄弟だ。競争（一部門から他部門への資本の移転または資本の撤退）は、別々の諸部門にある等額の諸資本はそれらの有機的構成の相違にもかかわらず同じ平均利潤率をもたらす、ということを成就するのだ。言い換えれば、ある部門におけるたとえば100ポンドという一資本があげる平均利潤は、この資本がこの特殊に充用された資本としてあげるのではなく、したがってまた、それ自身が剰余価値を生産する割合であげるのではなくて、その資本が資本家階級の総資本の可除部分としてあげるのだ。それは一つの持ち分であって、その配当は、この階級の総可変資本（労賃に投ぜられる資本）が生産する剰余価値（または不払労働）の総額のなかから、持ち分の大きさに比例して支払われるのだ。

　ところで、前記の例解のなかで、1も2も3も4もみな同じ平均利潤をあげるためには、それらはどの部類もみなその商品を

$113\frac{3}{4}$ポンドで売らなければならない。1と4は商品をその価値よりも高く売り、2と3はその価値よりも安く売るのだ。

　このように調整された価格、すなわち、支出資本・プラス・平均利潤（たとえば

10%）は、スミスが自然価格とか費用価格などと呼んでいるものだ。この平均価格に、別々の部門のあいだの競争が（資本の転移または資本の撤退をつうじて）別々の部門の価格を帰着させるのだ。だから、競争は諸商品をそれらの価値にではなく費用価格*に帰着させるのであって、この費用価格*は諸資本の有機的構成に応じて商品の価値より高いことも低いこともあり、または価値に等しいこともあるのだ。

　　　　　　　　　　　　　　　　　＊費用価格は、正しくは生産価格（以下同様）

　リカードウは、価値と費用価格*とを混同している。だから、彼は、もし絶対地代〔★〕というもの（すなわち、いろいろな土地種類の豊度の相異には係わりのない地代）が存在するとすれば、農業生産物などは、費用価格*（前貸資本・プラス・平均利潤）よりも高く売られるのだから、つねに価値よりも高く売られることになるだろう、と考えるのだ。これは根本法則をくつがえすことになるだろう。だから、彼は絶対地代を否定してただ差額地代だけを認めるのだ。

　しかし、彼のやっている商品の価値と商品の費用価格*との同一視は、根本的にまちがっており、それはA・スミスから伝統的に受け継がれたものなのだ。

　真実は次のとおりなのだ。

　すべての非農業資本の平均構成がC80、V20だと仮定すれば、生産物は（50%の剰余価値率では）110で、利潤率は10%だ。

　さらに、農業資本の平均構成はC60、V40だと仮定しよう。（この数は統計上イギリスではほぼ正しい……。）すると、生産物は、労働の搾取度が前記と同じならば、120で、利潤率は20%だ。そこで、農業者が農業生産物をその価値で売るとすれば、彼はそれを120で売るのであって、その費用価格*の110で売るのではない。ところが、**土地所有は、農業者が資本家仲間のために生産物の価値を費用価格*に均らすことを妨げる。資本家たちの競争はこの均等化を強要することができない。そこで土地所有者が介入してきて、価値と費用価格*との差額をすくい上げる**だろう。可変資本にたいする不変資本の割合が低いということは、一般に、特殊な生産部面において労働の生産力の発展度が低い（または相対的に低い）ということの表現だ。だから、農業資本の平均構成はたとえばC60、V40だが、非農業資本のそれはC80、V20だとすれば、このことは、農業がまだ工業と同じ発展段階に達していない、ということを示している。（……）もし農業における割合がC80、V20になれば（前記の前提のなかで）、絶対地代はなくなる。残るのはただ差額地代だけだ。だが、この差額地代をも、僕は、農業の不断の悪化というリカードウの想定がこっけいで勝手きわまるものとして現われるようなやり方で説明する。

　前記のような、価値とは区別した費用価格*の規定についてもう少し言っておきたいのは、資本の直接的生産過程から出てくる不変資本と可変資本との区別のほかに、さら

に、資本の流通過程から出てくる固定資本と流動資本との区別が加わってくる、ということだ。だが、僕がさらにこれをも組み入れようとすれば、定式があまりにも複雑すぎるものになるだろう。

以上が——おおよその、というのは問題はかなり複雑だからだ——リカードウ理論の批判だ。次のことだけは君も認めてくれるだろう。すなわち、資本の有機的構成を考慮に入れることによって、一群の従来の外観上の矛盾や問題はなくなる、ということだ。……

以上でおわかりのように、〈絶対地代〉を僕のように把えれば、土地所有はじっさい（ある種の歴史的事情のもとでは）原料生産物の価格を高くするのだ。これは、共産主義的に、大いに有用だ。

前述の見解が正当だと前提しても、絶対地代がどんな事情のもとでも、またはどの土地種類によっても、支払われるということは、けっして必然的ではない（前提したような農業資本の構成を仮定してもだ）。それは、土地所有が——事実上または法律上——存在しない場合には、支払われない。この場合には農業は資本の充用にたいして特別な抵抗は示さない。その場合には資本はこの部面でも他の部面でと同じように意のままに運動する。その場合には農業生産物は、いつでも一群の工業生産物がそうされるように、その価値よりも安く費用価格*で売られる。資本家と土地所有者とが同一人物である場合などにも、事実上土地所有はなくなることもありうる。

だが、ここでこのような細目に立ち入ることはよけいであろう。」（184〜189頁）

　　*費用価格とあるのは、マルクスの誤記によるもので、正しくは生産価格である。
　　**文中の不破氏の注記〔★〕：絶対地代　—マルクスがその存在を発見し、命名した。

第46章　建築地地代。鉱山地代。土地価格

❶ 建築地地代

（1347〜1348／781）「地球の一部分にたいする自分の権原によってこの自然諸対象の所有者であると刻印されている者が、機能資本から、この超過利潤を地代の形態で横領する。……この地代（建築地地代）は次のような特徴を有する。第一に、この場合、位置が差額地代におよぼす圧倒的影響（……）。第二に、所有者のまったくの受動性の一目瞭然な明白さ……。最後に、多くの場合における独占価格の優位、とくに貧困の破廉恥きわまりない搾取（……）、および、この土地所有が、同じ人の手中で産業

資本と結びつき、この産業資本が、労賃をめぐる闘争に参加する労働者たちを彼らの住居である地上から実際に締め出すことができるようにする場合に、この土地所有が与える途方もない力。」

（1348／782）「人口の増加、それゆえ住居にたいする需要の増大ばかりでなく、大地に合体されるか、または大地に根をおろし、大地に基礎をおく固定資本——すべての産業用の建物、鉄道、倉庫、工場用建物、ドックなどのような——の発展も、必然的に建築地地代を増加させる。」

❷ 鉱山地代

（1350／783）「本来の鉱山地代は、農耕地代とまったく同様に決定される。」

❸ 地代と独占価格

（1351〜1352／783〜784）「地代とはかかわりのない、諸生産物の、または土地そのものの、独占価格が実存するために地代が独占価格から流出してくるのか、それとも地代が実存するために諸生産物が独占価格で売られるのか、ということを区別しなければならない。

　われわれが独占価格を云々する場合には、一般に、一般的な生産価格によって規定される価格にも、諸生産物の価値によって規定される価格にもかかわりなく、買い手たちの購買欲と支払能力とによってのみ規定されている価格を意味する。（➡例）「異例の良質なブドウ」と「フドウ畑は、独占価格をもたらす。ブドウ栽培者はこの独占価格——生産物の価値を超えるこの独占価格の超過分は、もっぱら上流のブドウ酒愛飲家たちの富と嗜好とによって規定されている——の結果、多額の超過利潤（➡地代に転化）を実現するであろう*。…………この場合には、独占価格が地代を創造する。逆に、土地所有が未耕地での無地代の資本投下に加える制限の結果として、穀物がその生産価格以上どころかその価値以上に売られる場合には、地代が独占価格を創造するであろう。」

　　＊ ➡（1505〜6／868〜9）参照。

❹ 土地価格による地代のルーツの隠蔽

（1352／784）「資本還元された地代、したがって、まさに資本還元されたこの貢納が、土地の価格として現われ、それゆえ、土地は他のあらゆる取引物品と同じように販売されうるという事情、によって（そのルーツが）隠蔽される。それゆえ、〔土地の〕買い手にとっては、地代に対する彼の請求権は、無償で与えられるもの——………——として現われないで、請求権の等価物を支払ったものとして現われる。彼にとっては、すで

に以前に述べたように、**地代は、彼が土地、それゆえ、地代の請求権を買うのに投じた資本の利子としてのみ現われる**。……（中略）……しかし、**権原そのものは、販売によって生み出されるのではなく、移転されるにすぎない**。」

---

❺ 大地の所有から占有・用益へ

（1352～1353／784）「およそ権原を創造したものは、生産諸関係であった。この生産諸関係が脱皮せざるをえない点にまで到達するやいなや、権原の、および権原にもとづいたいっさいの諸取引の、物質的な、経済的・歴史的に正当化された、社会的生活生産の過程から生じる源泉は、なくなってしまう。**より高度の経済的社会構成体の立場からは、個々の個人による地球の私的所有は、ある人間による他の人間の私的所有と同じくまったくばかげたものとして現われるであろう。**一社会全体でさえ、一国民でさえ、いな、同時代の諸社会を一緒にしたものでさえ、**大地の所有者ではない。それらは大地の占有者、土地の用益者であるにすぎないのであり**、"よき家父長たち"として、**これを改良して次の世代に遺さなければならない**。」

---

❻ 以下での土地価格研究で前提としたこと

（1353／785）「以下に行なう土地価格の研究では、競争上のすべての変動、すべての土地投機を度外視し、または、大地が生産者たちの主要な用具をなし、それゆえどのような価格ででも彼らによって購入されなければならない事情にある小土地所有をも度外視する。」

Ⅰ **土地の価格は、地代が騰貴しなくても騰貴しうる。**すなわち—

（1353～1354／785）「（一）利子率の単なる下落によって。このため地代がより高く売られるようになり、それゆえ、資本還元された地代である土地価格が増大することになる。（二）土地に合体された資本の利子が増大するため。」

Ⅱ **土地の価格は、地代が増大するために騰貴しうる。**

（1354／785）「**地代は、土地生産物の価格が騰貴するために増大しうる**。この場合には、最劣等耕作地での地代が大きいか、小さいか、全然現存しないかを問わず、いつも差額地代の率は高まる。ここで率というのは、土地生産物を生産する前貸資本にたいする、剰余価値のうち地代に転化する部分の比率のことである。」

（1354～1356／785）「しかし、**地代は、土地生産物の価格が騰貴しなくても増大**

しうる。**土地生産物の価格は不変のままでも、低落しさえしても。**

　土地生産物の価格が不変のままである場合には、地代は（独占価格を度外視すれば）、**次の二つの理由のいずれかによってのみ増大しうる。**すなわち、

　①　一つは、旧来の地所での同じ大きさの資本投下のもとで、新しいより優良な地所が耕作される──……──ということのために。……

　②　もう一つは、地代は、不変のままの相対的豊度と不変のままの市場価格のもとで、土地を利用する資本の分量が増大するために増加する。」

（1359／788）「**土地価格は、土地生産物の価格が下がる場合でも、騰貴しうる。**

　この場合には、格差の拡大によって、差額地代、それゆえより優良な諸地所の土地価格が増加したということもありうる。または、そうでない場合には、労働の生産性の増加によって土地生産物の価格は下落したが、生産の増加がこの下落を補って余りがあるということもありうる。」

Ⅲ　総括（Ⅰ、Ⅱの検討のまとめ）

（1360〜1361／788）「**地代、それゆえ土地価格が、一般的に、または個々の土地種類について、騰貴するためのこれらの異なる諸条件は、部分的に競争しうるし、部分的に排除し合って、交互に作用しうるだけである。**しかし、これまで展開したことから言えることは、**土地価格の騰貴からただちに地代の増加を推論することはできないし、また、地代の増加**──これはつねに土地価格の騰貴をともなう──**からただちに土地諸生産物の増加を推論することはできない、**ということである。」

❼ 土地生産としての農業生産の長所

（1361〜1362／789）「土地疲弊の真の自然的諸原因──なおこれは、差額地代について書いたすべての経済学者に、その当時の農芸化学の水準のために知られていなかったものであるが──をさかのぼって究明する代わりに、空間的に限定された畑に思うがままの分量の資本を投下することはできない、という浅薄な見解が利用されている。……もし、これが農業の特殊的短所とみなされるとすれば、まさに**その反対こそが真実である。**……（中略）……

　機械などに投下された固定資本は、使用によっては改良されないで、反対に摩滅する。新たな諸発明によって、この場合にも個々の諸改良は行なわれうるが、生産力の発展を与えられたものと前提すれば、機械は悪化しうるだけである。生産力が急速に発展する場合には、古い機械設備全体はいっそう有利な機械設備によって置き換えら

れ、したがって滅失せざるをえない。**これに反して、大地は、正しく取り扱えば、絶えず改良される。以前の資本諸投下が滅失することなしに順次的資本諸投下が利益をもたらすことができる、という大地の長所は、同時に、これらの順次的資本諸投下の収益の格差の可能性を含んでいる。**」

第47章　資本主義的地代の創世記

第一節　緒論

❶ 地代を証明する際の困難

（1363〜1364／790）「地代を取り扱ううえでの困難はもともとどこにあるのかを明らかにしなければならない。……（中略）……困難は次の点を証明することにある。すなわち、異なる諸資本のあいだで剰余価値が平均利潤に均等化されたのちに──……──およそ分配の可能ないっさいの剰余価値が一見すでに分配され終わったのちに、そのほかに、**土地に投下された資本が地代という形態で土地所有者に支払う、この剰余価値の超過の部分はいったいどこから生じてくるのか**、ということを証明することにある。」

（1365／791）「**地代の分析における全困難は、平均利潤を超える農業利潤の超過分を**……この生産部門に独自な超過剰余価値を、したがってまた、《純生産物》をではなく、この純生産物が他の産業諸部門の純生産物を超える超過分を**説明すること**、にあった。」

❷ 「古い経済学者」（ペティなど）の場合

（1366／792）「その当時なお未発達であった資本主義的生産様式の分析にようやくとりかかっている**古い経済学者たち**にとっては、地代の分析にはおよそなんの困難もなかったか、困難はあっても、それはまったく別種のものであった。──……──**資本によって生産された、**……かつ、すでに直接に取得された**剰余価値の一部分をふたたび資本から奪い取ることをいかにして土地所有がなしとげるかを探求しようとするような問題提起は、なおまだ実存しえなかった。**」

❸ 重農主義

（1367 ／ 792）「**重農主義者たちの場合には**、困難はすでに性質を異にする。実際に資本の最初の体系的な代弁者として、彼らは剰余価値一般の性質を分析しようとする。この分析は、彼らにとっては、**剰余価値の唯一の実存形態である地代の**分析と一致する。……（中略）……彼らは、……まず第一に、重商主義とは対立して、流通部門でのみ機能する商業資本から**生産資本に立ち返るという偉大な功績**をあげている。」

❹ 重商主義

（1368 ～ 1369 ／ 793）「**重金主義**の続きである**重商主義では**、**決定的なのは**、もはや商品価値の貨幣への転化ではなく、**剰余価値の生産なのである**——ただし、剰余価値の生産は、流通部面の没概念的立場から見てのそれ、しかも同時に、この剰余価値が**超過貨幣**として、**貿易差額の超過**として現われるようなそれである。

　　しかし重商主義は、同時に、**当時の利己的な商人たちと製造業者たちを正しく特徴づけるものであり**、また次の点で、彼らによって代表される資本主義的発展の時代にふさわしいものである——すなわち、……（中略）……重商主義の国民的性格は、その代弁者たちが口にする単なる決まり文句ではない。もっぱら**国民の富と国家の資源を問題にするという口実のもとに**、**彼らは実際には、資本家階級の利益と致富一般とを最終の国家目的であると明言し**、また、古い神聖な国家にたいして**市民社会を宣言する**。しかし同時に、そこには、**資本と資本家階級との利益の発展**、**資本主義的生産の発展が**、**近代社会における国民的な力と国民的優越との土台になっている**、**という意識が現存する**。」

❺ 資本主義的生産様式は、現物経済の農耕と手工業の連関を廃棄する

（1371 ～ 1372 ／ 794 ～ 795）「本来の現物経済のもとでは、……（中略）……**土台をなす農耕の副業としての家庭内手工業労働と製造業労働**とは、この現物経済の立脚する生産様式の条件なのであり、——……——**資本主義的生産様式は、この連関を完全に廃棄する**のであり、この過程は、一般に、ことに18世紀の最後の三分の一期にわたってイギリスで研究されうるところである。」

❻ 地代の性質についての誤った見解

（1373 ／ 795 ～ 796）「地代の性質についての誤った一見解は、次のような事情にもとづいている。すなわち、**現物形態での地代が**、部分的には教会の十分の一税として、部分的には古い契約によって永久化された骨董品として、**中世の現物経済から**、……**引**

きずってこられたという事情が、それである。そのために、<u>地代は農業生産物の価格</u>からではなく、その分量から、したがって<u>社会的諸関係からではなく</u>、<u>土地から生じるように見える</u>。」

❼ 生産物地代についての注意点

（1374 〜 1375 ／ 796 〜 797）「生産物地代については、なによりもまず、次の点に注意しなければならない。すなわち ① 生産物地代は、時代遅れな生産様式から引きずってこられた、<u>廃墟として生き残っている</u>、<u>単なる伝統にすぎない</u>ということ……（中略）……② 生産物地代が資本主義的生産様式の基盤の上で存続した場合には、それは、<u>貨幣地代の中世的に扮装さた表現</u>以外のなにものでもなかったし、また、ありえなかった。……（中略）……このような可能性からも、生産物地代——生産物の価格には従わず、したがって現実の地代よりも大きいことも小さいこともありえ、それゆえ、利潤からの控除をなすだけではなく、資本補填の構成諸部分からの控除をもなしうる生産物地代——は、時代遅れな形態である。」

第二節　労働地代

❶ 労働地代とはどのようなものか

（1378 〜 1379 ／ 798）「<u>労働地代というもっとも単純な形態における地代</u>、すなわち、<u>直接的生産者が一週間のうちのある期間</u>、事実上または法律上、<u>自分に属する労働諸道具</u>（鋤、家畜など）を用いて、事実上、彼に属する土地を耕作し、<u>一週間の残りの期間、領主の農地で領主のために無償で労働するという形態での地代</u>を考察するならば……事態はまだまったく明瞭であり、<u>地代と剰余価値とはここでは同じものである</u>。……労働者（"自活する農奴"）が、この場合、どの程度まで<u>自分の必要不可欠の生活維持諸手段を超える超過分</u>……を得ることができるかどうかは、……彼の労働時間が、彼自身のための労働時間と領主のための夫役労働時間とに分かれる比率に依存する。

（1378 ／ 798）「したがって、最低必要生活諸手段を超えるこの超過分、<u>資本主義的生産様式では利潤として現われるものの萌芽は</u>、まったく、地代、この場合には、直接に不払いの剰余労働——……——であるばかりでなく、そのようなものとして現われもする<u>地代、の高さによって規定されている</u>。夫役民の生産物が、この場合、彼の生活維持のほかに、彼の労働諸条件をも補填するのに足りなければならないということは、すべての生産様式のもとで変わることのない事情である。」

---

❷ 所有関係は直接的な支配・隷属関係として現われる

（1379〜1380／798〜799）「さらに明らかなことは、直接的労働者が自分自身の生活維持諸手段の生産に必要な生産諸手段および労働諸条件の《占有者》であるにとどまるすべての形態においては、**所有関係は、同時に直接的な支配・隷属の関係として現われざるをえず**、したがって、直接的生産者は**不自由人**として現われざるをえないということである……。彼は、自分の農耕、および、それと結びついた**農村家庭内工業**を自立して営んでいる。この自立性は、―……―これらの小農民が互いに、多かれ少なかれ**自然発生的な生産共同体**を形成しているということによっては廃棄されない。というのは、ここではただ、**名目的領主にたいする自立性**が問題になるだけだからである。このような諸条件のもとでは、名目的土地所有者のための**剰余労働**は、ただ**経済外的強制**―……―によってのみ、彼らから強奪されうる。……したがって、**必要なのは、人身的従属諸関係、……人身的不自由**、および、**土地の付属物としての、土地への緊縛、本来の意味での隷属である**。（「アジアの専制国家」、「地代と租税の一致」の説明は省略）

---

❸ 経済的諸関係は政治形態・国家形態の基礎をなす

（1381／799）「**不払いの剰余労働が直接的生産者たちからくみ出されるその独特な経済的形態は、支配・隷属関係**―を規定する。……**この経済的形態を基礎として**、生産関係そのものから発生する**経済的共同体の全姿容**、それと同時に、この**共同体の独自の政治的姿態**が築かれる。**生産諸条件の所有者たちの、直接生産者たちにたいする直接的関係**―この関係のその時々の形態は、当然ながらつねに、労働の仕方・様式の、それゆえまた労働の社会的生産力の一定の発展段階に照応するが―こそは、そのつど、われわれがそのうちに**全社会構造**の、それゆえまた、主権・従属諸関係の政治的形態の、要するに、**その時々の独特な国家形態の、最奥の秘密、隠された基礎を見いだすところのものである**。」

---

❹ 地代とは土地所有者による労働力の超過支出の取得

（1382〜1383／800）「地代の、もっとも簡単で、もっとも本源的な形態である労働地代にかんしては、地代は、ここでは**剰余価値の本源的形態**であり、剰余価値と一致するということだけは明瞭である。……（中略）……地代を生むという土地のもつ《属性》も、ここでは、手に取るように知れわたっている秘密に帰着させられている。というのは、**地代をもたらす自然には、土地に縛りつけられた人間の労働力も、また所

有関係─……─も所属しているからである。**地代とは、まさに、土地所有者による、労働力のこの超過支出の取得のことである。**」

（1384／801）「**地代は、**ここでは、**剰余労働の、いっさいを吸収する、正常な、いわば正当な形態**であり、……（中略）……所有者のために強制的に遂行されるべき剰余労働の、大きさに依存する。」

❺ 夫役労働は社会的生産諸力の未発展性に立脚

（1386／802）「……**この剰余労働の形態、すなわち夫役労働は、労働のあらゆる社会的生産諸力の未発展性に立脚し、労働様式そのものの未熟に立脚している**のであるから、それは、当然ながら、発展した生産様式の場合に比べて、とくに資本主義的生産の場合に比べて、直接的生産者たちの総労働のうちのはるかに小さい可除部分を奪い取ることにならざるをえない。……（中略）……しかし、**直接的生産者自身が自由に使える残りの週日の生産性は一つの可変の大きさであって、彼の経験が進めば発展するに違いない。**……（中略）……この場合に忘れられてはならないのは、この労働力の使用が決して農耕に限られないで、農村家内工業をも含むということである。この場合には、一定の経済的発展の可能性─……─が与えられている。」

第三節　生産物地代

❶ 労働地代との区別

（1388／803）「生産物地代は、直接的生産者の文化水準がより高いこと、したがって彼の労働と社会一般との発展段階がより高いことを想定する。そして、**生産物地代が先行形態と区別されるのは、剰余労働がもはやこの労働の現物姿態で行なわれる必要がなく、したがって**……直接の強制による代わりに諸事情の力によって、また鞭による代わりに法律の規定によって駆り立てられ、**自分自身の責任のもとに剰余労働を行わなければならない。**……（中略）……このような関係においては、直接的生産者は多かれ少なかれ**自己の全労働時間を自由に使用する。**」

❷ 生産物地代の前提

（1389／803〜804）「その純粋な形態でのこの生産物地代は、……①　依然として**自然経済を、**すなわち、経営諸条件の全部または少なくともその最大部分が経営自体で生産され、経営の総生産物から直接に補填され再生産されるということを、**前提とする。**それはさらに、②　**農村家内工業と農耕との結合を前提とする。**地代を形成

第Ⅱ部
第一編
第二編
第三編
第Ⅲ部
第一編
第二編
第三編
第四編
第五編
第六編
第七編

する剰余生産物は、農業と工業とが結合されたこのような家族労働の生産物であり、
……」

❸ 超過労働全部をくみ尽くすとは限らない

（1389／804）「地代のこの形態の場合には、剰余労働を表わす生産物地代は、必ずしも
農村家族の超過労働全部をくみ尽くすとは限らない。……（中略）……この地代形態
とともに、個々の直接的生産者たちの経済的状態におけるより大きな相違も生じるで
あろう。少なくともそのような相違の生じる**可能性**が、またこの直接的生産者が、こ
んどは自分で他人の労働を直接に搾取する手段を手に入れるという**可能性**が、そこに
は存在する。」

❹ 自給自足の自然経済

（1390／804）「**農業と家内工業との**、生産物地代には**不可欠な結合によって**、農民家
族がこのようにして保持する**ほとんど完全な自給自足によって**、市場からの、また農
民家族の外部にある社会部分の生産および歴史の運動からの、**農民家族の独立によっ
て**、要するに、自然経済一般の性格よって、**この地代形態は、静止的な社会状態の基
盤となるのにまったくふさわしいのであり**、……。」

---

❺ 生産物地代は剰余労働・全超過労働の正常な形態

（1390／804）「ここでは、労働地代という以前の形態においてと同じように、地
代は、**剰余価値の**、それゆえ剰余労働の、すなわち**直接的生産者が無償で**、した
がって実は強制的に――……――彼のもっとも本質的な労働条件である**土地の所有者**
に給付しなければならない全超過労働の、正常な形態である。」

第四節　貨幣地代

❶ 貨幣地代は生産物地代の転化形態

（1391〜1392／805）「貨幣地代と言うのは――……――、**生産物地代の単なる形態転化か
ら発生する地代のことであり**……直接的生産者は、彼の土地所有者（それが国家であ
ろうと私人であろうと）にたいして、**生産物の代わりに生産物の価格を支払わなければ
ならない**。……（中略）……

　したがって、全生産様式の性格が多かれ少なかれ変えられる。……多かれ少なかれ
貨幣支出がそこにはいり込む生産費の比率が決定的となる。少なくとも、総生産物の
うち、**一方では**ふたたび再生産手段として、**他方では**直接的な生活維持手段として役

立たなければならない部分を超える、**貨幣に転化されるべき部分の超過分が決定的と**
なる。けれども、この種の地代の基盤は、それが解体に向かっているとはいえ、出発
点を形成する生産物地代の場合と同じままである。直接的生産者は相変わらず、**相続**
またはそうでなければ**伝統**による土地の**占有者**であって、彼のこのもっとも本質的な
生産条件の所有者である領主にたいし、**超過の強制労働、すなわち等価物なしになさ**
れる不払労働を、貨幣に転化された剰余生産物の形態で支払わなければならない。」

❷ 貨幣地代の前提

（1392 ／ 805）「生産物地代の貨幣地代への転化は、商業、都市の工業、**商品生産一般が、**
それゆえ貨幣流通がすでにいちじるしく発展していることを前提とする。この転化は
さらに、**諸生産物が市場価格をもつこと、**また諸生産物が多かれ少なかれほぼその**価**
値どおりに売られることを前提とするのであり、これは以前の諸形態のもとでは必ず
しもそうである必要はなかったことである。」

---

❸ 貨幣地代は地代の最後の形態・解消形態

（1393 〜 1394 ／ 806）「貨幣地代は、われわれがこれまでに考察してきた種類の地
　代─……─の**最後の形態**であると同時に、**その解消形態である。**その純粋な形態
　においては、この地代は、たとえば労働地代および生産物地代のように、なんら
　利潤を超える超過分を表わすものではない。それは、その**概念としては、利潤を**
　内蔵する。利潤が事実上超過労働の特殊な一部分として貨幣地代とならんで発生
　する限りでは、貨幣地代は、……この**萌芽的利潤**─……─の正常な制限である。」

---

❹ 貨幣地代への転化は独立農民、資本主義的借地農場経営者、日雇労働者

を生み出す

（1394 〜 1395 ／ 806 〜 807）「① 貨幣地代は、それがさらに発展すれば─……─、
土地を自由な農民所有に転化させるか、または資本主義的生産様式の形態に、**資**
本主義的借地農場経営者の支払う地代に、導かざるをえない。

　② 貨幣地代とともに、必然的に、**土地の一部を占有して耕作する隷属農民**
と土地所有者とのあいだの伝統的で慣習法的な関係が、**契約による、**実定法の明
文に従って規定される、**純粋な貨幣関係に転化する。**それゆえ、**耕作する土地占**
有者は、事実上、**単なる借地農場経営者になる。**

　③ この転化は、**一方では、**……旧来の農民的占有者をしだいに収奪して、**資**
本主義的借地農場経営者に取り替えるのに利用される。**他方では、**この転化は、

　これまでの土地占有者が自分の地代支払義務を償却金で買い取って、自分の**耕作地の完全な所有権をもつ独立農民に転化する**という結果をもたらす。現物地代の貨幣地代への転化は、さらに、無産の、そして貨幣で雇われる、**日雇労働者**という一階級の形成を必然的にともなうだけでなく、それに先行されさえもする。」

❺ 農民の資本主義的借地農場経営者化

（1395／807）（農民のなかに）「**資本主義的借地農場経営者たちの培養所**が生じる……。」

❻ 資本家たちへの土地の賃貸し

（1396／807）「さらに、（上記の契約関係が生じると）**資本家たち**……（中略）……**への土地の賃貸し**も必然的に登場するようになる。この形態は、封建的生産様式から資本主義的生産様式への移行にさいして**世界市場を支配している国々においてだけ**、**一般的な通則になりうる**。」

❼ 地代は利潤を超える超過分になり下がる

（1396〜1397／808）「**借地農場経営者は**、この農耕労働者たちの現実の指揮者となり、彼らの剰余労働の現実の搾取者となり、他方、**土地所有者は**、いまではもはや、この資本主義的借地農場経営者とのあいだに直接の関係を、しかも単なる貨幣・契約関係をもつにすぎない。それとともに、地代の性質も、事実的および偶然的にこうした転化をするだけでなく——……——正常的に、その公認された支配的な形態においてこうした転化をする。**地代は**、**剰余価値および剰余労働の正常な形態から**、**この剰余労働のうち**、**搾取する資本家によって利潤の形態で取得される部分を超える超過分になり下がる**。同様に、剰余労働の全体、利潤を超える超過分が、いまや直接に彼〔資本家〕によってしぼり出され、全剰余生産物という形態で取得され貨幣に換えられる。」

❽ 地代に代わり利潤が剰余価値の正常な形態となる

（1397／808）「（資本家が）**土地所有者にたいしてどれほど多く**、**またはどれほど少なく引き渡すかは**、平均的には、限界としては、**資本が非農業生産部面で生み出す平均利潤によって**、**またこの平均利潤によって規制される非農業生産価格によって**、**規定されている**。

　したがって、いまでは地代は、剰余価値および剰余労働の正常な形態から、この特殊な生産部面である農業生産部面に特有な剰余労働超過分に——……——転化した。**地代に代わって**、**いまでは利潤が**、**剰余価値の正常な形態となっており**、**地**

代は……剰余価値の一定の若枝である超過利潤の、特殊な事情のもとで自立化した形態として意義をもつにすぎない。」

❾ 農民の利潤は利潤の均等化に参加しない

（1398／808～809）「平均利潤およびそれによって規制される生産価格は、農村地域の諸関係の外部で、都市商業および製造業の圏内で形成される。**地代支払義務を負う農民の利潤は、利潤の均等化には参加しない**。というのは、土地所有者にたいする農民の関係は資本主義的な関係ではないからである。」

❿ 「伝統的な仕方」での説明の三つの難点

（1399～1400／809～810）　第一、から第三、は省略。

（1400／810）「したがって、**この伝統的な仕方では、平均利潤を超える超過分としての地代は説明されえない**。……一度根をおろしてしまえば、もう地代は、先に展開された近代的諸条件のもとで行なわれる以外にない。」

⓫ 最後に（付言）省略。

第五節　分益経営と農民的分割地所有

〔解題〕**分割地所有・分割地農民の性格規定**

　　分割地所有、分割地農民の内容・性格をどのように捉え評価するかは、① 明治維新による**地租改正後の農民**、あるいは**地主制下の自・小作農**の、② また**戦後農地解放により創出された自作農**の、**性格規定の問題**と密接なかかわりを持つ問題として、種々論議が重ねられてきた歴史を持っている。分割地所有、分割地農民の「**過渡的性格**」についての理解が最重要の論点となる。第六篇の記述のみならず、第Ⅰ部第七篇「原始的蓄積論」での記述も併せ再読して理解を深めることが求められる。

　　☞本章末の〔**補足説明⑤**〕参照。

---

❶ 分益制度または刈り分け小作制度

（1402／811）「**地代の本源的形態から資本主義的地代への過渡形態とみなされうるのは、分益制度または刈り分け小作制度**であり、この場合には、**経営者（借地農場経営者）**は、彼の労働（自分自身の、または他人の）のほかに経営資本の一部分を提供し、

　……そして生産物は、国によって異なる一定の割合で借地人と土地所有者とのあいだに分割される。……（中略）……**一方**では、**借地人**が、自分の労働だけを使用するにせよ、他人の労働をも使用するにせよ、生産物の一部にたいする請求権をもつのは、労働者としてのその資格によってではなく、労働諸道具の一部分の所持者としての資格、**自分自身の資本家としての資格**によってであるはずである。**他方**では、**土地所有者**がその分け前を請求するのは、もっぱらその土地所有にもとづくのではなく、また**資本の貸し手として**でもある。」

　　＊（1403〜1405／811〜812）古い土地共有の名残りが見られる例——ポーランド、ルーマニア、本来の奴隷経営、農場領主経営（ドイツ）、アメリカのプランテーションへの言及あり。

❷ 分割地所有の内容と前提

（1405／812〜813）　「**さらに分割地所有。農民**は、この場合には、同時に、**彼の土地**——彼の主要生産用具として現われる、彼の労働と資本とにとって欠かせない運用場面として現われる彼の土地——**の自由な所有者である**。この形態においては、**借地料は支払われない**。

　したがって地代は、剰余価値の区分けされた形態としては現われない——とはいえ、**地代**は、資本主義的生産様式が他の面では発展している諸国においては、**他の生産諸部門と比較しての超過利潤として**、しかし一般に農民の労働の全収益と同じく農民に帰属する超過利潤として、**現われる**のであるが。」

（1406〜1407／813）　「**土地所有のこの形態は、以下のことを前提とする**。すなわち、……①　農村人口が都市人口よりも数的にいちじるしくまさっていること、したがって、②　**たとえ他の面では資本主義的生産様式が支配的であっても**、その発展が相対的に低いものでしかなく、それゆえ他の生産諸部門においても資本の集中が狭い制限内で行なわれ、資本の分散が優勢であるということが、それである。当然ながら、この場合には、**農村の生産物の圧倒的部分がそれの生産者である農民たち自身の直接的生活維持諸手段として消費されざるをえず**、それを超える**超過分**だけが、**商品として**諸都市との商業にはいり込まざるをえない。

　……**差額地代**、すなわち、優良地または位置のよい地所にとっての諸商品の価格の超過部分が、明らかにこの場合にも、資本主義的生産様式のもとでと同様に実存するに違いない。……（中略）……したがってここでは、**資本還元された地代にほかならない土地価格**が一つの前提された要素であり、それゆえ、地代が土地の豊度や位置の

どのような差異にも関係なく実存するように見えるのであるが——、平均的には、絶対地代は実存しないと、したがって最劣等地は地代を支払わないと、解すべきである。」

❸ 分割地農民にとっての絶対的制限

（1407 〜 1408 ／ 814）「分割地農民にとって搾取の制限として現われるのは、一方では、彼が小資本家である限りでは資本の平均利潤ではないし、他方では、彼が土地所有者である限りでは地代の必要ではない。小資本家としての彼にとっての絶対的制限として現われるのは、本来の費用を差し引いたのちに彼が自分自身に支払う労賃以外のなにものでもない。生産物の価格が彼にこの労賃を償う限り、彼は自分の土地を耕作するであろうし、しばしば、労賃が肉体的最低限度に下がるまでそうするであろう。

　土地所有者としての彼の地位について言えば、彼にとっては所有の制限はなくなっているのであり、この制限がはっきり現われうるのは、ただ、この制限から切り離された資本（労働を含む）と対立して、それが資本の投下にたいする障害になる場合だけである。確かに、土地価格の利子——……——は一つの制限である。しかし、この利子は、まさに、剰余労働のうち、資本主義的諸関係のもとでは利潤を形成するであろう部分から支払われうる。

　したがって、土地価格において、また土地価格に支払われる利子において先取りされる地代は、農民の生活維持に欠くことのできない労働を超える彼の剰余労働が、——……（中略）……——資本還元されたものの一部分以外のなにものでもありえない。」

❹ 分割地所有の支配的で正常な形態

（1409 〜 1410 ／ 815）「自営農民たちの自由な分割地所有というこの形態は、支配的で正常な形態としては、一方では、古典的古代の最良の時代における社会の経済的基礎をなし、他方では、近代的諸国民の場合には、……封建的土地所有の解体から生まれてくる諸形態の一つとしてこれを見いだす。たとえば、イギリスのヨーマンリー、……たちがそれである。……（中略）……

　自営農民の自由な所有は、明らかに、小経営にとっての——すなわち、そこでは、土地の占有が労働者による自分自身の労働の生産物の所有にとっての一条件であり、またそこでは、自由な所有者であろうと従属農民であろうと、農耕民がいつでも自分の生活維持諸手段を自分自身で、独立して、個々の孤立的労働者として、自分の家族と一緒に生産しなければならない、そのような一生産様式にとっての——土地所有のもっとも正常な形態である。……（中略）……土地所有

は、ここでは、**人格的自立性が発発するための基礎をなす**。**それは、農業そのも**
のの発展にとっては、必要な一通過点である。」

❺ **分割地所有の没落をもたらす諸原因**

（1410／815）「**この土地所有の没落をもたらす諸原因は、それの限度を示す**。**その諸**
原因とは次のものである。すなわち、① 大工業の発展による、この土地所有の正常
な補足物となっている農村家内工業の壊滅。②……土地の漸次的な疲弊と消耗。③
……第二の補足物、……家畜の飼育を可能にさせる共有地の、大土地所有者たちによ
る横奪。④……大規模耕作なりの競争。⑤ 農業における諸改良、……。」

❻ **分割地所有は労働の社会的生産諸力の発展を排除する**

（1410／815）「分割地所有は、その性質上、**労働の社会的生産諸力の発展**、**労働の社**
会的形態、**資本の社会的集中**、**大規模な牧畜**、**科学の累進的応用を排除する**。」

❼ **分割地所有が内包する諸限界**

（1410／816）「**高利と租税制度とは、いたるところで分割地所有を窮乏化させざるを**
えない。土地〔購入〕価格における資本の支出は、この資本を耕作から奪い去る。生
産諸手段の限りない分散と生産者たちそのものの各自の孤立。人間力の莫大な浪費。
生産諸条件の累進的劣悪化と生産諸手段の価格の騰貴──**分割地所有の必然的な一法**
則。この生産様式にとっては不幸となる豊作。」

❽ **小農業の独特な災い─土地への資本投下**

（1411／816）「自由な土地所有と結びついているところでの**小農業の独特な災いの一**
つは、耕作者が土地の購入に資本を支出することから生じる。……（中略）……この
場合には土地が単なる商品として可動的性質を帯びるため、**占有の変化が増大し、**
……世代が新しくなるたびに、……**土地は彼によって買われた土地となる**。土地価格
は、ここでは、生産の個人的空費の、または個別生産者にとっての生産物の費用価格
の、主要な要素をなす。」

❾ **土地価格は、資本還元された・先取りされた地代**

（1412／826～827）「**土地価格は、資本還元された、それゆえ先取りされた地代以**
外のなにものでもない。農業が資本主義的に経営され、その結果、**土地所有者は**
地代を受け取るだけであり、借地農場経営者はこの年地代以外には土地にたいし
てなにも支払わないとすれば、土地所有者自身によって土地の購入に投下された

資本は、確かに彼にとっては利子をもたらす資本投下であっても、農業そのもの
に投下された資本とはまったく関係がないということは、明白なことである。こ
の資本は、……**買い手に年地代を受け取る権原を手に入れさせるだけで、この地
代の生産とは絶対に関係がない。**……（中略）……地代が彼にとって利子として
現われるか、または利子としては現われないか、高利として現われるか、または
低利として現われるかという点に変化を生じさせるだけである。

❿ 土地購入に支出された貨幣は即自的＝潜在的資本と同じである

(1414 ／ 817 〜 818)「土地の購入のために支出された貨幣は、国債証券の購入に支出さ
れた貨幣とまったく同じく、単に**即自的な資本**であって、それは、どの価値額も資本
主義的生産様式の基礎上では即自的な資本、**潜在的資本**であるのと同じである。……
（中略）……彼の計算では、**その貨幣は、彼にとっては利子生み資本として現われる。
なぜなら、彼が土地から地代として、または国家から債務の利子として受け取る収得
を、この収入取得の権原の購入に費やした貨幣の利子として計算するからである。**」

⓫ 小土地所有に生じる「幻想」

(1415 ／ 818)「小土地所有の場合には、次のような幻想、すなわち、**土地そのものが価
値をもち**、それゆえ、機械または原料とまったく同じように資本として**生産物の生産
価格にはいり込むという幻想が、さらにはるかに強く固定化されている。**しかしすで
に見たように、地代が、それゆえ資本還元された地代である土地価格が、土地生産物
の価格に規定的にはいり込むことができるのは、二つの場合に限られる。

　第一に、土地生産物の価値が、農業資本─……─の構成の結果、その生産価格より
も高く、しかも市場諸関係が土地所有者にこの格差を利用する可能性を与える場合。
　第二に、独占価格が生じる場合。そしてこのどちらの場合も、**分割地経営および小
土地所有者の場合にはきわめてまれである。**なぜなら、まさにここでは、生産はその
大部分が自家需要を満たし、一般的利潤率による規制とはかかわりなしに行われるか
らである。」

⓬ 地代・利子・土地価格の関連──分割地所有の場合

(1416 〜 1417 ／ 819) 「すでに見たように、**地代が与えられている場合には、土地価格
は利子率によって規制されている。**利子率が低ければ土地価格は高く、その逆に、利
子率が高ければ土地価格は低い。したがって、正常な場合には、高い土地価格と低い
利子率は同一歩調をとるはずであり、その結果、もし利子率が低いために農民が土地

に高く支払うならば、同じ低い利子率は、彼がまた有利な諸条件のもとで信用で経営資本を調達できるようにするはずであろう。**現実には、分割地所有が優勢な場合には、事態はそれとは異なる。**

　まず**第一に、**信用の一般的諸法則は農民にはあてはまらない。というのは、これらの法則は、資本家としての生産者を前提するからである。**第二に、**……分割地農民が国民の根幹をなす場合には、資本形成……は相対的に弱く、また……貸付可能な貨幣資本の形成はさらにいっそう弱い。……。**第三に、**土地の所有が生産者たちの最大部分にとっての生活条件をなし、また彼らの資本にとっての欠かすことのできない投下場面をなすこの場合には、土地所有にたいする需要が供給を凌駕することによって、土地価格は利子率にかかわりなく、またしばしばそれと反比例して高くなる。」

⓭ 費用価格の要素としての土地価格と資本還元された地代との衝突

（1419／820）「**生産者にとっての費用価格の要素としての土地価格と、生産物にとっての生産価格の非要素としての土地価格**……（中略）……**とのあいだの衝突は、一般に、土地私有と合理的な農業**──土地の正常な社会的利用──**との矛盾が示される諸形態のうちの一つにすぎない。**しかし他方では、土地私有、それゆえ**直接的生産者たちからの土地の収奪**──ある者の土地の所有、これは他の者の土地の非所有を意味する──**は、資本主義的生産様式の基礎である。**」

⓮ 土地価格は生産そのものの制限となる

（1419～1420／820）「**小規模耕作においては、**土地の私的所有の形態であり結果である土地価格は、生産そのものの制限として登場する。**大農業、**および、**資本主義的経営様式にもとづく大土地所有においても、**所有はやはり制限として登場する。なぜなら、それは、借地農場経営者の生産的資本投下──……──を制限するからである。**どちらの形態においても、土地**──共同の永遠の所有としての、交替する人間諸世代の連鎖の譲ることのできない生存および再生産の条件としての土地──**の自覚的、合理的な取り扱いの代わりに、地力の搾取と浪費が現われる。**（……）小所有においては、……大所有においては、……」

⓯ 農業にとっての制限となる土地所有への批判

（1420／821）「小土地所有にたいする批判はすべて、究極的には、**農業にとっての制限であり障害である私的所有にたいする批判に帰着する。また大土地所有にたいする反論的批判**もすべてそうである。」

〔補足説明⑤〕「農民的分割地所有」について

　第六篇の冒頭、〔解説〕本編を読み進めるに当たって、において、イギリスの、少数の貴族地主による「大土地所有」について触れましたが、「農民的分割地所有」の舞台はフランスでした。以下は、その「農民的分割地所有」についての補足説明です。

　(1)「18世紀初葉以降の絶対主義に対する1789年の大革命を起点とし7月革命（1830年）2月革命（1848年）の後、とくにボナパルティズム（1851〜70年）の形態の下に構成を整えるに至りし所の、**零細土地所有農民の関係をもつフランス資本主義。**」——これは、山田盛太郎著『日本資本主義分析』〔昭和9年刊〕の「序言」（岩波文庫版、8頁）の、有名な一節です。

　これだけでは内容が不分明と思われますから、多少敷衍しておきます。——彼の**ナポレオンI世**（1769〜1821年）は、大革命（1792年）によって領主（大土地所有者）の土地を占拠した農民に土地の所有権を保証し、**自作農＝分割地農民**を成立させました。（1799年にクーデターにより第一統領となり、1804年「第一帝政」を樹立した）ナポレオンは、多数派を形成するに至る「分割地農民」の「守護神」に自らを任じます。封建的土地所有制の解体の波及を怖れたドイツ（プロイセン）等の周辺諸国は、分割地農民を中核とするナポレオン軍打倒で結束、ナポレオンを敗北に至らしめますが、分割地農民制度まで駆逐することはできず、1848年の2月革命を経て、**甥のナポレオンIII世**の「第二帝政期」（1851〜70年）に、**分割地農民制度は「構成を整えるに至りし所」**（山田盛太郎）となります。

(2) マルクスの評価

　マルクスは、「分割地農民」の経営の性格について、**『ルイ・ボナパルトのブリュメール18日』**（第1版1851〜52年、第2版1869年、第3版1885年、村田陽一訳、国民文庫）のなかで次のように述べていました。——

　①「分割地農民はおびただしい大衆である。その成員たちは、同様な事情のもとで生活していながら、おたがいのあいだに多面的な関係を結ぶということがない。**彼らの生産様式は、彼らをたがいに連絡させないで、たがいに孤立させる。**……彼らの生産の場である分割地は、その耕作に分業を適用したり、科学を応用したりする余地がなく、……。**どの農家も、ほとんどみな自給自足していて、**自分の消費する物資の大部分を直接自分で生産しており、したがって、その生活資料を社会との交易によって得るよりも、むしろ自然との交換によって得ている。」（147頁）

②「ボナパルト王朝が代表するのは、**革命的農民**ではなく、**保守的農民である**。自分の社会的生存条件である分割地をこえてすすむ農民ではなく、むしろそれを固めようとする農民である。都市と結んで自分のエネルギーで古い秩序をくつがえそうとする農村民ではなく、逆に、**この古い秩序のなかで無感覚に閉じこもって、自分の分割地もろとも帝政の亡霊の手で救ってもらいたい、その恩顧にあずかりたいと望む農村民**である。」
（149頁）

　しかし、19世紀前半期は、産業革命の時期でもありました。資本主義的大工業の確立は、分割地農民にとってその命運をどのように変えていったのでしょうか。マルクスは、**分割地農民の歴史的存在意義と限界について**、上掲書において次のように述べています。――

③「第一革命が半隷農的な農民を自由な土地所有者に変えたあとで、ナポレオンは、農民がいましがた手に入れたフランスの土地を自由に利用し、その若々しい所有欲をみたすことのできるような諸条件を確立し、ととのえた。ところが、**現在フランスの農民を没落させているものは、彼らの分割地そのものであり、土地の分割であり、ナポレオンがフランスに確立した所有形態である**。まさにこれらこそ、**フランスの封建的農民を分割地農民にし、ナポレオンを皇帝にした、その物質的条件である**。農業の日を追っての悪化、農耕者の負債の日を追っての累増――こういう不可避の結果を生みだすには、二世代で十分であった。**19世紀のはじめにフランスの農村民を解放し豊かにするための条件であった《ナポレオン的》所有形態は、この世紀がすすむにつれて、彼らを奴隷化し窮民とする法則になりかわった。**……

④　**分割地所有の経済的発展は、他の社会諸階級にたいする農民の関係を根本的に一変させた**。ナポレオンのもとでは、農村における土地の分割は、都市における自由競争や、始まりかけた大工業を補足するものであった。……しかし、19世紀がすすむにつれて、封建領主に代わって**都市の高利貸**が、土地の封建的義務に代わって**抵当権**が、貴族の土地所有に代わって**ブルジョアの資本**が現われてきた。……資本の奴隷となった分割地所有――分割地所有が発展すれば、どうしてもそうならざるをえないのだが――は、フランス国民の大多数を穴居民に変えてしまった。……　こうして、**いまでは農民の利益は、もはやナポレオンの治下でのように、ブルジョアジーの利益と、資本と調和せずに、それと対立している**。そこで、**農民は、ブルジョア的秩序をくつがえすことを任務とする都市プロレタリアートを、自分の本来の同盟者かつ指導者とみるのである**。」
（151〜153頁）

第Ⅱ部

第一編

第二編

第三編

第三部

第一編

第二編

第三編

第四編

第五編

第六編

第七編

(3) 戦後日本の自営農民と保守政党

　日本においては、戦後改革期の「**農地改革**」により、**地主制の解体＝自作農の創出**が行なわれました①。**土地（零細地片）をみずから所有できるようになったこの「零細自作農民層**」は、 フランスの「分割地を固めようとする農民」＝「保守的農民」と性格が類似しています。事実、日本の「零細自営農民層」は、**「保守政党」の「保塁」**となり、「保守政党」の**「金城湯池」**を形成しました。また、工業の再建＝復興と、1955～70年の高度経済成長のための労働力の供給源を形成してきました。

　しかし、高度経済成長が終焉して以降、保守政党の「農民保護政策」もそれまでのようには維持することができなくなり、**零細な自作・自営の農民経営は、破綻・衰退の危機にさらされるようになり**②、その結果、「保塁」が壊れ始め、「保塁」としての力を失ってきていました。

　「中選挙区制」から「一人区」の「小選挙区制」への切り替えには、「中選挙区制」のもとで、「保塁」＝農村票に依拠して政権を維持してきた**「保守政党」の起死回生策**という意図が秘められていたとも思われます。

　自作・自営農民層の将来を展望する上で、（19世紀と21世紀という、資本主義の発展段階の相違に留意が必要ですが）フランスの「分割地農民」の辿った経路は、示唆を与えてくれるように思われます。

　　　注記①　戦後農地改革の推移と結果、その歴史的意義については、さまざまに論じられてきましたが、ここでは大石嘉一郎氏（『日本資本主義の百年の歩み』（2005年11月、東京大学出版会）の一節を紹介しておきましょう。

〔農地改革の推移と結果〕

　「農地改革は、占領軍の態度がまだ明確にされていない1945年10～11月に、進歩的農林官僚によって独自に作成された点に特徴がある。その農林省原案が閣議で修正されて成立した**第一次農地改革法案**は、強制譲渡方式による自作農創設や小作料金納の制度化等の点で、戦前来の自作農創設や小作立法から飛躍したものであったが、在村地主の保有地を大幅に認めた点や、農地委員会の構成において土地改革として限界をもっていた。その第一次農地改革法案さえ議会で難航し、ＧＨＱの〈**農地改革に関する覚書**〉（45年12月）が出されてようやく成立した。第一次農地改革法案はその「覚書」で批判され、同法による農地委員の選挙が停止されて全面実施にいたらず、その後、対日理事会でのアメリカ・イギリスとソ連との対立を経て、46年10月に至り**第二次農地改革法**（自作農創設特別措置法と農地調整法改正）が成立するにいたる。それは第一次農地改革法

をさらに徹底させたもので、**急速**（2年間に実施）**で広範**（在村地主保有地を1町歩に制限）
な**強制譲渡・直接創定方式による自作農創設・小作関係の近代化および改革実施主体の
農地委員会の構成の民主化**（地主委員の制限）等の点で、戦前来の農地政策と質的差異
をもっていた。そのスムーズな実施によって、**小作地のほぼ80%、約200万町歩**（関
係地主約100万戸、小作農約400万戸）**が解放され**、こうして**明治維新以来持続してきた
地主的土地所有が根底から解体された。**

　すでに第二次農地改革法が成立する前に、日本農民組合の指導下に**農民運動**が急速に
拡大・高揚し、地主の土地取り上げに対抗して農地改革を強力に推進したが、それだけ
でなく、その先進地域では、土地管理組合による農地の共同管理と農業共同経営を基盤
とする農村構造の変革という〈**農民的農業革命**〉を目指す動きが現われた。占領軍は、
そうした農地改革法の枠組みから逸脱する運動や山林解放に対しては敵対的態度をとり
ながら、〈**反共の防壁**〉**たるべき自作農の創設を積極的に推進していき**、50年のポツダ
ム勅令では**自作農主義の恒久化をうたうに至った**。一方農民運動は、農地改革の進展に
よる自作農の拡大につれて急速に退潮し、分裂していった。財閥解体と労働改革が占領
政策の〈転換〉によって後退していったのに対して、農地改革だけは　そのまま遂行さ
れた点に、占領軍の〈経済の民主化〉政策の特徴があった。

〔農地改革の歴史的意義〕

　以上のように、**アメリカ占領軍主導の戦後改革**は、初期の〈非軍事化〉＝〈民主化〉
政策から、〈反共の防壁〉たるべき日本経済の〈自立化〉政策へ〈転換〉していったが、
その〈経済の民主化〉政策は、〈転換〉後も基本的には維持されたとみることができる。
そして、その〈**民主化〉政策は**、対象となった日本資本主義自体の歴史にそくしてみれ
ば、**戦前来残されてきた民主主義革命の課題、すなわち前近代的＝半封建的諸関係の変
革を、敗戦・占領という特殊な条件の下でドラスチックなかたちで、ただしあくまでも
ブルジョア民主主義の枠内で実現したものであった。**」（219〜221頁）

　　　注記②「高度経済成長の終焉と自作農の衰退」

　　　　自作農はその後どのようになっていったか、大石氏は次のように述べる。──「零細自作
　　　農体制」は、「地主・小作関係の復活を抑止するため1950年に制定された〈農地法〉によ
　　　る規制にも支えられて、その後ながく維持されることになる。高度経済成長はつぎつぎと
　　　追加労働力を必要としたが、零細自作農体制は、良質で低賃金の若年労働者を豊富に供給
　　　することによって、高度経済成長を支えていった。こうして農村労働人口の流出、いわゆ
　　　る兼業化が広範に展開し、1970年には　第二種兼業農家（農外収入を主とする農家）が過
　　　半数をしめ、それと第一種兼業農家（農外収入を従とする農家）を合わせると、**兼業農家**

は**全体の約 80%**をしめるまでに至った。政府は 1961 年、今後の日本農業の基本方針を示す〈農業基本法〉を制定したが、**〈農業基本法〉**はこの兼業化を承認した上で、家族経営で他産業の労働者と同じ水準の所得を確保できる優良農家である〈自立経営〉の育成を企図した。**しかし、〈自立経営〉の育成は容易に進まず、むしろ兼業化がさらに進んで行った。**
(231 頁)

第Ⅱ部

第一編

第二編

第三編

第Ⅲ部

第一編

第二編

第三編

第四編

第五編

第六編

第七編

《第七篇》
諸収入とその源泉

〔解説①〕第七篇の内容上のポイントについて（摘記）

（1）「三位一体的定式」においては、所得諸範疇の真の源泉が隠蔽されること。

　① 労働それ自体が賃労働と、生産手段それ自体が資本と、土地それ自体が私的土地所有と同一のものとして現われ、資本家にとっては、彼の資本が、土地所有者にとっては彼の土地が、労働者にとっては、彼の労働が、それぞれに彼らの所得の三つ相異なる独立の源泉をなすものとして現われることについて。

　◆（1424／822）のⅠ、（1427／824）のⅡ、（1430／825）のⅢ

　◆（1432／826）「人類史」についての総括的記述

　②「三位一体的定式」の「不合理性」、古典派経済学の「誤った問題把握」とその拠って来る「所以」の解明。

　◆（1430／825）のⅢ

（2）商品の価値「分解」説と価値「構成」説

　① 労働によって生み出された価値が、所得諸範疇に「分解」されるのではなく、逆に、資本・土地・労働という独立の諸源泉から生じた諸所得によって商品の価値が構築されるかのように、事柄が「顛倒的に表象され」、「取り違え」られるようになること。

　②「取り違え」の「誤り」と「取り違え」が生じる理由の解明。

　◆第49章、項目❾、❿の「理由」5点。

　◆第50章、❶〜❾、❿の「理由」5点（第一に、から第五まで）

（3）分配諸関係と生産諸関係

　① 分配諸関係（収入諸形態）は生産諸関係に「照応」すること、諸関係の歴史的性格。

　◆第51章

　② 資本主義の場合—三大階級。

〔解説②〕第48章の叙述の配列について

　第48章は、叙述の配列が複雑になっていて、マルクスの当初の「叙述プラン」とは異なったものになっている点、注意を要します。それは、エンゲルスなりの判断が加わったことによって生じた問題です。

(1) 第48章の冒頭（1423／822）にある「草稿」の「構成」についての訳注＊2に、マルクスの「叙述プラン」が以下のように示されています。──

　〔この章は、草稿にもとづけば次の三つの部分から構成される──

　（一）本訳書1432頁の（49）の印がついているパラグラフから始まり、同1440頁の「(草稿では、ここで二つ折りにした一枚の全紙が欠けている。)」と記された部分まで。この部分は前記訳注の表題に連続して同じ草稿用紙に書きつがれている。

　（二）同1424頁からの断片I、続けて1427頁からの断片II。この断片IIの末尾は、「｛ここで草稿は中断している。｝」のではなく、同1440頁の「……差額地代は」に接続し、本章の末尾にまで達する。

　なお、断片IおよびIIは、一枚の草稿用紙の表と裏とに書かれたもので、連続した記述の冒頭部分であり、断片ではない。

　（三）同1430頁から（1432頁6行目まで）の断片III。このIIIは第六篇草稿の445頁に書きとめられ、前記の訳注に示したマルクスの指示により、本章の構成部分をなすものである。〕

(2) このようなマルクスの「叙述プラン」の要点は以下のとおりです。

　① （1432～1433／836～837）「すでに見たように、資本主義的生産過程は、社会的生産過程一般の歴史的に規定された一形態である」ことの論定。➡第48章

　② （1433～1434／827）「剰余労働一般は、所与の欲求の程度を超える労働として、つねに実存しなければならない」こと➡「剰余労働一般」の意義の、全人類史的パースペクティブからの捉え直し。

　③ （1433～1434／827～828）「より高度の新たな社会形態のための諸要素の創造」にとっての、「資本の文明化的側面」の論定。

④（1434〜1435／828）「**必然性の王国**」から「**真の自由の王国**」へ、という**全人類史的パースペクティブ**からの将来展望の提示。

　マルクスの「**叙述プラン**」は、（1）なによりもまず以上の諸論点を第48章の叙述の出発点に配し、（2）その上で（そうした社会・歴史認識をベースに据えて）、資本主義的生産過程においては、**過程の反復**のうちに、**過程の前提**であり、かつまた**過程の所産**でもあるところの**資本主義的生産諸関係**が、「**物化・自立化**」していくという「**顛倒性**」についての、第Ⅰ部冒頭篇「商品と貨幣」からの**分析を総括するもの**として、「**三位一体的定式**」を俎上に載せる、というものでした。

　これに対し**エンゲルスの場合（現行版の場合）**は、（1）と（2）の配列が入れ変わっています。「**叙述の方法**」としてみたとき、エンゲルスによるこの**配列替えの適否**が問われるように思われます。

第48章　三位一体的定式

〔**解題**〕前述した、第七篇の内容上のポイントについて（摘記）、第48章の叙述の配列について、において示した内容の再確認をすることが主題である。

Ⅰ

❶ 三位一体的形態（1）

（1424／822）「**資本―利潤（企業者利得プラス利子）、土地―地代、労働―労賃**、これは、社会的生産過程のいっさいの秘密を包括する三位一体的形態である。」

　「利子は資本の本来の特徴的な産物として現われるが、企業者利得は、これとは反対に、資本から独立した労賃（監督労賃）として現われるのであるから、右の三位一体的形態は、立ち入って見れば次の形態に帰着する――

　資本―利子、土地―地代、労働―労賃。この形態では、資本主義的生産様式を独特なものとして特徴づける剰余価値の形態である利潤は、幸いにも取りのぞかれている。」

（1424／822）〔原注48〕以下の三つの断片（Ⅰ、Ⅱ、Ⅲ）は、第六篇のための草稿の

さまざまな個所に見いだされる。─F・エンゲルス

❷ 三位一体的形態（2）

（1425／822～823）「いまこの経済的三位一体をさらに立ち入って見てみれば、次のようなことがわかる。──

　第一に ＊年々自由に使用されうる富のいわゆる諸源泉なるものは、それぞれまったく異なる諸部面に属しており、それら相互のあいだにはいささかの類似点もない。それらの相互関係は、およそ公証人手数料と赤カブと音楽との関係のようなものである。

　資本、土地、労働！しかし資本は、物ではなく、**一定の、社会的な、一定の歴史的な社会構成体に属する生産関係であり**、この生産関係が、一つの物にみずからを表わし、特殊的な社会的一性格をこの物に与えるのである。資本は、物質的な、生産された生産諸手段の総計ではない。資本とは、資本に転化された生産諸手段であり、生産諸手段自体が資本でないのは、金ないし銀自体が貨幣ではないのと同じである。……（中略）……したがってここにあるのは、**歴史的につくられた社会的一生産過程の諸要因の一つの、一見してきわめて神秘的な一定の社会的形態である**。」

　　＊この 第一に に対応する 第二に は、（1428／824）の末尾から５行目の「第二。」（1430の訳注＊１）、第三に は、（1442／832）の４行目の「第三に。」である、と説明されている。（1443の訳注＊１）

（1426／823）「それとならんで、**土地が**、……まったく原生のままの"なんの手も加えられていない秩序だてられてもいない塊（かたまり）"がある。価値は労働である。それゆえ、剰余価値（超過利潤➡地代の源泉）は大地ではありえない。」

（1426～1427／823～824）「**労働〔なるもの〕**……**人間がそれによって自然との物質代謝を媒介する人間一般の生産的活動であり**、この活動は、どんな社会的形態も性格規定も剥ぎ取られているのみならず、その単なる自然的定在においてまでも、社会とは独立に、すべての社会から切り離されて、登場し、また、**生命の発現および生命の実証として、およそまだ非社会的な人間にも、なにほどか社会的に規定された人間にも、共通なものである**。」

Ⅱ

❸ 三位一体的定式（3）

（1428／824）「この定式で**第一に目立つのは、……資本**とならんで、一定の生産様式に属する、社会的生産過程の一定の歴史的姿態に属する、一生産要素のこの形態〔資本〕とならんで、……一方には**土地**、他方には**労働**という現実の労働過程の二つの要素——これらは、……いかなる生産過程の素材的要素でもあり、しかも生産過程の社会的形態にはなんのかかわりもない——が、無造作に配列されることである。」

（1428〜1429／824〜825）「　**第二に**。……定式において、**資本・大地・労働は、**それぞれ、**その産物・果実としての利子**（利潤ではなく）、**地代、労賃の源泉として現われる**。前者は根拠、後者は帰結、前者は原因、後者は結果である。**しかも、それぞれの各源泉が、源泉から振り離され源泉によって生産されたものとしてのその生産物に関連づけられているというように。**

　すべての三つの収入、利子（利潤ではなく）、地代、労賃は、生産物の価値の三つの諸部分、したがって一般的に価値諸部分であり、または、貨幣で表現すれば一定の貨幣諸部分、価格諸部分である。

　ところで、資本—利子という定式は、確かに資本のもっとも没概念的な定式ではあるが、しかし資本の一定式である。しかし、どうして大地は、価値すなわち社会的に規定されたある分量の労働を創造するというのか？……（中略）……一方に土地という使用価値が立ち、他方に価値、まして一つの特殊な価値部分〔地代〕が立つという対立をつくり出すのは、愚かなことである。」

Ⅲ

❶ 俗流済学と三位一体的定式（1）

（1430／825）「**俗流経済学は、**ブルジョア的生産諸関係にとらわれたこの**生産の当事者たちの諸観念を教義的に代弁し、体系化し、弁護する**以外には、実際にはなにも行なわない。」

❷ 俗流経済学と三位一体的定式（2）

（1430〜1431／825〜826）「**俗流経済学は、**それが出発点にする三位一体、すなわち、土地—地代、資本—利子、労働—労賃または労働の価格が、"明らかに"**不可能な三つの組み合わせであることには、いささかも気がつかない。**

　①「まず、なんの価値ももたない使用価値である**土地**と、交換価値である**地代**があり、その結果、**一つの社会関係が、物として把握され、**……**同じ単位で計量できない二つの大きさが相互に関連する**ものとされている。」

②「次に**資本─利子**。……（中略）……資本─利子という形態では、いっさいの媒介がなくなっており、資本は、そのもっとも一般的な、しかしそれゆえにまた**それ自身からは説明できない、不合理な定式に還元されている。**」

③「最後に、**労働─労賃。労働の価格は、**……"明らかに"**価値の概念と矛盾する表現**であり、同じく、一般的にはそれ自体価値の一定の表現にすぎない価格の概念とも矛盾する表現である。また〈**労働の価格**〉というのは、……**不合理**である。」

〔要留意〕（1435／828）の〔原注49〕「草稿では、ここから第48章が始まる」に留意。──マルクスは下記の「❶**すでに見たように**」から始まり、（1439／831）❻の末尾「**収入諸形態の実体が発生する**」までを、以上の「三位一体的定式」についての叙述に先立って述べることにしていた。現行版のような叙述の順序は、エンゲルスの判断によるが、その判断の適否が問われよう。前述の〔**解説②**〕を再確認。

❶ 資本主義的生産様式の歴史的規定

（1432〜1433／826〜827）「① **すでに見たように、資本主義的生産過程は、社会的生産過程一般の歴史的に規定された一形態である。**この後者〔社会的生産過程〕は、人間生活の物質的実存諸条件の生産過程であると同時に、また、**独自な歴史的＝経済的な生産諸関係において行なわれる、この生産諸関係そのものを**──したがってまた、この過程の担い手たちを、彼らの物質的実存諸条件と彼ら相互の諸関係とを、すなわち**彼らの一定の経済的社会形態を──生産し再生産する一過程でもある。**というのは、この生産の担い手たちがそこにおいて**自然と結び相互に結び合うこれらの関連の全体**、彼らがそこにおいて生産するこれらの関連の全体、**この全体こそ、社会**──その経済的構造から見ての──**だからである。**

② 資本主義的生産過程は、それに先行するすべての生産過程と同様に、**一定の物質的諸条件のもとで行なわれる。**ただし、**これらの諸条件は、**同時に、**諸個人が彼らの生活の再生産過程で取り結ぶ一定の社会的諸関係の担い手でもある。**これらの〔一定の物質的〕諸条件は、この〔一定の社会的〕諸関係と同じく、資本主義的生産過程の、一方では前提であり、他方では結果であり創造物である。それらは、資本主義的生産過程によって生産され再生産される。

③ さらに、すでに見たように、**資本は**──そして**資本家は、人格化された資本に**ほかならず、生産過程では資本の担い手として機能するだけである──、したがって**資本は、**それ〔資本〕に照応する社会的生産過程において直接的生産者たちまたは労

働者たちから**一定分量の剰余労働をくみ出す**のであり、この剰余労働は、資本が等価物なしで受け取るものであり、いかにそれが自由な契約による合意の結果として現われようとも、その本質から見れば依然としてやはり**強制労働**である。**この剰余労働は一つの剰余価値のうちに現われ、この剰余価値は一つの剰余生産物のうちに実存する。**」

---

❷ 剰余労働一般

(1433 〜 1434 ／ 827)　「**剰余労働一般は、所与の欲求の程度を超える労働として、つねに実存し続けなければならない。**〔しかし〕剰余労働は、資本主義制度においては、……一定分量の剰余労働は、不慮の出来事にたいする保険のために必要であり、諸欲求の発達と人口の増加とに照応する、再生産過程の必然的な累進的な拡張——……——のために必要である。

　資本がこの剰余労働を、奴隷制・農奴制などの以前の諸形態のもとでよりも、生産諸力の発展にとって、社会的諸関係の発展にとって、またより高度の新たな社会形態のための諸要素の創造にとって、いっそう有利な様式と諸条件とのもとで強制するということは、資本の文明化的側面の一つである。

　こうして資本は、**一方**では、社会の一部分による、他の部分を犠牲にしての、強制と社会的発展（……）の独占化とが見られなくなる一段階をもたらす。**他方**では、この段階は、社会のいっそう高度な一形態において、この**剰余労働を物質的労働一般にあてられる時間のいっそう大きな制限と結びつけることを可能にする諸関係のための、物質的諸手段、およびその萌芽をつくりだす。**」

---

❸ 「必然性の王国」と「自由の王国」

(1434 〜 1435 ／ 828)

　「① **自由の王国は、事実、窮迫と外的な目的への適合性とによって規定される労働が存在しなくなるところで、はじめて始まる。**したがってそれは、**当然に、本来の物質的生産の領域の彼岸にある。**野蛮人が、自分の諸欲求を満たすために、自分の生活を維持し再生産するために、自然と格闘しなければならないように、文明人もそうしなければならず、しかも、すべての社会諸形態において、ありうべきすべての生産諸様式のもとで、彼〔人〕は、そうした格闘をしなければならない。

　② 彼の発達とともに、諸欲求が拡大するため、**自然的必然性の王国**が拡大する。しかし同時に、この諸欲求を満たす生産諸力も拡大する。**この領域における**

第Ⅱ部

第一編

第二編

第三編

第Ⅲ部

第一編

第二編

第三編

第四編

第五編

第六編

第七編

自由は、ただ、**社会化された人間**、**結合された生産者たち**が、自分たちと自然との物質代謝によって——盲目的な支配力としてのそれによって——支配されるのではなく、**この自然との物質代謝を合理的に規制し**、**自分たちの共同の管理のもとにおくこと**、すなわち、**最小の力の支出で**、みずからの人間性にもっともふさわしい、もっとも適合した**諸条件のもとでこの物質代謝を行なうこと**、**この点にだけありうる。**

③ しかしそれでも、これはまだ依然として**必然性の王国**である。**この王国の彼岸**において、**それ自体が目的であるとされる人間の力の発達**が、**真の自由の王国が**——といっても、それはただ、自己の基礎としての右の必然性の王国の上にのみ開花しうるのであるが——**始まる。労働日の短縮が根本条件である。**」

❹ 剰余価値の分割

（1437／829）総利潤（その総量では総剰余価値と同一）－地代＝平均利潤

　　　　　＊地代は平均利潤に対する「制限」として現われる。

　　　平均利潤➡企業者利得＋利子に分裂

❺ 三大階級の年々の所得＝収入（1）

（1438～1439／829～831）「① これらの諸関係は、……すべて一つの共通点をもっている。すなわち、**資本**は、年々歳々、資本家に利潤をもたらし、**土地**は土地所有者に地代を、**労働力は**、—………—労働者に労賃をもたらすということが、それである。年々生産される総価値中のこれら三つの価値諸部分は……それらのそれぞれの占有者によって、年々、その再生産の原泉を枯渇させることなしに、消費されうる。この三つの部分は、……資本家・土地所有者・労働者という**三つの階級の年々の所得**、すなわち……機能資本家によって分配される**収入をなす**。こうして、資本家にとっては彼の**資本**が、土地所有者にとっては彼の**土地**が、労働者にとっては彼の労働力またはむしろ彼の**労働そのもの**（……）が、利潤・地代・労賃という彼らの**特殊な収入の三つの異なる源泉として現われる。**」

➡この後に、このことの「実際の意味」の説明続く。
　②「それらがそうしたものであるのは、実際に次の意味においてである。……略……」
　③「さらにまた、それらは、次のような意味においてそうしたものである。……略……」

④「反対に、**分配は、現存するものとしてのこの実体、すなわち対象化された社会的労働にほかならない年生産物の総価値を、前提とする。**けれども、事態が生産当事者たちに、生産過程のさまざまな機能の担い手たちに現われるのは、この形態においてではなく、むしろ**さかさまにされた形態**においてである。なぜこのようなことが起こるかは、研究が進むにつれてさらに詳しく展開されるであろう。」

❻ 三大階級の年々の所得＝収入（2）

（1439／830〜831）「資本、土地所有、労働は、これらの生産当事者たちにとっては、三つの異なる独立の源泉として現われ、これらの源泉そのものから、年々生産される価値の一……一三つの異なる構成部分が発生するのであり、したがって**これらの源泉から、社会的生産過程の特殊な諸要因に帰属する諸収入としてこの価値の異なる諸形態が発生するばかりでなく、この価値そのものが、それゆえこれらの収入諸形態の実体が発生する。**」

（1440／831）「少なくとも〈労働─労賃〉においては、一つの合理的な関係が語られているかのように見えるかもしれない。しかし、そうでないことは〈土地─地代〉の場合と同じである。」

（1441／831〜832）「〈資本─利潤〉という表現でさえも、この場合、不正確である。もし資本を、それが剰余価値をそのなかで生産する唯一の関連においてとらえるならば、……（中略）……**この剰余価値は、利潤（企業者利得プラス利子）のほかに、地代をも、要するに未分割の全剰余価値を、包括する。**これに反して、ここでは資本は、収入の源泉として、ただ資本家に帰属する部分にのみ関連づけられる。……**この定式（資本─利潤）が〈資本─利子〉に転化すれば、すべての連関がさらにいっそう見えなくなる。**」

❼ 「生産の三要素」そのものが「源泉」に見える

（1443／833）「資本が賃労働としての労働を前提することは明らかである。しかし、賃労働としての労働から出発し、その結果、**労働一般と賃労働との一致**が自明のように見えるとすれば、**資本および独占された大地**が、労働一般にたいして、**労働諸条件の自然的形態**として現われざるをえない、ということも、同じく明らかである。**資本であることが、**いまや、**労働諸手段の自然的形態として現われ、それゆえ純粋に物的な、労働過程一般における労働諸手段の機能から生じる性格として現われる。資本と、生産された生産手段とは、こうして同一表現となる。**それと同じように、**大地**

と、私的所有によって独占された大地とは、同一表現となる。それゆえ、生まれたときから資本である労働諸手段そのものが利潤の源泉となり、また、大地そのものが地代の源泉となる。」

(1445 ／ 834)「こうして、地代、利潤、労賃は、大地、生産された生産諸手段、および労働が、単純な労働過程*で演じる役割から生まれてくるように見えるのであり、……」

　　　☞ *「単純な労働過程」以下の文章は、訳注 * 7 の「草稿」の原文を参照。

❽ 媒介する源泉から、現実の・究極の源泉への転化

(1446 〜 1447 ／ 834)「それゆえ土地所有、資本、および賃労働は、……（中略）……価値の一部分が利潤の形態に、第二の一部分が地代の形態に、第三の一部分が労賃の形態に転化するのを媒介する諸源泉から、次のような現実の諸源泉、すなわち、そこからこれらの〔三つの〕価値部分と、生産物のそれぞれの諸部分―……―そのものが発生する現実の諸源泉、それゆえ、究極の源泉としてそこから生産物の価値そのものが発生する現実の諸源泉に、転化する。」

---

❾ 資本の「物神化」の発展・深化の経路

(1447 〜 53 ／ 835 〜 38)

(1) 直接的生産過程（第一部）――「労働のあらゆる社会的生産諸力が、労働そのものにではなく資本に属する諸力として、また資本自身の胎内から生まれ出る諸力として、現われる……。」(1448 ／ 835)

(2) 流通過程（第二部）――本源的な価値生産の諸関係が背景に退く部面

　① 諸商品の価値・剰余価値の「実現」➡それらが流通過程から「発生」するように見える。

　② 詐欺、狡知、手腕、ありとあらゆる市況に依存

　③ 流通時間の介在

(3) 現実的生産過程（第三部）――「直接的生産過程と流通過程の統一として、新たな諸姿容を――そこでは、ますます内的連関の脈略が消えうせ、生産諸関係が互いに自立化し、価値の構成諸部分が互いに自立的な諸形態に骨化する、そのような新たな諸姿容を――生み出す。」(1449 〜 50 ／ 836)

　➡具体的には以下の 5 点の通り。

　① 剰余価値の利潤への転化

②　利潤の平均利潤への転化・諸価値の生産価格（規制的な平均市場価格）への転化

③　利潤の、企業者利得と利子への分裂

資本は、「利子生み資本の姿態において、そのもっとも疎外された、もっとも独自な形態にあるものとして現われる。」（1451／837）

「資本—利子」——「利潤においてはいまなおその**起源の思い出**が残っているが、利子においてはそれが消滅しているばかりか、この起源とはっきり対立する形態にされているからである。」（1452／837）

④　**土地所有**——「剰余価値の一部分は直接に社会諸関係に結びついているのではなく、一つの自然要素である大地と結びついているように見えるために、**剰余価値のさまざまな部分相互の疎外および骨化の形態が完成されており、内的な関連が最終的に引き裂かれており**、そして、**剰余価値の源泉が、まさに、生産過程のさまざまな素材的諸要素に結びついている生産諸関係相互の自立化によって、完全に埋没されている。**」（1452／838）

⑤　「価値および富一般の構成諸部分とその諸源泉との連関としてのこの経済学的三位一体においては、**資本主義的生産様式の神秘化が、社会的諸関係の物化が、素材的な生産諸関係とその歴史的・社会的規定性との直接的な癒着が完成されている。**」（同上）

❿ 古典派経済学と俗流経済学
（1453〜1454／838〜839）

①　「**この偽りの外観と欺瞞、富のさまざまな社会的諸要素相互のこの自立化と骨化、この、諸物件の人格化と生産諸関係の物件化、日常生活のこの宗教、これを打ちこわしたことは、古典派経済学の大きな功績である**。というのは、……。とはいっても、古典派経済学の最良の代弁者たちでさえ、——**ブルジョア的立場からはそうならざるをえないのであるが**——彼らによって批判的に打ちこわされた**外観の世界にやはりまだ多かれ少なかれとらわれており**、それゆえ、すべてが**多かれ少なかれ不徹底、中途半端、未解決の矛盾**におちいっている。……

②　他方では、**現実の生産当事者たちが、資本—利子、土地—地代、労働—労賃というこの疎外された不合理な形態**に、すっかりわが家のくつろぎを感じることも、同じように当然である。……

③　**俗流経済学**、すなわち、**現実の生産当事者たちの日常的諸観念の、教師風**

な、多かれ少なかれ教義的な翻訳以外のなにものでもなく、**これらの観念のあいだに一種の合理的な秩序をもたらす俗流経済学**が、いっさいの内的連関が消滅しているまさにこの三位一体において、自分の浅薄な偉ぶりの、自然な、いっさいの疑問を超えた基盤を見いだすのも、同じように当然である。

④ この定式は、同時に支配的諸階級の利益にも一致する。というのは、この定式は、支配的諸階級の所得の諸源泉の自然必然性と永遠の正当性とを宣言し、一つのドグマに高めるものだからである。」

⓫「競争の現実の運動」の扱い

(1454／839)「……競争の現実の運動はわれわれの**プランの範囲外にあるのであり**、われわれはただ、**資本主義的生産様式の内部組織のみを、いわばその理念的平均において、叙述すべきだからである。**」

⓬ 近代以前の社会諸形態の場合

(1454〜1455／839)「以前の社会諸形態においては、この経済的神秘化は、主として**貨幣**および**利子生み資本**に関連して起こるだけである。それは、当然ながら、次の場合には排除されている。」

① 直接的な自家需要のための生産が優勢な場合

② 古代および中世におけるように、奴隷制または農奴制が社会的生産の広範な基盤をなす場合

③ 自然発生的な共産主義が支配する原始共同体・古代の都市共同体・中世の同職組合制度

第49章 生産過程の分析によせて

〔解題〕諸収入の「真の源泉」・古典派経済学批判

本章では、(1) 諸収入が由来する生産過程における真の源泉を改めて批判的に考察し、暴露すること、(2) それに基づき、古典派経済学のこの問題についての誤りを解明・指摘すること、が主題となっています。

具体的には、（1）ｖ＋ｍ は、どうしてそれより大きな ｃ＋（ｖ＋ｍ）を買うことができるか、また、（2）ｃ の補填のための労働は、いったい誰がいつ行うかについて解明することであり、これらの問題に対する古典派経済学、とくにアダム・スミスの謬見を批判することです。

この問題に関わる重要な論点については第Ⅰ部、第Ⅱ部ですでに解明されていました。それを再度取り上げるのは、それまでは剰余価値範疇一本に拠って論じてきた問題を、労賃、利潤、地代という、具体的な収入の諸形態に拠って捉えなおし、そうした論理レベルで、古典派経済学の理論的欠陥と誤謬を糾すためです。その際の要点は次の５点です。

　　① 不変資本と可変資本の役割の区別の欠落

　　② 労働の二重性把握に基づく不変資本の価値保存の次第についての無理解

　　② 総資本の立場から見る価値と素材の補填についての無理解

　　④ 資本と収入との交錯についての無理解

　　⑤ 価値の構成諸部分への分岐の背後に貫く「価値法則」への無理解

❶ 前提

（1456／840）「以下の研究にとっては、生産価格と価値との区別は度外視してもよい。……労働の年々の総生産物の価値、すなわち社会的総資本の生産物が考察される場合にはこの区別は一般になくなるからである。」

❷〔復習〕剰余価値と利潤（企業者利得＋利子）、地代の関係について

（1456〜1458／840〜841）

❸〔復習〕労賃について

（1458〜1459／841〜842）

❹「二重の困難（二つの問題）」

（1460〜1461／832〜843）「ここでは、簡単にするために、諸収入はことごとく個人的消費にはいり込むものと仮定することができる。（が、そうしたとき）困難は二重に現われる。……

　　① これらの収入——労賃、利潤、地代——がそのなかから消費される年々の生産物の価値は、この生産物中に吸収された不変資本部分の価値部分に等しい一価値部分を自己のうちに含む。……したがって、年々の生産物の価値＝労賃＋利潤＋地代＋ ｃ（不変資本価値）である。

では、**労賃＋利潤＋地代に等しいだけの年々生産される価値**が、どのようにして、（労賃＋利潤＋地代）＋cに等しい価値の一生産物を買うというのであろうか？*

＊ v＋mは、どうして ｛c＋（v＋m）｝ を買うことができるのか、ということ。

……（中略）……

② **不変資本のうち、生産で消費されたこの部分の全部は**、……それを補填するための、以前と同じ労働分量を必要とする。すなわち、それは**ある価値等価物によって補填されなければならない**。そうでなければ、再生産そのものがもとの規模で行なわれえない。**しかし、だれがこの労働をすべきであり、また、だれがこの労働をするのか？**」

❺ 再論する理由

（1462 〜 1463 ／ 844）「ここで提起されている**問題は、すでに社会的総資本の再生産の考察（第一部第二篇）のさいに解決されている**ことは知られている。**われわれはここでこの問題に立ち返る。なぜなら、まず第一に**、そこでは**剰余価値がまだその収入諸形態——利潤（企業家利得プラス利子）および地代——では展開されておらず**、それゆえまた、これらの諸形態では取り扱われえなかったからであるが、**しかし第二には**、まさに労賃、利潤、および地代という形態には、**A・スミス以来の全経済学を貫く信じられない分析の誤りが結びついているからでもある**。」

❻ 〔復習〕社会的総資本の再生産＝流通の分析 <small>☞第Ⅱ部第三篇〔解説③〕再見</small>

（1463 〜 1469 ／ 844 〜 847）社会的総資本の再生産＝流通の分析➡**「再生産表式」**による。

(1)**「再生産表式」の構成**

・二部門分割（第Ⅰ部門＝Pm生産部門、第Ⅱ部門＝Km生産部門）

・三価値構成（$W = c + v + m$）

・$c : v = 4 : 1$、$m' = 100\%$

・Ak＝労働力、Pm＝生産手段、Km＝生活諸手段

部門Ⅰ $4,000c + 1,000v + 1,000m = 6,000W$（Pm）

部門Ⅱ $2,000c + 500v + 500m = 3,000W$（Km）

(2) 価値と素材の補填関係（K＝資本家、P＝賃金労働者）

① Ⅱ 500 v ＋ 500 m の補填経路 ➡ Ⅱ部門内の取引

$$
\begin{array}{ccccc}
& G \rightarrow & & G \rightarrow & \\
\text{イ）}\ ⅡK & \text{——} & ⅡP & \text{——} & ⅡK \quad 〔Ak の売買と K と P による Km の売買〕\\
& \leftarrow Ak & & \leftarrow Km & \\
& G \rightarrow & & & \\
\text{ロ）}\ ⅡK & \text{——} & ⅡK & & 〔K相互間での Km の売買〕\\
& \leftarrow Km & & &
\end{array}
$$

② Ⅰ 4000 c の補填経路 ➡ Ⅰ部門内の取引

$$
\begin{array}{ccc}
& G \rightarrow & \\
ⅠK & \text{——} & ⅠK \quad 〔K相互間での Pm の売買〕\\
& \leftarrow Pm &
\end{array}
$$

③ Ⅰ 1000 v ＋ 1000 m 、Ⅱ 2000 c の交流する補填経路 ➡ Ⅰ Ⅱ両部門間の相互取引

$$
\begin{array}{ccccccc}
& G \rightarrow & & G \rightarrow & & G \rightarrow & \\
\text{イ）}\ ⅠK & \text{——} & ⅠP & \text{——} & ⅡK & \text{——} & ⅠK \quad 〔Ⅰ 1000 v と Ⅱ 1000 c の取引〕\\
& \leftarrow Ak & & \leftarrow Km & & \leftarrow Pm &
\end{array}
$$

$$
\begin{array}{ccccccccc}
& G \rightarrow & & G \rightarrow & & & G \rightarrow & & G \rightarrow \\
\text{ロ）}\ ⅠK & \text{——} & ⅡK & \text{——} & ⅠK\, or\, ⅡK & \text{——} & ⅠK & \text{——} & ⅡK \\
& \leftarrow Km & & \leftarrow Pm & & & \leftarrow Pm & & \leftarrow Km
\end{array}
$$

〔Ⅰ 1000 m と Ⅱ 1000 c の取引〕

❼ 総収益と総所得・純所得

（1469 〜 1470 ／ 847 〜 848）「総収益または総生産物は、再生産された生産物全体である。……**総収益または総生産物の価値は**、前貸しされ生産で消費された資本——不変資本および可変資本——の価値、プラス、利潤および地代に分解する剰余価値、に等しい。……（中略）……**総所得は**、総生産物のうち、前貸しされて生産で消費された不変資本を補填する価値部分とこの価値によって計量される生産物部分とを控除したあとに残る価値部分と、この価値によって計量される、総生産物または総体生産物のうちの部分とである。したがって、**総所得は**、**労賃**（または生産物のうち、ふたたび労働者の所得となるように予定されている部分）**＋利潤＋地代に等しい**。これに反して、**純所得は剰余価値であり**、……」

❽ 国民所得

(1470 ／ 848)「<u>社会全体の所得を見れば、国民所得は労賃プラス利潤プラス地代から、すなわち総所得からなる</u>。しかしながら、これも、全社会は、資本主義的生産の基礎の上では、資本主義的立場に立っており、それゆえ<u>利潤と地代とに分解される所得だけを純所得とみなす</u>という限りにおいて、抽象である。」

(1470 〜 1471 ／ 848 〜 849)「これに反して、たとえば、総収益全体、総生産物の総体は一国民にとっては純収益に帰着するか、または純収益とは区別されないという、したがって<u>国民的立場からはこの区別がなくなるという、セー氏の場合のような幻想は</u>、<u>諸商品の価値は究極的にはことごとく所得に、労賃、利潤、および地代に分解されるという、A・スミス以来全経済学を貫いているばかげたドグマの必然的で最終的な表現にすぎない</u>。」

〔原注 51〕　リカードウ評価。「リカードウもまた、<u>スミスの誤った商品価格の分析、諸収入の価値合計への商品価格のスミスの分解をどこでも反駁していない</u>。彼は、この誤った分析を気にしていないし、彼の分析では、彼の諸商品の不変価値部分を「捨象する」限りでは、それを正しいとみなしている。彼もときどき、同じ考え方に逆もどりしている。」

---

❾ <u>根本的に誤ったドグマ</u>—W＝労賃＋利潤＋地代

(1474 ／ 850)　「<u>諸商品の価値は究極的には労賃＋利潤＋地代に分解されるという根本的に誤ったドグマ</u>は、また、消費者が究極においては総生産物の総価値を支払わなければらないというようにも、あるいはまた生産者たちと消費者たちとのあいだの貨幣流通は究極においては生産者たち自身のあいだの貨幣流通に等しくなければならない（……）というようにも表現される。<u>これらの諸命題はすべて、それらが依拠する根本命題と同じように誤っている</u>。」

❿ 誤った不合理な分析の由来

(1474 〜 1480 ／ 851 〜 854)　「<u>これらの誤った"明らかに"不合理な分析にいたらせる諸困難</u>は、<u>要するに次のものである</u>。――

　（一）「<u>不変資本と可変資本との根本関係</u>、したがってまた、<u>剰余価値の本性</u>、それゆえ資本主義的生産様式の全土台が<u>把握されていないということ</u>。」(1474 ／ 851)

　（二）「労働が新価値をつけ加えることによって、旧価値を、新たに生産をすることなしにどのようにしてこの旧価値を**新たな形態で維持するかという仕方・様式が把握されていないこと**。」（1477／852）

　（三）「個別資本の立場からではなく**総資本の立場から考察した場合に、再生産過程の連関がどのように現われるかが把握されていないこと**。」（同上）

　（四）「A・スミスとともに、**不変資本は、商品価値のうち、連関総体のなかでは消えうせる外観上の一要素にすぎない、と思い込むこと**。」
➡「消費者たちの収入が全生産物、したがって不変価値部分をも補填するという外観」の受容。（1478〜1479／853）

　（五）「**諸商品の価値が基礎であることが忘れられ**、また、**この商品価値の特殊な構成諸部分への分解、およびこれらの価値構成諸部分の収入諸形態へのいっそうの発展**──……──は、**価値規定そのものおよび価値規定の法則そのものを決して変えるものではない、ということが忘れられる**。それと同じように、利潤の均等化・……と、部分的には、（絶対地代において）土地所有がこの均等化の途上におく諸障害とが、諸商品の規制的平均諸価格を諸商品の個別的諸価値から背離させることになるという事情によっても、価値法則はなんら変えられはしない（ということが忘れられる）。」（1479〜1480／853）
　「**これこそ、われわれが次章で考察する"取り違え"、価値がそれ自身の構成諸部分から生じるかのような外観と必然的に連関する"取り違え"である**。」（1480／854）

⓫　I（v＋m）対Ⅱc──既述の「再生産表式」

（1482／855）「再生産の正常な状態を考察すれば、**新たにつけ加えられた労働の一部分だけが、不変資本の生産、それゆえ補填に使用される〔I（v＋m）対Ⅱc〕**。すなわち、**消費諸手段──収入の素材的諸要素──の生産において消費された不変資本〔Ⅱc〕を補填する部分が、まさにそれである**。」

第Ⅱ部

第一編

第二編

第三編

第Ⅲ部

第一編

第二編

第三編

第四編

第五編

第六編

第七編

第50章　競争の外観

> 〔解題〕商品の価値「三要素」の捉え方について
>
> 　商品の価値は、c・v・mの三つの要素に「分解する」こと、それを逆に商品の価値はその三つの要素から「構成される」と捉えること（古典派経済学の「価値構成説」）の誤りを、理由を含め具体的数字例を用いて示すとともに、そうした誤った理解が、諸資本の競争が生み出す「外観」に根拠をもつという事情を解明・開示することが主題となる。

❶ 商品価値の三要素への「分解」

（1491 ～ 1492 ／ 860）「すでに明らかにされたように、諸商品の価値、または、諸商品の総価値によって規制された生産価格は、次のものに**分解する**──

　（一）**不変資本を補填する一価値部分**、または、商品の生産にさいして生産諸手段の形態で消費された過去の労働を表す一価値部分。……

　（二）労働者の所得を計量し、**労働者にとっては労賃に転化するする可変資本の価値部分**。すなわち、労働者がこの可変的価値部分においてこれを再生産した労賃。……

　（三）**剰余価値**。すなわち、不払労働または剰余労働がそれに現われる商品生産物の価値部分。この最後の〔三番目の〕価値部分は、また同時に収入諸形態である次のような自立的な諸形態をとる。すなわち、資本の**利潤**という諸形態（資本としての資本の利子、および機能資本としての資本の企業者利得）と、……土地の所有者に帰属する**地代**。……」

> ### ❷ 三要素の「合計から商品の価値が生じる」という見解は誤り
>
> （1492 ／ 861）「商品の価値は、……すなわち労賃、利潤、および地代に**分解される**──……──と言うのは正しい。しかし、逆に、……**労賃の価値、利潤の率、および地代の率は、自立的な価値構成諸要素をなし**、不変的構成部分を度外視すれば、**これらの諸要素の合計から商品の価値が生じると言うことは、誤りであろう**。」

❸ 「分解」と「構成」の区別─労賃騰貴の影響を例に

（1494 ～ 1500 ／ 861 ～ 865）

	生産物の価値	新価値	剰余価値率	総利潤率
第1の場合：	$400c + 100v + 150m = 650$	250	150%	30%
第2の場合：	$400c + 150v + 100m = 650$	250	$66 \cdot 2/3\%$	$18 \cdot 2/11\%$

第1の場合：労賃は前貸資本の20%、75の利潤（15%）＋75の地代（15%）

第2の場合：　　　　　　〃　　27・3/11%、45の利潤（8・2/11%）＋55の地代

（10%）

◆ **説明 ①**

（1493／861）の末尾　「区別はすぐわかる」以下に、上記の表の内容の説明続く。

（1496／863）の末尾　「要約しよう」

（1501／866）「新たにつけ加えられる労働によって生産諸手段または不変資本部分に
年々**新たにつけ加えられる価値は、労賃、利潤、および地代という異なる収入諸形態
へ分離し分解はしても、価値そのものの限界、これらの異なるカテゴリーに分配され
る価値総額を、少しも変えるものではない**。それは、ちょうど、これらの個々の部分
の相互の比率の変動が、これらの部分の総額を、この与えられた価値の大きさを、変
化させることができないのと同じことである。」

◆ **説明 ②**

（1501／866）「**第一に、**……商品のこの価値諸部分の総額の絶対的限界が、与えられ
ている。**第二に、**個々のカテゴリーそのものについて言えば、これらのカテゴリーの
平均的および規制的な諸限界もやはり与えられている。**これらのカテゴリーのこの限
界づけでは、労賃が土台をなす。**」

（1502／867）「この**諸収入**（利潤と地代）**全部の価値は、**いつでも、**総労働日（……）
が体現されている価値から、労賃に体現されている価値部分を減じたもの、に等しい**。
したがって、この価値の限界は、不払労働がそれに現われている価値の限界によっ
て、すなわちこの不払労働の分量によって、与えられている。」

◆ **説明 ③**

（1503／867）「**利潤率の高さ**もやはり、諸商品の価値によって規定される一定の諸限
界内に閉じ込められた大きさである。それは、生産に前貸しされた社会的総資本にた
いする総剰余価値の比率である。……**さまざまな生産部面に投下された諸資本のあい
だへの、この率にもとづく社会的利潤の分配は、諸商品の価値から背離する生産諸価
格**——これは現実に規制的な平均市場諸価格である——**を生み出す。**とはいえ、**この**

背離は、**価値による諸価格の規定をも、利潤の合法則的な諸限界をも取りのぞきはしない。**」

（1504〜1505／868）「**したがって、諸価値の生産諸価格への転化は、**利潤の諸限界を取りのぞきはせず、ただ、社会資本を構成する**さまざまな特殊的諸資本のあいだへの利潤の分配を変えるだけであり、利潤をこれらの資本に均等に——すなわち、これらの資本がこの総資本の価値諸部分をなす比率に応じて——分配するのである。**市場諸価格は、これらの規制的生産諸価格以上に騰貴したり以下に下落したりするが、しかしこれらの変動は相互に相殺される。比較的長期間にわたる価格表を見れば、……**第一に諸背離の限界が比較的狭いこと、第二に諸背離の均等化が規則的に行なわれること**に、おどろかされるであろう。ここには、……**規制的諸平均の支配が見いだされるであろう。**

　　（以下、差額地代、絶対地代についての説明が続き、次の結論が述べられている。）……**地代は依然として、与えられた、諸商品に含まれている、剰余価値の一定部分をなすにすぎない。**」

❹ 独占価格

（1505〜1506／868〜869）「最後に、さまざまな生産部面における剰余価値の平均利潤への均等化が、人為的または自然的諸独占、とくに土地所有の独占という障害に出合い、その結果、**独占の作用を受ける諸商品の、生産価格と価値とを超えて騰貴する独占価格が可能になるとしても、**諸商品の価値によって与えられる諸限界は、そのことによっては取りのぞかれはしないであろう。若干の商品の**独占価格は、ただ、他の諸商品の生産者たちの利潤の一部を、独占価格をもつ諸商品に移すだけであろう。**」

❺ 利子と企業者利得への平均利潤の分割

（1507／869）「**利子と企業者利得とへの〔利潤の〕分裂の場合には、平均利潤そのものが両者を合わせたものにとって限界をなす。**平均利潤は、与えられた価値の大きさ——利子と企業者利得とがその限界内で分割しなければならない、そしてその限界内でのみ分割することのできる、与えられた価値の大きさ——を与える。**分割の一定の比率は、**この場合には偶然的である。すなわち、それは**もっぱら競争諸関係によって規定されている。**」

---

❻「三要素の合計から価値は生じる」という見解の誤り・再論⇐❷

（1507〜1509／870）「商品価値のうち、生産諸手段の価値に新たにつけ加えられる労働がそれに現われる部分が、さまざまな部分に分解し、これらの部分が諸収入の形態で相互に自立的な諸姿態をとるとしても、そうだからといって、**決して、労賃、利潤および地代が構成諸要素——それらの合計または総計から諸商品そのものの規制的価格（"自然価格"、"必要価格"）が発生する構成諸要素——であるとみなされてはならない。**すなわち、……これら三つの部分それぞれの価格は自立的に規定されており、これら三つの独立した大きさの加算からはじめて商品の価格が形成される、というようにみなされてはならない。……**右の誤った見解では、労賃、利潤、地代は三つの自立した価値の大きさであり、その大きさの総体が商品価値の大きさを生産し、限界づけ、規定するというのである。**

- ➡ 「この見解は、……**不変価値部分の定在を否認**する。」
- ➡ 「いっさいの**価値概念が脱落する**……**残るのは**……ある分量の貨幣が労働力、資本、および土地の所有者たちに支払われるという意味での、価格の観念だけである。」

---

❼ 労働の価格はどのように規定されるのか

（1510〜1511／871〜872）「**労賃の規制的価格、労働の市場価格の変動の中心をなす価格は、どのようにして規定されるのか？**

①「労働力の需要と供給とによって、と言うことにしよう。しかし、……」

②「競争をもち込んでも、われわれにはなんの役にも立たない。……」

③「なお残るのは、労働の必要価格を労働者の必要生活諸手段によって規定することだけである。しかし、……（中略）……労働の価格はなにによって規定されているのか、われわれにはわからない……。」

❽ 利潤はどのように規定されているのか

（1512〜1513／872〜873）「商品の第二の価格要素をなす**平均利潤、正常な諸関係のもとでの各資本の利潤は、どのように規定されているのか？**　平均利潤は、利潤の平均率によって規定されていなければならない。この平均率はどのように規定されるのか？　資本家たちのあいだでの競争によってか？　しかし、この競争は、すでに利潤の定在を想定する。……（中略）……**競争は、利潤率における不等を均等化しうるだけである。**不等な利潤率を均等化させるためには、利潤は商品諸価格の要素としてす

でに現存していなければならない。**競争は利潤をつくり出しはしない**。**競争は、均等化が行なわれたときに現われてくる水準を高めたり低めたりはするが、それをつくり出しはしない。そして、われわれが、利潤の必然率を論じることによって知ろうとするのは、まさに、競争の諸運動とはかかわりのない、むしろそのほうが競争を規制する利潤率である。**……（中略）……競争は、その価格のもとではどの資本もその大きさに比例して同じ利潤を生むような商品価格をもたらした。しかし、この利潤そのものの大きさは競争とはかかわりはない。競争は、ただ、あらゆる背離をつねにこの大きさに還元するだけである。」

❾ 利潤・地代──価格への「つけ加え」？

（1514／873）「**このばかげた手順**を地代について新たに述べたてることは、まったく不必要である。そうしなくても、この手順がなんとか首尾一貫して遂行されれば、それは、利潤および地代を、まず第一に労賃によって規定される商品価格への、不可解な諸法則によって規定される、**単なる価格へのつけ加え**として現われさせる、ということがわかる。**要するに、経済学者たちが競争を説明しなければならないのに、逆に、競争が経済学者たちのあらゆる没概念性を説明する労をとらなければならないのである。**」

❿ 資本主義的生産の「表面」にとらわれた当事者たちの「観念」の顛倒性

（1514〜1516／873〜874）「事態は単に次のことに帰着する。─…計算例（略）…─**事態は没概念的な回り道をしたうえで次のことに帰着する**──商品の価値は商品に含まれる労働分量によって規定されているが、労賃の価値は必要生活諸手段の価格によって規定されており、そして労賃を超える価値の超過分は利潤と地代とを形成するということがそれである。

　諸商品の価値から、その商品の生産中に消費された生産諸手段の価値を控除したものの分解、すなわち……三つの構成諸部分──これらの構成部分が労賃、利潤、および地代として、自立し互いに独立する収入諸形態という姿態をとる──への分解。**この分解は、資本主義的生産の目に見える表面では、それゆえこの表面にとらわれた当事者たちの観念においては、さかさまに現われる。**」

⓫ 「取り違え」が生ずる理由（5点）

（1517／875）「この"取り違え"（当事者たちの観念における顛倒）は、次の理由によって必然的である──

　第一に　「商品の価値構成諸部分が自立的な諸収入として互いに相対しており、<u>こ</u><u>れらの収入は</u>、そのようなものとして、**労働**、**資本**、**および大地という三つの互いに**<u>まったく異なる生産作用因に関連づけられており</u>、<u>それゆえこれらの生産作用因から</u><u>発生するように見える</u>からである。労働力の所有、資本の所有、大地の所有は、諸商品のこれらの異なる価値構成諸部分をこれらのそれぞれの**所有者に帰属させ**、それゆえそれらを彼らにとっての<u>収入に転化させる原因である</u>。しかし、価値は収入への転化から**発生するのではなく**、価値は、それが収入に転化され収入の姿態をとりうる以前に、定在しなければならない。……」

(1518 〜 1519 ／ 875 〜 876)

　第二に　「すでに見たように〔⑨分冊、第 11 章、342 〜 350 頁〕、労賃の一般的な騰貴または下落は、他の事情に変わりがなければ、それとは反対の方向における一般的利潤率の運動を引き起こすことによって、異なる諸商品の生産諸価格を変化させ、それぞれの生産部面の資本の平均構成に応じて、そのあるものを騰貴させ他のものを低下させる。（これは「経験される」ことである。）〈経験〉されないのは、<u>これらの変化</u><u>が</u>、<u>労賃とはかかわりのない諸商品の価値によってひそかに規制されているというこ</u><u>とである</u>。……（中略）……

　しかしすでに見たように〔⑧分冊、第 6 章、181 − 201 頁〕、利潤率は不変資本の価値の諸運動によって、労賃の諸運動にかかわりなく規定されることもありうる。……生活諸手段の価格の騰貴の結果、労賃が騰貴する場合にも、労働の強度の増大または労働日延長の結果、利潤率は同じままであるかまたは上がることさえありうる。これらすべての経験は、**価値構成諸部分の自立してさかさまになった形態によって引**<u>き起こされた外観</u>、**労賃だけが**、または**労賃と利潤とが一緒になって諸商品の価値を**<u>規定するかのような外観を確認する</u>。」

(1520 〜 1525 ／ 876 〜 879)

　第三に　（いくつかの「仮定（前提）」についての記述を受けて）

(1520 〜 1522 ／ 877)

　「ひとことで言えば、社会的価値生産物の分配と生産諸価格の規制とが資本主義的基礎の上で行われる——ただし、競争は行なわれない——ものとしよう。

　したがって、これらの前提のもとでは—……—これらの前提のもとでさえも、**現実**<u>の運動は必然的にさかさまな姿態で現われる</u>であろう。すなわち、現実の運動は、<u>あ</u><u>らかじめ与えられた価値の大きさが</u>、<u>互いに独立した収入諸形態をとる三つの部分へ</u><u>分解するものとして現われるのではなく</u>、<u>逆に</u>、労賃、利潤、地代という、独立にか

つそれ自体として自立的に規定される<u>その構成諸要素の合計による、この価値の大き</u>
<u>さの形成として現われるであろう。</u>この外観は必然的に生じるであろう。**なぜなら、**
個別諸資本とその商品諸生産物との現実の運動においては、諸商品の価値がその分解
の前提として現われるのではなく、**逆に、それが分解していく構成諸部分が諸商品の**
価値の前提として機能するからである。」（下記の①〜⑥に続く）

（1522／877）

　①「まずわれわれが見たのは、どの資本家にとっても、商品の**費用価格**は与えられ
た大きさとして現われ、また現実の**生産価格**においてはつねにそのようなものとして
現われるということである。」

（1522／878）

　②「**労賃は、**それに照応する価値等価物が生産される以前に、契約によって取り決
められる。それゆえ、**労賃は、**商品および商品価値が生産される以前にその大きさが
与えられている一つの価格要素として、すなわち費用価格の構成部分として現われ、
自立的な形態をとって商品の総価値から分離する一部分としてではなく、逆に、この
総価値をあらかじめ規定する与えられた大きさとして、すなわち価格または価値の形
成者として現われる。」

（1522〜3／878）

　③「**労賃が商品の費用価格で演じるのと似た役割を、平均利潤は商品の生産価格で**
演じる。というのは、生産価格は、費用価格、プラス、前貸資本にたいする平均利
潤、に等しいからである。……（中略）……**現象面では、平均利潤は、**価値の分裂の
結果としては現われないで、逆に、商品生産物の価値からは独立した、諸商品の生産
過程であらかじめ与えられた、**諸商品の平均価格そのものを規定する大きさとして、**
すなわち価値形成者として、現われる。」

（1523／878）

　④「平均利潤の一部分は、**利子**の形態で、諸商品およびその価値の生産に前提され
た要素として、機能資本家にたいして自立的に相対する。……（中略）……**地代**につ
いても、同じことが言える。」

（1523〜4／878〜9）

　⑤「それゆえ、剰余価値が分裂するこれらの部分は、個々の資本家にとっては与えら

れた費用価格の諸要素として現われるのであるから、それらは、逆に、剰余価値の形成者として、すなわち、労賃が商品価格の一部分を形成するのと同じように、商品価格の他の部分の形成者として、現われる。**商品価値の分解のこれらの諸産物がなぜつねに価値形成そのものの前提として現われるのかという秘密は**、単純に次のこと、……**資本主義的生産様式の諸前提がその結果として現われるのと同様に**、**資本主義的生産様式の結果がつねにその前提として現われる**（という点にある）。」

(1525 ／ 879)

⑥「**市場諸価格は**、もっぱら変動を通して不変であるにすぎず、比較的長期間のその平均が、まさに労賃、利潤、および地代のそれぞれの平均を、不変な、したがって究極的に市場諸価格を支配する大きさとして、生み出すのである。」

(1526 ～ 1530 ／ 880 ～ 882)

第四に　「諸商品がその価値どおりに売られるか売られないかということ、したがって価値規定そのものは、**個々の資本家にとってはまったくどうでもよいことである**。**価値規定は**、**すでにはじめから**、**彼の背後で彼にかかわりのない諸関係の力によって行なわれるものである**。(152 6 ／ 880) …… (中略) ……

これに反して、**資本家にとっては**、**労賃**、**利子**、**および地代は**、**価格**──機能資本家としての彼に帰属する利潤部分すなわち企業者利得をその価格で実現しうる価格だけでなく、継続的再生産を可能にするためには、およそ彼がその価格で商品を売りえなければならない価格──**の規制的諸限界として現われる**。」(1527・880)

「個々の資本家たち相互のあいだの競争においても、世界市場での競争においても、不変な、規制的な大きさとして計算にはいり込むのは、労賃、利子、地代という、与えられた、前提された大きさである。……（中略）……**経験が理論的に示し**、**資本家の利害打算が実際的に示すのは**、諸商品の価格は労賃、利子、および地代によって、すなわち労働の、資本の、および土地の価格によって規定されているということ、そして**これらの価格諸要素が実際には規制的な価格形成者であるということである**。」(1529 ～ 1530 ／ 881 ～ 882)

(1530 ～ 1531 ／ 882 ～ 883)

第五に　「資本主義的生産様式の基礎の上では、新たにつけ加えられた労働がそれに現われる価値を、労賃、利潤および地代という収入諸形態に分解するということはきわめて自明なことになるのであるから、**この方法は**（……）はじめから右の収入諸形態の実存諸条件が欠如しているところにも適用される。**すなわち**、**すべてが類推に**

よって右の収入形態のもとに包摂される。

　独立の一労働者——われわれは一小農民を取り上げることにしよう。なぜなら、こ
こでは三つの収入形態のすべてが使用できるからである——が自分自身のために労働
し、自分自身の生産物を売るとすれば、彼は、**第一に**、自分自身を労働者として使用
する自分自身の雇い主（資本家）とみなされ、**次に**、自分自身を自分の借地農場経営
者として使用する自分自身の土地所有者としてみなされる。**彼は、賃労働者としては
自分に労賃を支払い、資本家としては自分に利潤を要求し、土地所有者としては自分
に地代を支払う。**……（中略）……このように、**資本主義的生産様式に照応しない生
産形態が資本主義的生産様式の収入諸形態のもとに包摂されうる——………——のであるか
ら、資本主義的諸関係があらゆる生産様式の自然的諸関係であるかのような外観がま
すます固められる。**」

（1532／883）「労賃ならびに剰余価値から、必要労働ならびに剰余労働から、特殊な資
　本主義的性格をはぎ取ってみよう。そうすれば、残るのはもはやこれらの形態ではな
　く、**すべての社会的生産諸様式に共通するこれらの形態の基礎**だけである。」

第51章　分配諸関係と生産諸関係

〔解題〕**歴史的生産諸関係に規定された分配諸関係の歴史的性格**

　社会的生産諸力の歴史的な発展段階に規定された、資本主義的生産様式における
分配諸関係は、歴史的な生産諸関係に規定されることを、**これまでの考察を集約し
総括する形で論定する**。併せて分配諸関係をそのようなものとして捉えない見解
（「普通の見解」、「より教養のある、より批判的な意識」に基づく捉え方）の誤りを批判す
ることが主題。

❶ 収入諸形態は分配の諸関係の表現

（1534／884）「年々新たにつけ加えられる労働によって新たにつけ加えられる価値は——
　………——三つの異なる収入形態をとる三つの部分に分解する。……（中略）……これら
　は、新たに生産された総価値が異なる生産諸作用因の所有者たちのあいだに**分配され
　る諸関係を表現する**からである。」

❷「普通の見解」の問題の捉え方

(1534／884)「普通の見解にとっては、これらの分配関係は**自然的諸関係として**、もっぱらあらゆる社会的生産の本性に、もっぱら人間的生産の諸法則に**由来する諸関係として、現われる。**」

(1535／884〜885)「**この観念における唯一の正しい点は次のことである。**すなわち、なんらかの種類の社会的生産（……）を前提するならば、**労働はいつも二つの部分に区別されうる**のであり、**一つは**その生産物が直接に生産者たちおよび彼らの家族によって個人的に消費される労働部分であり、**他は**、——生産的消費に帰する部分を別とすれば——いつでも剰余労働である労働部分、すなわち、その生産物がいつも一般的な社会的諸欲求を充足するのに役立つ労働部分……が、それである。」

❸「より教養のある、より批判的な意識」に基づく捉え方

(1536／885)「**分配諸関係の**歴史的に発展した性格を認めるのであるが、しかし、その代わりに、**生産諸関係そのものの**、変わることのない、人間の本性に由来する、それゆえいっさいの歴史的発展にかかわりのない性格に、それだけますます固執するのである。」

---

❹ 資本主義的生産様式の科学的分析

(1536〜15437／885)「これに反して、資本主義的生産様式の科学的分析は、逆に次のことを証明する。すなわち、

① 資本主義的生産様式は、**特殊な種類の、独自な歴史的規定性をもつ生産様式である**ということ。

② この生産様式は、他のすべての特定の生産様式と同じように、**社会的生産諸力とその発展諸形態との与えられた一段階を、自己の歴史的条件として前提している**のであり、この条件自体は、一つの先行過程の歴史的な結果および産物であり、また新たな生産様式が自己に与えられた基礎としてのそこから出発する、ということ。

③ **この独自な歴史的に規定された生産様式に対応する生産諸関係**——人間がその社会的生活過程において、その社会的生活の生産において、取り結ぶ諸関係——は、**独自な、歴史的な、一時的な性格をもつ**ということ。

④ さらに、最後に、**分配諸関係は、この生産諸関係と本質的に同一であり、その裏面なのであり、**したがって**両者とも同じ歴史的な一時的な性格を共通にもっている**ということ。」

❺ 生産諸関係・分配諸関係の再生産

（1538／886）「……資本主義的生産様式が生産諸条件のこの特定の社会的姿態を前提するとすれば、この生産様式はこの姿態をつねに再生産する。それは、**物質的な諸生産物を生産するだけではなく、**物質的な諸生産物がそこで生産される**生産諸関係を、**それゆえ、また**これに照応する分配諸関係をもつねに再生産する。**」

❻ 商品生産の一般化、剰余価値生産が生産の目的・規定的動機

（1539〜1540／886〜887）「資本主義的生産様式をはじめからきわ立たせるのは、次の二つの特徴である。――

第一に。 ……（生産物が）**商品であるということが資本主義的生産物の支配的で規定的な性格で**あるということこそ、**この生産様式を他の生産諸様式から区別するものである。**……（中略）……

（一）商品としての生産物という、および（二）資本の生産物としての商品という性格は、すでに流通諸関係の総体を含む。……同じくまた、生産当事者たちの特定の諸関係―……―を含む。しかし、この点は度外視しても、……**上記の二つの性格か**ら、**価値規定の全体と、価値による総生産の規制とが生じる。**価値というこのまったく独自な形態においては、**労働は、一方では、**ただ社会的労働としてのみ意義をもつ。**他方ではこの社会的労働の配分およびその諸生産物の相互補充すなわち素材変換、社会的駆動装置への〔この労働の〕従属とはめ込みは、個々の資本主義的生産者たちの偶然的な、相互に相殺し合う営みにゆだねられる。……（中略）……**内的法則は、ただ彼らの競争、彼らが互いに加え合う圧力を媒介としてのみ貫徹されるのであり、この競争や圧力によってもろもろの背離が互いに相殺されるのである。価値の法則は、ここでは、ただ内的法則としてのみ、個々の当事者たちにたいしては盲目的な自然法則としてのみ作用し、生産の偶然的な諸変動のただなかでその社会的均衡を貫徹する。**」

（1541／887）「さらに、**商品のうちにはすでに、**また資本の生産物としての商品のうちにはなおさらのこと、全資本主義的生産様式を特徴づける、**社会的な生産諸規定の物化と生産の物質的諸基礎の主体化とが含まれている。**」

（1541〜1542／887〜888）

第二のもの 「第二のものは、**生産の直接的目的であり規定的動機としての剰余価値の生産である。**……（中略）……労働の社会的生産諸力―……―の発展の特殊な一

形態である資本主義時代に特有な生産様式は、このことを基礎としている。……」

「**資本家が資本の人格化として直接的生産過程で手に入れる権威**、資本家が生産の**指揮者および支配者として身につける社会的機能は、奴隷、農奴**等々による**生産に**もとづく権威とは、本質的に相違する。**

　資本主義的生産の基盤の上では、直接的生産者の大衆にたいして、彼らの生産の社会的性格が、厳格に規制する権威と、労働過程の、完全な階層制度として編成された、社会的な一機構との形態で相対している——といっても、この権威は、労働に対立する労働諸条件の人格化としてのみ、その担い手たちの手にはいるのであり、以前の生産諸形態の場合のように、**政治的**または**神政的支配者**たちとして手に入れるのではない——。ところが**この権威の担い手たち**、商品所有者としてのみ相対する**資本家たち自身のあいだでは**、もっとも完全な無政府性、その内部では生産の社会的連関が、個人的恣意にたいして圧倒的な自然法則としてのみ顕現する**無政府性が支配する**。」

---

❼ 分配諸関係の歴史的性格

(1543 ～ 1546 ／ 889 ～ 890)「**労賃は賃労働を想定し、利潤は資本を想定する**。したがって、これらの特定の分配形態は、生産諸条件の特定の社会的諸性格と生産当事者たちの特定の社会的諸関係とを想定する。したがって、**特定の分配関係は、ただ、歴史的に規定された生産関係の表現にすぎない**。」

　① **利潤**。「剰余価値のこの特定の形態は、生産諸手段の新たな形成が資本主義的生産の形態で行なわれるための前提であり、したがって、再生産を支配する一関係である。とはいえ……資本家はそのさいもろもろの制限にぶつかるのであり、これらの制限は、……（中略）……利潤が決して個人的に消費されうる生産物の単なる分配カテゴリーではないことを、資本家に実際に証明する。」

　② **地代**。「（一）地代が平均利潤を超える超過分に制限されるという事情、（二）土地所有者が、生産過程と全社会的生活過程との指揮者および支配者から、単なる土地の賃貸人、土地にいる高利貸し、単なる地代収納者に引きおろされるという事情は、資本主義的生産様式の独自な歴史的結果なのである。……（中略）……

　③ したがって、いわゆる**分配諸関係**は、**生産過程の**、および、**人間が彼らの人間的生活の再生産過程で相互に取り結ぶ諸関係の**、**歴史的に規定された独自な**

社会的な諸形態に照応し、またこれらの諸形態から発生する。これらの分配諸関係の歴史的性格は、生産諸関係の歴史的性格であり、分配諸関係は生産諸関係の一面のみを表現する。資本主義的分配は、他の生産諸様式から生じる分配諸形態とは異なるのであり、どの分配形態も、それがそこに由来しそれに照応する特定の生産形態とともに消えうせる。」

❽ 分配諸関係のみを歴史的なものと見なし生産諸関係をそう見なさない見解

（1546／890〜891）「……この見解は、社会的生産過程と、単純な労働過程——……——との混同および同一視にもとづく。労働過程が人間と自然とのあいだの単なる一過程にすぎない限り、労働過程の単純な諸要素は、労働過程のすべての社会的発展形態に共通であり続ける。しかし、この過程のどの特定の歴史的形態も、この過程の物質的基礎および社会的形態をさらに発展させる。一定の成熟の段階に達すれば、特定の歴史的形態は脱ぎ捨てられ、いっそう高い形態に取って代わられる。このような危機の時機が到来したことがわかるのは、一方では分配諸関係、それゆえまたそれに照応する生産諸関係の特定の歴史的な姿態と、他方では生産諸力——……——とのあいだの矛盾と対立とが、広さと深さとを現わすときである。そのとき、生産の物質的発展と生産の社会的形態とのあいだに衝突が起こる。」

第52章　諸階級

❶ 近代社会の三大階級

（1548／892）「労賃、利潤、および地代を各自の所得源泉とする、単なる労働力の所有者、資本の所有者、および土地の所有者、すなわち賃労働者、資本家、および土地所有者は、資本主義的生産様式にもとづく近代社会の三大階級を形成する。」

❷ イギリスの階級的編成

（1548／892）「イギリスでは、経済的編成から見て、近代社会がもっとも広範に、もっとも典型的に発展していることは争う余地がない。にもかかわらず、この国においてさえ、右の階級的編成は純粋には現われていない。この国においても中間および過渡諸階層が（農村では都市でよりも比較にならないほどわずかであるとはいえ）、いたるところで、〔階級間の〕境界決定をあいまいにしている。」➡「純粋」化への恒常的な傾向・発展法則の確認。

❸ 問題＝階級を形成するのはなにか

（1549／893）「その答えは、賃金労働者、資本家、土地所有者たちを三大社会階級の形成者にするのはなにか？　という別の問題に答えれば、おのずから与えられる。

　一瞥してわかることは**収入および収入源泉が同じであるということ**である。三大社会グループがあり、それらの構成諸分子、それらを形成する諸個人は、それぞれ、労賃、利潤および地代によって、彼らの労働力、彼らの資本、および彼らの土地所有の運用によって生活する。……」

第Ⅲ部了

　第Ⅲ部の終りに到達したところで、マルクスの「**研究**（下向）」の出発点が、「近代ブルジョア社会の三大階級とその収入」にあり、その源泉を解き明かすために、「ブルジョア社会」の「富の要素形態」たる「商品」から『資本論』の「**叙述**（上向）」が始められた理由を、あらためて確認して下さい。（第2版への）「あと書き」には、こう述べられていました。――「**叙述の仕方**は、形式としては、**研究の仕方**と区別されなければならない。**研究は、素材を詳細にわがものとし、素材のさまざまな発展諸形態を分析し、それらの発展諸形態の内的紐帯をさぐり出さなければならない**。この仕事を仕上げてのちに、はじめて、現実の運動をそれにふさわしく**叙述する**ことができる。」（①分冊、27／27）

　それにしても第Ⅰ部からの、長い「上向」の旅路をたどることは、さぞかし難行だったであろうと想像しています。そのことを見越してか、「フランス語版への序言」（ロンドン、1872年3月18日）にはこう記されていました。――

「学問にとって平坦な大道はありません。そして、学問の険しい小道をよじ登る労苦を恐れない人々だけが、その輝く頂上にたどりつく幸運に恵まれるのです。

　親愛なる市民、私の変わらざる誠意を込めたあいさつをお受けとりください。

カール・マルクス」

あとがき

「周りを見渡すと、40名ほどの受講者の机上には、付せんがつけられ、（傍）線が引かれ、何度も読み込んだと思われる形跡のある『資本論』が置いてあります。私のは、新品のきれいな『資本論』。大学の講義では感じることのない学習意欲と熱意と真剣さに圧倒されました。」（『経済』2021年5月号、40～41頁）

　これは、高齢の方が多い受講者のなかに、久しぶりに登場した現役の女子学生の受講者が書かれた感想文の一節である。

　『資本論』についての解説書・解説論文のなかには、優れたものもあるとはいえ、概して「平易で、コクパクトで、廉価である」ことをもって諒とする趣があることは否めない。扱う範囲もⅠ～Ⅲ部全体ではなく、第Ⅰ部に限られたものが多い。そして、労働者の皆さんの学習に必要なのは、そうした類の文献である、との考え方が根強く残っているのが現状であるように思われる。

　しかし、そのような解説書・解説論文には、手際よく要点をさらりとまとめてはいるが、『資本論』の文章の行間、あるいは紙背に潜んでいる様々な論点や、解釈を巡って論争が重ねられてきた多くの論点等に言及し、問題の所在を浮き彫りにして、読者の思索を深めようとする配慮があまりみられない、と思うのは私だけであろうか。要点をさらりとまとめ上げただけで終わり、重要な論点や論争問題は「素通り」して振り返ることすらしていない解説書や解説論文の学習を読み重ねても、理解は深まらないのである。

　私が担当してきた「資本論講座」の受講者の多くは、そうした類の解説書等には飽き足らず、付箋をつけ、傍線を引きながら、『資本論』そのものの読解に果敢に挑戦しようという志をもった方々である。そうした方々の「学習意欲と熱意と真剣さ」が、講座を包む空気となって、若い女子学生の受講者を「圧倒」したのであろう。

　冒頭の「刊行にあたって」にも認めたが、約500余の小見出しをつけた『資本論』からの引用文は、各篇・各章の理論的骨格をなす文章、述べられているセオリーの要点を掴むのに不可欠と思われる文章、ここだけは見逃さずに押えて欲しいと思われる文章である。そのことに頑なに拘ったのは、それらは、読者自身が読みながら傍線を付していくであろうと思われる文章であり、「解題」や「解説」・「補足説明」とを往復しながら、

平易でコンパクトな解説書や解説論文からは汲み出しえない、『資本論』の地の文章の
みから得られる「資本論の世界」に分け入って欲しい、との思いからである。

　紙幅の制約から、既刊の『「資本論」第Ⅰ部講読のナビゲーション』（学習の友社、
2020 年 4 月）には収めた「質問への回答」は、割愛せざるを得なかったのは残念である
が、その穴は、「解説」や「補足説明」で補ったことは、「刊行にあたって」で述べたと
おりである。

　『「資本論」第Ⅰ部講読のナビゲーション』は、上記のとおり、学習の友社から発行し
ていただいたが、その続編である本編著は、頁数が多くなり高価格になると予測され販
路が狭くなるとの理由から、残念ながら学習の友社からの発行が叶わなかった。

　本編著の発行が危ぶまれる局面で、本編著の意図と内容に理解を示され、手を差し伸
べて下さったのが本の泉社代表取締役の新舩海三郎さんである。新舩さんの英断がなけ
れば本編著の刊行は頓挫していたであろう。新舩さんには心から御礼申し上げる。
　これまでの十数年間、東京（2008 ～ 16 年）と横浜（2009 ～）で開講し、私が講師の
一翼を担ってきた「資本論講座」の受講者の皆さん、ならびに講座の主催者の皆さん、
『「資本論」第Ⅰ部講読のナビゲーション』をすでに手にされている皆さん、そしてこれ
から『資本論』の講読という、「平坦ならざる道」に踏み出そうとされている皆さんに
本編著を届けることができたことは、私にとって限りなく嬉しいことである。

2021 年 9 月 1 日

中川　弘

〔編著者略歴〕

中川 弘（なかがわ ひろし）

1941 年　山形県酒田市に生まれる

1965 年　福島大学経済学部卒業

1971 年　東京大学大学院経済学研究科博士課程単位取得

1982 年　福島大学経済学部教授（「政治経済学」担当）

現　在　福島大学名誉教授

　　　　神奈川県労働者学習協会講師

〔主な著作〕

編　著　『講座・資本論の研究』全 5 巻（青木書店、1980 〜 82 年）

著　書　『マルクス・エンゲルスの思想形成』（創風社、1997 年）

　　　　『《資本論》研究序説』（八朔社、2020 年）

　　　　『《資本論》第Ⅰ部講読のナビゲーション』（学習の友社、2020 年）

　　　　『マルクス 経済学・哲学草稿』（共著、有斐閣、1980 年）

論　文　「冒頭〈商品〉の性格規定をめぐる論争」（『資本論体系』第 2 巻、有斐閣、1984 年）

　　　　「〈貨幣の資本への転化〉をめぐる論争」（『資本論体系』第 3 巻、有斐閣、1985 年）

『資本論』第Ⅱ・Ⅲ部講読のナビゲーション

「第Ⅱ・Ⅲ部講座」講義資料集成
解説・補足説明資料集成

2021年11月6日　初版第 1 刷発行

著　者　　中川 弘

発行者　　新舩 海三郎

発行所　　株式会社 本の泉社

　　　　　〒113-0033 東京都文京区水道2-10-9　板倉ビル 2 F
　　　　　TEL. 03-5810-1581　FAX. 03-5810-1582

印　刷　　音羽印刷 株式会社

製　本　　株式会社 村上製本所

ＤＴＰ　　木椋 隆夫

ISBN : 978-4-7807-1831-7　C 0036